김
성
혜 金聖惠 Kim, Sunghye

경북대학교 음악학과(작곡전공)에서 학사,
영남대학교 대학원에서 석사(국악이론 전공),
동아대학교 대학원에서 박사(음악문화학 전공) 학위를 받았다.
1991년부터 영남대학교에서 강의를 시작하였고, 그 후 경북대학교, 한국예술종합학교 그리고 동국대학교
　　　　　등에서 강의를 하였다.
1998년부터 경주문화원 부설 향토문화연구소에서 연구위원으로 활동하였다.
2014년부터 신라고취대 재현, 신라처용무 재현, 신라금新羅琴 복원 등에 주력하고 있다.

민속원 아르케북스 069　minsokwon archebooks

도상을 통해본 통일신라음악 연구

| 김성혜 |

민속원

머리말

　내가 사는 곳 경주는 신라 고도古都이다. 1990년대 초반에 이곳의 음악을 찾고자 시도한 것이 내 연구의 출발점이었다.

　통일신라 이전의 음악을 연구하기 위해 만난 것이 '신라토우'이며, 그들은 내게 그 시대 음악을 소리 없이 전해줬고, 말없이 보여주었다. 나는 그 작은 신라토우들이 전해준 음악적 내용을 『신라음악사연구』(2006) 그리고 『신라토우 속의 음악과 춤』(2010) 이란 제목으로 책을 엮어 매개자 역할을 한 바 있다. 이제 그 다음 순서로 통일신라 음악과 발해음악에 대해 전달하고자 한다.

　이 책은 통일신라시대 도상圖像 관련 자료를 바탕으로 그 시대 음악을 연구한 13편의 논문과 발해음악 관련 논문 1편을 한 권으로 엮은 것이다. 즉, 통일신라 도상 자료 전반에 관한 글 2편, 부도와 불상 및 전돌과 기와 관련 글 5편, 유물과 유적지 관련 3편, 그림과 벽화 관련 2편 그리고 도상 자료의 활용에 관한 글 2편 등이다.

　통일신라와 발해 음악 연구는 그 시대 음원이나 악보가 없기 때문에 문헌사료와 고고학 자료에 의존할 수밖에 없다. 특히 고대로 갈수록 문헌기록이 제한적이기 때문에 도상 자료를 최대한 활용해야 한다.

지금까지 몇몇 선학들에 의해 통일신라와 발해의 도상 자료가 소개되고 연구된 바 있다. 그러나 유물이 있는 현장을 직접 가서 관찰하지 않았기 때문에 유물 전체를 소개하지 않았고, 또 일부 오류도 있었다. 또 어떤 유물은 소개조차 되지 않은 경우도 있었다. 나는 모든 유물과 유적을 직접 보거나 현장을 답사한 후 연구를 진행하였고 그 결과물이 바로 이 책이다.

　통일신라와 발해의 음악 연구에서 내가 만난 이들은 신라 가무악歌舞樂 천인天人 혹은 악인樂人들이다. 그들은 부도와 범종 표면에서 또는 불상 대좌와 기와 혹은 전돌에서 내가 다가갈 때까지 기다리고 있었다.

　이제 약 20년이 넘도록 내가 만난 그들과의 교감 내용을 이 한 권의 책에 펼치고자 한다.

2016년 6월

김성혜

차례

머리말 • 4

제1부
통일신라 도상자료 개요

01 통일신라 음악고고학 자료의 종류와 특징
——— 012

1. 기존 자료의 종류와 문제점 ··· 13
2. 새로운 자료의 소개 ··· 20
3. 통일 이전 시기 및 당의 유물과 비교 ··· 35
4. 통일신라시대 음악고고학 자료의 특징 ·· 43

02 통일신라 음악고고학 자료의 재조명
——— 044

1. 통일신라시대 음악고고학 자료의 재조명 ·· 46
2. 음악고고학 연구를 위한 제언 ··· 66

제2부
부도와 불상, 전돌과 기와 속의 주악상

01 쌍봉사 철감선사 징소탑의 무악상
070
1. 철감선사 징소탑의 건립 시기에 대하여 ········· 72
2. 부도의 무악상舞樂像 ········· 75
3. 부도의 음악사적 의미 ········· 90

02 봉암사 지증대사 적조탑의 주악상
092
1. 부도와 탑비의 건립 배경과 시기 ········· 94
2. 부도의 구도와 각부 명칭 ········· 97
3. 부도의 주악상 ········· 100
4. 또 다른 시선 ········· 114

03 원주 일산동 불상의 주악상
116
1. 불상의 구조와 편년 ········· 117
2. 동쪽불상 대좌 중대석의 무악상 ········· 127
3. 음악사적 의미 ········· 140

04 통일신라 전돌에 나타난 비파
142
1. 녹유주악천인문전돌 ········· 143
2. 불상문전돌 ········· 154
3. 전돌에 나타난 비파의 의미 ········· 158

05 생소병주의 연원
160
1. 고대의 생과 우 ········· 162
2. 기와 속의 생소병주 ········· 171
3. 생소병주형 암막새의 제작시기 ········· 183
4. 생소병주의 연원은 신라다 ········· 185

제3부
유물과 유적

01 정창원의 신라금
───── 188

1. 정창원 신라금을 가야금으로 본 논리 구성 ·································· 190
2. 기존의 견해와 해석 ·· 194
3. 정창원의 신라금은 '가야금'이 아니라 '신라금'이다 ····················· 214

02 월지 출토 음악 자료
───── 216

1. 월지의 출토유물 ··· 217
2. 문헌기록 검토 ··· 234
3. 음악사적 의의 ··· 236

03 경주 남산의 음악 유적
───── 238

1. 사금갑射琴匣의 서출지 ··· 239
2. 옥보고의 금송정琴松亭 ··· 243
3. 비파골의 비파암 ··· 246

제4부
그림과 벽화

01 고구려와 신라 기악의 성격
───── 254

1. 고대 '기악'의 의미 ·· 256
2. 고구려 기악의 종류와 성격 ·· 268
3. 신라 기악의 종류와 성격 ··· 281
4. 고구려와 신라 기악의 성격 ·· 295

02 발해 정효공주묘 동·서 벽화의 재해석
───── 297

    1. 발견 경위와 무덤의 구성 ··· 300
    2. 동·서 벽화의 재해석 ·· 305
    3. 정효공주묘 동·서 벽화의 새로운 이해 ··· 320

제5부
도상자료의 활용

01 만파식적 설화의 활용 방안
───── 324

    1. 만파식적 설화의 내용 검토 ··· 325
    2. 만파식적 관련 고고학 자료 ··· 336
    3. 만파식적 설화의 활용 방안 ··· 343

02 신라고취대의 악기 편성
───── 348

    1. 신라 고취 관련 문헌 검토 ··· 350
    2. 고구려, 당, 고려 고취대 검토 ·· 356
    3. 신라 고취대의 편성악기 ·· 366
    4. 신라 고취대 악기 편성 방안 ··· 383

논문출처 387
참고문헌 389
찾아보기 397

제1부

통일신라
도상자료
개요

1. 통일신라 음악고고학 자료의 종류와 특징
2. 통일신라 음악고고학 자료의 재조명

01 .
통일신라 음악고고학 자료의 종류와 특징

한국사에서 통일신라시대는 676년부터 935년까지로 본다. 예전에는 668년 고구려의 멸망부터 편년하였으나, 당나라의 간섭이 있었기 때문에 온전한 통일기로 보지 않았다. 그래서 나당전쟁이 종식된 676년부터 신라의 마지막 왕인 경순왕이 고려의 태조 왕건에게 정권을 양도한 935년까지 약 260년간을 일컫는다.

이 시대 음악에 관한 연구는 음원이 남아 있지 않았기 때문에 문헌사료와 고고학 자료에 의존할 수밖에 없다. 특히 통일신라시대는 다른 시대보다 문헌 기록이 제한적이기 때문에 음악고고학 자료를 최대한 활용해야 한다. 따라서 통일신라시대 음악연구에 있어 음악고고학 자료의 중요성은 강조할 필요가 없다.

지금까지 통일신라시대 음악고고학 자료를 중심으로 여러 학자들이 글을 발표하였다. 통일신라시대 음악고고학 자료의 전반을 아우르는 작업이 송방송과 황미연에 의해 시도되었다. 송방송은 고려시대 이전의 자료를 중심으로 고고학 자료에 나타난 악기 색인을 발표하였다.[1] 그리고 황미연은 석조물에 나타난 주악상과 통일신라 주악상을 고찰하는 연구 논문에서 고고학 자료를 소개했지만,[2] 관련 유물의 도상자료를 제시

---

[1] 송방송, 「고고학 자료에 나타난 악기 색인: 고려 이전 자료를 중심으로」, 『한국고대음악사연구』, 서울: 일지사, 1985, 319~332쪽.

하지 않았기 때문에 사실여부를 확인하기 어렵다. 결국 통일신라시대 음악고고학 자료를 도상자료와 함께 집대성한 작업은 시도되지 않았다. 그래서 2011년에 국립국악원 개원 60주년 기념으로 음악고고학 관련 유물 특별전시회가 서울 국립중앙박물관에서 2011년 5월 10일~6월 26일까지 열렸고, 전시회 도록이 출판되었으나,[3] 통일신라시대 음악고고학의 자료가 충분히 소개되지 못하였다.

따라서 이 글의 연구 목적은 통일신라시대 음악고고학의 자료를 집대성하고, 이전 시기와 비교하여 그 특징을 조명하여 통일신라음악사 연구의 초석을 마련하는 것이다.

나는 통일신라시대 음악 연구를 위해 1998년부터 새롭게 발굴되는 고고학 자료에도 주목하였지만, 전국 박물관의 유물 특별 전시회와 특별전 도록에 주시해 왔다. 왜냐하면 음악학계에 알려지지 않은 유물이 간혹 공개되기 때문이다. 그리고 주변의 지인들에게 음악 관련 도상자료의 정보를 요청해 왔다. 그래서 이 글의 연구 범위는 박물관 특별전에서 전시되거나 도록에 소개된 유물 및 발굴로 소개된 것과 지인으로부터 정보를 받은 것에 한정하였다.

먼저 지금까지 음악학계에 소개된 자료의 종류를 살펴본 다음 연구의 문제점을 점검해 보고자 한다. 다음으로 내가 찾은 새로운 자료를 도상과 함께 소개하겠다.

1. 기존 자료의 종류와 문제점

통일신라시대 음악고고학 자료는 음악학계에 다양한 방법으로 소개되었다. 먼저 연구자들이 음악고고학 자료를 소개한 글을 연도순으로 제시하면 아래와 같다.

---

[2] 황미연, 「석조물에 나타난 주악상에 관한 연구: 실상사 백장암 삼층석탑을 중심으로」, 『한국음악산고』 제6집, 서울: 한양대학교 전통음악연구회, 1995, 107~131쪽; 황미연, 「통일신라시대 주악상에 관한 고찰」, 『낭만음악』 제9권 제1호(통권33호), 서울: 낭만음악사, 1996, 21~51쪽.

[3] 『우리 악기, 우리 음악』, 서울: 國立中央博物館·國立國樂院, 2011.

① 이혜구, 「국악사」, 『한국예술총람』, 서울: 대한민국예술원, 1964, 106~108쪽.

② 이홍직, 「한국 고대 악기도상 과안록」, 『이혜구박사송수기념 음악학논총』, 서울: 사단법인 한국국악학회, 1969, 169~202쪽.

③ 장사훈, 『한국음악사』, 서울: 정음사, 1976, 17~55쪽.

④ 권오성, 「삼국시대음악」, 『한국음악사』, 서울: 대한민국예술원, 1985, 37~99쪽. 도적(陶笛, 사진 14), 토적(土笛, 사진 15)

⑤ 송방송, 사진 30: 진전사지 삼층석탑, 사진 31: 쌍봉사 철감선사탑, 사진 35: 상주 석각주악상 및 「고고학 자료에 나타난 악기 색인: 고려 이전 자료를 중심으로」, 『한국고대음악사연구』, 서울: 일지사, 1985, 319~332쪽.

⑥ 황미연, 「석조물에 나타난 주악상에 관한 연구: 실상사 백장암 삼층석탑을 중심으로」, 『한국음악산고』 제6집, 서울: 한양대학교 전통음악연구회, 1995, 107~131쪽.

⑦ 황미연, 「통일신라시대 주악상에 관한 고찰」, 『낭만음악』 제9권 제1호(통권33호), 서울: 낭만음악사, 1996, 21~51쪽.

⑧ 『우리악기 보고듣기』, 대구: 경북대학교박물관, 2005, 34~45쪽.

⑨ 이진원, 「금고와 동고」, 『한국고대음악사의 재조명』, 서울: 민속원, 2007, 131~143쪽.[4]

⑩ 송혜진, 「통일신라시대 주악상의 악기와 상징」, 『기록과 유물로 본 우리 음악의 역사』, 서울: 두산동아(주), 2009, 243~254쪽.

⑪ 『우리 악기, 우리 음악』, 서울: 국립중앙박물관·국립국악원, 2011, 48~60쪽.

이처럼 통일신라시대의 음악고고학 자료는 한국음악사 개관 중에 고대음악이나 통일신라시대 음악사 서술에 등장한 경우가 가장 많았고, 간혹 ④처럼 삼국시대음악사에 소개되었다. 그 외 개별 논문에서 발표되었고, 최근에는 악기 관련 유물 특별전 도록에 소개되었다. 구체적으로 보면, ①, ③, ④, ⑤, ⑨, ⑩은 음악사에서 소개한 것이

---

[4] 이 글은 원래 『한국예술종합학교논문집』 제7집, 서울: 한국예술종합학교, 2004, 204~220쪽에 처음 소개되었으나 당시 도상자료를 소개하지 않았기 때문에 이 글은 2007년 발표된 원고를 참고하였다.

고, ②, ⑥, ⑦, ⑨는 개별 논문에서 발표한 것이다. 그리고 ⑧, ⑪은 유물의 특별 전시 및 도록에 공개한 경우이다.

이렇게 공개된 음악고고학 자료를 바탕으로 그 후 불교 유적에 나타난 악기를 조명하거나 향악기를 연구한 경우가 있고,[5] 범종을 중심으로 의미를 고찰한 연구가 진행되었다.[6] 한편, 특정 유물의 전반을 조명하거나, 그 외 다른 유물까지 포괄한 연구가 진행되면서 기존에 알려지지 않았던 유물이 새롭게 알려지기도 하였다. 이러한 사례의 연구를 별도로 정리하면 다음과 같다.

⑫ 김성혜, 「통일신라 전돌塼에 나타난 비파」, 『소암권오성박사화갑기념 음악학논총』, 서울: 논총간행위원회, 2000, 157~173쪽.

⑬ 송방송, 「화엄사 삼층석탑의 주악상」, 『한국학보』 제108집, 서울: 일지사, 2002, 102~126쪽.

⑭ 김성혜, 「월지 출토 음악관련 자료에 대하여」, 『경주문화논총』 제5집, 경주: 경주문화원 부설 향토문화연구소, 2002, 72~94쪽.

⑮ 김성혜, 「정창원 신라금의 가야금 관련에 대한 일고찰」, 『악성 우륵의 생애와 대가야의 문화』, 고령: 고령군 대가야박물관 계명대학교 한국학연구원, 2006, 177~207쪽.

⑯ 김성혜, 「봉암사 지증대사 적조탑의 음악사적 조명」, 『한국음악사학보』 제39집, 서울: 한국음악사학회, 2007, 31~63쪽.

⑰ 이진원, 「한국 범종상의 악기 도상과 그 의미」, 『한국고대음악사의 재조명』, 서울: 민속원, 2007, 207~231쪽.

⑱ 김성혜, 「쌍봉사 철감선사 징소탑의 무악상 고찰」, 『만당 이혜구박사 백수기념 음악학논총』, 서울: 기념사업회, 2008, 135~158쪽.

---

[5] 張師勛, 「新羅時代 佛敎遺蹟에 나타난 樂器」, 『韓國音樂과 舞踊에 關於 硏究』, 서울: 世光音樂出版社, 1993, 117~138쪽; 宋芳松, 「新羅 中代 鄕樂器의 受容問題: 考古學資料를 中心으로」, 『民族文化研究』 제8輯, 서울: 高大民族文化研究所, 1984, 205~240쪽; 李美香, 「佛敎圖像에 나타난 樂器 硏究」, 『韓國文化의 傳統과 佛敎』, 서울: 蓮史 洪潤植敎授 停年退任紀念論叢 刊行委員會, 2000, 891~921쪽.

[6] 이진원, 「한국 범종상의 악기 도상과 그 의미」, 『한국고대음악사의 재조명』, 서울: 민속원, 2007, 207~231쪽.

이상의 내용을 바탕으로 지금까지 음악학계에 고고학 자료를 소개한 학자와 고고학 자료의 종류 및 특정 유물에 천착한 연구를 정리한 것이 〈표 1〉이다.

〈표 1〉 통일신라시대 음악고고학 자료의 종류

연구자	연도	새로운 자료 소개	유물수	특정 유물에 천착한 연구와 새 자료	유물수
① 이혜구	1964	감은사 사리기 진감선사비문	2점		
② 이홍직	1969	상원사종, 日무진사종(횡적, 요고) 선림사지종(요고, 횡적), 연지사종 우좌신궁종, 실상사종, 日운수사종 광명사종, 기와 암막새 5점	13점		
③ 장사훈	1976	경주박물관옥적 일본 정창원 신라의 가야고 1점 봉암사 부도	3점	⑮ 김성혜(2006) 정창원 신라금2·궤1점 ⑯ 김성혜(2007) 전체 무악상 조명	3점
④ 권오성	1985	일본 천리대학 소장 신라 陶笛	1점		
⑤ 송방송	1985	진전사지 3층석탑 쌍봉사부도 상주석각승 불국사 강당지 출토 주악문 전돌 안압지 출토 동판불 1점(횡적)	6점	⑱ 김성혜(2008) 전체 무악상 조명 ⑫ 김성혜(2000) 비파전돌 1점	1점
	1988	동국대 소장 범종 파편			
⑥ 황미연	1995	화엄사4사자3층탑 실상사백장암3층탑(악기 조명) 선림원지3층탑 축서사석조비로자나불상 각연사 석조비로자나불상 선산해평동석조여래상 경주남산마애조각군 전흥법사염거화상부도 연곡사동부도 연곡사북부도 굴산사지부도 이화여대소장부도	12점	⑬ 송방송(2002) 전체 무악상 조명	
⑦ 황미연	1996	청주 운천동 출토종 동국대 소장 수막새(요고) 안압지 출토 동판불 1점(비파)	3점	⑰ 이진원(2007) 신라종 2종 ⑭ 김성혜(2002) 판불1점, 14면체 주사위	2점
⑧ 경대도록	2005	이성산성 출토 요고 동발연주 금동가릉빈가 경북대소장 기와 암막새 2점	4점		
⑨ 이진원	2004	함통 6년명 금고(金鼓)	1점		

⑩ 송혜진	2009	신계사지 3층석탑	1점		
⑪ 중앙박물관과 국립국악원 도록	2011	금동주악상(횡적) 금동주악상(종적) 기와 수막새(요고)	3점		
			49점		5점

    통일신라시대 음악고고학 자료로 첫 등장의 유물은 1964년 감은사 사리기 주악상이다. 이 유물은 1959년 감은사지 서탑을 해체했을 때, 사리기가 발견되어 학계에 처음 알려졌고, 이것을 음악학계에 알리고 인용한 연구자는 1964년 이혜구이다. 이것을 시작으로 1964년부터 2011년까지 약 50년 동안 학자들이 음악고고학 자료를 음악학계에 소개한 것을 시대 순으로 정리하였다. 〈표 1〉에서 '새로운 자료 소개'는 음악학계에 처음 알린 것만 정리한 것이다. 대부분 선학자들이 소개한 유물을 지속적으로 재인용하였는데, 이미 소개된 것은 생략하였다. 따라서 유물 수(數)도 새로운 자료만 셈한 것이다.

    〈표 1〉에서 ① 이혜구는 감은사 사리기와 진감선사 비문을 처음 소개하였다. 진감선사 비문은 주악 도상이 있는 것이 아니라 금석문이기 때문에 문헌으로 분류할 수도 있다. 그러나 비문 자체가 유물로 현존하기 때문에 나는 음악고고학의 일종으로 간주하여 포함시켰다.

    ② 이홍직은 사학자이면서 음악고고학 관련 자료를 상당수 소개한 공로가 큰 연구자이다. 범종 8종과 기와 5점을 도상과 함께 제시하여 모두 13점을 소개하였다. 이홍직이 소개한 13점의 유물은 당시 새롭게 발굴되거나 발견된 것이 아니라 고고학이나 역사학 또는 미술사학계에 알려진 유물인데 음악학계에까지 알려지지 않았기 때문에 소개한 것이다. 그러나 이렇게 소개된 자료는 이후 음악학자들의 음악사 개관이나 연구 논문에 적극적으로 활용되었기 때문에 의미 있는 발표였다.

    ③ 장사훈은 국립경주박물관 소장의 옥적을 통일신라시대 유물로 간주하여 소개하였고, 일본 정창원 소장 신라금 1점도 언급하였다. 그리고 봉암사 부도의 주악상을 처음으로 통일신라시대에서 인용하여 모두 3점의 음악고고학 자료를 소개한 셈이다. 그러나 국립경주박물관 소장의 옥적을 과연 통일신라시대 유물로 간주해도 타당한지 의문이다.

그리고 봉암사 부도의 경우 주악상의 위치와 유물의 편년 및 악기 판독의 오류 등이 있었는데, 이는 나의 글 ⑯에 의해 수정된 바 있다. 이러한 오류는 현장 답사의 부족으로 발생한 것이기 때문에 음악고고학 자료는 반드시 연구자가 직접 유물과 유적을 확인해야 한다.

④ 권오성은 『삼국시대음악사』를 집필하면서 일본 천리대학에 소장된 '도적陶笛'을 신라 유물로 간주하여 언급하였다. 그러나 유물이 천리대학에 소장된 경위와 신라 유물의 타당성 여부는 아직 미제로 남아 있다.

송방송은 『한국고대음악사연구』를 출판할 때 책 앞부분에 진전사지 3층석탑과 쌍봉사 부도 그리고 상주 석각상 탁본의 사진 자료를 공개하였다. 그러나 불국사 강당지 출토 주악문 전돌은 유물의 실존만 언급했고, 사진을 제시하지는 않았다.

황미연은 그 동안 음악학계에 알려지지 않은 자료를 가장 많이 소개한 학자이다. 글 ⑥에서 12점을 소개했고, 글 ⑦에서 5점을 추가로 소개하여 모두 17점을 음악학계에 알린 공로자이다. 그러나 실상사 백장암 3층석탑을 제외한 유물의 도상 자료를 전혀 공개하지 않았기 때문에 사실 여부를 확인하기 어려운데 한계가 있다.

⑧은 음악고고학 관련 유물을 중심으로 2005년에 경북대학교박물관에서 특별전이 열렸고, 당시 출판된 도록이다. 이때 1999년에 출토된 이성산성 출토 요고가 공개되었고, 동발을 연주하는 금동가릉빈가상과 경북대학교박물관 소장의 암막새기와 2점을 음악학계에 공개하였다.

이진원은 ⑨에서 한국의 금고金鼓 전반을 다루면서 통일신라시대 유물인 '함통咸通 6년명(865년) 금고金鼓'를 도상자료와 함께 제시하였다.

송혜진은 글 ⑩에서 신계사 3층석탑을 도표에 제시만 했고, 도상자료를 소개하지 않았다.

그리고 국립국악원 개원 60주년 기념으로 음악고고학 관련 유물이 국립중앙박물관에서 전시되었는데 이때 횡적을 연주하는 금동주악상과 종적의 금동주악상 그리고 요고를 연주하는 기와 수막새 이상 3점이 새롭게 소개되었다. 이상으로 음악학계에 소개된 자료는 모두 50점이다.

한편, 특정 유물에 한정하거나, 한 가지 주제를 중점적으로 연구하면서 그동안 유물의 일부만 알려졌던 경우 유물 전반의 도상자료가 새롭게 공개되었고, 유물 전체를 세밀히 조명하는 시도가 일어났다. ⑬, ⑯, ⑰이 이에 해당한다. 혹은 새로운 자료가 추가로 알려졌는데, ⑫에서 나는 불국사 강당지 출토 전돌 도상을 공개하였고, 그 외 비파 연주 전돌 1점도 추가로 소개하였다. 그리고 ⑮에서 일본 정창원 소장 신라금 3점을 모두 소개하였으며, 신라금궤 1점도 추가로 소개하였다. 또한 ⑭에서 월지(前 안압지)7 주악상 판불 1점을 추가로 발표하였고, 가무歌舞 놀이와 관련된 14면체 주사위를 공개하였다. 이렇게 하여 추가로 공개된 자료는 모두 6점이다.

결국 〈표 1〉에 정리된 통일신라시대 음악고고학 자료의 종류를 모두 종합하면 54점에 달한다. 이 가운데 유물 명칭은 소개되었으나 관련 도상자료가 아직도 음악학계에 소개되지 않은 것이 있는데, 자료의 활용도를 높이기 위해서는 빠른 시일 내에 공개가 요청된다.8

음악고고학의 주요한 연구대상은 음악과 관계되는 유물과 유적이다. 그래서 물적 증거인 실물을 제시하지 않은 경우 큰 의미가 없다. 이진원은 음악고고학 연구의 문제점으로 신석기시대 유물이나 청동기시대 유물에 대한 본격적인 연구의 부재를 지적한 바 있다.9 그러나 나는 통일신라시대 음악고고학 연구의 문제점으로 실물의 도상자료 공개의 부재를 지적하고자 한다. 뿐만 아니라 유물의 편년을 고려하지 않고 통일신라시대 자료로 포함시킨 경우도 있기 때문에 유물의 전반적인 재조명 작업이 필요하다.

이러한 문제점에 대한 연구는 다음 과제로 남기고, 이 글에서는 〈표 1〉의 자료 이외 지금까지 음악학계에 소개되지 않은 자료를 소개하고자 한다. 내가 소개하는 자료

---

7 경주의 '안압지(雁鴨池)'는 조선시대부터 사용한 명칭이다. 신라시대 명칭이 '월지(月池)' 또는 '동궁(東宮)'이었기 때문에 경주시에서는 2011년 '월지 동궁'에 관한 국제학술대회에서 앞으로 안압지를 '월지' 혹은 '동궁과 월지'로 개칭할 것을 공식적으로 표명하였다.

8 미공개 도상자료는 축서사 석조비로자나불상, 각연사 석조비로자나불상, 선산 해평동 석조여래상, 경주 남산 마애조각군, 전 홍법사 염거화상 부도, 연곡사 동부도, 연곡사 북부도, 굴산사지 부도, 이화여대소장 부도, 동국대 소장 수막새(요고), 신계사지 3층석탑 이상 11점이다.

9 이진원, 「한국음악고고학 정립을 위한 시론」, 『한국고대음악사의 재조명』, 서울: 민속원, 2007, 32~39쪽.

는 새롭게 발굴되거나 발견된 것이 아니다. 고고학이나 역사학 혹은 미술사학계에 소개된 자료인데, 음악학계에까지 미치지 않았기 때문에 적극적인 활용을 위해 소개하고자 하는 것이다.

2. 새로운 자료의 소개

내가 소개하려는 음악고고학 자료는 모두 10종이다. 신라종에서 빠진 성덕대왕신종聖德大王神鐘과 경주 월성月城 해자垓字에서 출토된 당삼채唐三彩 훈塤 그리고 석탑石塔과 부도浮屠 또는 기와에 조각된 주악상 유물을 소개하고자 한다.

1) 성덕대왕신종

이 종은 신라 경덕왕景德王(742~765)이 선왕先王인 성덕왕聖德王(702~737)의 명복을 받들려는 의도에서 제작되었고, 신라 봉덕사奉德寺에 시납施納되었기 때문에 '봉덕사종'이라고도 부른다.

종신鍾身에 명문이 있기 때문에 종의 제작자와 주조 시기 및 제작목적을 분명히 알 수 있어 유물의 가치가 더욱 크다. 경덕왕이 주종사업을 시작했으나, 뜻을 이루지 못하고 훙거하여 아들 혜공왕惠恭王(765~780)이 771년에 완성하였다. 이 종의 지름이 2,227mm이고, 높이는 3,663mm이며, 두께는 203mm, 무게는 18,908kg으로 거종巨鐘이다.[10] 표면에 새겨진 명문에는 "형상은 산처럼 우뚝하고 소리는 용龍이 읊조리는 듯하다.

〈그림 1〉 경주 성덕대왕신종

그 소리를 듣는 이는 복을 받고 깨닫게 하기 위함이다"라는 내용이 있다.

신라 때는 사찰에서 불교의식에 타종되었으며, 조선시대 중종中宗(1506~1544) 때부터는 경주 봉황대에 위치하여 경주 성문城門 개폐開閉 종으로 사용되었다. 그리고 1990년 전후시기까지는 매년 1월 1일 0시에 '제야의 종' 타종 때 경주시의 하늘을 울렸다. 이 종은 종체의 규모면에서나 음향면에서 한국을 대표하는 걸작품으로 손꼽히며, 국보 제29호이다.

지금까지 여러 학자들이 이 종의 아름다움과 우수성을 거론했지만, 종신에 주악상이 없다는 이유로 음악고고학 자료에 포함시키지 않았다. 그러나 나는 지금도 타종이 가능한 최대의 걸작 종이기 때문에 통일신라 악기 유물에 포함시키고자 한다.

2) 경주 월성해자 출토 당삼채 훈

당삼채唐三彩란 도자기 표면에 주로 3색 즉, 빨강색·녹색·흰색의 유약釉藥을 바른 데서 삼채三彩란 명칭이 비롯되었고, 이러한 도자기가 주로 당나라 무덤에서 많이 출토되었기 때문에 '당삼채唐三彩'라 부른다. 그런데 그 이후 중국 각지에서 노란색이나 갈색·파란색·검은색 등 각종의 유약을 바른 유물이 많이 발견되었지만, 이것을 통칭하여 '당삼채'라고 일컫는다.[11]

당삼채는 아시아·유럽·아프리카 등 세계의 여러 나라에서 고르게 발견되었다. 가까운 일본에서도 당삼채가 다량으로 출토되었는데, 중국의 영향을 받아 일본에서도 각종 당삼채를 성공적으로 제작했기 때문에 이를 '나라삼채奈羅三彩'라 부른다. 한국도 당 문화의 영향을 깊게 받았는데, 경주에서 출토된 것을 '신라삼채新羅三彩'라 이름한다.[12] 그 사례로 경주에서 출토된 '삼채 세발 단지'가 있고, 경주 월성해자에서 출토된

---

10 廉永夏, 『韓國의 鐘』, 서울: 서울대학교출판부, 1998, 99쪽.
11 낙양박물관, 「당삼채」, 『중국낙양문물명품전』, 140쪽.
12 위의 책, 156~158쪽.

'삼채령三彩鈴'이 있는데, 악기와 관련된 삼채령에 주목할 필요가 있다.

〈그림 2〉는 1992년 국립진주박물관에서 개최한 '눈으로 보는 고대의 소리'에 처음 소개되었다.[13] 이때 '삼채령三彩鈴'으로 명명되었고, 경주 월성해자月城垓字에서 발굴되었으며 높이 3.7cm의 유물이다.

한편, 1998년 10월 10일 국립부여박물관의 개막전을 시작으로 1999년 6월 6일까지 약 8개월 동안에 걸쳐 국립중앙박물관과 국립경주박물관 그리고 국립전주박물관 등 전국의 주요 국립박물관을 순회한 '중국 낙양문물 명품전'이 있었다. 나는 이 특별전이 경주에 왔을 때 관람했는데, 이때 낙양에서 출토된 '삼채원숭이형호루라기三彩猿頭笛'를 본 적이 있다. 이것은 당시 도록에도 소개되었는데, 모습은 〈그림 3〉이다.[14] 그리고 2004년 국립대구박물관에서 『우리 문화 속의 중국 도자기』 도록에 경주 월성해자 출토 삼채령과 낙양출토 당삼채를 나란히 소개하였다.[15] 이 도록에 소개한 당삼채는 낙양의 당삼채와 같은 유물이라고 오세윤吳世允[16]이 전언하였다.

〈그림 2〉 경주 월성해자 출토 당삼채 훈

〈그림 3〉 낙양 출토 당삼채 훈

그러면 〈그림 2〉와 〈그림 3〉의 공통점과 차이점을 알기 위해 출토지와 소장처 및 명칭 등을 비교해 보도록 하겠다.

---

13 『눈으로 보는 고대의 소리』, 진주: 국립진주박물관, 1992, 173쪽. 이 글에서 제시한 유물 사진은 『우리 문화 속의 중국 도자기』, 대구: 국립대구박물관, 2004, 65쪽에 의거한 것이다.
14 『중국낙양문물명품전』, 서울: 국립부여박물관, 1998, 46쪽.
15 『우리 문화 속의 중국 도자기』, 대구: 국립대구박물관, 2004, 65쪽.
16 오세윤은 경주에 살면서 전국 박물관의 유물전시 도록을 위해 사진을 촬영하는 직업을 지닌 사람이며, 나와 1997년부터 인연을 맺어 스터디를 함께 하였고, 지금은 경주문화원 부설 향토문화연구소에서 함께 활동하고 있다.

⟨표 2⟩ 당삼채 훈 2점 유물의 비교

	⟨그림 2⟩	⟨그림 3⟩	
출토지	경주 월성 해자	낙양	
소장처	국립경주박물관	낙양박물관	
규격	지름 3.6cm	지름 4.5cm	
유물명	三彩鈴	삼채원숭이형 호루라기 三彩猿頭笛	三彩鈴
출처	국립진주박물관 도록	국립부여박물관 도록	국립대구박물관 도록

2종의 당삼채는 3가지 공통점이 있다. 첫째는 전체가 둥근형인 점이고, 둘째는 양쪽 볼에 연지 형태의 구멍이 있는 것이며, 셋째는 이마와 양쪽 귀 부분을 줄무늬로 처리한 점이다.

그러나 ⟨그림 2⟩는 경주 월성해자에서 출토되었고 국립경주박물관 소장품이며, ⟨그림 3⟩은 낙양에서 출토되었고 낙양박물관 소장품이다. 규모는 경주 출토 유물이 약 1cm 정도 작다. 그리고 유물 명칭을 '령鈴'과 '적笛'으로 다르게 명명하였는데, 이에 대한 규명은 앞으로 해결해야 할 과제이다. 뿐만 아니라 월성 해자 출토 ⟨그림 2⟩의 유물이 신라에서 제작된 것인지, 당나라에서 제작된 것인지에 대한 규명도 있어야 한다.

3) 청도 운문사 동東 3층석탑

경상북도 청도군 신원리 운문사雲門寺 경내에 2기의 통일신라 삼층석탑이 있다. 대웅보전大雄寶殿 앞에 동서東西로 나란히 서 있다. 높이 5.4cm로 보물 제678호이다. 이 석탑은 그동안 통일신라 9세기 전기로 편년하였다.[17]

탑塔은 인도에서 석가모니가 열반한 후 석가의 유품과 사리를 보관하기 위해 세운 것에서 유래하였다. 우리나라는 자연 조건상 목탑의 형태를 모방한 석탑이 가장 유행

---

17 朴慶植, 『統一新羅石造美術研究』, 서울: 學研文化社, 1994, 61쪽. 표-1. 9세기 전기 석탑 양식 참고.

하였다. 지금까지 알려진 통일신라시대 석탑 가운데 주악상이 있는 석탑은 진전사지 3층석탑과 화엄사 4사자 3층석탑, 실상사 백장암 3층석탑, 신계사지 3층석탑이다. 여기에 청도 운문사 동서탑 2기 중에서 동 3층석탑을 추가하고자 한다.

〈그림 4〉 청도 운문사 동 3층석탑   〈그림 4-1〉 건달바 공후 주악상

동 3층석탑 기단부에 4면으로 팔부중상八部衆像이 조각되었고, 그 중에 건달바의 공후 주악상이 있다. 팔부중상은 불법을 수호하는 8종류의 신으로 사천왕 아래 세계에 있으며 인도의 악마나 귀신에 해당되지만 부처에게 귀화한 뒤 10대 제자와 함께 부처의 설법을 호위하는 역할을 맡은 존재이다. 이러한 상이 중국과 우리나라에서 무장武將의 상으로 변화하였고, 갖가지 지물을 들고 있다. 각 방위에 따라 천·용·야차·건달바·아수라·가루라·긴나라·마후라가의 이름을 갖는다. 일반적으로 석탑의 기단부에 많이 등장하는데, 이 석탑에 등장한 주악상은 건달바의 공후 주악상이다.

원래 청도의 동서 3층석탑은 쌍탑으로 이해되어 왔다. 그런데 최근 오세덕의 논문에서 동탑이 서탑에 비해서 앞선 시기에 조성된 것으로 판단하여 동·서탑이 동일한 시기에 조성되지 않았을 것으로 추정하여 주목된다.[18] 이 탑에 조각된 공후의 특징과 의미 등은 앞으로 해결해야 할 과제이다.

4) 서울 국립중앙박물관 소장 석탑편

서울 국립중앙박물관은 2005년 10월 28일에 현재 위치한 용산으로 이전하였다. 그 이전에는 현 국립고궁박물관 자리에 있었다. 나는 용산으로 이전하기 전에 몇 차례에 걸쳐 중앙박물관을 답사했는데, 그때 정원에 전시된 통일신라 탑재 가운데 〈그림 5〉의 유물에 눈길이 갔다. 왜냐하면 팔부중상 중 건달바의 공후 주악상이 있기 때문이다.

〈그림 5〉 국립중앙박물관 소장 공후 주악상

이것은 앞에서 살펴본 〈그림 4〉의 청도 운문사 동 3층석탑의 기단부에 조각된 공후 주악상과 같이 석재에 새겨진 것이므로 앞으로 세밀히 조명할 필요가 있다.

내가 이 유물을 촬영했을 당시에는 경복궁 정원에 전시되어 있었고, 박물관을 용산으로 이전한 이후 현재는 국립중앙박물관 '으뜸홀' 복도 왼편에 전시되어 있다.[19] 〈그림 5〉의 규격을 실측한 결과, 세로는 77cm이며, 가장 긴 쪽의 가로 길이는 80cm였다. 현재 〈그림 5〉를 포함하여 8개의 석재편이 나란히 전시되었는데, 대부분 세로 길

---

18 오세덕, 「운문사 동서 삼층석탑에 관한 고찰」, 『신라문화』 제38집, 경주: 동국대학교 신라문화연구소, 2011, 307~329쪽.
19 현 위치를 확인하기 위해 2012년 3월 21일(수)에 현장을 답사하였다.

이가 77~80cm였기 때문에 같은 장소에 있던 석탑재로 추정된다.

5) 국립경주박물관 소장 주악상 석탑재

경주의 국립경주박물관 정원에도 주악상 석탑재가 전시되어 있는데 〈그림 6〉의 모습이다.

〈그림 6〉 국립경주박물관 소장 주악상 석탑재

1998년부터 2007년까지 박물관 입구 정원에 전시되어 있었는데, 현재(2012)는 박물관의 안압지관과 성덕대왕신종 사이에 있는 정원에 전시되어 있다. 이 유물의 출토지는 분명하지 않다. 석탑의 기단부로 짐작되는 곳에 주악상 2구씩 조각되었다. 현재 남아 있는 석탑재는 2기인데, 한 기에 2구씩 조각되어 4구의 주악상이 있다. 주악상을 판독하면, 좌측부터 1 2 3 4의 순번을 정했을 때 1은 미상이고, 2는 생笙이다. 3은 목이 곧은 비파이며, 4는 당적唐笛처럼 짧은 횡적橫笛이다.

이 석탑재의 규격을 실측하고 도상의 특징을 고려하여 유물의 편년을 도출해야 하는 연구가 이루어져야 할 것이다. 그리고 제1도상의 악기 미판독도 해결해야 하며, 이 주악상의 음악사적 의미도 찾아야 할 것이다.

6) 태안사 적인선사 부도

부도浮屠란 고승대덕을 비롯하여 승려의 사리를 안치한 건조물을 일컫는다. 석가모니의 진신사리를 봉안한 탑에서 유래되었지만, 명칭과 형태가 다르다. 부도는 신라 말기 선종의 유행으로 각 제자들이 일 계보를 형성하면서 그들의 조사祖師를 숭배하며, 조사가 설법한 내용이나 교훈 등을 어록으로 남기고, 입적 뒤에는 후세에 길이 보존될 조형물로 남기려는 뜻에서 건립하기 시작했다. 그리고 부도와 함께 탑비塔碑도 세웠는데, 탑비에는 스님의 행장과 공적을 추모하고 이러한 사실을 비문에 남겼다. 통일신라시대 적인선사寂忍禪師 혜철慧哲(785~861)의 부도와 탑비가 바로 그 용례의 유물이다.

〈그림 7〉 태안사 적인선사 부도　　　　　〈그림 8〉 태안사 적인선사 탑비

이 부도는 전남 곡성군 죽곡면 원달리 태안사泰安寺에 있다. 보물 제273호이며, 명칭은 '대안사大安寺 적인선사寂忍禪師 조륜청정탑照輪淸淨塔'이다. 부도의 주인공은 적인선사 혜철이며, 부도 옆에 탑비塔碑가 있기 때문에 부도의 주인공과 부도의 건립연대가 분명한 유물이다.

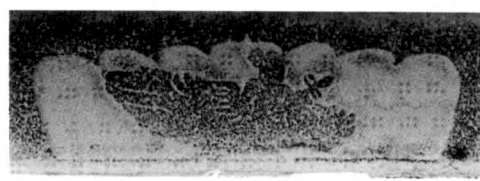

〈그림 7-1〉 남 - 4현비파

〈그림 7-2〉 서북 - 공후

부도의 기단부 중대석에 가릉빈가의 주악상이 있다. 가릉빈가迦陵頻伽란 범어의 카라빈가kala vinka를 번역한 것이며, 이는 불경佛經에 나타나는 상상의 새이다. 가릉빈가는 미성美聲을 가진 새로 알 안에 있을 때부터 잘 운다고 하여, 그 소리를 듣는 자는 싫증을 내지 않는다고 한다. 일설에는 극락정토에 사는 새라고 하여 극락조極樂鳥라 하기도 한다. 이 새는 인두조신人頭鳥身의 모양으로 자태가 매우 아름답고 소리 또한 묘하여 묘음조妙音鳥 · 호음조好音鳥 · 미음조美音鳥라 부르기도 한다. 머리와 팔은 사람의 형상을 하였고 몸체에는 비늘이 있으며, 머리에는 새의 깃털이 달린 화관을 쓰고 악기를 연주하거나 노래를 부르거나 춤을 추는 모습으로 나타난다.

적인선사 부도의 중대석 남쪽에 4현의 비파를 연주하는 가릉빈가가 새겨져 있고, 서북쪽에는 공후를 연주하는 주악상이 있다. 그 이외 도상은 판독이 어렵다. 나는 두 차례에 걸쳐 현장을 답사했는데, 기단부의 조각이 너무 얕게 조각되어서 육안으로 도상을 확인하기 어려웠다. 특히 음지陰地 부분의 도상은 판독이 더 어려운 형편이기 때문에 전문가의 특수 촬영이 요청되는 유물이다. 따라서 앞으로 적인선사 부도의 주악상 전반을 조명하는 작업이 이루어져야 할 것이다.

7) 경북대학교박물관 소장 비파주악 석제편

대구광역시 북구 산격동 경북대학교박물관에 주악상 관련 석제편 1점이 있다. 내가 이 유물에 대한 정보를 처음 접한 것은 진홍섭秦弘燮의 1972년 글 "석제石製 주악상奏樂像"을 통해서이다. 진홍섭이 발표한 유물의 내용 설명이 많지 않기 때문에 전문을 소개하면 아래와 같다.

慶北大學校 附屬博物館에 奏樂像이 彫刻된 조그마한 石片이 保管되어 있다. 높이 26.5cm 두께 10cm의 石材로서 奏樂像만 남고 左右가 切斷되었는데 現在의 길이는 上部 15.8cm 下部 17cm로서 浮屠基壇部 같은데 있었던 石材로 推測된다. 彫刻面은 上下로 二段의 層을 두고 깊이 1.6cm의 凹面을 만들어서 彫刻面의 높이가 16.7cm가 되게 하였다. 이 部材는 原來 옆으로 긴 石材로서 이 奏樂像 左右에도 다른 像이 있었던 것으로 생각된다. 彫刻된 像은 두 손으로 琵琶를 잡고 彈奏하는 座像이다. 顔面은 磨損되었으며 樂器를 잡은 左手가 缺損되었는데 原石에 破損된 자리가 없고 左手 팔목에서 切斷되었으며 琵琶의 끝도 切斷된 點으로 보아 或 이 部分만은 圓刻하였던 것이 아닌가도 생각된다. 蓮座 위에 얹힌 다리에 걸쳐 있는 衣文은 매우 아름답고 自然스럽다. 比較的 큰 琵琶를 오른손으로 안고 왼팔굽을 무릎 위에 얹고 자루를 잡았던 듯하다. 목에는 한줄 목걸이를 걸었고 머리카락이 옆으로 늘어졌고 天衣는 前後 左右로 날리고 있다. 비록 적은 像이지만 各 部分의 彫刻은 매우 섬세하고 아름다우며 全體의 均衡도 整頓되었다. 蓮花의 表現이나 天衣의 流暢한 線 등은 8世紀 中葉 新羅彫刻美術이 가장 圓熟했을 때의 다른 作品에서 볼 수 있는 바와 恰似하다. 奏樂像은 石製, 金屬製를 莫論하고 他 例를 볼 수 있으나 이와 같이 洗練된 手法을 보여주는 例는 드물다. 이 石材는 左右로 더 連結되었으리라는 點은 一見하여 짐작되는데 이 左右에 어떠한 像이 있었는지는 알 길이 없으나 매우 哀惜한 일이다.[20]

---

20 秦弘燮, 「石製奏樂像」, 『考古美術』 제113·114집, 서울: 한국미술사학회, 1972, 366~367쪽.

이상의 유물 해석에서 가장 주목되는 내용은 이 석제를 '부도 기단부의 일부'로 추정하는 점과 유물의 시기를 8세기 중엽으로 보는 점이다. 왜냐하면, 지금까지 부도에 주악상이 나타나는 것 가운데 가장 이른 시기의 것이 앞에서 살펴본 대안사 적인선사 부도이다. 만약 〈그림 9〉의 석제가 부도 기단부의 일부이며, 유물의 제작시기가 8세기 중엽이라면 부도에 주악상이 출현하는 시기를 약 1세기 정도 소급할 수 있게 되기 때문이다. 그러므로 이 유물이 부도의 편이라면, 부도의 어느 부위인지가 규명되어야 하며, 양식적 특징을 고려하여 편년까지 도출할 수 있기를 기대한다.

〈그림 9〉 석제편 비파

8) 기와

기와는 건물의 지붕을 덮는 용도로 사용된 대표적인 지붕재이다. 비바람 같은 자연환경이나 외부의 위험을 막아주는 구실을 하기 위하여 흙을 구워 단단하게 만든 여러 가지 모양의 작은 물건이다. 나무나 돌·금속 등으로 만들기도 하지만 보편적으로 기와라 하면 흙을 구워 강도를 높인 토제를 이용한다. 따라서 기와는 일종의 건축부재建築部材이다.[21]

원래 지붕에는 이엉이나 볏짚 그리고 나무껍질같은 식물성 재료를 사용했을 것으로 간주되나, 내구력耐久力이 약하여 자주 고쳐야 하기 때문에 방수성防水性이나 강도强度가 높은 반영구적半永久的인 점토소성품粘土燒成品으로써 기와가 출현하게 되었다.[22]

---

[21] 김동현 외 편저,『신라의 기와』, 서울: 동산문화사, 1976, 335~379쪽.
문명대,「우리나라의 기와」,『불교미술』9, 서울: 동국대학교박물관, 1988, 182쪽의 내용을 인용함. 그 내용은 김동현의 내용을 또 인용한 것임. 張起仁,『한국건축사전』(1985) 기와·전돌·막새기와의 정의 참고.
[22] 金誠龜,「瓦塼」,『韓國考古學美術史要解』, 서울: 國立中央博物館, 1983, 58쪽.

통일신라시대 주악상 관련 기와는 〈표 1〉에 언급했듯이 ②, ⑦, ⑧, ⑩에 의해 지금까지 9점이 소개되었다. 이 가운데 ⑦의 1점을 제외하고 모두 도상자료가 공개되었다. 나는 이외의 기와 자료가 2000년 8월 28일부터 11월 12일까지 국립경주박물관에서 '신라新羅 와전瓦塼' 특별전에서 확인하였고, 당시 도록[23]에도 수록되었기 때문에 가릉빈가 수막새 2점과 천인문 암막새 1점을 소개하고자 한다. 그리고 『일본소재문화재도록』에서도 별개의 주악상 암막새기와가 있기 때문에 함께 다룰 것이다.

(1) 수막새기와

기와는 사용처와 형태에 따라 암키와·수키와·막새·서까래기와·마루기와·특수기와 등으로 분류된다. 이 가운데 막새 중에 암막새와 수막새가 있는데 여기에 각각 주악상이 등장한다.

〈그림 10〉 수막새 1

〈그림 10〉은 수막새 형태가 온전한데, 〈그림 11〉은 절반 이상이 파손된 상태이다. 〈그림 10〉의 지름은 14.3cm이고 두께는 2.2cm이다. 〈그림 11〉의 현재 길이는 13.2cm이고, 두께는 2.5cm이다. 수막새 2점 모두 국립경주박물관 소장품이며, 〈그림 11〉은 경주 황룡사지 출토품이다. 〈그림 11〉이 비록 절반 정도 파손되고 마모되었으나, 〈그림 10〉과 같은 형태의 수막새인 관계로 판독에는 큰 문제가 없다.

〈그림 10〉과 〈그림 11〉은 모두 가릉빈가가 생笙을 연주하는 주악상이다. 앞에서 살펴본 적인선사 부도의 주악상도 가릉빈가였지만, 수막새 역시 가릉빈가

〈그림 11〉 수막새 2

---

23 『新羅瓦塼』, 경주: 국립경주박물관, 2000.

상임이 공통점이다. 이것이 집 지붕을 장식하는 수막새기와에도 출현한 점이 주목된다. 왜냐하면 2000년 경주에서 개최된 '신라 와전' 특별전 때 일본과 중국의 기와도 함께 전시되었지만, 당시 일본이나 중국의 막새기와에 이러한 주악상이 거의 없었기 때문이다.

다음은 암막새 2점을 소개하도록 하겠다.

(2) 암막새기와

〈그림 12〉는 경주 사천왕사지에서 수집된 암막새인데, 『일본소재문화재도록』에 '비천문 암막새'로 소개된 유물이다.[24] 그리고 〈그림 13〉은 '신라新羅 와전瓦塼' 특별전에 전시되고 도록에 경주 고선사지 출토로 소개된 암막새이다.[25]

〈그림 12〉 경주 사천왕사지 수집 암막새

〈그림 13〉 경주 고선사지 출토 암막새

〈그림 12〉는 통일신라 8세기 중엽의 것으로 추정하며, 현재 폭은 16.0cm이고, 높이는 6.4cm이다. 경주시 사천왕사지에서 수집되었으며, 같은 형태의 기와가 경주 고선사지高仙寺址와 인왕동仁旺洞 폐사지 등지에서도 출토되었고, 암막새의 주된 무늬로 비천을 새긴 점이 이채롭다고 소개하였다.[26] 그런데 도록에는 '옥적玉笛'을 부는 천인

...

24 『日本所在文化財圖錄』, 서울: 國立文化財研究所, 1995, 40쪽.
25 『신라와전』, 경주: 국립경주박물관, 2000, 289쪽.
26 『日本所在文化財圖錄』, 서울: 國立文化財研究所, 1995, 154쪽.

으로 소개했으나, 정확한 악기 명칭에 대해서는 앞으로 세밀한 논증이 필요하다.

〈그림 13〉은 경주 고선사지에서 출토된 것이고, 현재 국립경주박물관에 소장되어 있다. 현재 너비 14.8cm이며, 높이 6.0cm, 두께 2.0cm이다. 고선사지 출토의 또 다른 비천문 암막새는 〈표 1〉의 ② 이홍직이 소개한 사례가 있었다.[27] 뿐만 아니라 국립경주박물관에는 〈그림 12〉 및 〈그림 13〉과 유사한 형태의 비천문 암막새가 여러 점 소장되어 있기 때문에 전반적인 조사와 소개가 요청된다.

기와의 경우 수막새 생의 주악상은 지금까지 음악학계에 소개되지 않았기 때문에 새로운 주악도상인 데 의미가 있고, 천인의 암막새기와는 지금까지 여러 점 공개되었기 때문에 2점이 더 추가된 셈이다. 앞으로 주악상 기와를 모두 수집하여 출토지역과 특징 및 도상의 의미를 고찰하는 연구가 시도되길 기대한다.

9) 경주 황남동 376번지 출토 토제 현악기

경주시 황남동 376번지 건축주인 정인환 씨가 건물을 신축하고자 1993년 9월경에 경주시로부터 허가를 받고, 1994년 3월 28일부터 6월 30일까지 약 70일간 동국대학교박물관 유물조사팀이 황남동 376번지 주변을 발굴하였다. 발굴 결과 신라 왕경 구역 내에 위치한 생활유물

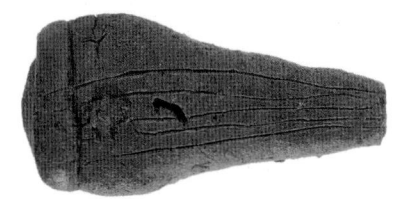

〈그림 14〉 토제 현악기

예컨대 목간木簡이나 인장印章 혹은 유리 도가니와 석추石錘 등의 유물이 확인되었다.[28] 이 가운데 통일신라시대의 '토제 현악기' 1점도 출토되었다. 그래서 이 유물의 항목을 '황남동 376번지 출토 토제 현악기'라 한 것이다.

27　李弘稙, 「韓國 古代 樂器圖象 過眼錄」, 『李惠求博士頌壽紀念 音樂學論叢』, 서울: 사단법인 한국국악학회, 1969, 201쪽 그림 24.
28　黃尙周 外, 『慶州 皇南洞 376 統一新羅時代 遺蹟』, 경주: 東國大學校 慶州캠퍼스 博物館, 2002, 90~99쪽.

이 유물의 구조는 중앙에 5선을 깊게 그었고, 악기의 줄베개 부분은 점토띠를 횡으로 덧붙여 처리하였다. 중앙에 의도적으로 홈을 낸 것은 울림구멍을 본뜬 것으로 추정하였다. 길이는 7.0cm이며, 폭幅은 3.5cm로 소개하였다.[29]

아울러 보고서에 "이 토우는 현악기형 토우인데, 다만 목 부분이 부러져 결실되었지만, 5현과 표형瓢形의 구조 및 통음구通音口의 표시로 볼 때, 향비파로 추정된다"고 하였다.[30]

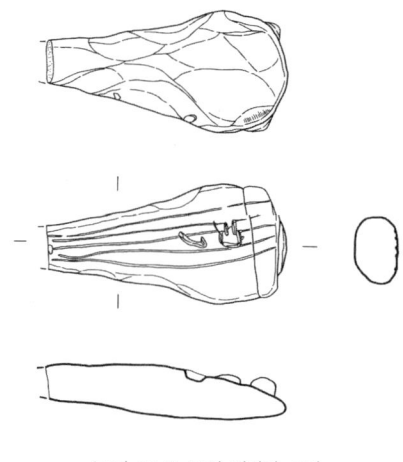

〈그림 14-1〉 토제 현악기 도면

현악기임에는 분명하지만, 보고서의 내용처럼 향비파인지 일본 정창원에 소장된 신라금이나 거문고처럼 지터류의 현악기인지에 대해서는 앞으로 조명이 필요하다.

10) 안양 석수동 마애종

〈그림 15〉는 경기도 안양시安養市 석수동 안양 유원지 부근에 위치한다. 높이 4m이며, 경기도 유형문화재 제92호이다.

마애종磨崖鍾이란 절벽의 거대한 바위면에 선각과 돋을새김기법으로 종을 새긴 것을 일컫는다. 일반적으로 불상을 새겨서 '마애불磨崖佛'이라 하고 통일신라 마애불은 여러 점 있다. 그러나 〈그림 15〉처럼 종을 치는 형상을 새긴 것은 거의 유일품이라 하겠다.

'ㄷ'자 형의 종틀에 범종을 걸었고, 한 승려가 종을 치는 모습이다. 범종의 상부上部에 용뉴龍鈕와 음통音筒이 있고, 그 아래 유곽乳廓과 유두乳頭의 조각이 뚜렷하다. 또한

---

29 黃尙周 外, 『慶州 皇南洞 376 統一新羅時代 遺蹟』, 경주: 東國大學校 慶州캠퍼스 博物館, 2002, 68쪽.
30 위의 책, 97쪽.

유곽 안에 9개의 유두를 새겼고, 종신 鍾身에 둥근 모양으로 연화를 만들었다.

우리나라 범종만이 가지는 특징으로 종의 상부에 용뉴와 음통이 있고, 유곽이 배치되며, 유곽 안에 유두가 9개로서 총 36개가 정연하게 배열되는 것을 손꼽는다.[31] 그런데 이 마애종은 바로 이런 특징을 모두 지닌 데 의미가 있고, 무엇보다 타종 모습의 마애종으로

〈그림 15〉 안양 석수동 마애종

유일품인 데 가치가 높다. 하지만 당시 사람들이 이렇게 조각한 의미와 이 유적의 편년에 대한 연구는 앞으로 시도되어야 할 것이다.

지금까지 소개한 유물을 종합하면, 경주의 성덕대왕신종, 경주 월성해자 출토 당삼채, 청도 운문사 석탑 공후 주악상, 서울 국립중앙박물관 석탑편 공후 주악상, 국립경주박물관 주악천인석탑재, 태안사 적인선사 부도, 경북대학교박물관 소장 비파주악 석탑편, 기와 4점, 경주 황남동 토제 현악기, 안양 석수동 마애종으로 이상 10종이며 유물 수는 13점이다.

3. 통일 이전 시기 및 당의 유물과 비교

지금까지 살펴본 기존 자료와 새로운 자료를 종합하여 통일신라시대 음악고고학 자료의 성격을 파악하기 위해 실전實傳하는 악기 유물과 도

---

31 廉永夏, 『韓國의 鐘』, 서울: 서울대학교 출판부, 1998, 11쪽.

상에 나타난 악기 유물을 구분하여 살펴보도록 하겠다.

1) 악기 유물

악기 유물은 통일신라시대 사람들이 제작한 악기가 지금까지 전해지는 것을 뜻한다. 통일신라시대는 세월이 오래되었기 때문에 오늘날 온전하게 전하는 것도 있지만, 부분적으로 파손되어 일부만 전하는 것도 있다. 이것을 보기 쉽게 정리한 것이 〈표 3〉이다.

〈표 3〉 통일신라시대 악기 유물의 종류

구분	종류		유물 명칭	수량	
타악기	범종	完	상원사종 · 성덕대왕종 · 청주종	3	11
		完/일본소장	무진사종 · 연지사종 · 우좌신궁종 · 운수사종 · 광명사종	5	
		片	선림사지 파종 · 실상사종 · 동국대소장 종편	3	
	금고(金鼓)		865년명	1	
	요고		이성산성 출토	1	
현악기	신라금		일본 정창원 소장	3	
	신라금궤		일본 정창원 소장	1	
관악기	도적		일본 천리대학 소장	1	
	당삼채 훈		경주 월성해자 출토	1(?)	
	옥적		국립경주박물관 소장	2(?)	
기타	14면체 주사위		경주 월지 출토	1	
종합	악기 8종, 기타 1종		국내와 일본 소장	22(19)	

〈표 3〉에서 실전하는 통일신라시대 악기 종류를 보면, 타악기로는 범종과 금고金鼓 및 요고가 있고, 현악기로는 신라금이 있으며 악기 보관함인 신라금궤도 있다. 관악기로는 도적과 당삼채 훈 및 옥적이 있으나, 이 유물이 과연 신라에서 제작된 것인지에 대해서는 좀 더 심도 있는 연구가 필요하다. 그리고 놀이와 가무에 쓰였던 14면체

주사위도 있다. 여기까지 악기의 종류는 7종이며, 기타 1종이 있고, 유물의 수량은 모두 22점이다. 물론 이 가운데 몇몇 유물은 차후 연구의 결과에 의해 가감될 수 있다.

그러면 통일신라시대 음악고고학 자료의 특징을 살펴보기 위해 먼저 통일신라 이전 시대의 자료 및 당나라 유물과 비교해 보도록 하겠다.

(1) 통일신라 이전의 자료

통일신라 이전의 시대는 청동기시대와 삼한시대 및 삼국시대이므로 각 시대의 악기 유물을 살펴봐야 한다.

청동기시대 악기 종류로는 팔주령과 쌍두령 및 간두령과 조합식 쌍두령 등 방울류의 악기와 동탁류의 타악기가 대표적이다.[32] 이러한 악기는 삼한시대에까지 전승되었다. 그리고 웅기 굴포리의 골제 관악기 1점도 청동기시대 유물이다. 삼한시대를 보면, 마한지역인 광주 신창동 현악기와 진한 지역인 경산 임당동 출토 현악기 칠기흔이 전한다. 현악기 관련 유물로는 신창동 유물이 가장 오래된 것이다. 그리고 삼국시대를 보면, 백제 지역인 대전 월평동에서 현악기 양이두 부분만 출토되어 현존한다. 그 외 고구려와 가야 및 신라의 경우는 아직까지 악기 유물이 출토된 사례가 없다.

이상이 통일신라 이전 시대의 음악고고학 자료 가운데 실전하는 악기 종류의 전모이다. 타악기의 경우 대부분 방울류와 동탁류 등 타악기이며, 관악기는 골적이 유일하다. 현악기는 악기의 일부분이 전하거나 칠기 흔적만 남았기 때문에 현악기의 온전한 모습을 갖춘 유물은 없는 셈이다.

이와 같이 통일신라 이전 시대의 악기 유물과 〈표 3〉의 악기와 비교하면 통일신라시대의 몇 가지 특징을 도출해낼 수 있다.

첫째, 청동기와 삼한시대에 사용했던 다양한 방울류가 사라지고 그 대신 범종과 금고가 등장한 점이다. 더욱이 범종과 금고金鼓는 사찰에서 지금도 사용하고 있기 때문

---

32 김성혜, 『신라음악사연구』, 서울: 민속원, 2006, 21~53쪽.

에 그 역사가 무려 1300년이나 지속된 데 의미가 있다.

둘째, 이전 시대에는 현악기 완제품이 없었으나 통일신라시대에는 신라금 완제품이 3점이나 전한다. 그리고 악기 보관통까지 실존하는 예는 고려와 조선시대에도 없기 때문에 이 역시 하나의 특징으로 손꼽을 수 있다. 이 유물이 비록 일본에 소장되어 있지만 '신라금'과 '신라금궤'인 점은 변함이 없을 것이다. 아울러 이 악기는 오늘날 가야금으로 이어져 1200년의 긴 역사를 자랑하는 현악기이다.

셋째, 골제의 관악기 대신에 도적陶笛과 훈의 출현이 다른 점이다.

요컨대, 통일신라시대의 범종과 금고金鼓, 신라금은 오늘에까지 전승되어 연주되는 악기인데 특징이 있다.

(2) 당唐의 자료와 비교

신라는 6세기로 접어들면서 중국 남북조와의 교류를 본격적으로 시작하였고, 삼국을 통일할 때 부득이 당의 힘을 빌리면서 당과의 문화 교류를 적극적으로 전개하였다. 음악 교류 역시 예외가 아니었을 것이므로 당의 음악고고학 자료 가운데 악기와 비교해 볼 필요가 있다. 과연 어떤 공통점과 차이점이 있는지 당의 악기 유물을 살펴보았다.

당의 음악고고학 자료 가운데 '악기의 종류'를 파악하기 위해 나는 1998년부터 2001년까지 중국에서 연차를 두고 출판한 7권의 책을 참고하였다. 책명은 『중국음악문물대계中國音樂文物大系』이며, 북경권北京卷·산동권山東卷·산서권山西卷·섬서陝西와 천진권天津卷·감숙권甘肅卷·신강권新疆卷·호북권湖北卷 이상 7권이다.[33] 이 책에서 유물의 편년을 '당唐' 혹은 '7~10세기'로 분류한 것을 정리한 것이 〈표 4〉이다. 단 호북湖北의 경우는 당의 악기 유물이 없었기 때문에 제외하였다. 그리고 표 우측에는 신라의 악기 유물과 비교하기 위해 항목을 설정하였다.

---

33 『中國音樂文物大系: 新疆卷』, 大象出版社, 1999; 『中國音樂文物大系: 甘肅卷』, 大象出版社, 1998; 『中國音樂文物大系: 山西卷』, 大象出版社, 2000; 『中國音樂文物大系: 陝西卷 天津卷』, 大象出版社, 1999; 『中國音樂文物大系: 湖北卷』, 大象出版社, 1999; 『中國音樂文物大系: 北京卷』, 大象出版社, 1999, 2판; 『中國音樂文物大系: 山東卷』, 大象出版社, 2001.

<표 4> 당의 악기 유물 종류

당								신라	비고
북경	섬서	천진	감숙	신강	산서	산동	종합		
금 7					금 2	금 2	금 11	신라금 3	
도훈 4	도훈 1	도훈 2					도훈 7	도적 1	
당삼채 훈 5							당삼채 훈 5	당삼채 훈 1	
청유자 훈 1							청유자 훈 1		
요고 1	요고 1		요고 1				요고 3	요고 1	도자기/목제
	동탁 1						동탁 1	금고 1	
동발 9							동발 9		
소홀뢰 1							소홀뢰 1		
	陶완함 1						陶완함 1		
			도자령 2				도자령 2		
			비파 잔편 1	비파1			비파 1(편1)		
				세요고 2			세요고 2		
				범종 1 (10-13C)			범종 1	범종 8 (편3)	

<표 4>에서 당과 신라의 악기 유물을 비교했을 때 유물의 종류와 수량이 당의 것이 단연코 다양하고 많다. 그 이유는 지역의 면적과 비례할 것이다. 우선 공통점을 보면, 현악기 '금琴'과 당삼채 훈塤이 실전된 점이다. 그리고 요고의 경우, 당의 유물은 모두 도자기로 제작되었고 온전한 형태인 반면, 신라의 것은 목제이고 약간 파손된 상태이며 규모가 작은 점이 다르다. 한편, 차이점은 징류의 금고가 신라에만 출현한 점이며, 범종류의 타악기 역시 신라가 수량이 많은 점이다. 따라서 범종과 금고의 경우, 통일신라 악기 유물의 특징으로 간주할 수 있다.

다음은 도상에 나타난 음악고고학 자료를 살펴보도록 하겠다.

2) 도상 유물

도상 유물이란 유물 가운데 석제나 청동 혹은 금제품 그리고 토제품 등에 주악상이 조각되거나 그려진 유물을 뜻한다. 이 글의 Ⅱ항과 Ⅲ항에서 거론된 자료를 재료별로 구분하여 정리한 것이 〈표 5〉이다.

〈표 5〉 통일신라시대 도상 유물의 종류

재료	구분		내용	유물 수	합계
석제	불상		축서사 · 각연사 · 선산해평동	3	23
	석탑	完	진전사지 · 화엄사 4사자탑 · 실상사 · 선림원지 · 신계사지 · 청도운문사동탑	6	
		片	상주석각 · 중앙박물관석탑 · 경주박물관석탑	3	
	부도	完	봉암사 · 쌍봉사 · 염거화상 · 연곡사 동 · 굴산사 · 이화여대 부도 · 태안사	7	
		片	경북대	1	
	마애		경주남산 마애불 · 안양 석수동 마애종	2	
	비문		하동 진감선사	1	
청동 금제	청동사리기		감은사 서탑 사리기	1	7
	금동보살상		횡적보살상 · 종적보살상 · 가릉빈가 동발상	3	
	금동판불		경주 월지 출토	3	
토제	기와		암막새 10, 수막새 3	13	16
	전돌		불국사 전돌, 기증유물 전돌	2	
	토용		경주 황남동 출토 현악기	1	

〈표 5〉를 보면, 석제石製로 조성된 것은 불상·석탑·부도·마애불이나 마애종 그리고 비문인데 이에 해당하는 유물은 23점이다. 청동이나 금으로 만들어진 것을 보면 청동 사리기 1점과 주악 금동 보살상 3점 및 금동 판불 3점 그래서 모두 7점이 있다. 흙으로 제작된 것에는 전돌과 기와 그리고 토용이 이에 해당하는데 유물수는 16점이다. 이렇듯 통일신라시대 도상 유물을 종합하면, 석제에 5종 23점이 전하며, 청동 및 금제에 3종 7점이 전하고, 토제에 3종 16점이 전한다. 모두 합하여 11종 46점이다. 이와 같이 통일신라시대 도상 유물 중에서 청동이나 금제 및 토제의 유물보다 석제의 유물이 가장 많은 것을 확인할 수 있다.

그러면 통일신라시대의 도상 유물의 특징을 살펴보기 위해 통일 이전 시대의 자료와 당의 자료를 비교해 보도록 하겠다.

(1) 통일신라 이전의 자료

청동기시대 도상 유물은 울산 대곡리大谷里 암각화가 대표적이다. 그리고 삼국시대의 경우 고구려의 도상 유물은 고구려 고분의 벽화가 유일한데 약 100여 기 가운데 음악고고학 관련 벽화는 약 12기이다.[34] 백제의 도상 유물은 금동대향로와 계유명석상이 있다. 그리고 통일 이전의 신라 도상 유물은 토우가 유일한데 현악기 14점과 관악기 7점 그리고 가무歌舞 관련 10점으로 모두 31점이 전한다.[35]

요컨대 통일신라 이전의 도상을 종합하면 청동기시대의 암각화, 고구려의 고분 벽화, 백제의 금동대향로와 계유명석상, 신라의 토우로 요약할 수 있다. 이상의 자료를 〈표 5〉의 통일신라시대 도상 유물과 비교해 볼 때 몇 가지 특징이 있다.

첫째, 청동기시대 암각화와 고구려의 고분 벽화가 통일신라시대에 더 이상 출현하지 않는다.

둘째, 백제의 금동대향로의 주악상은 통일신라 청동제 사리기 주악상이나 금동보살상 및 금동 판불 등으로 변화되어 나타나며, 백제의 계유명석상은 통일신라시대 석불상과 석탑·부도·마애상 등의 석제 주악상으로 확대되어 조각된 점이다.

셋째, 신라토우의 주악상은 통일신라시대 토용으로 변화되었으나 출토량이 많지 않은 점으로 볼 때 토우만큼 매장유물로 활성화되지 않았던 것으로 짐작된다.

이상으로 통일신라시대 도상 유물을 이전 시대의 유물과 비교해본 결과, 백제문화의 영향을 많이 받았다고 볼 수 있다. 그리고 무엇보다 큰 특징은 도상 유물 전반이 불교문화의 성격이 매우 강하다는 것이다.

다음은 중국 당나라 도상 유물과의 관계를 알아보도록 하겠다.

---

34 김성혜, 「고구려악 연구사 재검토」, 『삼국시대음악사연구』, 서울: 민속원, 2009, 61쪽.
35 김성혜, 『신라음악사연구』, 서울: 민속원, 2006, 83~174쪽.

(2) 당의 자료와 비교

앞에서 당의 '악기 유물'을 파악하기 위해 7권의 중국음악책을 검토했듯이, 당의 '도상 유물'을 파악하기 위해서도 같은 방법으로 7권의 책을 살폈고, 이를 정리한 것이 〈표 6〉이다.

〈표 6〉 당의 도상 유물

구분		북경	섬서	천진	감숙	신강	산서	산동	호북	종합
석제		石彫 1	석함 1				석비 1			14
			석불대좌 1		석상 1		부도 1			
			석곽 2		석관 1		經幢 3			
		옥띠 1	옥띠 1							
청·금동제		銅鏡 6	金盞 1						銅像 1	8
토제		俑 50	俑 59	俑 1	俑 8	俑 39	俑 10	俑 2	俑 29	198
				당삼채병1	화상전 6					7
기타						사리기 1				1
석굴					막고굴 26 유림 외 4	키질 20 그 외 20	석각 석굴1			71
회화		벽화 2 회화 1	이수묘 등 4							7

〈표 6〉에서 당唐나라 도상 유물의 특징을 보면 악용樂俑이 중국 전역에서 출토된 점과 석굴의 수량이 엄청나게 많은 점이다. 이러한 당의 유물과 통일신라시대 도상 유물을 비교해 보면 통일신라 유물의 특징을 도출할 수 있다.

첫째, 통일신라시대 석탑의 주악상이다. 당의 경우 석불대좌나 석곽 또는 부도나 경당經幢에 주악상이 조각되었으나 석탑에 조각된 사례는 보다시피 거의 없다. 따라서 신라 석탑에 조각된 도상은 신라의 특징으로 손꼽을 수 있다.

둘째, 기와 막새의 주악상이 또 그렇다. 이 역시 당나라 유물에서 발견되지 않기 때문에 신라 유물의 특징이라 할 수 있다.

4. 통일신라시대
음악고고학 자료의 특징

한국음악사 연구에 있어서 어느 시대를 불문하고 연구에 선행되어야 하는 작업은 자료의 집대성이다. 다른 시대보다 문헌 기록이 소략한 고대음악사는 음악고고학 자료를 최대한 활용해야 하는데 이를 위해서는 고고학 자료의 집대성이 시급하다. 이 글은 통일신라음악사 연구의 초석을 마련하고자 음악학계에 발표된 자료를 집대성하고 소개되지 않은 새로운 자료를 도상과 함께 공개하고 아울러 통일신라시대 음악고고학 자료의 특징을 조명하고자 마련한 글이다.

기왕에 발표된 음악고고학 자료는 모두 54점이었으며, 나는 새로운 자료로 10종을 소개하였다. 기왕의 자료 54점 가운데 일부는 유물의 전체적인 조명이 시도되었으나 아직도 유물의 명칭만 소개되고 도상이 공개되지 않은 것은 빠른 시일 내에 공개되어야 할 것이다. 도상자료를 함께 공개해야 다른 연구자의 이용도가 높아지기 때문이다. 또한 유물의 편년을 고려하지 않고 통일신라시대 자료에 포함시킨 사례가 있기 때문에 이에 대한 재검토 작업도 요청된다.

통일신라시대 음악고고학 자료를 악기 유물과 도상 유물로 구분하여 살펴봤는데 악기 유물은 7종 22점이 현존하며, 도상 유물은 11종 46점으로 파악하였다. 악기 유물 7종은 범종·금고金鼓·요고·신라금·도적·당삼채·옥적이다. 이 시대 악기 유물의 특징은 범종과 금고金鼓가 새롭게 출현한 것이다. 특히 통일신라 범종은 대부분 종신에 주악상을 장식한 점이 독특한데, 이 점이 가장 큰 특징의 하나로 손꼽을 수 있다. 그리고 이 시대 악기가 지금도 사찰에서 혹은 일반 대중에게서 애용되고 있기 때문에 1200~1300년의 전통을 유지한 데 의미가 있다.

도상유물은 제작 재료에 따라 석제·청동 및 금제·토제로 구분했을 때 석제 유물이 전체의 절반으로 가장 많았다. 석제로 불상과 석탑·부도 혹은 석면(마애)에 주악상을 그리거나 조각했는데, 특히 석탑의 주악상을 신라 도상 유물의 또 다른 특징으로 꼽을 수 있다. 뿐만 아니라 토제의 기와 주악상 역시 신라에만 출현하는 도상 유물이다.

02.
통일신라 음악고고학 자료의 재조명

-
-
-

    통일신라시대 음악고고학 자료는 관심 있는 학자들에 의해 개별적으로 소개되었다. 그 실례를 보면, 1964년 이혜구李惠求는 "국악사"를 개관하면서 감은사 서탑 사리기의 주악상과 계유명석상을 음악학계에 처음 알렸다.[1] 5년 후인 1969년에 이홍직李弘稙은 통일신라시대 범종 및 기와 등 약 13점의 유물을 도상과 함께 공개하여[2] 통일신라시대 음악 연구에 초석을 마련하였다. 그리고 1970~80년대 장사훈張師勛·권오성權五聖·송방송宋芳松 등이 학계에 통일신라시대 음악고고학 자료를 도상과 함께 공개하였다.[3] 한편, 황미연은 1995년에 "석조물에 나타난 주악상에 관한 연구"란 글에서 무려 12점에 달하는 통일신라시대 새로운 유물을 소개하였고,[4] 1996년에 또다시 "통일신라시대 주악상에 관한 고찰"이란 글을 통해 청주 운천동 출토 종鐘을 비롯하여 3점

---

1 이혜구, 「국악사」, 『한국예술총람』, 서울: 대한민국예술원, 1964, 106~108쪽.
2 李弘稙, 「韓國 古代 樂器圖象 過眼錄」, 『李惠求博士頌壽紀念 音樂學論叢』, 서울: 사단법인 한국국악학회, 1969, 169~202쪽.
3 장사훈, 『한국음악사』, 서울: 정음사, 1976, 17~55쪽; 권오성, 「삼국시대음악」, 『한국음악사』, 서울: 대한민국예술원, 1985), 37~99쪽. 도적(陶笛), 〈사진 14〉, 토적(土笛), 〈사진 15〉; 송방송, 〈사진 30〉: 진전사지 삼층석탑, 〈사진 31〉: 쌍봉사 철감선사탑, 〈사진 35〉: 상주 석각주악상 및 「고고학 자료에 나타난 악기 색인: 고려 이전 자료를 중심으로」, 『한국고대음악사연구』, 서울: 일지사, 1985, 319~332쪽.
4 황미연, 「석조물에 나타난 주악상에 관한 연구: 실상사 백장암 삼층석탑을 중심으로」, 『한국음악산고』 제6집, 서울: 한양대학교 전통음악연구회, 1995, 107~131쪽.

을 추가로 소개하였다.[5] 이처럼 약 30년 동안 통일신라시대 음악고고학 자료는 여러 연구자들에 의해 약 50점이 소개되었다. 그런데 황미연의 글에서 아쉬운 것은 실상사 백장암 3층석탑을 제외한 모든 유물의 도상圖像을 공개하지 않아 신빙성에 의문이 있는 점이다.

1964년 이혜구의 경우 유물의 도상을 소개하지 않았지만, 이홍직의 글에서 관련 도상을 제공했기 때문에 자연스럽게 통일신라 음악고고학 자료로 인정되었고 또 활용되었다. 그러나 황미연이 제시한 유물 자료는 다른 연구자들에 의해 관련 도상이 공개된 것도 있지만,[6] 그렇지 않은 것도 있다. 특히 유물의 도상이 공개되지 않은 것은 자료 활용을 위해 유물 사진의 제시가 요청된다.

그리고 국립국악원에서 개원 60주년 기념으로 2011년 5~6월에 '우리악기 우리음악'이란 주제로 특별전시회를 개최했고 전시 도록도 출판하였다. 그런데 이때 통일신라시대 유물로 '요고 연주 수막새'가 전시되었는데, 나는 당시 이 유물이 과연 음악고고학 자료인지 의문이 들었다. 왜냐하면 유사한 유물이 2000년 '신라 와전' 특별전 때는 다르게 소개되었기 때문이다. 따라서 이 글의 연구 목적은 지금까지 소개된 통일신라 음악고고학 자료를 재조명하는 데 있다.

연구 범위는 황미연이 제시한 총 15점의 유물 가운데 음악고고학 자료로 의심이 되는 6점의 유물과 국립국악원에서 마련한 2011년 악기유물 특별전 때 소개한 '요고 연주 수막새' 1점에 한정하고자 한다. 이상 7점의 유물을 구체적으로 제시하면, 경북 봉화 축서사鷲棲寺 석조石造 비로자나불毘盧遮那佛 좌상坐像, 충북 괴산 각연사覺淵寺 석조비로자나불좌상, 경북 구미 해평리 석조石造 여래좌상如來坐像, 경주 남산南山 탑곡塔谷 마애불상군磨崖佛像群, 전傳 흥법사興法寺 염거화상廉居和尙 부도浮屠, 동국대 소장 수막새(요고) 그리고 요고腰鼓 연주 수막새이다. 특히 '요고 연주 수막새'는 2011년에 국립국악원

---

5 황미연, 「통일신라시대 주악상에 관한 고찰」, 『낭만음악』 제9권 제1호(통권33호), 서울: 낭만음악사, 1996, 21~51쪽.
6 송방송, 「화엄사 삼층석탑의 주악상」, 『한국학보』 제108집, 서울: 일지사, 2002, 102~126쪽; 김성혜, 「봉암사 지증대사 적조탑의 음악사적 조명」, 『한국음악사학보』 제39집, 서울: 한국음악사학회, 2007, 31~63쪽; 김성혜, 「쌍봉사 철감선사 징소탑의 무악상 고찰」, 『만당 이혜구박사 백수기념 음악학논총』, 서울: 기념사업회, 2008, 135~158쪽.

에서 '우리악기 우리음악'의 주제로 개최한 특별전시회에서 유물을 공개했지만 신빙성에 의문이 있기 때문에 연구 범위에 포함시켰다.[7]

연구방법은 유물이 있는 현장을 답사하여 관련 유물을 직접 확인하고, 논증에 필요한 경우 관련 도상을 제시하는 방법에 의거하고자 한다. 이를 위해 나는 2012년 2월부터 3월까지 해당 유물이 소장된 지역을 3차에 걸쳐 학술조사를 실시하였다. 제1차는 2012년 2월 15일과 16일 이틀 동안 구미-선산-괴산-봉화 지역을 탐방하였고, 제2차는 2월 27일 경주 남산 탑곡 마애불상군을 답사하였다. 그리고 제3차는 같은 해 3월 22일 서울 국립중앙박물관을 답사하였다.[8]

1. 통일신라시대 음악고고학 자료의 재조명

본 항에서는 각 유물별로 항목을 구분하여 유물이 위치한 장소를 밝히고, 유물의 구조를 살펴본 후 주악상 여부를 확인하려고 한다.

1) 봉화 축서사 석조비로자나불좌상

이 유물은 경상북도 봉화군奉化郡 물야면 월계길 739 축서사鷲捿寺에 있다. 현재(2012년 2월 기준) 대웅전 남쪽에 위치한 보광전寶光殿 내에 있으며, 보물 제995호로 지정된 유물이다.

불상佛像과 대좌臺座는 석조石造이며, 광배光背는 목조木造로 이루어져 독특한 구조를 지녔다. 목조의 광배는 조선시대 제작된 것으로 보며, 석조의 불상과 대좌는 통일신라

---
7 이 글에서 다루는 '충북 괴산 각연사(覺淵寺) 석조비로자나불좌상'의 경우 지금까지 통일신라시대 유물로 간주했으나, 고려 광종 때 것으로 보는 견해도 있다.
8 서울 국립중앙박물관에는 전(傳) 홍법사(興法寺) 염거화상(廉居和尚) 부도가 있는데, 현재 야외에 있으며 경보장치가 설치되어 일반인의 접근을 제한하고 있다.

〈그림 1〉 축서사 비로자나불좌상

〈그림 1-1〉 축서사 비로자나불좌상 대좌

867년경에 조성된 것으로 본다.[9] 아울러 불상의 높이는 108.0cm이며, 대좌의 높이는 96.0cm이다.

〈그림 1〉의 불상은 비로자나불毘盧遮那佛이며, 불상은 후대에 흰색을 입혀서 대좌와 색상이 다르다. 대좌는 중대석과 하대석 8면에 모두 조각이 있는데 하대석은 보광전의 바닥 마루 아래에 들어간 상태여서 현재 도상을 확인하기 어렵다. 그러나 문명대文明大가 실측한 도면에 의하면 하대석 8면의 조각은 사자상獅子像이다.[10]

한편, 황미연은 이 불상의 대좌 중대석인 〈그림 1-1〉에 주악상이 있다고 하였다.[11] 그래서 중대석을 확인하고자 한다.

....

9 『新羅의 獅子』, 경주: 국립경주박물관, 2006, 59쪽.
10 『新羅의 獅子』, 59쪽.
11 황미연, 「석조물에 나타난 주악상에 관한 연구: 실상사 백장암 삼층석탑을 중심으로」, 『한국음악산고』 제6집, 112쪽.

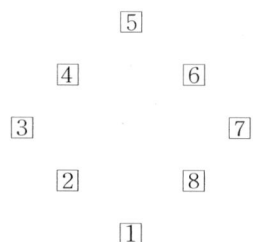

위의 도식에서 ①은 불상 중대석의 정면을 뜻한다. 즉 불상의 정면 바로 아래에 위치한 중대석 면을 일컫는다. ①을 중심으로 팔각면을 시계방향으로 순서를 나타냈는데, 이를 바탕으로 도면의 위치와 조각된 도상의 내용을 제시하면 아래와 같다.

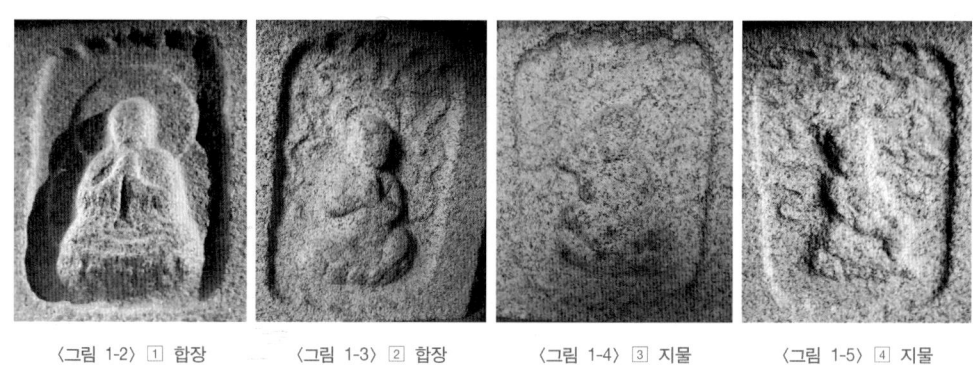

〈그림 1-2〉 ① 합장   〈그림 1-3〉 ② 합장   〈그림 1-4〉 ③ 지물   〈그림 1-5〉 ④ 지물

①은 정면을 향해 합장한 좌상이다. 다른 도상과 차이점은 광배가 있는 점이다. ②역시 합장의 좌상이나, 정면인 ①을 향한 점이 다르다. ③은 오른손에 물건을 든 자세인데, 물건이 무엇이지는 식별하기 어렵다. ④ 역시 손에 물건을 들었는데, 양손이 발을 향해 내린 자세이다. ⑤는 오른손에 물건을 들었고, 왼손을 아래로 내렸다. ⑥은 양손을 아래로 내린 자세이며, ⑦은 합장한 좌상이다. ⑧은 오른손에 물건을 받쳐 들었고, 몸은 정면인 ①을 향했다.

 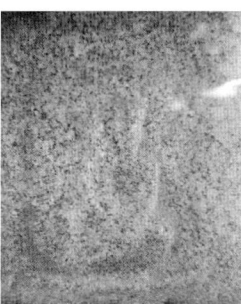  

〈그림 1-6〉 ⑤ 지물　　〈그림 1-7〉 ⑥ 지물　　〈그림 1-8〉 ⑦ 합장　　〈그림 1-9〉 ⑧ 지물

이와 같이 ②③⑦의 3면은 모두 합장상이며, 그 이외는 대부분 어떤 물건을 든 공양상供養像이다. 불상의 중대석에서 악기를 들고 연주하는 형상은 찾아보기 어렵다. 따라서 봉화 축서사 석조비로자나불좌상 중대석에 주악상이 있다고 할 수 없다.

2) 괴산 각연사 석조비로자나불좌상

이 유물은 충북 괴산군槐山郡 칠성면 각연길 451 각연사覺淵寺에 있다. 이 사찰의 대웅전 내에 있으며 불상과 대좌 그리고 광배까지 모두 석재로 구성되었고, 보물 제433호로 지정된 유물이다. 불상의 높이는 128.0cm이며, 대좌 높이는 174.0cm이다.[12]

황미연은 〈그림 2〉 불상의 중대석에 주악상이 있다고 하였으므로,[13] 중대석을 확인해

〈그림 2〉 각연사 비로자나불좌상

---

12 『新羅의 獅子』, 48쪽.
13 황미연, 「석조물에 나타난 주악상에 관한 연구: 실상사 백장암 삼층석탑을 중심으로」, 『한국음악산고』 제6집, 112쪽.

볼 필요가 있다.

〈그림 2-1〉의 각연사 비로자나불좌상 중대석을 보면, 8면에 둥글게 표현된 넝쿨구름무늬가 있고, 그 속에 사자의 상반신이 앞으로 내민 형상으로 조각되었다. 사자는 돌아가며 전체 일곱 마리가 있다. 이렇듯 넝쿨구름무늬와 사자상이 주로 조각되었을 뿐 음악고고학 자료가 될 만한 주악상을 찾기는 어렵다.

〈그림 2-1〉 각연사 비로자나불좌상 중대석

한편, 하대석 팔각면에 가릉빈가 조각상이 눈길을 끌었다. 그런데 하대석은 대웅전 마룻바닥보다 아래쪽에 놓여있기 때문에 8각의 도상을 모두 확인하기 어려운 상태이다.

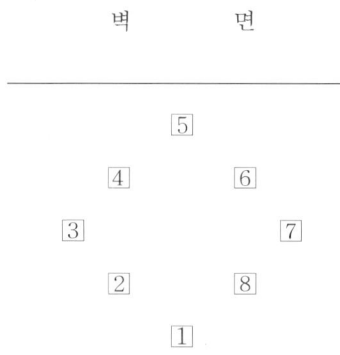

특히 불상의 후면인 5는 벽면과 밀착된 상태이며, 약간 앞쪽의 4는 파손이 심하기 때문에 도상 확인이 불가능하다. 따라서 확인이 가능한 도상만 제시하면 다음과 같다. 각 면마다 안상眼狀을 새겼고, 안상 안에 다양한 문양의 조각상이 있다.

하대석 전반이 대웅전 마루바닥 아래에 위치하기 때문에 마루에 가려서 사진 촬영은 약 30~40도 사선 위치에서 가능하였다.

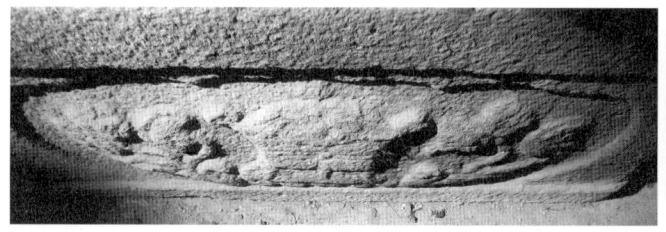

〈그림 2-2〉 ① 향로

〈그림 2-3〉 ⑥ 꽃

〈그림 2-4〉 ② 쌍가릉빈가 합장

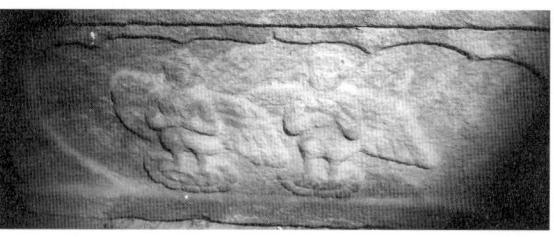

〈그림 2-5〉 ⑧ 쌍가릉빈가 합장

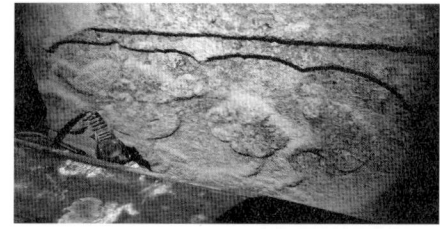

〈그림 2-6〉 ③ 꽃

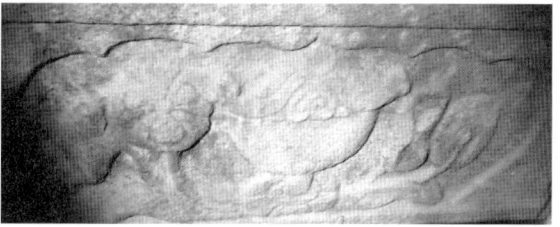

〈그림 2-7〉 ⑦ 꽃

① 정면에는 향로를 새겼다. 이와 같은 형태의 향로는 부석사浮石寺 자인당慈忍堂에 있는 석조 여래좌상如來坐像의 대좌 하대석 정면에도 나타난다.[14] ②와 ⑧은 각 면에 가릉빈가 한 쌍씩을 조각하였고, 모두 합장한 자세이다. ③과 ⑦은 대칭을 이루는데, 안상 안에 연꽃을 새겼다. 하대석 여섯 면은 모두 안상이 조각되었고, 그 속에 향로와 가릉빈가 및 연꽃 등이 새겨졌다. 가릉빈가는 연화좌 위에 서 있는 모습이다. 그리고

---

14 『新羅의 獅子』, 52~53쪽.

6 역시 꽃인데 3 7과는 달리 활짝 핀 꽃을 묘사한 점이 다르다. 이렇게 판독이 가능한 하대석 여섯 면의 조각을 살펴보니, 향로와 꽃 그리고 가릉빈가 합장상이 조각되었고, 음악고고학 관련 주악상을 찾기는 어렵다.

결국 괴산 각연사 비로자나불좌상의 중대석과 하대석까지 전반을 살펴봤지만, 주악상이 없기 때문에 이 유물은 음악고고학 자료에 포함시킬 수 없다.

3) 구미 해평리 석조여래좌상

이 유물은 경북 구미시 해평면 해평 4길 86의 보천사寶泉寺 대웅전에 있다. 불상과 광배 및 대좌를 모두 갖추었고, 보물 제492호이다.

불상의 수인手印은 왼손을 무릎 위에 올렸고, 오른손을 무릎 아래로 내려 땅을 향하므로 항마촉지인降魔觸地印이다. 항마촉지인은 부처님이 보리수 아래에서 마군魔群을 항복받고 깨달음을 성취하던 당시의 모습을 일컫는다. 따라서 이 불상은 석가모니불이다.

한 때 세간에서 석불을 갉아 먹으면 생남生男을 한다는 속설이 퍼져서 이 불상의 코 부분이 많이 훼손되었다. 다행히 보수가 되었지만, 현

〈그림 3〉 보천사 석조여래좌상

재는 불상과 색상이 어울리지 않아 보수의 흔적이 너무 두드러져 재보수가 요청된다. 광배는 7구의 화불化佛이 있으며, 화불 아래쪽에 사리함도 조각되어 있다.

황미연은 이 불상의 중대석에 주악상이 있다고 하였으므로,[15] 중대석을 자세히 확인

---

15 황미연, 「석조물에 나타난 주악상에 관한 연구: 실상사 백장암 삼층석탑을 중심으로」, 『한국음악산고』 제6집, 112쪽.

해 보고자 한다.

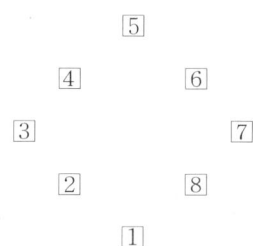

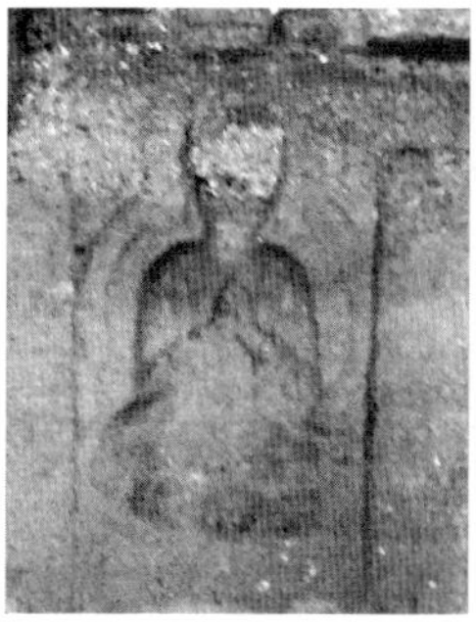

5

4 6

3 7

2 8

1

〈그림 3-1〉 1 합장

〈그림 3-2〉 3 꽃

〈그림 3-3〉 5 꽃

〈그림 3-4〉 7 꽃

〈그림 3-5〉 2 지물

〈그림 3-6〉 4 지물

〈그림 3-7〉 6 공양

〈그림 3-8〉 8 공양

이 유물 중대석에는 안상이 없고, 양쪽에 기둥을 새겼으며 그 사이에 다양한 조각이 있다.

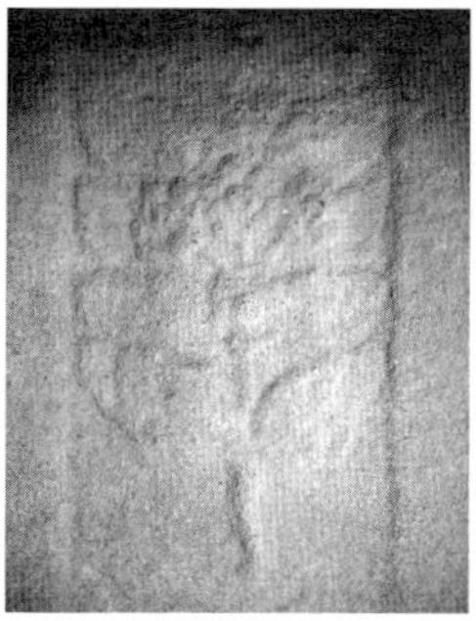

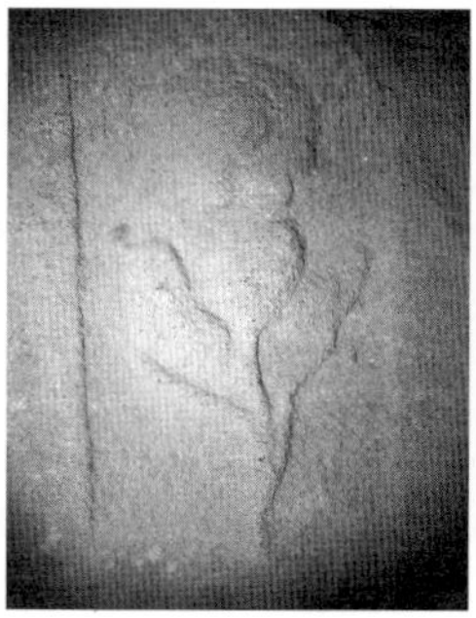

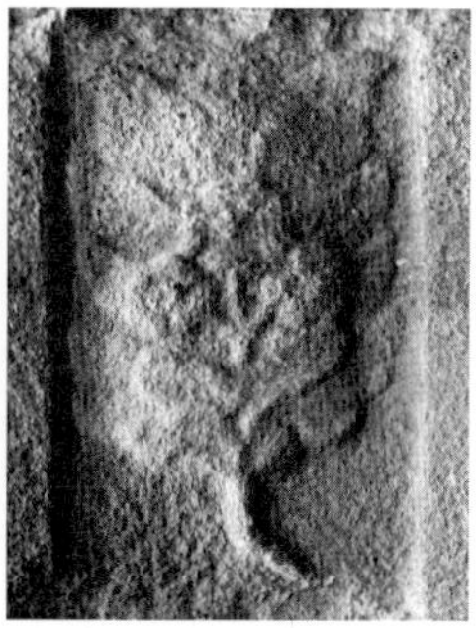

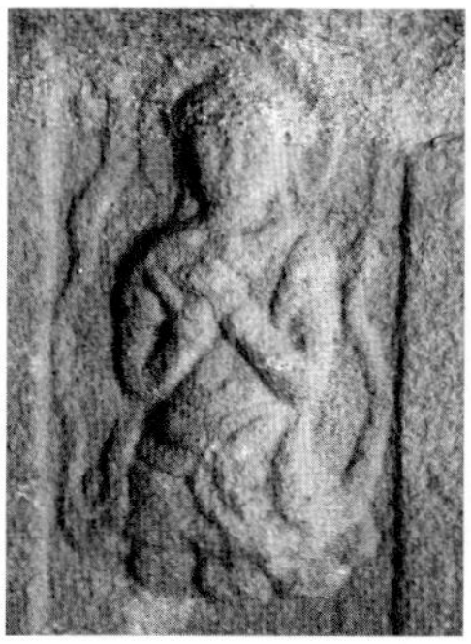

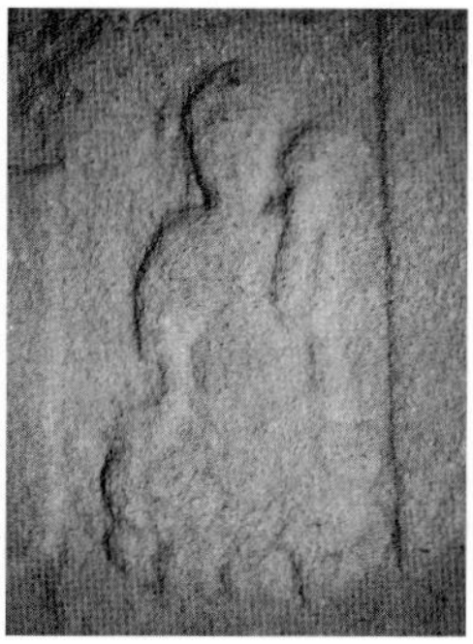

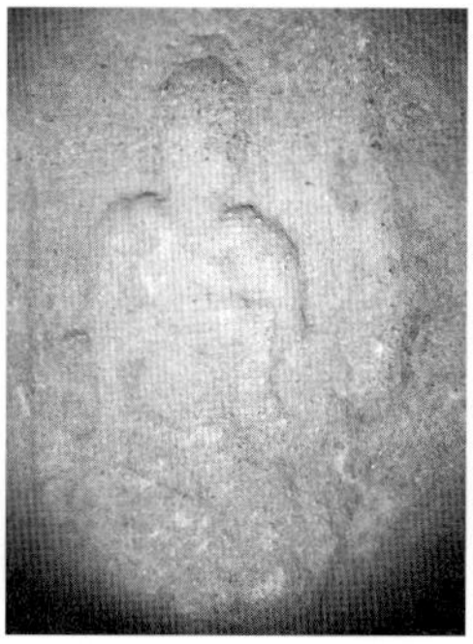

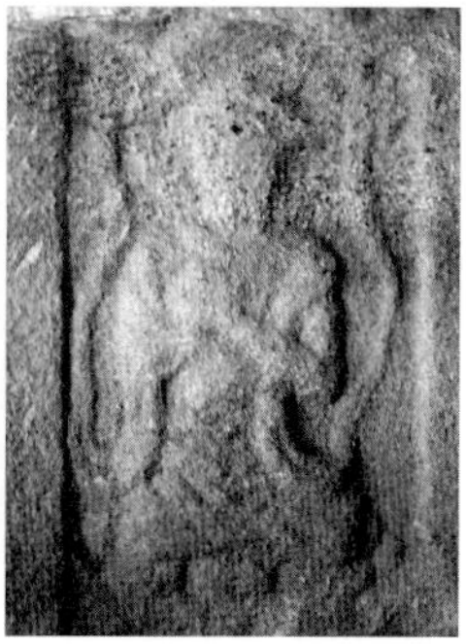

①은 양손을 가슴 앞으로 모아 합장하였고, 연화좌 위에 앉은 좌상이다. 좌측 기둥 옆으로 천의天衣가 휘날리는 점으로 볼 때, 천인상이다. 천인의 얼굴은 절반 가량 파손되었다. 그리고 ①과 대칭인 ⑤는 후면後面인데, 꽃 한 송이를 조각하였다.

그리고 팔각 중 각 면의 사이 면에 해당하는 ② ④ ⑥ ⑧은 모두 천의가 있는 천인상이다. ①처럼 연화대좌에 앉거나 꿇어앉은 좌상이다. 한 손 혹은 양손에 어떤 물건을 들거나 두 손을 합장한 자세를 취하였다. 이와 같이 보천사 석조여래좌상의 중대석 8면을 살펴본 결과 합장한 천인이나 지물을 든 천인 및 꽃을 새겼고, 악기를 연주하는 주악상은 존재하지 않는다.

4) 경주 남산 탑곡 마애불상군

황미연이 음악학계에 통일신라시대 음악고고학 자료로 소개한 '경주慶州 남산南山 마애조상군磨崖彫像群'[16]은 '경주 남산 탑곡塔谷 마애불상군'으로 짐작된다. 왜냐하면 이곳의 바위 동·서·남·북면에 각각 여러 형태의 조각이 있고, 특히 동면東面에 여러 기의 천인상이 있기 때문이다.

이 유물은 경주시 배반동排盤洞 산 69에 위치하여 경주 남산 동록東麓에 있다. 경주 남산은 동서 길이 약 4km, 남북 길이 약 10km이며, 이곳에 조각된 마애불상은 무려 80여 점에 이른다.[17] 따라서 탑곡 혹은 용장골 등 유물이 위치한 지점을 명시하지 않으면 해당 유물을 정확히 알기 어렵다.

경주 남산 탑곡에 있는 마애불상군은 높이 약 10m, 사방 둘레 약 30m의 바위와 주변의 바위 면에 약 34점의 도상이 새겨져 있어, 보물 제201호로 지정되었다. 4면 가운데 동면에 가장 많은 종류의 도상이 있다. 황미연이 언급한 동면의 주악상은 아래의 〈그림 4〉를 지칭할 것이다.

---

16 황미연, 「석조물에 나타난 주악상에 관한 연구: 실상사 백장암 삼층석탑을 중심으로」, 『한국음악산고』 제6집, 112쪽.
17 송재중, 『경주남산지도』, 경주: 신라문화원, 1993.

〈그림 4〉 경주 남산 탑곡 마애불상군 실측도

　〈그림 4〉에서 규모가 가장 큰 것이 본존이고 광배가 있다. 그 우측에 본존을 향해 합장한 보살상이 있는데 역시 광배가 있다. 본존과 보살상 둘레에 반원을 그리며 여러 기의 천인상이 있다. 그리고 보살상의 우측 아래에 승려가 무릎을 꿇고 본존을 향해 공양을 올리는 자세로 앉았다. 이렇듯 본존상과 보살상 및 승려상을 제외한 도상은 모두 위에서 하강하는 모습이며, 한결같이 천의天衣를 휘날리기 때문에 천인天人으

로 간주한다.

7기의 천인들 가운데 좌측 아래 천인과 우측 아래 천인을 제외한 대부분의 천인은 합장을 한 모습이므로 주악상으로 보기 어렵다. 그리고 우측 아래의 천인은 오른손을 위로 올렸고 왼손은 꽃을 뿌리듯 앞으로 내민 형상이다. 따라서 이 천인도 주악상이 아니다. 그러면 좌측에 위치한 천인만 남은 셈인데, 황미연은 이 천인을 주악상으로 인지한 듯하다. 그래서 좌측 아래의 천인(〈그림 4-1〉)을 좀 더 자세히 관찰해 보고자 한다.

얼굴은 대부분 마모되어 이목구비를 구분할 수 없다. 천인의 왼팔은 아래로 내렸고, 오른손에 막대류를 잡고 마이크처럼 치켜 잡은 듯도 한데 확실하지 않다.

한편, 1988년에 황수영黃壽永과 동국대학교 경주캠퍼스 김길웅金吉雄 교수 및 학생들이 40여 일에 걸쳐 이 유물을 조사하고 실측하였다.[18] 당시 동면의 실측도가 바로 앞의 〈그림 4〉이다. 이 그림에도 천인의 얼굴과 양팔의 자세를 상세히 그리지 않았다. 이것은 그 만큼 판독이 어려운 것을 단적으로 보여준다. 결국 이 천인은 7기의 천인 가운데 판독이 가장 어렵고, 어떤 자태인지 상세히 알기 어렵다.

〈그림 4-1〉 좌측 아래 천인

〈그림 4-2〉 좌측 아래 천인 실측도

...

18 黃壽永·金吉雄, 『경주 남산 탑곡의 사방불암』, 통도사: 통도사성보박물관, 1990, 62쪽.

그러므로 경주 남산 탑곡의 마애불상군 동면에 주악상이 있다고 단정할 수 없는 형편이다.

5) 전 흥법사 염거화상 부도

이 부도는 원래 강원도 원주시 흥법사지興法寺址에 있었던 것인데, 1914년경에 서울 파고다공원으로 옮겨졌고, 그 후에 경복궁에 위치한 전前 국립중앙박물관에 있다가 현재는 용산에 위치한 국립중앙박물관에 있다. 국보 제104호 지정된 부도이다. 건립 시기는 844년경으로 추정하며, 부도의 주인공을 염거화상廉居和尙으로 비정한다. 이 부도(821~844년)는 통일신라 부도 가운데 진전사지陳田寺址 석조 부도 다음으로 이른 시기에 건립된 부도로 손꼽는다.

이 부도에 관하여 황미연은 부도의 옥개석에 주악상이 있다고 하였다.[19] 부도의 옥개석에 과연 주악상이 있는지 살펴보도록 하겠다.

〈그림 5〉 전 염거화상 부도

```
              5
          4       6
        3           7
          2       8
              1
```

...
19 황미연, 「석조물에 나타난 주악상에 관한 연구: 실상사 백장암 삼층석탑을 중심으로」, 『한국음악산고』 제6집, 112쪽.

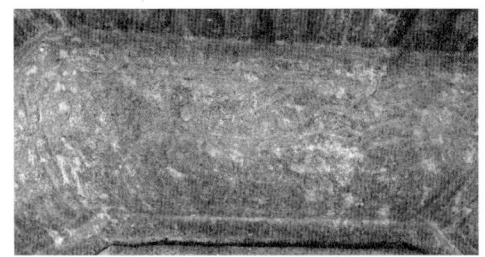
〈그림 5-1〉 염거화상 부도 옥개석 남면

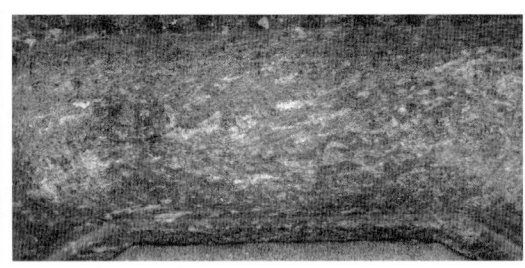
〈그림 5-2〉 염거화상 부도 옥개석 서면

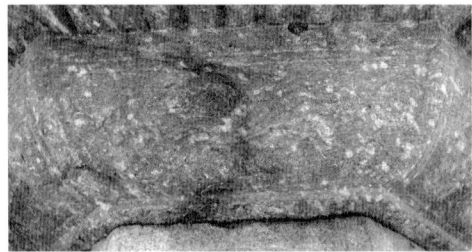
〈그림 5-3〉 염거화상 부도 옥개석 북면

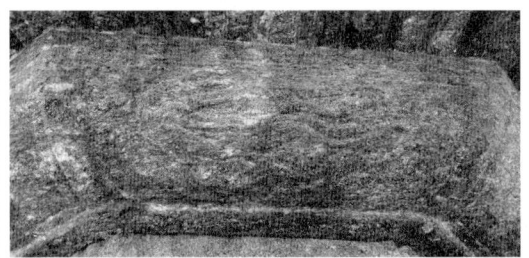
〈그림 5-4〉 염거화상 부도 옥개석 동면

옥개석은 8각으로 구성되었으며, ①③⑤⑦ 네 면에는 천의가 휘날리는 천인상이 조각되었으나, ②④⑥⑧ 네 면에는 아무런 조각이 없다. 그래서 조각이 있는 부분만 보도록 하겠다.

①은 문비門扉가 있는 남쪽 면인데, 천인이 두 손을 앞으로 모아서 물건을 받쳐든 자세이다. 물건이 어떤 것인지는 상세히 알기 어렵다.

③의 천인은 양팔을 위로 만세 하듯이 올렸고, 오른손에 꽃을 들었다. 따라서 이 조각은 주악상으로 보기 어렵고, 꽃 공양의 천인상으로 봐야 한다.

⑤의 경우는 천인의 오른손을 머리 높이만큼 올렸고, 물건을 든 자세이다. 지물을 판독하기는 어렵다. 그리고 왼팔은 아래로 편안하게 내려 유려하게 비행하는 자세이다.

⑦면의 천인은 ⑤면의 천인 자세와 매우 비슷한데, 오른손에 꽃을 든 것만 다르다. ⑦면과 대칭인 ③면도 꽃 공양상인데, 양팔을 올리지 않고 오른 팔만 올린 점이 차이점이다.

이와 같이 전 홍법사 염거화상 부도의 옥개석 8면을 모두 관찰한 결과, 4면에는 조각이 없고, 4면에만 조각이 있는데, 이것은 꽃이나 지물을 든 공양천인상이었다. 그 외 중대석 8면의 조각을 살펴본 결과, 대부분 한 손에 지물을 든 공양상이었다. 그리고 하대석 8면은 옥개석 8면처럼 ①③⑤⑦ 네 면에는 조각되었으나, ②④⑥⑧면에는 조각이 없다. 조각된 면을 살펴보니 같은 형태의 사리함이 사방에 조각되어 있어 매우 이채롭다.

결국 전 홍법사 염거화상 부도의 옥개석부터 탑신·상대석·중대석·하대석 등 전반을 살펴보았지만, 주악상을 찾기는 어렵다. 그래서 이 부도는 통일신라 음악고고학 자료에서 제외되어야 한다.

6) 수막새 2점

수막새 2점이란 황미연이 언급한 '동국대 소장 수막새(요고)'[20]와 2011년 국립국악원 주최 '우리악기 우리음악' 특별전 때 전시된 '요고 연주 수막새'를 지칭한다. 전자를 '수막새 1'이라 약칭하고, 후자를 '수막새 2'라 약칭하여 서술하고자 한다.

(1) 수막새 1

황미연은 '수막새 1'을 소개할 때 도상을 함께 제시하지 않았기 때문에 유물의 실체를 정확히 파악하기 어렵다. 그러나 동국대 소장의 수막새이면서, 요고 주악상으로 짐작할 만한 유물이 있으니, 〈그림 6〉이다.

〈그림 6〉 수막새 1

〈그림 6〉의 수막새 1은 위부분이 결실되었고, 중앙의 둥근 원 속에 있는 인물이 양팔을 벌리고 좌상한 모습이다. 이 '수막새 1'은 2006년 『동국

---
20 황미연, 「통일신라시대 주악상에 관한 고찰」, 『낭만음악』 제9권 제1호(통권33호), 서울: 낭만음악사, 1996, 32쪽.

대학교 건학 100주년 기념 소장품도록』(이하『동국대학교 소장품도록』이라 약칭함)에 도상과 함께 소개되었다.[21] 그리고 도판해설에 장고형태의 악기가 있는 것으로 설명했기 때문에 황미연이 언급한 수막새일 가능성이 크다.

그런데 〈그림 6〉의 '수막새 1'과 같은 유물이 2000년 '신라와전' 특별전 때도 소개되었는데, 유물해설이 『동국대학교 소장품도록』 내용과 다르다. 『신라와전』의 해설내용 및 『동국대학교 소장품도록』의 도판해설을 직접 보도록 하겠다.

〈인용 1〉 보살상문 수막새. 현재 길이 17.6cm, 두께 1.6cm 동국대학교박물관. 기와의 한 가운데에 결가부좌한 보살상이 위치하고 있으며, 그 주위에 8엽(현재는 4엽만 남아 있음)의 보상화문이 배치되어 있고, 맨 가장자리와 측면에는 작은 花文이 연속적으로 施文되어 있다. 이러한 보살상이 조각되어 있는 기와는 매우 드물어 지금까지 단 3점이 알려져 있을 뿐이다. 보살상의 얼굴은 완전히 마모되어 전혀 알 수 없으나, 대략의 윤곽으로 위로 묶은 머리와 갸름하고 길쭉한 얼굴의 형태 정도를 식별할 수 있다. 손은 양쪽으로 벌려 머리까지 높이 들었으며, 가슴은 볼륨 있게 처리하였고, 허리는 잘록하게 하여 관능적으로 표현하였다. 결가부좌한 양다리 사이에 U자형의 옷주름이 중첩되어 내려오고, 그 아래에는 연화좌를 표현한 듯 연꽃이 돌려져 있다. 天衣는 몸을 휘감으며 바람에 날리고 있는데, 이러한 표현은 주로 비천상에 나타나는 요소로, 이 상이 보살이 아닌 비천일 가능성도 제시한다. 그러나 결가부좌한 자세와 일본 쇼쇼잉 소장 마포보살상에서도 천의가 몸을 감싸고 휘날리고 있는 점으로 미루어 보살로 보아도 큰 무리는 없을 것이다. 보살상 주위를 감싸며 둘러져 있는 보상화문은 蓮花文과 팔메트 잎이 결합되어 형성된 것이다. 이 보상화문이 양식적으로 성립된 시기는 7세기를 전후하여 사산·페르시아에서였으며, 우리나라에서는 통일신라시대에 크게 유행하였다.[22]

...
21 『동국대학교 건학 100주년 기념 소장품도록』, 148쪽.
22 『신라와전』, 경주: 국립경주박물관, 2000, 278쪽.

〈인용 2〉 비천보상화문 수막새. 지름 13.8 두께 2.3 통일신라시대. 기와의 한 가운데 결가부좌한 천인상이 위치하고 있으며, 그 주위에 8엽의 보상화문이 배치되어 있다. 그리고 맨 가장자리와 측면에는 작은 보상화문이 연속적으로 시문되어 있다. 이러한 비천상이 조각되어 있는 기와는 매우 드물어 지금까지 단 세 점만이 알려져 있어 희귀한 작품이다. 천인상의 안면은 마모가 심하여 알 수 없으며 대략의 윤곽으로 위로 묶은 머리와 갸름하고 길쭉한 얼굴만 식별된다. 손은 양측으로 벌려 머리까지 높이 들었으며, 가슴은 양감 있게 처리하였다. 한편 양 무릎 위에 장고형태의 악기가 보이는 것으로 보아 악기를 연주하는 주악상으로 추정된다. 이 수막새는 보상화문과 주악천인이 완벽한 구도를 보이는 걸작으로 평가되며, 제작연대는 보상화문의 형식과 태토, 양감 등을 고려하여 본다면 8세기경으로 추정된다.[23]

〈인용 1〉과 〈인용 2〉의 내용을 종합했을 때, 공통점은 '수막새 1'이 동국대학교박물관 소장품인 점이다. 또한 수막새 주위에 8엽의 보상화문(현재는 4엽만 남음)이 배치된 것과 맨 가장자리와 측면에 작은 화문(花文)이 연속적으로 시문된 것 등은 해설 내용이 동일하다. 그러나 각기 다르게 해석한 부분도 있으니 다른 내용만 표로 정리한 것이 〈표 1〉이다.

〈표 1〉 '수막새 1'에 대한 해석의 다른 점 비교

구분	인용 3	인용 4
출처	『신라와전』, 2000	『동국대학교 소장품도록』, 2006
명칭	보살상문 수막새	비천 보상화문 수막새
규모	길이 17.6, 두께 1.6	지름 13.6, 두께 2.3
해설	결가부좌한 양 다리 사이에 U자형의 옷주름이 중첩되어 내려온다.	양 무릎 위에 장고 형태의 악기가 있어 주악상으로 추정된다.

...
[23] 『동국대학교 건학 100주년 기념 소장품도록』, 224쪽.

이처럼 〈표 1〉에서 유물의 해설 내용이 명칭과 규모에도 차이가 있지만, 가장 큰 차이는 양 다리 부분의 해석 내용이다. 〈인용 1〉에서는 결가부좌한 양 다리 사이에 U자형의 옷주름이 중첩되어 내려온 것으로 판독하였다. 그러나 〈인용 2〉에서는 앞 무릎 위에 장고 형태의 악기가 있는 것으로 인식하였다. 즉 〈인용 1〉은 옷 주름이 흘러내린 것으로 읽었고, 〈인용 2〉는 장고 형태의 악기가 있는 것으로 판독한 것이다. 이처럼 〈그림 6〉의 유물을 판독하고 해석한 내용이 다름을 알 수 있다.

'수막새 1'에 대한 검토는 이 정도에서 그치고, 다음은 '수막새 2'에 대한 해설을 검토해 보도록 하겠다.

(2) 수막새 2

'수막새 2'는 『우리악기 우리음악』에 소개된 '요고 연주 수막새'이며, 〈그림 7〉의 유물이다.[24]

〈그림 7〉은 앞에서 살펴본 〈그림 6〉과 매우 비슷하며, 〈그림 6〉은 위부분이 결실되었지만, 〈그림 7〉은 온전하고 상태가 매우 양호한 유물이다. 인물 주변에 8엽의 보상화문이 배치된 점과 가장자리에 화문이 연속적으로 시문된 점 등은 앞의 〈그림 6〉인 '수막새 1'과 동일하다. 따라서 나는 〈그림 6〉과 〈그림 7〉이 같은 와범瓦凡에서 제작된 수막새로 추정한다.

〈그림 7〉 수막새 2

'수막새 2'는 국립중앙박물관 소장 유물인데, 이것은 2002년에 유창종이 기증한 수막새일 가능성이 크다. 왜냐하면, 『유창종 기증 기와·전돌』에 수록된 '보살문 수막새'와 동일하기 때문이다.[25] 그런데 『유창종 기증 기와·전돌』에 소개된 〈그림 7〉의

....

24 『우리악기 우리음악』, 서울: 국립중앙박물관·국립국악원, 2011, 50쪽.
25 『유창종 기증 기와·전돌』, 서울: 국립중앙박물관, 2002, 63쪽.

유물 해설 내용은 『우리악기 우리음악』에 소개된 유물명칭과 다른 데 문제가 있다. 즉 같은 유물이 도록마다 유물명칭 및 판독 내용이 다르기 때문에 어느 것이 바람직한지 검토해 볼 필요가 있다. 유물 해설 내용을 직접 보도록 하겠다.

〈인용 3〉 보살문수막새. 지름 17.8, 길이 7.5cm(증1973). 수막새의 문양으로 중앙(자방)에 보살이 배치되고 그 주위에는 8엽의 보상화문이 양각되었다. 또한 주연부에도 꽃무늬가 가득차게 배치되어 전면에서 화려함이 느껴진다. 보살의 몸은 비교적 명확하게 처리되었으며, 꽃잎에 비하여 양감이 보다 강하다. 보살의 몸에 두른 천의는 좁은 중앙의 여백을 가득 채우며 율동감 있게 표현되었다. 보상화문 등 정교한 꽃잎 표현과 안정된 문양 구도는 통일신라 전성기 기와가 도달한 높은 수준을 그대로 보여준다.[26]

〈인용 4〉 요고를 연주하는 천인이 새겨진 수막새. 통일신라 지름 18.0cm 국립중앙박물관 소장[27]

〈인용 3〉에서는 유물의 규격을 세밀히 제시했고, 수막새의 문양도 전반적으로 자세히 관찰하고 기술하였다. 그리고 '증1973'은 유창종이 국립중앙박물관에 기증한 유물의 일련번호를 뜻한다. 그런 반면 〈인용 4〉는 유물 명칭과 지름 및 소장처만 간략히 소개했을 뿐이다.

그런데 〈인용 4〉에서는 요고를 연주하는 도상으로 이해하였고, 유물의 명칭도 '요고를 연주하는 천인이 새겨진 수막새'라 명명하였다. 〈인용 3〉과 〈인용 4〉의 내용에서 서로 다른 부분만 간략하게 표로 정리하면 〈표 2〉이다.

---

26 『유창종 기증 기와·전돌』, 63쪽.
27 『우리 악기 우리 음악』, 서울: 국립중앙박물관·국립국악원, 2011, 50쪽.

〈표 2〉 '수막새 2'에 대한 유물 해설의 차이점 비교

구분	인용 3	인용 4
출처	『유창종 기증 기와·전돌』, 2000	『우리악기 우리음악』, 2011
명칭	보살문 수막새	요고를 연주하는 천인이 새겨진 수막새
규모	지름 17.8, 길이 7.5	지름 18.0
소장처	증1973	국립중앙박물관
해설	보살의 몸에 두른 천의는 좁은 중앙의 여백을 가득 채우며 율동감 있게 표현되었다.	

〈표 2〉를 보면, 우선 유물의 명칭이 각기 다르다. 이렇게 명칭을 다르게 부여한 이유는 유물을 해석한 견해가 다르기 때문이다. 〈인용 3〉에서는 보살의 몸에 두른 천의가 율동감 있게 표현된 것으로 판독하였다. 즉 천의 자락이 어깨부터 팔 그리고 다리까지 흘러내린 모습으로 읽은 것이다.

그런 반면 〈인용 4〉에서는 상세한 유물 해석이 없고 명칭만 제시했는데, 천인이 요고를 연주하는 것으로 판독하였기 때문에 유물명을 '요고를 연주하는 천인이 새겨진 수막새'라 명명한 것이다. 이렇듯 같은 유물을 각기 다르게 판독한 것은 〈그림 6〉과 같다.

지금까지 '수막새 1'과 '수막새 2'를 유물과 함께 해설내용을 검토해 보았는데, 같은 유물에 대하여 각 기관마다 해설 내용을 달리하고 있음을 알았다. 크게 두 가지 입장으로 대별되는데, 하나는 결가부좌한 보살상으로 보는 것이며, 다른 하나는 요고 혹은 장고를 연주하는 천인상으로 보는 견해이다. 과연 어떤 견해가 타당한 것일까. 이에 대한 실마리는 요고를 연주하는 다른 유물과 비교함으로써 풀 수 있다.

통일신라 음악고고학 자료 가운데 나는 두 가지 유물과 비교하고자 한다. 하나는 725년 상원사上院寺 범종梵鐘의 요고 주악상이며, 또 하나는 선림원지禪林院址 범종梵鐘의 종신鐘身에 새겨진 요고 주악상이다.

〈그림 8〉은 상원사 범종의 하대에 위치한 주악상인데, 우측에서 두 번째 연주자가 요고를 연주하는 주악상이다. 〈그림 8〉의 천인들은 모두 반가부좌로 편안히 앉았고,

〈그림 8〉 상원사 범종의 하대 주악상　　〈그림 9〉 선림원지 종 요고주악천인상

결가부좌의 자세는 아니다. 그리고 요고 연주자는 양팔을 벌렸고, 오른손은 특히 높이 들어 곧 내려칠듯한 자세이다. 반가부좌한 양 다리 사이에 '요고'의 조각이 뚜렷하기 때문에 '요고 주악상'이 틀림없다.

그리고 〈그림 9〉의 천인도 반가부좌를 하였고, 양손은 벌려 요고를 연주하는 모습이다. 휘날리는 천의가 바람에 나부끼며, 천인이 앉은 연화좌 아래까지 천의로 감싸고 있다. 여기서 주목되는 것은 천인의 반가부좌와 요고가 별도로 조각된 점이다. 즉 〈그림 9〉에서는 천인이 연주하는 '요고'가 가부좌한 다리 위쪽에 별도로 표현되었다. 따라서 〈그림 8〉의 천인 역시 요고를 연주하는 주악상임이 분명하다.

한편, 앞의 '수막새 1'과 '수막새 2'의 안쪽에 위치한 둥근 원 속의 형상을 좀 더 뚜렷이 파악하기 위해 유물의 외곽선을 그려보았는데, 〈그림 10〉이다.

〈그림 10〉 수막새 1과 2의 외곽선 그림

천의 자락이 인물의 오른쪽 어깨를 타고 내려와서 반가부좌한 다리에까지 걸쳐 있다. 이 그림에서 뚜렷한 것은 인물의 좌상이 반가부좌의 다리만 있을 뿐이며, 별도의 요고 조각이 없다는 것이다. 앞의 〈그림 8〉 및 〈그림 9〉와 비교했을 때 확연히 다른

점이 연주할 악기가 별도로 표현되지 않았다는 것이다. 아마도 〈그림 10〉의 반가부좌한 인물의 다리를 〈인용 2〉와 〈인용 4〉에서 요고로 착각한 것으로 짐작된다. 그러므로 〈인용 1〉과 〈인용 3〉의 해설이 타당하다.

결국 〈그림 7〉은 '요고 연주하는 천인 수막새'가 아니라 〈그림 6〉처럼 '보살상문 수막새'라 해야 바람직하다.

지금까지 통일신라시대 음악고고학 유물 가운데 불상 3점과 마애불상군 1점, 부도 2점, 그리고 수막새 2점으로 모두 7점의 유물을 대상으로 주악상의 유무를 재조명하였다. 그 결과 대부분 주악상을 찾기는 어려웠다. 경주 남산 탑곡의 마애불산군 동면에 있는 천인의 경우 판독이 어렵기 때문에 이 역시 주악상으로 단정할 수 없다. 따라서 이상 7종의 유물을 통일신라시대 음악고고학 자료로 보는 것은 재고를 요한다.

2. 음악고고학 연구를 위한 제언

통일신라시대 음악사 연구에 있어서 문헌자료의 활용도 중요하지만, 당시 사람들이 제작한 음악 관련 고고학 자료의 활용도 매우 요긴하다. 지금까지 음악고고학 자료는 여러 연구자들에 의해 소개되고 연구되었다. 그런데 소개된 유물 가운데 음악고고학 자료로 의심되는 유물이 있어 이 글은 이러한 유물 7종을 대상으로 재조명을 시도하였는데, 그 결과를 정리하면 다음과 같다.

기존 연구에서 음악고고학 유물이라고 제시한 경북 봉화의 축서사 석조비로자나불좌상과 충북 괴산 각연사 소장의 석조 비로자나불 좌상의·경북 구미 해평리의 석조여래좌상·경주 남산 탑곡의 마애불상군·국립중앙박물관 소장의 전 흥법사 염거화상 부도와 장고 혹은 요고 연주 수막새 2점 등의 유물을 현장 답사를 통해 직접 도상을 확인한 결과 모두 사실과 무관함을 확인하였다.

이와 같이 음악 관련 도상이 없음에도 불구하고 기존 연구자들이 도상이 있다고 소개한 원인은 두 가지 이유로 볼 수 있다. 하나는 해당 유물을 직접 확인하지 않았기 때문이고, 다른 하나는 해당 유물을 면밀히 관찰하거나, 이와 유사한 다른 유물과 비교하지 않았기 때문이다.

그러므로 음악고고학 자료를 활용하는 연구자는 반드시 현장을 답사하여 해당 유물을 직접 확인하는 과정이 필요하며, 주관적인 판독이 아니라 객관적인 판독이 이루어져야 함을 강조한다. 그리고 음악고고학 자료를 소개할 때는 반드시 해당 유물의 도상을 함께 제시해야 설득력이 있다.

음악고고학의 주요한 연구대상은 음악과 관계되는 유물과 유적이다. 그래서 물적 증거인 실물을 제시하지 않은 경우는 그다지 의미가 없다. 따라서 나는 통일신라시대 음악고고학 연구의 문제점으로 유물의 도상자료를 공개하지 않은 점을 지적하고자 한다.

제2부

부도와 불상, 전돌과 기와 속의 주악상

1. 쌍봉사 철감선사 징소탑의 무악상
2. 봉암사 지증대사 적조탑의 주악상
3. 원주 일산동 불상의 주악상
4. 통일신라 전돌에 나타난 비파
5. 생소병주의 연원

01.
쌍봉사 철감선사 징소탑의 무악상

-
-
-

　쌍봉사雙峰寺는 전라남도 화순군 이양면 증리 계당산桂棠山에 있는 신라시대 사찰이다. 쌍봉雙峰은 신라 말 사자산문獅子山門 선승禪僧의 한 분인 도윤道允의 호號이다. 도윤(798~868년)은 18세에 출가하였고, 당나라 보원普願을 찾아가 공부하고 돌아와서 금강산에 머물면서 후학들을 지도한 선승이다. 그의 시호는 '철감선사澈鑒禪師'이며, 탑호가 '징소澄昭'이다.[1] 그러므로 쌍봉사 철감선사 징소탑(이하 '쌍봉사 부도'라 칭함)은 신라 말기 선승 도윤의 묘탑이다.
　이 부도浮屠는 신라시대뿐만 아니라 우리나라 전시대를 통하여 가장 수려秀麗한 부도로 알려져 있다.[2] 각 부분의 가구수법이 목조건축의 양식을 그대로 모방하여 구현하고 있어서 고대 건축양식사에서 주목되기도 하지만,[3] 음악학계 입장에서 보면 8면에 조각된 가릉빈가의 무악상舞樂像은 한층 더 주목된다. 이 글에서 기존에 사용된 '주악상奏樂像'이란 명칭 대신에 '무악상'이라 명명한 것은 통일신라시대 도상의 경우 악기 연주의 주악상 이외 춤을 추는 도상도 함께 등장하기 때문에 '무악상'이라 하였다.

1　역경위원회, 「쌍봉화상」, 『한글대장경 조당집』 2권, 서울: 동국대학교 부설 동국역경원, 1994, 263~265쪽.
2　정영호, 『부도』, 서울: 대원사, 1990, 45쪽.
3　鄭永鎬, 『新羅 石造浮屠 硏究』, 서울: 신흥출판사, 1974, 63~64쪽.

예를 들면, 682년 감은사 서탑 사리함에도 악기 연주와 더불어 춤추는 무인상이 있으며,[4] 9세기 전반으로 추정되는[5] 화엄사 4사자 3층석탑에도 무인상이 있다. 쌍봉사 부도 역시 춤추는 도상이 있기 때문에 춤과 음악을 내포하는 '무악상'으로 칭하고자 한다.

음악학계에서는 쌍봉사 부도의 무악상에 대해 봉암사 지증대사 부도[6] 다음으로 주목하였다. 송방송은 1984년 "통일신라시대 당악의 수용과 그 의의"란 글[7]에서 쌍봉사 부도를 처음 언급하였는데, 『문화재대관』에 제시된 사진에 의거하였다. 그는 이 글에서 '당비파'만 언급하였는데 이외 다른 악기가 탑의 다른 면에 부조된 것으로 짐작은 했으나, 이에 대해 그 이후 확인하지는 않았다. 이러한 언급에 뒤이어 통일신라 유물에 나타난 주악상에 대해 고찰한 1996년 황미연의 글[8]에도 쌍봉사 부도의 경우 당비파만 제시되었다. 이처럼 쌍봉사 부도에는 자칫 당비파만 조각된 것 같은 인상을 준다. 그러나 나는 1999년에 전남 화순군 쌍봉사를 답사하면서 부도의 8면에 각각 가릉빈가의 주악상과 더불어 춤추는 무인상舞人像이 있음을 확인하였다.

한편, 미술사학계의 연구동향을 보면, 1970년대 정영호의 『신라 석조부도연구』를 보면, "철감선사 부도에 탑신괴임의 8 모서리에는 상다리 모양의 동자주를 원각하고 그 안에 안상을 1구씩 깊게 음각하였으며 안상 내에는 악기를 연주하는 가릉빈가를 1좌씩 양각하였는데 그 형태는 모두 다르다"[9]고 하였는데, 이 글에서 악기 도면을 구체적으로 제시하지는 않았다. 그리고 정영호 감수의 『한국의 문화유산』을 보면[10] 쌍봉사 부도의 가릉빈가 도상이 모두 탁본으로 제시되어 주목되지만, 몇몇 도상의 판독에 문제점을 안고 있다. 그 후 엄기표에 의해 "쌍봉사 철감선사 징소탑의 조각사적 의의"[11]에서 부도

---

4 『감은사』, 서울: 국립박물관, 1961, 도판 51.
5 송방송, 「화엄사 삼층석탑의 주악상」, 『한국학보』 108집, 서울: 일지사, 2002, 102~126쪽.
6 나는 봉암사 지증대사 부도에 대해 최근에 새로운 관점으로 재조명한 바 있다. 김성혜, 「봉암사 지증대사 적조탑의 음악사적 조명」, 한국동양예술학회 제16회 학술대회발표 2007년 6월 30일.
7 송방송, 「통일신라 당악의 수용과 의의」, 『한국고대음악사연구』, 서울: 일지사, 1985, 129~133쪽; 『한국학보』 제37집, 서울: 일지사, 1984, 2~30쪽의 내용이 복간됨
8 황미연, 「통일신라시대 주악상에 대한 고찰」, 『낭만음악』 제9권 제1호(통권33호), 서울: 낭만음악사, 1996, 36~38쪽.
9 鄭永鎬, 『新羅 石造浮屠 硏究』, 1974, 61쪽.
10 정영호 감수, 『한국의 문화유산』 2, 서울: (주)시공테크, 1999, 210쪽.

의 8면에 조각된 가릉빈가의 위치와 악기 판독이 좀 더 구체적으로 제시되었으나, 이 부도의 무악상에는 다른 부도에서 볼 수 없는 독특한 악기연주 모습이 있음에도 불구하고 아쉽게도 이 글에서는 도면 전반을 소개하지 않았다.

따라서 이 글에서는 지금까지 쌍봉사 부도에 나타난 무악상舞樂像의 전반이 음악학계에 한 번도 소개되지 않았기에 이를 소개하고자 하며, 아울러 부도에 나타난 무악상이 음악사적으로 어떤 의미가 있는지 고찰해 보고자 한다.

부도에 조각된 무악상의 의미를 파악하기 위해서는 먼저 부도의 주인공인 철감선사가 어떤 인물인지 알아야 할 것이며, 부도에 조각된 악기연주와 춤의 연행 시기를 간파하기 위해서는 부도의 건립 시기를 살펴봐야 할 것이다.

1. 철감선사 징소탑의 건립 시기에 대하여

부도 주인공의 행적과 부도의 건립시기에 대해서는 일반적으로 부도 옆에 세워진 탑비의 기록에 의존한다. 그러나 쌍봉사 탑비는 현재 귀부龜趺와 이수螭首만 남아 있고(〈그림 1〉)[12], 행적이 담긴 비신碑身이 없기 때문에 상세히 알기 어렵다. 한편 이수 제액에 "쌍봉산雙峰山 고故 철감선사澈鑒禪師 비명비명碑銘"이라는 명문이 옆에 있는 부도를 철감선사 부도인 것으로 나타내고 있다.

마을에 전해지는 구전口傳에 의하면, 이 탑비는 "일제강점기 일본인들의 손에 의해 비신이 없어졌고, 탑비 부근의 땅속에 묻혀 있을 것"이라고 하지만, 1786년에 세워진 '쌍봉사雙峰寺 사적비문事蹟碑文'의 내용에 의하면 이미 18세기 중엽에 비신이 없어졌다고 본다.[13] 따라서 철감선사의 행적에 대해서는 952년에 편찬된 『조당집祖堂集』[14]과 철

---

11 엄기표, 「쌍봉사 철감선사징소탑의 조각사적 의의」, 『용봉논총』 제27집, 광주: 전남대학교 인문과학연구소, 1998, 106~109쪽.
12 이 글에 제시된 쌍봉사 철감선사 징소탑의 사진은 오세윤 님이 촬영한 것임을 밝히며, 나에게 사용을 허락한 데 대해 감사드린다.

감선사의 제자인 징효대사澄曉大師 절중折中(825~900) 보인탑비寶印塔碑의 내용에서 엿볼 수 있다.

도윤은 18세에 출가하였으며, 825년(헌덕왕 17)에 입당하여 22년 후인 847년(문성왕 9)에 귀국하였고 868년 4월 18일에 입적하였다. 속세로 71세였으며, 승랍 44세였다고 기록되었다.[15] 그렇다면

〈그림 1〉 쌍봉사 철감선사 탑비의 귀부와 이수

선사의 탑비 건립시기는 868년 4월 이후로 볼 수 있다.

한편, 도윤의 상수제자인 징효대사 절중의 탑비 내용을 보면, 말년에 죽음이 임박함을 알고 스승이 주석하였던 쌍봉사에 가서 동학들을 만나보고 선사의 탑에 예배하기 위하여 무리를 이끌고 길을 떠난다는 내용이 있다.

"진성대왕이 御宇한지 2년(888) 만에 특별히 명주의 三釋과 蒲道 두 스님과 東宮內養 安處玄 등을 보내어 綸言을 전달하여 국태민안을 위해 法力을 빌고 나아가 陰竹縣의 元香寺를 禪那別觀으로 영속시켰다. …(중략)… 大師가 長史에게 이르되 '빈도는 늙어 죽음이 임박하였으므로 쌍봉사에 가서 동학들을 만나 보고 선사의 탑에 참배하려 하니 만류하지 말아 달라' 하시고 드디어 몇 사람의 대중을 거느리고 떠나 進禮郡界에 들어서자마자 賊徒들이 길을 차단함을 당하여 대중들이 길을 잃게 되었다."[16]

...

13 쌍봉사 사적비문의 내용은 『朝鮮寺刹史料』(上卷)에 前面의 비문만 소개된 바 있으나, 최근에 전남대학교 사학과 김동수 교수에 의하여 양 측면에 있는 비문까지 포함해서 全文이 소개되었고(김동수, 「화순 쌍봉사 사적비명」, 『전남문화재』 제8집, 1995, 145~150쪽) 이를 그대로 인용하여 『쌍봉사』 학술보고서에 재수록되었다. 최인선, 「쌍봉사의 유적과 유물」, 『쌍봉사』, 목포: 목포대학교박물관, 화순군, 1996, 126~131쪽.
14 『조당집』은 중국의 泉州 招慶寺에 주석한 선사 靜과 筠이 952년에 편찬한 선사들의 傳記集인데, 모두 20권으로 되어 있다. 특히 우리나라 여러 宗師에 대한 기록도 있기에 한국 禪宗史에 있어 가장 오래된 사료로 평가한다. 역경위원회, 「조당집 해제」, 『한글대장경 조당집』 1권, 서울: 동국대학교 부설 동국역경원, 1994, 19~20쪽.
15 역경위원회, 「쌍봉화상」, 『한글대장경 조당집』 2권, 서울: 동국대학교 부설 동국역경원, 1994, 263~265쪽.

다만 이 기록은 비문의 앞뒤 내용으로 보아 진성여왕 2년(888) 직후의 일로 보여 그 이전에 철감선사탑이 건립되었음을 알 수 있다. 따라서 탑의 건립시기는 868년부터 888년 사이에 건립된 것으로 시기를 좁힐 수 있다.

통일신라시대 부도 가운데 건립연대가 분명한 경우는 적인선사寂忍禪師와 낭혜화상朗慧和尙 그리고 철감선사의 제자인 징효대사의 부도가 있다. 적인선사의 경우를 보면, "당시 연세 77세인 함통 2년(861, 경문왕 원년) 봄 3월 6일에 병 없이 앉아서 돌아가시니, 사지와 몸체가 흩어지지 아니하고 얼굴빛이 평상시와 같았다. 곧 8일에 절 부근 송봉松峰에 안치하고 돌을 다듬어 부도浮屠를 세웠다"[17]는 기록이 있다. 즉 6일에 돌아가시고, 8일에 부도를 세웠으므로 돌아가신 직후 건립되었음을 시사한다. 또한 낭혜화상은 888년 11월에 입적하였는데, 2년 후에 돌을 다듬어 탑을 세웠다고 전한다.[18] 그래서 통일신라 부도는 특별한 경우를 제외하고는 일반적으로 선사가 입적한 직후나 적어도 1~3년 이내에 건립된 것으로 본다.[19]

한편, 철감선사의 제자인 징효대사 절중의 경우는 900년(효공왕 4) 3월 9일에 입적하였고, 7년 뒤인 907년(효공왕 11)에 부도를 세워 사리를 안치하였는데,[20] 이러한 정황으로 보아 철감선사탑은 선사가 입적한 868년 직후이거나, 2년 뒤에 건립되었을 경우 870년이 되며, 징효대사처럼 7년 정도 늦어졌다 해도 875년이 된다. 그렇다면 쌍봉사 부도의 건립시기는 868년부터 875년 사이로 더욱 좁혀볼 수 있다.[21] 특히 883년에 건립된 것으로 추정되는 봉암사 지증대사 적조탑[22] 보다는 이른 시기에 조성된 것으로 판단된다.

---

16 이지관, 「寧越 興寧寺 澄曉大師 寶印塔碑文」, 『교감역주 역대고승비문: 고려편』 1, 서울: 가산문고, 1994, 294~295쪽.
17 이지관, 「谷城 大安寺 寂忍禪師 照輪淸淨塔碑文」, 『교감역주 역대고승비문: 신라편』, 서울: 가산문고, 1994, 90쪽.
18 이지관, 「藍浦 聖住寺 朗慧和尙 白月葆光塔碑文」, 『교감역주 역대고승비문: 신라편』, 1994, 167~169쪽.
19 정길자, 「한국불승의 전통장법연구」, 『숭실사학』 제4집, 서울: 숭실대학교 사학회, 1986, 167쪽.
20 이지관, 「寧越 興寧寺 澄曉大師 寶印塔碑文」, 『교감역주 역대고승비문: 고려편』 1, 1994, 298~299쪽.
21 이에 대해 엄기표의 견해에 동의한다. 엄기표, 「쌍봉사 철감선사 징소탑의 조각사적 의의」, 『용봉논총』 제27집, 광주: 전남대학교 인문과학연구소, 1998, 87~88쪽.
22 김성혜, 「봉암사 지증대사 적조탑의 음악사적 조명」, 한국동양예술학회 제16회 학술대회 발표 2007년 6월 30일, 『한국음악사학보』 제39집, 서울: 한국음악사학회, 2007 31~63쪽.

2. 부도의 무악상舞樂像

통일신라시대 부도의 구조를 보면 일반적으로 전체 상륜부·탑신부·기단부로 구성되었는데, 쌍봉사 부도의 경우 상륜부는 모두 유실되고 탑신부와 기단부만 있다. 탑신부는 옥개석과 탑신석으로 구성되었는데 특히 옥개석 처마에 조각된 비천상을 보면 조각 솜씨가 매우 뛰어나다. 그리고 탑신석에는 문비門扉를 중심으로 사천왕상과 공양비천상이 조각되어 있다.

기단부는 아래쪽부터 순서대로 보면, 지대석·하대석·중대석·상대석으로 구성되었는데, 이는 모두 탑신부를 받쳐주는 역할을 한다. 특히 지대석은 석조부도 아래쪽에 유골遺骨이나 사리舍利를 봉안하고 그 위에 놓여지는 부재이다. 하대석의 경우는 상단석과 하단석으로 구분되도록 하여 상단석에는 용과 사자상을 조각했으며, 하단석에는 구름 문양雲卷文과 용을 새겼다. 또 중대석은 중대석과 중대석 받침으로 결구되었는데, 이 중대석에는 가릉빈가상이 있으나 무악상은 아니다. 그리고 상대석 탑신 받침에 바로 가릉빈가의 무악상이 조각되어 있다.

이와 같이 부도에는 층위별로 다양한 조각이 있으며, 이는 나름대로 의미를 지니고 있다. 탑신부에 새겨진 문비는 팔각당과 외부와의 경계이며 팔각당으로의 출입을 허용하는 통로이다.[23] 그리고 사천왕은 불국토와 불법

〈그림 2〉 쌍봉사 부도

---

23 이연수, 「신라후기 선사탑의 연구」, 서울: 이화여대대학원 석사학위논문, 1995, 25쪽.

을 수호하는 수호신으로 사방을 지키는데, 쌍봉사 부도에서는 탑신의 문비를 향하여 서로 마주보고 있어 문을 수호하는 역할로 해석할 수 있다. 즉 불법을 수호하듯 선승을 지키는 의미이다. 다음 기단부의 하대석에 조각된 용과 사자는 사리를 보호하는 존재의 상징이며, 중대석에 조각된 가릉빈가와 상대석에 새겨진 가릉빈가 무악상은 가릉빈가가 극락조를 의미하므로 선사의 극락왕생의 분위기를 고조시키며, 극락정토에 들어가기를 염원하는 뜻으로 해석할 수 있다.[24] 그러면 가릉빈가 무악상은 과연 어떤 모습으로 조각되었는지 살펴보도록 하겠다.

부도에 조각된 무악상은 8각의 상대석 탑신받침에 각 면마다 가릉빈가가 한 구씩 있는데, 춤을 추거나 여러 가지 악기를 연주한다. 우선 도상의 이해를 돕기 위해 이를 도면에 나타내면 아래와 같다.

가릉빈가는 불경佛經에 나타나는 상상의 새인데, 인두조신人頭鳥身의 모양으로 악기를 연주하거나 노래를 부르거나 춤을 추는 모습으로 나타난다. 가릉빈가의 상체는 거의 사람의 형상이며, 하체는 조신鳥身인데, 날개는 활짝 펼치기도 했지만, 접기도 하였다.[25]

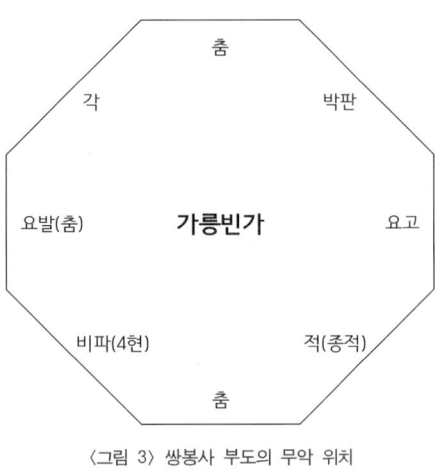

〈그림 3〉 쌍봉사 부도의 무악 위치

그러면 남쪽에 위치한 도상에서부터 시계방향 순으로 부도의 무악상을 살펴보면, 남쪽에는 춤을 추며 남서쪽에는 비파를 연주한다. 서쪽은 손에 오늘날 바라와 유사한 요발鐃鈸을 연주하며, 아울러 춤추는 모습으로 볼 수 있다. 서북 방향에는 현재의 나발과 같은 긴 각角을 불고 있으며, 북쪽에는 손에 악기를 잡지 않은 듯하며 몸을 돌려

---

24 엄기표, 「쌍봉사 철감선사 징소탑의 조각사적 의의」, 『용봉논총』 제27집, 광주: 전남대학교 인문과학연구소, 1998, 140쪽.
25 동·서·남·서북 방향은 펼쳤고, 남서·북·동북·남동 방향은 접어서 8면 가운데 4면은 접었고 4면은 펼쳐진 모습이다.

손을 위로 얹은 모양이 춤추는 자태로 보인다. 동북쪽에는 박판을 연주하며, 동쪽에는 요고를 친다. 그리고 남동쪽에는 적을 연주하는데, 종적류이다. 따라서 8면 가운데 2면에는 춤을 추며, 6면에는 악기를 연주한다. 도상은 전반적으로 춤을 연행하는 모습과 악기를 연주하는 형상으로 대별되는데 구분하여 살펴보도록 하겠다.

1) 춤추는 가릉빈가

춤추는 모습은 남쪽과 북쪽에 대칭적으로 나타난다. 남쪽은 가릉빈가의 날개가 활짝 펼쳐졌으며 한 팔은 위로 또 한 팔은 아래로 휘젓고 있어 춤을 추듯 율동적이다.

〈그림 4〉 남쪽 춤　　　　　　　　　〈그림 5〉 북쪽 춤

한편 고고미술사학계에서는 '필률篳篥' 즉 피리를 부는 주악상으로 판독하였으나,[26] 양팔을 벌리고 있기 때문에 피리 연주자세로 보기는 어렵다고 생각한다. 만약 피리 연주라면, 뒤에서 상론될 남동쪽에 위치한 가릉빈가 자세와 유사해야 가능하다.

북쪽에 있는 가릉빈가는 양팔을 위로 올리고 허리를 약간 옆으로 비틀었으며 시선도 옆으로 하여 마치 춤을 추는 듯하다. 이는 맞은편에 위치한 남쪽의 춤추는 가릉

---

26 정영호 감수, 『한국의 문화유산』 2, 서울: (주)시공테크, 1999, 210쪽 및 엄기표, 「쌍봉사 철감선사 징소탑의 조각사적 의의」, 『용봉논총』 제27집, 광주: 전남대학교 인문과학연구소, 1998, 108쪽.

빈가와 짝이라도 되는 듯 북쪽은 날개를 접었고 남쪽은 날개를 펼쳐서 대칭을 이룬다. 이 도상에 대해서는 악기를 연주하는 주악상으로 보는 견해도 있지만[27] 이 글에서 나는 춤추는 것으로 보고자 한다. 왜냐하면 가릉빈가의 특징이 악기를 연주하거나 노래를 부르거나 춤을 추는 모습으로 나타나는데 8면 가운데 6면에는 악기가 분명히 드러나지만, 남·북의 경우 악기가 없는 반면 양팔을 모두 올려 춤추는 자태에 더 가깝기 때문이다. 또한 통일신라 부도 가운데 쌍봉사 부도보다 약간 뒤에 건립된 883년 봉암사 지증대사 적조탑의 경우를 보면, 8면 가운데 2면인 남쪽과 동쪽 역시 춤추는 가릉빈가로 조각되었으며 쌍봉사 부도의 자태와 유사하기 때문이다.[28] 따라서 남·북에 위치한 가릉빈가는 나머지 6면의 악기 반주에 의한 춤추는 가릉빈가로 볼 수 있다.

〈그림 6〉 봉암사 부도 중대석 남쪽 춤　　　　〈그림 7〉 봉암사 부도 중대석 동쪽 춤

통일신라 부도의 무악 도상은 9세기 전반기 화엄사 4사자 3층석탑에서 이미 나타나며,[29] 그 이전에는 682년 감은사 서탑 출토 사리함에서 처음 등장한 바 있다.[30] 감은사 사리함의 경우 지금까지 음악학계에서는 대부분 네 모서리에 있는 주악상에만 주목하

...

27　정영호 감수,『한국의 문화유산』2, 서울: (주)시공테크, 1999, 210쪽.
28　김성혜,「봉암사 지증대사 적조탑의 음악사적 조명」,『한국음악사학보』제39집, 서울: 한국음악사학회, 2007, 31~63쪽.
29　송방송,「화엄사 삼층석탑의 주악상」,『한국학보』108집, 서울: 일지사, 2002, 102~126쪽.
30　『감은사』, 서울: 국립박물관, 1961.

였으나, 그 외 4면에 무동상舞童像이 별도로 있는데,[31] 그 형태가 쌍봉사 부도의 춤추는 자태와 유사하다.

결국 7세기 감은사 사리함에서부터 9세기 석탑과 쌍봉사 및 봉암사 부도의 조각에서 볼 때, 통일신라 무악의 연행은 7세기 이후 9세기까지 지속되었음을 확인할 수 있다.

〈그림 8〉 감은사 서탑 출토 사리함의 무악상

2) 현악기 비파

남서 방향에 있는 〈그림 9〉의 가릉빈가는 날개를 접었고, 몸은 남쪽을 향해 있으며 비파를 연주하는데 8면 가운데 현악기로서는 유일하다. 가릉빈가의 왼손은 비파의 주柱를 짚은 위치이며, 오른손은 현을 타는데 손에 발撥을 잡고 탄다. 악기 머리 부분을 보면 4개의 줄감개가 보이는데 이는 4현의 비파임을 시사한다.

〈그림 9〉 남서쪽 - 비파

이렇게 비파를 발로 타는 경우는 통일신라 초기에 나타나는데 673년 계유명석상과 682년 감은사 서탑에서 출토된 사리함이다. 그리고 8세기 불국사 전돌에도 발로 타는 비파의 유물이 있다.[32] 한편, 발로 타는 지는 상세하지 않으나 비파류의 악기 연주 유

...
31 『감은사』, 서울: 국립박물관, 1961, 도판 51.
32 김성혜, 「통일신라 전돌[塼]에 나타난 비파」, 『韶巖權五聖博士華甲紀念 音樂學論叢』, 서울: 논총간행위원회, 2000, 157~173쪽.

물은 4~5세기 신라토우에도 있어 일찍이 주목되어 왔다.[33]

악기 명칭에 있어 대부분 '당비파唐琵琶' 혹은 '곡경비파曲頸琵琶'라 명명하였지만, 이 글에서는 단편적이나마 『삼국사기三國史記』와 『삼국유사三國遺事』의 기록에 의거하여 '비파'로 칭하고자 한다.[34]

요컨대 비파 관련 유물이 가장 이른 시기에 출현하는 것은 4~5세기 '신라토우'이며 그 이후 673년 계유명석상과 682년 감은사 사리함에서 비파가 등장하는데 여기서는 '발'로 연주하는 것이 뚜렷하다. 뒤이어 쌍봉사 부도에도 발로 타는 비파가 등장함으로써 4현의 발로 타는 비파는 신라 사회에 지속적으로 연주되었음을 알 수 있다. 아울러 7세기에도 그랬던 것처럼 9세기 중엽 역시 불교 의례에 연행된 현악기로 '비파'가 가장 대표적이었음을 짐작할 수 있다.

3) 관악기 적과 각

부도의 8면 가운데 2면에 관악기가 등장하는데 적笛과 각角이다.

(1) 적笛(종적)

남동의 가릉빈가는 날개를 접고 남쪽을 향해 관악기를 연주하는데 세로로 부는 적笛의 하나이다. 문헌기록에 신라 관악기로 적笛에 대한 기사는 삼죽과 만파식적萬波息笛 및 월명스님月明師의 적笛으로 두 종류가 있는데,[35] 삼죽의 경우 대금·중금·소금으로 구분되며 이것이 조선시대 『세종실록』의 그림과 『악학궤범』의 그림으로 보면, 모두 횡적의 악기이므로 대금·중금·소금이란 관악기를 피하여 일단 적笛이라 하고자 한다. 만파식적 및 월명스님이 연주한 적의 경우 이것이 종적인지 횡적인지 분명하지 않

---

33 김성혜, 「新羅土偶의 音樂史學的 照明(3): 신라비파 중심으로」, 『韓國學報』 101집, 서울: 일지사, 2000, 25~52쪽.
34 통일신라시대 도상에 나타나는 비파의 명칭에 관하여 나는 이미 다른 논고에서 입장을 밝힌 바 있다. 김성혜, 「통일신라 전돌塼에 나타난 비파」, 『韶巖權五聖博士華甲紀念 音樂學論叢』, 2000, 164~166쪽.
35 김성혜, 「『三國遺事』의 악기관련기사 검토」, 『慶州文化』 제5호, 경주: 경주문화원, 1999, 183~186쪽.

다. 따라서 이 글에서는 일단 문헌에 의거하여 '적'이라 하고 횡적과 구분하기 위해 '笛(종적)'이라 칭하고자 한다.

이와 같은 종적류의 적은 신라의 경우 4~5세기 신라토우에 등장하며, 고구려의 경우 357년 안악3호분 및 5세기 중엽 장천1호분에 나타난다. 백제는 7세기 백제대향로에 조각된 점 등으로 볼 때 삼국시대에 이미 각 국에서 연주된 악기로 이해할 수 있다.

통일신라시대로 접어들면, 계유명석상(673년)에 나타나며, 7세기 후반경 안압지 판불에서도 찾아볼 수 있다.[36] 그 이후 상원사 범종의 하단에도 희미하나마 볼 수 있으며, 그 외 화엄사 4사자 3층석탑과 실상사 범종(823년으로 추정)을 거쳐 쌍봉사 부도에까지 이른다. 특히 8~9세기경의 신라 암기와[37]에 생笙과 더불어 연주된 악기가 바로 종적류의 적이다.

이 악기는 쌍봉사 부도 이후 봉암사 부도(883년)로 이어지며, 고려시대의 경우 보물 제258호인 경북대 부도[38]에도 등장한다. 그렇다면 종적류의 관악기는 4~5세기 삼국시대 이후 통일신라를 거쳐 고려와 조선 및 오늘에까지 지속된 악기로 볼 수 있다.

〈그림 10〉 남동쪽 - 笛(종적)

(2) 각

북서쪽에 있는 가릉빈가는 날개를 활짝 펼친 모습에서 다소 힘찬 기운이 느껴진다. 양팔로 긴 관악기를 잡은 형상인데, 오늘날 나발류의 악기로 보인다. 긴 나발의 모습은 청동기시대 바위그림(암각화)에서 처음 등장하였고,[39] 4~5세기 신라토우에서도 나타

---

36 김성혜, 「월지 출토 음악관련 자료에 대하여」, 『慶州文化論叢』 제5집, 경주: 경주문화원, 2002, 72~94쪽.
37 『우리악기 보고듣기』, 대구: 경북대학교박물관, 2005, 45쪽.
38 위의 책, 52~53쪽.
39 김성혜, 「청동기시대와 진한의 음악문화」, 『신라음악사연구』, 서울: 민속원, 2006, 32~36쪽.

나며⁴⁰ 4~7세기 고구려 고분벽화에서도 다양한 뿔나발 형태로 등장하였다. 그러나 그 이후 통일신라 및 고려시대 도상자료에서는 거의 찾아볼 수 없었고, 『조선왕조실록』에 다양한 각角이 나타나며, 1493년에 편찬된 『악학궤범』에는 '대각大角'이란 명칭과 함께 그림이 있다.⁴¹ 이 악기는 조선전기 향악기로 분류되지 않

〈그림 11〉 북서쪽 - 나발

았고, '정대업 정재 의물'로 분류되어 큰북과 작은 북·소라·징·꽹과리 등과 함께 소개되었다.⁴² 그리고 오늘날 대취타에 사용되는 나발로 이어지는 것으로 그 전승계보를 이해하였다.⁴³

이러한 각의 모습은 지금까지 8세기 이후부터 14세기까지의 고고학 자료에서 찾아보기 어려웠는데, 쌍봉사 부도에서 마침내 확인됨으로 인하여 9세기 통일신라시대에도 삼국시대 이후 계속 전승된 악기임이 확인된 셈이다. 아울러 『삼국사기』에 "효소왕 8년(699) 병기고兵器庫 속에서 북鼓과 각角이 저절로 소리를 내었다."⁴⁴는 기록이 있다.⁴⁵

이렇듯 문헌기록에 나타나는 '角'이 바로 쌍봉사 부도에 조각된 서북쪽의 악기로 볼 수 있기 때문에 9세기까지 전승된 점은 더욱 확실하다. 그렇다면 각은 청동기시대 이

---

40 김성혜, 「新羅土偶의 音樂史學的 照明(2): 신라관악기 중심으로」, 『韓國學報』 95집, 서울: 일지사, 1999, 136~168쪽.
41 『樂學軌範』 卷8.8b.
42 『樂學軌範』 卷8.8b-9b 및 이혜구 역주, 『신역 악학궤범』, 서울: 국립국악원, 2000, 497~500쪽.
43 송혜진, 『한국악기』, 서울: 열화당, 2000, 167~168쪽.
44 兵庫中鼓角自鳴. 『三國史記』 卷8.7b3.
45 한편, 『삼국유사』에는 원성왕(785~798) 때 화랑 김현(金現)이 흥륜사(興輪寺) 탑돌이에서 만난 범처녀 이야기에서 "오늘 내 손톱에 할퀴어 상한 사람들은 모두 흥륜사 간장을 바르고, 그 절의 螺鉢소리를 들으면 나을 것이 외다"라는 기록이 있다(今日被瓜傷者 皆塗興輪寺醬 聆其寺之螺鉢聲則可治. 『三國遺事』 卷5.15b2-4). 여기서 나발(螺鉢)은 나발(喇叭)과 같은 의미로 해석되기도 하였다(남상숙, 「『三國史記』 및 『三國遺事』의 音樂記事 點檢」, 『韓國音樂史學報』 제2輯, 경산: 한국음악사학회, 1989, 121쪽 및 김성혜, 「『三國遺事』의 악기 관련 기사 검토」, 『경주문화』 제5호, 경주: 경주문화원, 1999, 189쪽). 그러나 角과 螺鉢이 같은 물건인지에 대한 확증이 현재로서는 없기 때문에 이 글에서 『삼국유사』의 螺鉢은 논외로 하였다.

후 삼국시대와 통일신라시대까지도 연주된 관악기로 이해할 수 있다. 따라서 악기 명칭은 『삼국사기』에 의거하여 각角으로 하고자 한다.

통일신라시대의 각이 고려시대 전승된 사례에 대해서는 『고려사』에 잘 나타난다. 문종文宗(1046~1083) 대에 안변도호安邊都護 판관判官 김숭정金崇鼎이 자기 관하의 요새를 순찰할 때 각角 소리를 내며 행군한 기록이 있고,[46] 고려 왕들이 태묘에 제祭를 지내고 돌아올 때는 군사들이 북을 치고 각角을 불며 행진하였다.[47] 그 외 대나의大儺儀에서 고각군鼓角軍 20명이 참석하였고,[48] 법가위장法駕衛仗・연등위장燃燈衛仗・팔관회八關會 등의 고취대인 취각군사와 취라군사에도 각角이 편성되었다.[49] 고려시대의 이러한 고취대 편성은 조선시대까지 전승되었는데, 이는 『조선왕조실록』 및 『악학궤범』에 잘 나타난다. 뿐만 아니라 조선시대의 경우 '정대업지무定大業之舞'의 연행에 연주되었고, 오늘날에는 대취타 및 풍물에 편성되고 있다. 그렇다면 쌍봉사 부도에 조각된 이 도상이 시사하는 바는 통일신라시대의 경우 관현악기 및 춤과 함께 편성되어 연주된 점이 새롭다.

따라서 통일신라 유물 가운데 각角 연주가 처음 등장하는 것이 바로 쌍봉사 부도이며, 이는 삼국시대 이후 조선시대 및 오늘에 이르기까지 각角의 전승 계보를 입증하는 데 소중한 자료라고 할 수 있다. 즉 통일신라시대에도 각角 연주가 지속되었음을 알 수 있다는 점에 의의가 있다. 결국 쌍봉사 부도는 각角의 연주 전통이 청동기시대부터 삼국시대인 고대 및 고려와 조선 그리고 오늘에 이르기까지 통일신라를 거쳐 전승되었음을 알게 한다.

4) 타악기 3종

쌍봉사 부도의 8면 가운데 3면에 타악기 연주 조각이 있는데 그 종류는 요고腰鼓와

---

[46] 『고려사』 권제7 세가 제7권. 고전연구실, 『북역 고려사』 제1책, 서울: 신서원, 1991, 336~337쪽.
[47] 『고려사』 권제60, 지 제14권 예2 고전연구실, 『북역 고려사』 제6책, 90쪽.
[48] 『고려사』 권제64, 지 제18권 예6. 고전연구실, 『북역 고려사』 제6책, 250쪽.
[49] 『고려사』 권제72, 지 제26. 고전연구실, 『북역 고려사』 제7책, 20~50쪽.

박판拍板 그리고 요발鐃鈸이다.

(1) 요고

동쪽의 가릉빈가가 연주하는 악기는 오늘날 장고보다 약간 작은 것을 연주하는데, 흔히 '요고腰鼓'라고 부른다. 신라 음악에 요고가 연주된 기록은 보이지 않으나, 고구려 고분벽화 오회분4호묘와 오회분5호묘에 이 악기와 관련된 도상이 나타나며, 『구당서』 고려기에 '요고'라는 기록이 있기 때문에[50] 통일신라 유물

〈그림 12〉 동쪽 - 요고

에도 명칭이 통용되고 있다. 예를 들면, 673년 계유명석상과 682년 감은사 사리함에 고구려 고분벽화의 요고와 유사한 형태로 등장하기 때문에 고구려의 요고가 통일 이후 신라에 유입된 것으로 본다. 따라서 이 글에서도 '요고'라 명명하고자 한다.

최근 경기도 하남시 이성산성 C지구 저수지에서 요고가 출토되었는데, 전체 길이는 42.8cm이고, 양 측면의 지름은 한쪽은 17.0cm, 다른 한쪽은 17.5cm이다. 이성산성의 축성이 분명히 신라에 의한 것이고 또 이 저수지에서 출토된 토기의 거의 대부분이 통일신라시대 토기이므로 8세기를 전후한 즈음의 신라 요고로 본다.[51]

통일신라 석상이나 범종 등의 조각에서 요고의 출현은 매우 다양하다. 계유명석상(673년)이나 감은사 서탑 사리함(682년) 및 상원사 범종(725년), 화엄사 4사자 3층석탑(9세기 전반), 실상사 백장암 3층석탑 등에는 요고가 다른 악기와 합주형태로 나타나며, 운주사 범종(8세기)이나 선림원 종(804년)처럼 2중주 형태도 있다. 그리고 연지사 범종(833년)과 일본 소재의 우좌신궁 범종(904년)같이 독주 형태도 있는데, 이런 경우는 순수 요

---

50 『舊唐書』 卷29, 10b-11a.
51 『우리악기 보고듣기』, 대구: 경북대학교박물관, 2005, 35쪽.

고 연주로 보기보다는 노래와 함께 연행되었을 가능성이 크다.

쌍봉사 부도의 요고는 여러 악기와 더불어 춤을 곁들인 무·악의 연주형태로 볼 수 있으며, 이러한 연주형태는 이후 고려시대 유물 가운데 보물 제258호의 경북대 부도(11세기경)로 계승된다.

(2) 박판

북동쪽의 석재 상태는 위치상 평소에 빛을 받지 못한 때문인지 부식이 가장 심하다. 가릉빈가의 날개는 접은 상태이며 양손에 든 악기는 '박판拍板'으로 보인다. 봉암사 지증대사 부도의 경우에도 중대석 북동 방향에 박판 연주가 나타나며, 아래 중대석 받침의 경우는 북쪽에 박판 연주가 있다. 특히 봉암사 지증대사 부도의 박판 연주는 매우 역동적인데, 쌍봉사 부도 역시 가릉빈가의 몸체가 춤을 추듯 율동적인 자세인 점에서 볼 때, 박판을 치며 춤을 추는 것으로 판단된다.

오늘날에는 이러한 악기를 '박'이라 칭하지만, 『삼국사기』를 보면, '신라악'에 큰북大鼓과 더불어 '박판'이 기록에 나타나기 때문에[52] 당대 내용을 담고 있는 『삼국사기』에 의거하여 이 글에서는 '박판'이라 칭하고자 한다.

〈그림 13〉 쌍봉사 부도 북동쪽 - 박판

〈그림 14〉 봉암사부도 중대석 북동쪽 - 박판

---

52 『三國史記』 卷32, 5b6-9.

한편, 『악학궤범』을 보면, 당부악기에 박이 있고,[53] 향악정재악기에 아박이 있는데,[54] 전자의 길이는 1자 3치이며, 후자는 6치 8푼으로 전자의 약 절반 정도 규모이다. 그러면 쌍봉사 부도에 조각된 박판은 집박에 사용된 당부악기의 박이기보다, 아박춤에 사용된 아박류로 볼 수 있으며, 그럴 경우 이것은 『악학궤범』의 기록에 '향악정

〈그림 15〉 봉암사 중대석받침 북쪽 - 박판

재악기'이므로 향악기로 분류할 수 있게 된다. 이는 곧 『삼국사기』에 "신라악으로 삼현·삼죽·박판·대고·가무"에서 기록대로 박판을 당악기가 아니라 '신라악' 즉 향악기로 분류할 수 있게 한다. 그러나 지금까지 『악학궤범』 권7에 '박'이 당부악기로 구분되었기 때문에 통일신라 유물에 등장하는 박을 당악기로 구분하였는데,[55] 당대 음악의 내용을 담고 있는 『삼국사기』와 『악학궤범』 권8의 향악정재악기에 의거하여 향악기로 볼 수 있다.

따라서 지금까지 '박판'을 집박에 사용된 당악기 박에만 주목하여 『삼국사기』 박판을 당악기로 구분하였지만, 쌍봉사 부도의 도상은 향악기인 아박으로 볼 수 있는 가능성을 열어주며 이는 곧 통일신라 유물에 조각된 음악 연주가 당악이 아니라 향악일 가능성을 높여 주는데 의미를 찾을 수 있다.

---

53 『樂學軌範』卷7.2a.
54 『樂學軌範』卷8.16b.
55 송방송, 「통일신라시대 당악의 수용과 그 의의」, 『한국고대음악사연구』, 서울: 일지사, 1985, 122~128쪽 및 황미연, 「석조물에 나타난 주악상에 관한 연구: 실상사 백장암 삼층석탑을 중심으로」, 『한국음악산고』 제6집, 서울: 한양대학교 전통음악연구회, 1995, 118쪽.

(3) 요발

서쪽에 있는 가릉빈가는 남쪽처럼 날개를 활짝 펼쳤고 양 손에 긴 끈 장식이 달린 오늘날 바라와 유사한 요발饒鈸을 마주잡고 있다. 이 악기의 명칭은 당대 내용을 담고 있는『삼국사기』와『삼국유사』에서 찾아볼 수 없고,『고려사』역시 등장하지 않는다. 그러나 조선전기 악서樂書인『악학궤범』에 "동발은 놋쇠로 만들고 승가僧家의 바라鳴鈸와 같으나 작다. 뒤에는 녹비鹿皮 끈을 달고 홍라紅羅의 끈을 드리운다"[56]고 하였다. 즉 궁중정재에 사용된 것은 동발과 향발이었고 승가에서 사용된 것은 '명발鳴鈸'이라 하여 구분되었음을 시사한다.

한편,『조선왕조실록』등 조선시대 문헌에는 발鈸[57]·요발饒鈸[58]·대요발大饒鈸[59]·중요발中饒鈸[60]·명발鳴鈸[61]·동발銅鈸[62]·향발響鈸[63]·자바라啫哱囉[64] 등 다양하다. 여기서 발·요발·대요발·중요발·명발·동발은 주로 사찰의 불교의식에서 연주된 악기를 지칭할 때 사용된 명칭인데, 이 가운데 동발은 궁중의 정대업정재 때도 등장한다.[65] 향발은 향발정재의 무구舞具로 지칭되었고, 자바라啫哱囉는 조선후기 취타에 연주된 악기로 나타난다. 그리고 고려시대 송나라 서긍이 고려를 방문하고 기록한『고려도경』에는 '요발'로 기록되었다.[66] 이 역시 사찰의 불교의식과 관련된 내용이다. 그렇다면 고려와 조선시대

---

56 이혜구 역주,『신역악학궤범』, 서울: 국립국악원, 2000, 504쪽 및『樂學軌範』卷8.12b,『악학궤범』의 악기에는 여러 가지 문양 혹은 매듭과 술 또는 끈 등으로 장식되었는데, 매듭과 술로 장식된 것으로 소·해금·대각·태평소·장고채·소라·향발·박·아박이 있다. 특히 동발은 붉은 색 끈으로 장식되어 있다. 국립국악원,「국악기 문양의 종류와 의미」,『국악기의 문양과 장식』, 서울: 국립국악원, 2006, 164~165쪽.
57 『조선왕조실록』세조 10년 2월 23일; 정조 13년 10월 5일.『朝鮮王朝實錄』. http://sillok.history.go.kr/inspection (이하 실록에 대한 출판정보는 생략함)
58 『조선왕조실록』세조 7년 4월 22일 및 13년 8월 14일; 성종 11년 5월 16일; 정조 3년 9월 3일.
59 『조선왕조실록』성종 5년 12월 15일과 13년 5월 12일 및 25년 6월 27일.
60 『조선왕조실록』성종 2년 12월 13일, 4년 9월 10일, 5년 12월 15일, 13년 5월 12일, 25년 6월 27일.
61 이혜구,『신역 악학궤범』, 2000, 504쪽.
62 세조 17권, 5년(1459) 기묘 / 명 천순(天順) 3년) 8월 23일(임신)에 첨지중추원사 송처검 등을 일본국의 통신사로 삼고 보낼 때 소종(小鍾) 2사(事), 운판(雲板) 2척(隻), 동발(銅鈸) 5부, 경자(磬子) 5사(事) 등을 예물로 보냈다.
63 『조선왕조실록』에서 '향발'에 관한 기사를 정리하면 다음과 같다. 세종 31년 10월 3일; 연산군 7년 12월 19일; 연산군 11년 1월 5일; 숙종 45년 4월 18일; 영조 19년 9월 19일; 정조 19년 윤2월 13일; 순조 29년 2월 9일 및 2월 12일; 고종 3년 9월 24일.
64 『萬機要覽』軍政編一 形名制度 및 軍政編二.
65 이혜구,『신역 악학궤범』, 서울: 국립국악원, 2000, 503~504쪽.

에 사찰에서 사용된 바라를 '요발鐃鈸'이라 명명했음을 알 수 있다. 이는 그 이전 시기인 통일신라시대 역시 '요발鐃鈸'이라 했을 가능성이 크다. 따라서 이 글에서는 쌍봉사 부도에 등장한 이 악기(〈그림 16〉)는 승가와 밀접한 까닭에 사찰에서 사용한 '요발'이라 하고자 한다.

〈그림 16〉 서쪽 - 요발

통일신라 유물 가운데 요발 주악상이 처음 등장하는 것은 682년 감은사 서탑 사리함인데, 이 경우 매우 엄숙하고 정적인 분위기라면 쌍봉사 부도의 경우는 바라 끈을 길게 장식한 점이 다르며, 바라를 치며 몸을 움직여 춤의 연행 가능성을 제시하는 점이 차이라 하겠다. 따라서 이 부도의 요발은 '요발춤'을 연행하는 모습으로도 볼 수 있다.

『악학궤범』에 동발의 경우는 "뒤에는 녹비鹿皮 끈을 달고 홍라紅羅의 끈을 드리운다"[67]고 했는데, 쌍봉사 부도의 요발 및 요발 끈과 흡사하다. 『악학궤범』의 동발은 성종대 학연화대처용무합설에서 특히 처용무에서 악사가 오방처용 및 여기 집박악사 그리고 향악공鄕樂工을 인도할 때 동발을 잡았다.[68] 그리고 향발은 동발과 모양은 같지만 작고 역시 뒤에는 끈을 달고 오색 매듭을 드리우는

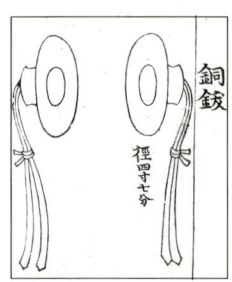 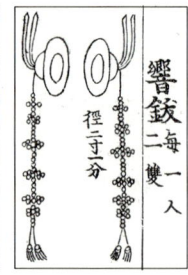

〈그림 17〉 동발 　〈그림 18〉 향발

• • •

66 민족문화추진회, 『高麗圖經』, www.minchu.or.kr
67 이혜구 역주, 『신역악학궤범』, 서울: 국립국악원, 2000, 504쪽 및 『樂學軌範』 卷8.12b. 『악학궤범』의 악기에는 여러 가지 문양 혹은 매듭과 술 또는 끈 등으로 장식되었는데, 매듭과 술로 장식된 것으로 소·해금·대각·태평소·장고채·소라·향발·박·아박이 있다. 특히 동발은 붉은 색 끈으로 장식되어 있다. 국립국악원, 「국악기 문양의 종류와 의미」, 『국악기의 문양과 장식』, 서울: 국립국악원, 2006, 164~165쪽.
68 『樂學軌範』 卷5.11b 및 12a.

데,[69] 성종조 향악정재인 '향발춤'을 연행할 때 양손에 매고 춤출 때 마주친 향악정재 악기이다. 특히 『악학궤범』 권8에 향발과 동발이 '향악정재악기'로 분류된 점으로 보면, 향악기로 볼 수 있다. 이 두 종류의 악기가 쌍봉사 부도에 조각된 요발과 결코 무관해 보이지 않는다.

그렇다면 조선전기 향발과 동발의 악기 및 춤의 연원은 통일신라 9세기까지 소급할 수 있게 되며, 조선전기 궁중의 향악정재가 고려시대뿐만 아니라 통일신라시대의 유습으로 볼 수 있는 가능성이 열리게 된다. 즉 조선전기 동발과 향발 및 그 끈 장식은 이미 통일신라시대에 존재한 악기 및 장식임을 쌍봉사 부도에서 확인할 수 있다. 그리고 쌍봉사 부도에 조각된 악기가 당악기가 아닌 향악기일 가능성이 또 한 번 열리게 되며, 당연히 향악 연주로 이해할 수 있게 된다.

이상에서 볼 때 쌍봉사 부도에는 현악기로는 비파, 관악기로는 각과 적(종적), 타악기로는 요고, 박판, 요발이 연주되었다. 그러면 8면에 조각된 도상의 판독을 기존 견해[70]와 비교 정리하면 다음과 같다.

〈표 1〉 쌍봉사 철감선사 부도 무악상의 판독 일람표

판독/위치	동	동북	북	북서	서	서남	남	남동
한국의 문화유산	요고	박판	주악상	대각	동발	당비파	필률	피리(적)
엄기표	요고	박판	없음	대각	동발	당비파	필률	적
김성혜	요고	박판(춤)	춤	각(角)	요발(鏡鈸, 춤)	비파	춤	笛(종적)

요컨대 쌍봉사 철감선사 부도의 무악상 위치는 기단부 상대석의 탑신받침 부분에 조각되었는데, 관·현·타악기의 연주와 더불어 춤이 함께 연행된 모습이며 이는 선승이 극락정토로 들어가기를 염원하는 의미를 담고 있다고 하겠다.

---

69 『樂學軌範』卷8, 12b.
70 정영호 감수, 『한국의 문화유산』 2, 서울: (주)시공테크, 1999, 210쪽 및 엄기표, 「쌍봉사 철감선사징소탑의 조각사적 의의」, 『용봉논총』 제27집, 1998, 108쪽 〈표 2〉.

3. 부도의 음악사적 의미

　　　　　　　　　　　이 글은 우리나라 부도 가운데 가장 수려한 것으로 알려진 쌍봉상 부도에 춤추고 연주하는 다양한 도상이 있는데 지금까지 음악학계에서 크게 주목하지 않았기 때문에 그 전반을 소개하고 도상이 갖는 의미를 고찰해 보고자 하였다.

　부도의 주인공은 9세기 선승 도윤(798~868)인데, 부도의 건립시기는 선사가 입적한 868년 직후이거나 868년부터 875년 사이로 보았다. 무악상의 위치는 부도의 기단부 상대석 탑신받침에 있는데 악기의 종류를 보면, 현악기의 경우는 비파가 유일하며, 관악기로는 적(종적)과 각角이 있고 타악기는 3종인데 요고와 박판, 요발 있었다. 그 외 2면에는 춤을 추는 도상이 있기 때문에 이 글에서는 춤을 포괄하여 '무악상'으로 하였다. 이 부도의 무악상은 음악사적 입장에서 볼 때 시사하는 바가 적지 않다.

　첫째는 각角의 등장이다. 청동기시대 바위그림에서 처음 등장한 뒤 삼국시대 고구려 고분벽화에는 다양한 규모의 각이 나타나며, 4~5세기 신라토우에도 나타난 바 있다. 그리고 고려와 조선시대 문헌에서 대·중·소의 각角이 고취에 사용되었고, 조선 전기 정대업정재 의물로 대각大角이 등장한 뒤 오늘날 대취타 및 풍물에 사용되고 있다. 이렇듯 지금까지 8~14세기 도상자료에서 각이 확인되지 않았기 때문에 그 전승계보를 확실히 할 수 없었는데, 9세기 유물인 쌍봉사 부도에 각이 등장함으로써 마침내 각의 전승여부가 좀 더 확실시 되었다.

　둘째는 박판과 요발의 도상이 고려와 조선시대 향악정재의 연원을 통일신라시대까지로 소급하는데 결정적인 단서를 제공하는 점이다. 이 두 악기는 단순히 악기연주뿐 아니라 춤이 병행된 형태로 조각되었기 때문에 정재로 볼 수 있으며, 이는 고려시대 향악정재인 동동과 조선시대 아박 그리고 향발과 연계되고 있다. 따라서 이는 음악사뿐만 아니라 한국무용사에서도 주목되는 유물이다.

　셋째는 부도에 조각된 음악과 춤을 향악과 향악정재로 해석할 수 있는 가능성이 열린 데 있다. 지금까지 박판의 경우는 『악학궤범』에 당악기로 분류된 까닭에 통일신라 도상에 나타나는 박판의 경우 당악기로 판독하였고 이것은 곧 당악의 수용 시기를 가늠하는 척도가 되기도 하였다. 그러나 당대 내용을 담고 있는 『삼국사기』에 박판은 '신라악' 즉 향악으로 등장하며, 고려시대 아박을 들고 춤추는 향악정재 동동과 조선시대 아박 및 향발이 모두 향악정재 혹은 향악정재악기 등으로 구분되기 때문에 향악기로 볼 수 있고, 당악이 아닌 향악으로 해석할 수 있는 단서를 제공한 데 의미가 있다.

유물에 대한 정확한 인식과 해석은 문헌에 대한 정확한 이해만큼이나 중요하다. 문헌의 경우는 당대 기록도 있지만, 한국 고대사에 있어 금석문을 제외하면, 대부분 후대에 기록된 것이다. 하지만, 유물은 바로 당대 사람들이 남긴 사료이므로 고대사의 경우는 문헌보다 더 사료적 가치가 크다고 할 수 있다. 따라서 음악사 및 무용사에 있어 문헌에 기록된 내용과 당대 사람들이 남긴 고고학 자료는 적극적으로 활용되어야 하는데, 이런 관점에서 쌍봉사 철감선사 부도에 조각된 무악상은 학계에 시사하는 바 적지 않다고 생각한다.

02.
봉암사 지중대사 적조탑의 주악상

-
-
-

봉암사鳳巖寺는 경상북도 문경군聞慶郡 가은읍加恩邑 원북리院北里에 있는 절이다. 이 절은 881년에 건립되었고, 절 안에는 통일신라시대 승려인 지증대사智證大師 도헌道憲(824~882)의 부도浮屠와 탑비塔碑가 있는데 각각 보물 제137호와 제138호로 지정되었다.

부도는 일반 스님들의 사리와 유골을 봉안하는 구조물이며, 부처님의 사리를 봉안하는 탑과 구분된다. 이러한 부도는 선종禪宗이 수용된 통일신라 이후에 등장하기 시작하는데, 탑이 사찰의 중앙에 세워지는 것과는 달리 부도는 사찰의 외각에 건립되었다. 불교 성국盛國이었던 통일신라는 다른 미술품이 그러하듯이 석조 부도에도 세공을 가하여 각부마다 조각이 정교하고 화려하여 예술의 극치를 보였다.

다른 예술품처럼 통일신라의 석조 부도 역시 당시의 문화를 담고 있는데, 부도의 건립 이후 탑비가 건립되기도 하여 부도 주인공의 업적과 건립 시기 및 시대적 배경을 알게 해주기도 하며, 시대에 따른 건축 양식이나 조각의 특징 및 수준을 가늠할 수도 있다. 또한 부도 건립 당대의 장인이 석재를 매개로 불교의 세계를 표현한 것이므로 종교적 세계관을 간파할 수도 있을 것이다.

그리고 다양한 조형은 당시 사람들이 선호한 여러 기법이 표출된 것이므로 미술학적 특징을 고찰하는 데 큰 도움이 된다. 더욱이 부도에 조각된 것 가운데 악기를 연주하거나 춤을 추는 도상은 당시 사람들이 사용한 악기의 종류와 악기 편성 및 악단의 규모 등을 간파하는데 도움이 된다.

특히 봉암사鳳巖寺 지증대사智證大師 적조탑寂照塔(이하 '지증대사 부도'라 칭함)에는 주악상이 조각되어 있어 일찍이 음악학계에서 주목되어 왔다. 이 부도의 주악상이 음악사에 등장하는 것은 1974년 이혜구李惠求의 통일신라음악에서 비롯되었다.[1] 이때 "지증대사 적조탑신에는 비파·생·횡적·동발·필률 이외에 박이 보인다"라는 간략한 언급만 있었으며, 도상은 1976년 장사훈張師勛의 『한국음악사』에 탁본으로 제시된 것이 처음이었다.[2] 그 후 음악사 서술에 있어 최근에 이르기까지 지증대사 부도의 탁본 주악상은 지속적으로 언급되고 있다.[3] 이 탁본은 음악사뿐만 아니라 음악고고학音樂考古學 관련 논문에도 대부분 그대로 인용되었다.[4]

그런데 문제는 소개된 탁본의 도상을 현지 유물에서 직접 확인하지 않은 관계로 주악상의 판독에 오류가 있음에도 불구하고 수정 없이 계속 인용되고 있는 데 있다. 또한 지금까지 소개된 탁본의 주악상 바로 아래에 가릉빈가의 주악상이 별도로 있는데, 여기에 대해서는 전혀 언급이 없었다. 뿐만 아니라 이 부도의 건립시기와 탑비의 건립시기가 각각 다름에도 불구하고 탑비의 건립시기를 부도의 건립 시기로 혼동하거나 근거 없는 편년을 제시한 경우가 대부분이었다.[5]

따라서 이 글에서는 지증대사 부도를 음악사적 입장에서 재조명하여 종래의 연구성과 중 오류를 수정하고 미진한 부분을 보완하는 데 연구의 목적을 두었다. 이를 위

...

1 이혜구, 「통일신라음악」, 『한국사』 2권, 서울: 한국사편찬위원회, 1974, 351쪽.
2 장사훈, 『한국음악사』, 서울: 정음사, 1976, 46쪽.
3 宋芳松, 『韓國音樂通史』, 서울: 일조각, 1984, 〈사진 20〉; 權五聖, 「三國時代」, 『韓國音樂史』, 서울: 대한민국 예술원, 1985, 〈사진 33〉; 장사훈, 『증보한국음악사』, 서울: 세광음악출판사, 1986, 123쪽; 전인평, 『새로운 한국음악사』, 서울: 현대음악출판사, 2000, 118쪽; 송방송, 『증보한국음악통사』, 서울: 민속원, 2007, 115쪽.
4 송방송, 「통일신라 당악의 수용과 의의」, 『한국고대음악사연구』, 서울: 일지사, 1985, 130쪽; 『한국학보』 제37집, 서울: 일지사, 1984, 2~30쪽의 내용이 복간됨. 장사훈, 「신라시대 불교유적에 나타난 악기」, 『한국음악과 무용에 관한 연구』, 서울: 세광음악출판사, 1993, 120쪽; 황미연, 「통일신라시대 주악상에 대한 고찰」, 『낭만음악』 제9권 제1호(통권33호), 서울: 낭만음악사, 1996, 36쪽; 이미향, 「불교도상에 나타난 악기 연구」, 『연사홍윤식교수 정년퇴임기념논총 한국문화의 전통과 불교』, 서울: 논총간행위원회, 2000, 902~903쪽; 송방송, 「화엄사 삼층석탑의 주악상」, 『한국학보』 108집, 서울: 일지사, 2002, 112~134쪽.
5 부도의 건립시기를 904년으로 편년한 경우는 이혜구(1974), 송방송(1984, 2007), 장사훈(1986)이며, 924년으로 본 경우는 송방송(1984), 황미연(1996), 이미향(2000)이다. 〈표 1〉을 참고하기 바람.

한 연구방법은 기존 학계에 제시된 탁본에 의거하겠지만, 현지 조사를 병행하고자 하며, 아직 학계에 알려지지 않은 가릉빈가 주악상도 함께 고찰하고자 한다.[6] 특히 부도의 편년에 대해 연구자간 견해가 다른데 부도와 탑비의 건립 배경을 살펴보면서 건립 시기를 알아보도록 할 것이다.

1. 부도와 탑비의 건립 배경과 시기

신라 말과 고려 초 선사들의 비문碑文을 통하여 당시의 부도와 탑비 건립 과정을 보면,[7] 먼저 부도를 만들고 이후에 제자들이 중심이 되어서 탑비를 세울 것을 국가에 건의하고 비를 건립하였다. 특히 부도는 선사의 입적 후 장례 절차가 끝나면 곧바로 다비한 후 유골을 수습하여 건립하는데 특별한 경우를 제외하고는 일반적으로 입적한 직후나 1~3년 이내 건립된다.[8] 이러한 정황으로 볼 때 지증대사가 882년 12월에 입적했기 때문에 지증대사의 부도는 빠르면 883년, 늦어도 885년까지는 건립되었을 것이다. 다행히 지증대사 부도는 현재의 위치가 원위치이며, 부분적으로 약간의 절단면이 있으나 완형[9]인 점에서 귀한 유물로 손꼽힌다.

부도의 건립 시기는 부도에 조각된 여러 도상 가운데 특히 주악상의 경우 출현하는 악기의 연주시기와 관련되기 때문에 매우 중요한 문제이다. 지금까지 음악학계에서는 지증대사 부도의 건립 시기에 대한 견해는 크게 두 가지로 구분되는데, 하나는 904년으로 본 입장이며, 다른 하나는 924년으로 본 경우이다.

904년으로 본 사람은 이혜구·장사훈·송방송宋芳松인데, 대부분 편년한 근거를 제시

---

[6] 나는 봉암사의 현지조사를 세 차례에 걸쳐 실시하였는데, 첫 차례는 2000년 5월 11일(음력 4월 8일)이며, 두 번째는 2001년, 세 번째는 2002년에 이루어졌다.
[7] 엄기표, 「쌍봉사 철감선사 징소탑의 조각사적 의의」, 『용봉논총』 27집, 광주: 전남대학교 인문과학연구소, 1998, 87쪽.
[8] 정길자, 「한국불승의 전통장법연구」, 『숭실사학』 제4집, 서울: 숭전대학교 사학회, 1986, 168쪽.
[9] 정영호, 『신라 석조부도 연구』, 서울: 신흥출판사, 1974, 69쪽.

하지 않아 무엇을 기준으로 설정했는지 알 수 없다. 다음으로 924년으로 본 경우는 송방송·황미연黃美衍·이미향李美香인데, 이 역시 편년한 근거를 분명히 제시하지 않았는데, 부도 옆에 세워진 탑비의 건립 시기가 924년이므로 부도의 건립시기 역시 924년으로 보았음을 짐작할 수 있다. 송방송은 두

〈그림 1〉 봉암사 지증대사의 부도와 탑비

가지 견해를 모두 취하였는데, 그만큼 지증대사 부도의 편년이 음악학계에서 불완전함을 보이고 있다.

그러나 부도와 탑비가 동시에 세워졌을 경우는 이와 같이 편년하는 데 문제가 없겠으나, 봉암사의 이 부도는 탑비와 시기를 달리하여 세워졌기 때문에 같은 시기로 보기 어려운 데 문제가 있다. 여기서 부도의 주인공인 지증대사 도헌의 삶과 부도의 건립 및 탑비의 건립 배경을 비문의 내용[10]을 바탕으로 간략히 살펴보도록 하겠다.

도헌은 왕경인(경주사람)으로 속성俗姓이 김金씨이며, 호號는 도헌道憲이고, 자字는 지선智詵이었다. 824년(헌덕왕 16)에 태어났으며, 882년(헌강왕 8)에 입적하였다. 9세에 아버지를 잃고 출가하여 부석사로 갔으며, 17세에 승려들이 받는 계戒인 구족계具足戒를 받았다.

864년(경문왕 4)에 경문왕의 누님인 단의장옹주端儀長翁主가 미망인이 되었을 때 도헌으로 하여금 현계산賢溪山 안락사安樂寺에 머물 것을 요청하였으며, 적극적인 후원을 아끼지 않았다.

한편, 불도자 심충沈忠이란 자가 희양산曦陽山 중턱에 봉암룡골鳳巖龍谷에 있는 땅을 희사하여 절을 짓도록 희망하니, 881년(헌강왕 7)에 완공하였는데, 이것이 봉암사이다.

---

10 李智冠,「문경 봉암사 지증대사 적조탑비문」,『교감역주 역대고승비문: 신라편』, 서울: 가산문고, 1994, 279~338쪽.

봉암사가 완공된 다음 해 즉 882년 12월 18일에 선사가 열반하였으며, 이틀 만에 가빈假殯을 현계賢溪에 하고, 1년 후 즉 883년 12월에 다시 옮겨 희양산 들판에 장사지냈다고 비문에 기록되어 있다.

비문의 내용으로 보면, 지증대사는 882년 12월 18일에 "가빈을 현계에 하고"라 기록된 점에서 볼 때 현계산 안락사에서 열반하였고, 그곳에 가빈假殯한 것으로 짐작된다. 즉 장례식 때까지 임시로 시신을 관에 안치하고 가족이나 친지 및 제자들이 열반한 도헌을 애도하고 장례를 준비한 것으로 이해할 수 있다.[11] 그리고 1년 후인 883년 12월에 희양산 봉암사로 옮겨와서 정식으로 장례를 지냈으므로 봉암사에 있는 지증대사 부도는 이때 세워졌을 가능성이 크다. 이에 대한 견해는 이미 정영호에 의해 제시된 바 있으며,[12] 최근까지 이견이 없다.[13] 따라서 나 역시 봉암사로 옮겨온 후 정식으로 장례를 치른 883년에 부도가 세워진 것으로 보고자 한다.

한편 탑비가 건립된 과정을 보면, 선사가 열반한 후 헌강왕은 시호를 '지증대사'로 내리고 탑호를 '적조寂照'로 하사하였다. 또한 문도門徒들로 하여금 비에 새길 대사의 행적行蹟을 기록하게 하였고, 885년 마침 당唐나라에서 귀국한 최고의 문장가 최치원崔致遠으로 하여금 비문을 짓도록 하였다. 그러나 헌강왕이 그해(885) 승하하여 탑비의 건립은 중단되었다.

국왕은 최치원에게 비문을 찬하게 하여 893년경 비문이 완성되지만 탑비는 곧 바로 세워

〈그림 2〉 지증대사 탑비

• • •
11 엄기표,『신라와 고려시대 석조부도』, 2003, 42쪽.
12 정영호,『신라 석조부도 연구』, 1974, 73쪽 및 『부도』, 서울: 대원사, 1998, 55쪽.
13 엄기표,『신라와 고려시대 석조부도』, 2003, 41~42쪽.

지지 못하고 경명왕 8년(924)에 가서야 건립된다. 이와 같이 탑비의 건립이 예정보다 늦게 세워진 것은 비신으로 사용할 마땅한 석판石版을 구하지 못하였기 때문으로 '봉암사鳳巖寺 정진대사靜眞大師 원오탑비문圓悟塔碑文'에 기록되어 있다.[14]

또한 정진대사 원오탑비문을 보면, "그 돌(지증대사의 탑비)도 남해로부터 가져온 것이어서 지금까지도 그 역사役事에 대한 원성이 전해 오고 있다"는 점에서 석조부도와 탑비를 건립하는 것이 사원 자체의 경제력과 노동력으로 감당하기 어려운 역사였기 때문에 중앙이나 지방에서 역부들이 동원되기도 했음을 알게 한다. 이러한 사실은 석조부도와 탑비의 건립이 국왕을 비롯한 중앙정부의 일정한 지원과 협조, 문도들의 적극적인 참여로 이루어졌음을 알 수 있다.

요컨대 지증대사 도헌은 882년 12월 18일에 입적하였고, 그의 문도들이 현계산에 시신을 매장하였다가 다음해인 883년에 봉암사로 이장하여 유체를 매장한 뒤 그곳에 부도를 건립하였다. 따라서 부도의 건립 시기는 883년으로 본다. 한편 지증대사 도헌의 행적을 새긴 비문은 원석을 구하지 못한 관계로 시일이 늦어져 약 40년 뒤인 924년에 세워져 부도의 건립시기와 약 반세기의 차이가 있다.

2. 부도의 구도와 각부 명칭

부도는 일종의 건축물이다. 여느 건축물이 그러하듯이 부도 역시 각부마다 명칭이 있으며, 각부에 장식된 조형은 다양하며 나름대로 의미를 지니고 있다.

일반적으로 음악학계에서는 지증대사 부도의 주악상 위치를 대부분 탑신으로 보았는데,[15] 1996년에 황미연은 선학들과는 달리 중대석으로 제시한 바 있다.[16] 이렇듯 부

---

14 이지관, 「문경 봉암사 정진대사 원오탑비문」, 『교감역주 역대고승비문: 고려편』 1, 서울: 가산문고, 1994, 508쪽.
15 부도의 탑신에 있는 것으로 본 경우는 이혜구, 장사훈, 송방송이다. 〈표 1〉을 참고하기 바람.

도에서 주악상의 위치가 '탑신'과 '중대석'으로 견해가 다른데, 이를 확인해 보기 위해 먼저 부도의 구도와 각부 명칭을 간략히 살펴보고자 한다.

〈그림 3〉 지증대사 부도

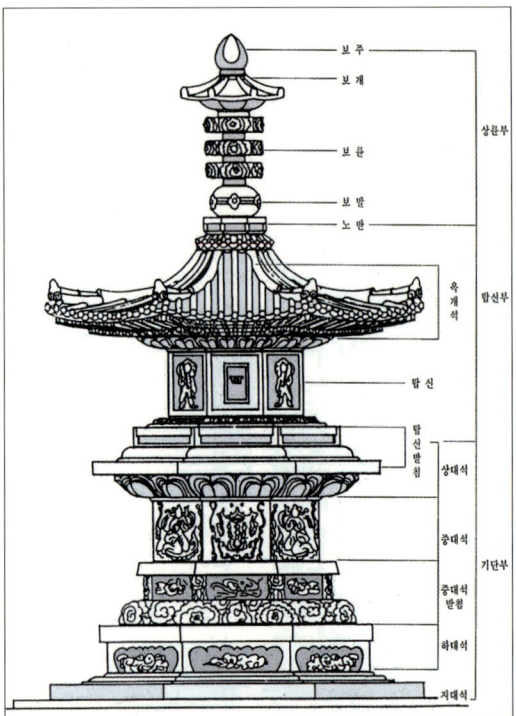
〈그림 4〉 부도의 각부 명칭

부도는 크게 상륜부相輪部·탑신부塔身部·기단부基壇部로 구성되어 있는데, 석탑이나 석등의 구성과 다르지 않다. 여기서 상륜부는 부도의 맨 윗부분으로서 보주寶珠·보개寶蓋·보륜寶輪·복발覆鉢·상륜받침으로 구성되었는데, 상승감과 아울러 예술적으로 완성된 이미지를 보여주는 부분이다. 그래서 이곳은 속세인 지상地上과 불가佛家 세계

---
16 황미연, 「통일신라시대 주악상에 대한 고찰」, 『낭만음악』 제9권 제1호(통권33호), 1996, 36쪽.

인 천상天上을 연결시켜 주며,[17] 부도 주인공의 영혼을 더 이상 윤회가 없는 극락정토로 인도한다[18]는 의미의 구조물이다.

탑신부는 옥개석과 탑신석으로 결구되어 있는데 일반의 집에 비유를 하자면, 옥개석은 집의 지붕과 같은 구조물이며, 탑신은 방의 구조를 의미한다. 따라서 탑신석에는 방문과 같은 '문비'가 있으며, 일반적으로 이곳에 승려의 사리가 모셔지는데, 부도의 중심부라 할 수 있다. 여기에는 사천왕상과 보살상을 조각하여 불법을 수호하는 의미를 부여하였다.

탑신부 아래쪽은 기단부인데, 기단부는 탑신괴임(혹은 탑신받침)과 상대석·중대석·중대괴임·하대석·지대석으로 구성되어 있다. 탑신괴임은 탑신받침이라고도 하는데, 탑신을 받쳐주는 받침이 8각으로 된 난간으로 둘러져 있고, 그 아래 상대석은 연꽃잎이 위로 향해 펼쳐진 '앙련문仰蓮紋'으로 조각되었다. 상대석 아래가 중대석인데 바로 이곳에 주악상이 새겨져 있다. 부도의 주악상에 관한 것은 다음 항에서 상론하게 될 것이다. 그리고 중대석 아래 중대석 받침이 있는데, 어떤 연구자의 경우 이것을 중대석의 하단부 및 하대석의 상단석으로 보기도 하며,[19] 또는 하대석을 상단석과 하단석으로 구분하여 하대석의 상단석으로 보기도 한다.[20] 그러나 이 글에서는 일반적으로 통용되는 명칭에 의거하여[21] 중대석 받침으로 하였다.

중대석 받침의 윗부분에 바로 가릉빈가의 주악상이 나타나며, 아래 부분에는 구름과 용의 문양이 새겨져 있다. 그리고 하대석에는 사자상이 조각되어 있는데, 각 면마다 사자의 자세와 표정이 다양하다. 그리고 맨 아래에 지대석이 있다.

이와 같이 지증대사 부도는 옥개석에서 지대석에 이르기까지 모두 8각형으로 구성

• • •
17 엄기표, 『신라와 고려시대 석조부도』, 2003, 140쪽.
18 엄기표, 「쌍봉사 철감선사 징소탑의 조각사적 의의」, 『용봉논총』 27집, 1998, 81~156쪽.
19 정영호, 『신라석조부도연구』, 1974, 90쪽.
20 엄기표, 『신라와 고려시대 석조부도』, 2003, 141쪽의 석조부도의 세부명칭 참고.
21 동국불교미술인회 엮음, 『알기쉬운 불교미술』, 서울: BBS불교방송, 1998, 121쪽 및 『한국민족문화대백과사전』 10권, 성남: 한국정신문화연구원, 1991, 164~166쪽.

되어 신라 석조부도의 전형적인 양식을 보여준다. 여기서 팔각은 미타彌陀와 관음觀音의 전당이라는 의미가 있다고 한다.[22] 즉 팔각원당형八角圓堂形의 부도는 미타정토彌陀淨土로서의 전당 속에 사자死者의 유골이나 사리를 봉안하여 극락에 왕생하기를 바라는 의도에서 조형화된 것이다. 그래서 팔각원당형 석조부도 그 자체가 미타정토이며, 죽은 자의 영혼이 귀의된 곳으로 설명되고 있다.[23] 그리고 석조부도를 팔각원당형으로 구도하여, 표면에 각종 장엄과 조각상을 배치한 것은 고승의 유골이나 사리를 수호하고, 입적한 고승의 영혼이 극락왕생하기를 기원하는 의미가 내재되어 있는 것으로 추정되어 왔다.[24]

이렇듯 지증대사 부도의 경우 주악상 위치가 탑신에 있는 것이 아니라 기단부의 중대석과 중대석 받침에 있음을 확인할 수 있었다. 이렇게 부도의 주악상이 이중으로 조각된 사례는 통일신라는 물론 고려시대 및 조선시대에 이르기까지 지증대사 부도가 유일하다.

3. 부도의 주악상

지증대사 부도는 중대석과 중대석 받침에 주악상[25]이 있는 특이한 형태인데, 지금까지 음악학계에서 지증대사 부도에 새겨진 주악상을 판독한 경향을 먼저 표로 정리해보면 아래와 같다.

---

22 정해창, 「부도의 양식에 관한 고찰: 신라시대의 팔각당형에 대하여」, 『백성욱박사송수기념 불교학논문집』, 서울: 백성욱박사송수기념 사업위원회, 1959, 875쪽.
23 정영호, 『신라석조부도연구』, 1974, 20쪽.
24 엄기표, 『신라와 고려시대 석조부도』, 2003, 252~253쪽.
25 이 글에 제시된 봉암사 지증대사 적조탑의 사진은 오세윤이 촬영한 것임을 밝히며, 나에게 사용을 허락한 데 대해 감사드린다.

〈표 1〉 지증대사 부도의 편년 및 주악상 위치 그리고 악기 판독 경향[26]

연구자	연도	저서 및 논제	편년/위치	1	2	3	4	5	6
이혜구	1974	『한국사』	904/탑신	생	비파	필률	박	횡적	동발
장사훈	1976	『한국음악사』	탑신	생	당비파	피리	박판		
	1984	『국악대사전』		생	당비파	피리	박판	횡적	
송방송	1984	『한국음악통사』	924, 904/탑신		당비파	당피리	박판		
	1984	"당악의 수용"	924	생	당비파	필률	박	횡적	동발
장사훈	1986	『한국악기대관』	904/탑신						
	1989	『증보한국음악사』	탑신	생	곡경비파	필률	박판	횡적	동발
	1993	"불교유적악기" 6종으로 단정함	탑신	생	곡경비파	필률	박판	횡적	동발
황미연	1996	"통일신라 주악상"	924/중대석	생황	당비파	필률	박	횡적	동발
전인평	2000	『새로운 음악사』		생	곡경비파	피리	박판	횡적	동발
이미향	2000	"불교도상악기" 장사훈 1976 인용	924/중대각면	생	당비파	필률	박판	횡적	동발
송방송	2002	"화엄사 3층석탑"	924/탑신	생	당비파	피리	박	횡적	동발
경대박	2005	『우리악기 보고듣기』		생황	비파	종적	박	횡적	
송방송	2007	『증보한국음악통사』	904	생	비파	피리	박	횡적	동발

...

26 〈표 1〉 작성에 참고한 저서 및 논문은 다음과 같다. 이혜구, 「통일신라음악」, 『한국사』 2권, 서울: 한국사편찬위원회, 1974, 351쪽; 장사훈, 『한국음악사』, 서울: 정음사, 1976, 46~47쪽; 장사훈 『국악대사전』, 서울: 세종음악출판사, 1984, 344쪽; 송방송, 『한국음악통사』, 1984, 〈사진 20〉 및 105~125쪽; 송방송, 「통일신라시대 당악의 수용과 그 의미」, 『한국학보』 제37집, 서울: 일지사, 1984, 2~30쪽; 『한국고대음악사연구』, 서울: 일지사, 1985, 132쪽. 이 글에서는 『한국고대음악사연구』를 참고함; 장사훈, 『한국악기대관』, 서울: 서울대학교 출판부, 1986, 〈도판 28〉; 장사훈, 『증보한국음악사』, 1989, 123~124쪽; 장사훈, 「신라시대 불교유적에 나타난 악기」, 『한국음악과 무용에 관한 연구』, 서울: 세광음악출판사, 1993, 117~138쪽; 황미연, 「통일신라시대 주악상에 관한 고찰」, 『낭만음악』 통권33호, 서울: 낭만음악, 1996, 36~39쪽; 전인평『새로운 한국음악사』, 2000, 118쪽; 이미향, 「불교도상에 나타난 악기연구」, 『연사홍윤식교수 정년퇴임기념논총 한국문화의 전통과 불교』, 논총간행위원회, 2000, 892~898쪽; 송방송, 「화엄사 삼층석탑」, 『한국학보』 108집, 서울: 일지사, 2002, 112~124쪽; 경북대학교박물관, 『우리악기 보고듣기』, 대구: 경북대학교박물관, 2005, 42쪽; 송방송, 『증보한국음악사』, 2007, 115~116쪽.
표에서 빈칸은 그 부분에 대해 연구자의 언급이 없음을 의미한다.

〈표 1〉을 바탕으로 지증대사 부도에 대한 음악학계의 입장을 요약하면 다음과 같다.

첫째, 중대석의 주악상 판독은 두 가지로 대별되는데, 주악상의 8면 가운데 6면으로 판독한 경우와 4~5면으로 판독한 경우가 있다. 6면으로 판독한 경우는 이혜구를 비롯하여 장사훈·송방송·황미연·전인평·이미향 등 연구자 대부분이 6면으로 판독하였다. 장사훈의 경우 1976년부터 1984년까지는 4, 5면으로 판독했다가 1989년 이후 동발을 첨가하여 역시 6면으로 판독하였다. 한편 경북대학교박물관측에서는 5면으로 판독하여 입장이 다르다.

둘째 악기를 명명함에 있어서 학자마다 약간씩 차이가 있는데, 생 혹은 생황, 비파 혹은 당비파·곡경비파, 피리 혹은 필률, 박 혹은 박판 등 악기 명칭이 각각 다를 뿐 의미는 모두 동일한 입장이다.

셋째, 연구자들이 중대석에 새겨진 주악상은 대부분 인식하였으나 중대석 받침에 조각된 가릉빈가의 주악상은 전혀 인지하지 못한 형편이다.

이렇듯 중대석에 새겨진 주악상이 5면인지 아니면 6면인지 확인할 필요가 있으며, 조각에 드러난 악기를 뭐라고 명명해야 적절한가에 대한 문제가 있다. 그리고 중대석 받침의 또 다른 주악상을 전혀 인지하지 못했기 때문에 이에 대한 판독 및 언급이 필요하다고 본다.

1) 중대석의 주악상

음악학계에서 중대석에 새겨진 주악상으로써 주로 탁본 6점을 제시하였는데, 이에 대한 유물의 모습 및 방위와 악기를 함께 표시하면 다음과 같다.

유물을 보면, 가운데 앉아 있는 인물은 주변에 리본 형태의 천의天衣자락이 날리는 것으로 봐서, 천인상 혹은 비천상임을 짐작할 수 있다. 이 글에서는 비천상으로 일관하고자 한다.

〈그림 5~9〉까지 5점의 주악비천상에 대해서는 별다른 이견이 없으나, 〈그림 10〉의 남동 방향의 주악상이 과연 동발을 연주하는 모습인지 의문이다. 특히 남동의 비천은

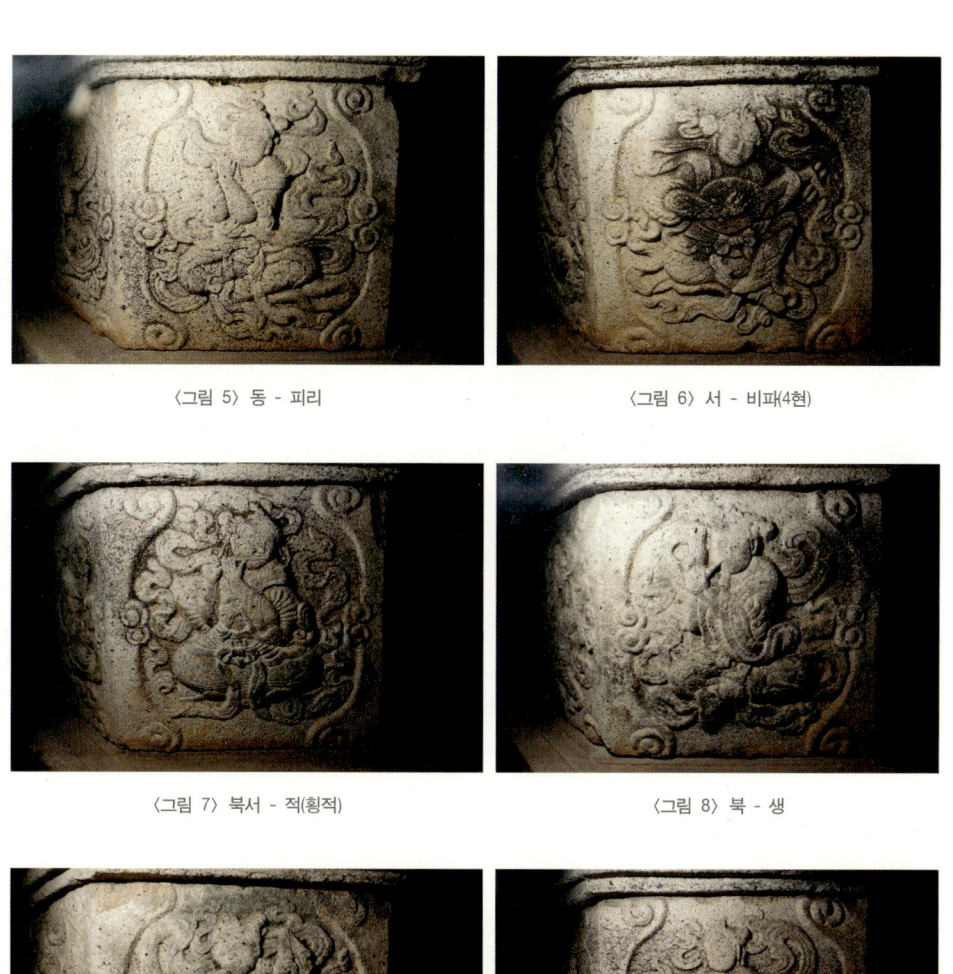

〈그림 5〉 동 - 피리

〈그림 6〉 서 - 비파(4현)

〈그림 7〉 북서 - 적(횡적)

〈그림 8〉 북 - 생

〈그림 9〉 북동 - 박판

〈그림 10〉 남동 - 동발(?)

앉은 자리를 볼 때, 연꽃으로 장식된 자리 즉 '연화좌蓮華座' 위에 앉았는데, 이는 다른 5면의 주악상과 구분되는 점도 특이하다.

8각으로 이루어진 중대석에서 소개된 6면을 제외하고, 소개되지 않은 나머지 2면은 '남서'와 '남동'인데, '남'쪽을 중심으로 향 좌측의 '남서', 향 우측의 '남동'은 다음과 같다.

〈그림 11〉 남서 - 공양

〈그림 12〉 남 - 사리함

남쪽에 〈그림 12〉처럼 화려한 장식의 함이 있는데, 이것을 사리함舍利函으로 보기도 하며,²⁷ 향완香垸으로 보기도 한다.²⁸ 사리함은 사리를 넣는 장치인데, 석가모니의 시신을 화장하여 나온 뼈를 무덤에 안치하여 공경하기 위해 함에 넣은 데서 비롯되었는데, 이는 불사리佛舍利라 한다. 한편, 고승의 신골身骨은 승사리僧舍利라 불러 구분한다. 그리고 향완은 향로 중에서 밥그릇 모양의 몸체에 나팔모양의 높은 대를 갖춘 고배형 高杯型만을 한정하여 이름한 것이다.²⁹ 따라서 이 글에서는 향완으로 보기 어렵기 때문에 '사리함'으로 보고자 한다.

사리함은 연잎 위에 있고, 사리함 좌우에는 각각 비천이 있는데,³⁰ 한쪽 무릎은 꿇

...

27 정영호와 엄기표는 사리함으로 보았다. 정영호,『신라 석조부도 연구』, 70쪽; 엄기표,『신라와 고려시대 석조부도』, 2003, 192쪽.
28 김향숙,「나말려초의 팔각원당형 석조부도의 도상 및 문양의 특징에 관한 고찰」,『박물관기요』 5호, 서울: 단국대학교 중앙박물관, 1989, 49쪽.
29 金昞均,「향로」,『한국민족문화대백과사전』 24권, 644~645쪽.
30 엄기표는 이를 '사리공양구'로 표현하였다. 엄기표,『신라와 고려시대 석조부도』, 2003, 192쪽.

었고 다른 한쪽은 세워서 앉아 모두 사리함을 향해 있다. 양쪽 모두 두 손으로 뭔가를 받쳐 들고 있는데, 공양물로 짐작된다. 특히 이들은 나머지 5면의 주악상과 앉은 자세가 다르고 앉은 자리 역시 연화좌 위에 있는 점이 구분된다.

〈표 1〉에서 보듯이, 지금까지 음악학계에서는 남동면에 있는 〈그림 13〉의 도상에서 대부분 '동발'을 연주하는 주악상으로 판독했으나, 그렇게 보는 데는 어려움이 있다. 그 까닭은 첫째 남서과 남동의 비천상은 남쪽의 사리함을 중심으로 서로 마주보고 있으며, 남동을 '동발주악상'으로 본 경우 '남서' 역시 같은 것으로 판독해야 하는데, 지금

〈그림 13〉 남동 - 공양

까지 음악학계에서는 남동의 탁본만 의식하였고 남서의 같은 자세는 한 번도 언급한 적이 없다. 또한 도상의 자태를 보면, 언뜻 동발 연주로 볼 수도 있겠으나, 서로 마주보며 반 무릎을 꿇고 두 손에 공양물을 받친 모습으로 보는 것이 더 바람직하다. 특히 중대석 아래의 중대석 받침에 가릉빈가의 악기 연주가 등장하는데, 피리와 횡적 및 박판은 비천상과 가릉빈가의 연주자세가 동일하나 〈그림 23〉의 요발주악상의 경우 매우 율동적이며 〈그림 11〉 및 〈그림 13〉의 도상과 같지 않기 때문이다. 또한 남서와 남동에 있는 비천들의 앉은 자리는 연화좌로 조각되어 있어 악기를 잡고 있는 나머지 5면의 주악비천상과 구별되기 때문이다. 이를 종합해 보면, 남서과 남동의 비천은 앉은 자리의 조각으로 볼 때도 7면의 비천상 가운데 사리함을 중심으로 서로 마주보고 있는 '공양상'이며, 동발주악상으로 보기 어렵다. 그러므로 5면의 비천만 악기를 연주하는 것으로 판독해야 바람직할 것이다.

따라서 8면 가운데 1면은 사리함이며 2면은 공양비천상이고 그 외 5면은 주악비천상이다. 5면의 비천들이 연주하는 악기를 보면, 동쪽에 피리, 북동면에 박판, 북쪽에 생, 북서면에 짧은 적笛, 서쪽에 비파가 각각 자리 잡고 있다.

동쪽의 피리는 『삼국사기』에 필률篳篥로 기록되었으나 우리식 발음은 '피리'이므로 한글로 표기할 때는 '피리'로 하며, 한자로 표기할 때는 '篳篥'로 하고자 한다. 북동면의 악기는 오늘날은 박拍이라 하는데, 『삼국사기』에 '박판拍板'으로 기록되었기[31] 때문에 당대의 문헌에 의거하여 박판으로 하고자 한다.

　북쪽의 악기는 대부분의 연구자들이 '생笙'이라 하였고, 간혹 '생황笙簧'이라 하기도 하였으나, 『삼국유사』에 '생'이란 기록이 있으므로[32] 나 역시 '생'이라 하고자 한다.

　북서의 악기는 옆으로 부는 관악기인데, 『삼국사기』에는 '삼죽' 혹은 '적' 또는 '삼죽적三竹笛'이라 기록되었고,[33] 『삼국유사』에는 '만파식적萬波息笛'[34] 혹은 월명사月明師가 '적笛'을 잘 불어[35] 등으로 기록되어 대체로 '笛'이라 표기하였다. 따라서 문헌에 의거하여 '적'이라 하고자 하는데, 통일신라 도상자료에 세로로 부는 종적류縱笛類와 가로로 부는 횡적류橫笛類 등 두 가지 형태가 나타나기 때문에 이를 구분하기 위해 '적(횡적)'이라 표기하고자 한다.

　서쪽에 있는 악기는 비파이다. 앞의 〈표 1〉을 보면, 대부분 '당비파唐琵琶' 혹은 '곡경비파曲頸琵琶'라 명명하였다. 당비파라는 명칭은 조선전기 『세종실록世宗實錄』과 『악학궤범樂學軌範』에 그림과 함께 기록이 있기 때문에 그 이후부터 지금까지 일컬어진다. 그리고 곡경비파라는 악기명은 중국서인 진양陳暘의 『악서樂書』에 있는 명칭인데,[36] 이

31　『三國史記』, 卷32. 5b5-12b2.
32　경덕왕 때 찬미하는 시에 이른다. 죽마타고 총(풀피리)과 생을 불며 길거리에서 놀더니 그만 하루 아침에 두 눈을 잃었네 보살님의 자비로운 보살핌이 없었던들 버들꽃 피는 좋은 봄 헛되이 보낼 것을([芬皇寺 千手大悲 盲兒得眼 讚曰 竹馬葱笙戲陌塵 一朝雙碧失瞳人 不因大士廻慈眼 虛度楊花幾社春), 『三國遺事』, 卷3. 28b5-6.
　　제45대 헌강대왕 시대에 서울로부터 동해에 이르기까지 집들이 총총 늘어섰지마는 초가집 한 채를 볼 수 없었고, 생과 노래소리 길거리에서 그치지 않았으며, 풍우마저 사철에 순조로웠다([處容郎 望海寺] 第四十九 憲康大王之代 自京師至於海內 比屋連墻 無一草屋 笙歌不絶道路 風雨調於四時), 『三國遺事』, 卷2. 17b3-4.
　　이에 대한 연구는 김성혜, 「『三國遺事』의 악기관련기사 검토」, 『慶州文化』 제5호, 경주: 경주문화원, 1999, 163~191쪽.
33　『三國史記』, 卷32. 5b5-12b2. 나는 『三國史記』에 전반에 등장하는 악기 명칭을 정리한 바 있다. 「『三國史記』 樂歌舞 기사」, 『慶州文化』 제6호, 경주: 경주문화원, 2000, 277~310쪽.
34　『三國遺事』, 卷2. 6a8-10; 『三國遺事』, 卷3. 25a9-b2, 26a7-10; 『三國遺事』, 卷2. 13a5-b2.
35　『三國遺事』, 卷5. 13a3-5.
36　陳暘, 『樂書』 『文淵閣四庫全書』 211책, 서울: 麗江出版社, 1988, 664쪽.

것이 통일신라시대 고고학 자료에 나타난 비파에도 적용되어 목이 굽은 비파인 경우 '당비파' 혹은 '곡경비파'라고 명명하였다. 봉암사 지증대사 부도에 나타난 비파는 통일신라시대의 비파인데 조선시대나 중국의 송宋나라에서 사용된 명칭을 그대로 적용시킬 수 있느냐 하는 의문이 생긴다.

한편, 통일신라시대의 비파에 대한 기록은 『삼국사기三國史記』와 『삼국유사三國遺事』에 남아 있으나, 『악학궤범』처럼 악기의 종류와 명칭 및 그림을 자세히 남기지 않았기 때문에 그 정체가 모호하다. 그래도 『삼국사기』의 경우 '비파' 혹은 '향비파'라는 기록이 보이며,[37] 『삼국유사』는 오직 '비파'라는 기록뿐이다.[38] 한편 통일신라시대의 다른 고고학 자료를 보면 〈그림 6〉처럼 목이 굽은 비파도 있고,[39] 비파의 목 부분에 봉황의 머리모양을 한 비파[40]도 있으며, 목이 곧은 비파[41]도 보인다. 이렇듯 비파의 종류가 다양하지만, 기록에 나타난 명칭은 비파 혹은 향비파일 뿐이다. 그렇다고 조선시대 기록에 의존하여 목이 굽은 비파를 일괄 '당비파'로 부르며, 목이 곧은 비파를 모두 '향비파'라 명명하는 것은 『세종실록』이나 『악학궤범』 등 후대의 기록에 의거한 것이므로 정확한 명칭인가에 대해서는 의문이 간다. 이 문제에 관하여 나는 이미 다른 논고에서도 입장을 밝힌 바 있다.[42] 따라서 이 글에서는 단편적이나마 『삼국사기』와 『삼국유사』의 기록에 의거하여 '비파'로 칭하고자 한다.

이와 같이 부도의 중대석에 표현된 악단의 구성을 보면 관·현·타악기로 구성되어 있으나, 현악기와 타악기는 각각 비파와 박판 하나씩이지만, 관악기의 종류는 적(횡적)·

...

37 琵琶 『風俗通』曰 近代樂家所作 不知所起. 長三尺五寸 法天地人與五行. 四絃 象四時也. 『釋名』曰 琵琶 本胡中馬上所鼓 推手前曰琵 引手却曰琶 因以爲名. 鄕琵琶 與唐制度 大同而少異. 『三國史記』, 卷32.9a2-5.
38 [文武王法敏] 公著緇衣 把琵琶 爲居士形 出京師. 『三國遺事』, 卷2.4a6; [眞身受供] 將罷 王戱調之曰 住錫何所 僧曰琵琶嵓. 『三國遺事』, 卷5.11a7-8.
39 지금까지 음악학계에 소개된 비파 가운데 목이 굽은 비파의 종류는 경상북도 상주시 석각천인상의 비파와 비암사 석상의 비파, 쌍봉사 철감선사 부도가 있으며, 통일신라시대 전돌에 나타난 비파도 있다. 김성혜, 「통일신라 전돌[塼]에 나타난 비파」, 『韶巖權五聖博士華甲紀念 音樂學論叢』, 서울: 논문집간행위원회, 2000, 157~173쪽.
40 감은사 사리기 주악상 비파.
41 상원사 범종 유곽대에 있는 비파.
42 김성혜, 「통일신라 전돌[塼]에 나타난 비파」, 『韶巖權五聖博士華甲紀念 音樂學論叢』, 2000, 164~166쪽

생笙·피리篳篥 등 현·타악기에 비해 다양한 관악기로 편성되었다. 그러므로 관악기의 비중이 큰 음악이 연주되었음을 알 수 있다.

2) 중대석 받침의 주악상

중대석에는 비천들이 연주하지만, 중대석 받침에는 가룽빈가가 연주하는 점이 다르다. 가룽빈가迦陵頻伽란 범어의 카라빈가kala vinka를 번역한 것으로서 한자음으로는 가릉비가伽陵毘伽·가라빈가歌羅頻伽·갈라빈가羯羅頻伽 등 다양하게 불리며, 줄여서 빈가頻伽라고 부르기도 한다.[43] 이는 불경佛經에 나타나는 상상의 새이지만, 히말라야산에 있는 불불조bulbul鳥라는 공작의 일종으로 보기도 한다. 가룽빈가는 미성美聲을 가진 새로 알 안에 있을 때부터 잘 운다고 하여, 그 소리를 듣는 자는 싫증을 내지 않는다고 한다. 일설에는 극락정토에 사는 새라고 하여 극락조極樂鳥라 하기도 한다. 이 새는 인두조신人頭鳥身의 모양으로 자태가 매우 아름답고 소리 또한 묘하여 묘음조妙音鳥·호음조好音鳥·미음조美音鳥라 부르기도 한다. 머리와 팔은 사람의 형상을 하였고 몸체에는 비늘이 있으며, 머리에는 새의 깃털이 달린 화관을 쓰고 악기를 연주하거나 노래를 부르거나 춤을 추는 모습으로 나타난다. 우리나라에서는 고구려의 덕흥리 고분과 안악1호분에 가룽빈가와 유사한 형상이 보이는데, 특히 덕흥리벽화의 형상은 머리의 표현을 비롯하여 전체적으로 빈가조의 형상을 나타낸 것으로 본다.[44] 통일신라시대 와당이나 석조부도에도 가룽빈가문이 나타나며, 지증대사 부도에도 있다. 다음의 탁본은 지증대사 부도의 가룽빈가 도상이다.[45]

〈그림 14〉의 가룽빈가를 보면, 얼굴은 사람이며, 머리에 화관을 썼고 가로로 부는 적笛을 연주하는데 상체는 사람의 형상으로써 머리에는 화관으로 또 목에는 목걸이로

---

43 李智冠,「가룽빈가」,『伽山佛敎大辭林』권1, 서울: 가산불교문화원, 1998, 46~47쪽.
44 허균,「가룽빈가」,『불교신문』, 2005년 2월 25일 7면.
45 『한국민족문화대백과사전』1권, 성남: 한국정신문화연구원, 1991, 63~64쪽.

그리고 팔뚝에는 완천腕釧[46]으로 장식하였다. 등에는 날개가 있고, 뒤에는 꼬리가 아래위로 있는데 모두 깃 하나하나의 조각이 매우 섬세하다. 몸의 하반신은 조신鳥身 즉 새의 형상이며 한쪽 다리를 가볍게 들어 올려 율동감을 준다. 또 악기를 연주하는 자태가 매우 진지하고 우아하다.

〈그림 14〉 지증대사 부도 중대석 받침 남서 - 笛(횡적)

지증대사 부도에 조각된 가릉빈가상을 위쪽에 있는 비천상과 함께 그 위치와 더불어 악기 및 자세의 특징을 도면으로 나타내면 아래 〈그림 15〉와 같으며, 8면에 나타난 가릉빈가상을 남쪽을 중심으로 시계방향으로 배열하면 〈그림 16〉에서 〈그림 23〉까지이다.

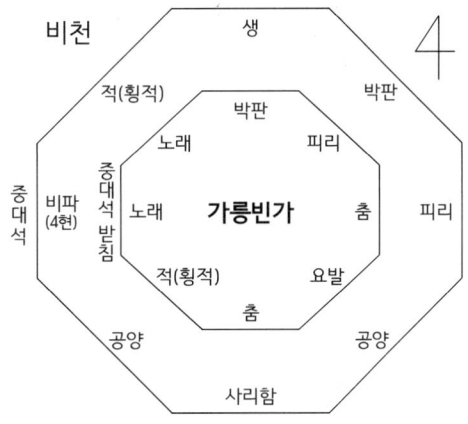

〈그림 15〉 방향에 따른 각 면의 도상

남쪽(〈그림 16〉)의 가릉빈가는 날개를 활짝 펼쳤고 양팔은 모두 옆으로 치켜 올렸으며, 한쪽 다리를 가볍게 들어 올렸는데, 춤을 추는 자세로 보인다.

다음으로 남서쪽(〈그림 17〉)의 가릉빈가는 앞에서 살펴본 탁본의 모습인데(〈그림 14〉), 가로로 된 적을 연주한다. 그런데 중대석에 조각된 비천의 적笛 연주자세(〈그림 7〉)와 방향이 다른 점이 차이점이다. 가릉빈가는 왼쪽으로 연주하는데, 비천은 오른쪽으로 연주하여 같은 적이지만, 각각 방향을 다르게 하여 연주했음을 시사한다. 또한 중대석의 비천주악상은 대부분 앉아 있어서 정적인 자세이나, 가릉빈가는 한쪽 다리를 들

---

46 완천은 팔뚝에 차는 장식구를 말한다. 팔목에 차는 팔찌와 유사하다.

어 올려 동적인 자세를 취한 점이 또 다르다.

〈그림 16〉 남 - 춤   〈그림 17〉 남서 - 笛(횡적)

서쪽(〈그림 18〉)에 있는 가릉빈가는 양 날개를 활짝 펼쳤고, 두 손을 가운데 모아 합장한 자세이며, 양 다리를 꼿꼿이 한 채 서 있어 정적인 모습이다. 가릉빈가가 미성을 가진 새로 소리가 묘한 것이 특징이므로 이렇게 합장한 채 노래 부르는 것으로 짐작된다. 이것은 그 옆에 있는 북서(〈그림 19〉)의 가릉빈가와 서로 마주보며 같은 자세를 취하여 북서쪽 역시 노래 부르는 것으로 판단된다. 특히 북서에 있는 가릉빈가는 현재 이끼로 인한 부식상태가 심각하여 보존처리가 요청되기도 한다.

〈그림 18〉 서 - 합장/노래   〈그림 19〉 북서 - 합장/노래

그런 반면 북쪽(〈그림 20〉)의 가릉빈가는 박판을 잡고 춤을 추듯 역시 한쪽 다리를

가볍게 들어 올려 역동감이 있다. 몸도 약간 옆으로 비틀어서 춤을 추듯 생동감이 있다. 박이 4매로 표현되었는데, 이는 중대석의 북동쪽에 있는 비천이 연주하는 박판(〈그림 9〉)과 같고 몸을 비틀어 율동감이 있는 점 역시 다르지 않다. 그렇다면, 이 시기 박판 연주의 경우 연주와 함께 춤도 병행한 것으로 짐작할 수 있다. 또한 고려시대의 '아박춤'과 관련지어 볼 수도 있을 것이다.

다음 그 옆의 북동쪽(〈그림 21〉)의 가릉빈가는 피리를 부는데, 연주 자세와 몸의 방향이 중대석의 비천(〈그림 5〉)과 거의 유사하다.

〈그림 20〉 북 - 박판

〈그림 21〉 북동 - 피리

동쪽(〈그림 22〉)에 있는 가릉빈가는 오른팔을 높이 올렸고, 왼팔은 아래로 내렸으며, 한쪽 발은 살포시 들어 올려 춤을 추는 자세로 짐작된다. 특히 이 가릉빈가는 남쪽(〈그림 16〉)의 춤추는 가릉빈가와 서로 마주보고 있으면서, 팔을 올리거나 한쪽 다리를 올린 점이 같기 때문에 쌍으로 춤춘 사례를 보여준다.

남쪽과 동쪽의 가릉빈가가 서로 마주보고 춤추는 중간의 남동(〈그림 23〉)에는 '바라鳴鈸'를 연주하는 가릉빈가가 있다. 일반적으로 음악학계에서 '동발'이라 명명하였는데, 동발銅鈸이란 악기 명칭은 고대 문헌에서는 찾아볼 수 없고, 『세조실록』에 처음 보이며[47] 성종대의 『악학궤범』에 그림과 함께 등장한다.[48] 특히 『악학궤범』을 보면, "동발은 놋쇠로 만들고, 승가僧家의 바라鳴鈸와 같으나 작다"는 기록이 있다.[49] 따라서 부도가 제작된 시기의 관련 문헌에는 해당 명칭이 없는 관계로 부득이 후대 문헌에 의거하지만, 조선시대에 사찰에서 사용한 것의 명칭이 '바라'였던 점을 고려하여 봉암사 지증대사 부도가 사찰과 관계있는 까닭에 나는 '바라'라 명명하고자 한다.

〈그림 22〉 동 - 춤

〈그림 23〉 남동 - 요발

남동쪽의 가릉빈가는 역시 날개와 꼬리를 활짝 펼쳤고, 요발을 오른쪽으로 모두 치켜 올렸으며, 요발을 치며 춤추듯 두 발을 구부렸는데, 곧 일어설 듯 생동적이다. 이렇듯 요발을 치며 율동적인 자태에서 '요발춤'이 연행되고 있음을 느끼게 한다. 이는 감은사 사리함에 나타나는 요발 연주와는 또 다른 자세이다.

이와 같이 8면에 조각된 가릉빈가는 서로 마주보며 합장한 채 노래 부르기도 하고, 또 서로 마주보며 춤추면서 악기를 연주하기도 하는데, 연주된 악기는 적(횡적)·박판·피리·요발이다. 가릉빈가의 날개는 펼친 것이 대부분이지만, 접은 형태도 나타난다. 또 이들의 자세는 정적인 모습도 있으나 악기를 연주하며 춤을 추는 동적인 모습 등 다양한 자태이며, 노래와 춤 그리고 악기 연주 등 가歌·무舞·악樂을 연행한 점이 특징이다.

---

47 세조 17권, 5년(1459 기묘 / 명 천순(天順) 3년) 8월 23일(임신)에 첨지중추원사 송처검 등을 일본국의 통신사로 삼고 보낼 때 소종(小鍾) 2사(事), 운판(雲板) 2척(隻), 동발(銅鈸) 5부, 경자(磬子) 5사(事) 등을 예물로 보냈다. 『朝鮮王朝實錄』. http://sillok.history.go.kr/inspection
48 이혜구, 『신역 악학궤범』, 서울: 국립국악원, 2000, 503~504쪽.
49 위의 책, 504쪽.

한편, 지증대사 부도보다 시기가 앞서는 쌍봉사 철감선사 부도에도 가릉빈가의 주악상이 출현하지만, 지증대사 부도처럼 주악상이 이중으로 조각되거나 가릉빈가의 조각이 화려하고 섬세하지는 않다.

이상으로 중대석 받침의 경우 8곳 가운데 악기를 연주하는 주악상은 4곳으로 판독되며 연주된 악기는 적(횡적)·피리·요발·박판이다. 나머지 4곳 중에서 2곳(남·동)은 춤추는 모습이며, 2곳(서·북서)은 노래 부르는 모습이다. 결국 중대석 받침에 조각된 내용은 가릉빈가의 가·무·악 연행이 펼쳐진 모습인데, 출현하는 악기는 관악기와 타악기로 구성되어 있다. 특히 중대석의 비천상과 비교해 볼 때, 중대석에서는 없었던 춤이 등장하며 요발 연주가 나타난 점이 중대석 받침의 특징이다.

부도가 건립된 883년경에 우리나라 불교 의례 관련 문헌 기록이 거의 없기 때문에 이러한 악기 연주가 실제 신라의 불교 의례에서 연행되었는지는 알 수 없다. 그러나 좀 더 이른 시기에 중국 북위北魏의 수도 낙양洛陽을 무대로 양현지楊衒之가 쓴 『낙양가람기洛陽伽藍記』를 보면, "518년 12월 초에 오장국烏場國을 들어갔는데, 그곳에는 새벽과 밤에 예불을 드리되 북을 치고 염불을 하며 비파·공후·생·피리 따위를 연주하였고 매일 정오 이후에 비로소 국사를 처리하였다"는 기록이 있다.[50]

한편 통일신라 이전부터 신라의 많은 승려들이 당唐을 거쳐 서역西域 및 천축天竺으로 순례를 떠나기도 하고, 당으로 유학하여 짧게는 4년 길게는 10년 이상 체류 후 귀국하였다.[51] 그렇다면, 이러한 유학 승려들로부터 불교 의례가 자연스럽게 신라로 유입되었고, 부도에 새겨진 주악상이 9세기 신라 불교 의례에 행해진 것으로 이해할 수 있다.

봉암사 지증대사의 유골을 모시는 부도가 장골처임을 염두에 둘 때 극락정토 선계仙界에 사는 주악비천과 가릉빈가가 사자死者를 서방정토로 인도하여 주고[52] 동시에 부도 자체를 가·무·악으로 장엄하여 주어 더욱 신비스러움이 감돈다.

...
50 양현지 지음, 서윤희 옮김, 『낙양가람기』, 서울: (주)눌와, 2001, 184~189쪽.
51 김성혜, 『신라음악사연구』, 서울: 민속원, 2006, 293~298쪽.
52 김향숙, 「나말려초의 팔각원당형 석조부도의 도상 및 문양의 특징에 관한 고찰」, 『박물관기요』 5호, 1989, 42쪽.

4. 또 다른 시선

이 글은 지금까지 음악학계에 소개된 봉암사 지증대사 부도의 주악상 판독에 있어서 몇 가지 문제점을 인식하여 이를 수정하고 연구의 미진한 부분을 보완하여 재조명하고자 시도한 글이다. 이제까지 음악학계에서는 지증대사 부도의 주악상에 대한 연구를 탁본물에 의존했는데 나는 현지 조사를 바탕으로 하여 또 다른 시선으로 바라보았는데 그 내용을 정리하면 아래와 같다.

첫째, 지증대사 부도의 건립 시기는 883년경이라는 점이다. 지금까지 음악학계에서는 부도의 건립시기를 904년 혹은 924년으로 보았지만, 904년은 편년의 근거가 불분명하며, 924년은 탑비의 건립시기를 부도의 건립시기와 동일시한 결과였다. 그러나 지증대사 부도의 경우는 부도가 세워진 뒤 약 40년 지나서 탑비가 건립되었기 때문에 탑비의 건립시기와 동일하게 볼 수 없음을 지적하였다. 결국 지증대사 부도의 건립시기는 선사가 입적한 882년 12월 18일에서 1년 후에 장사지낸 883년에 세워진 것으로 보고자 한다.

둘째, 음악학계에서는 지증대사 부도에서 주악상이 새겨진 부분을 대부분 탑신으로 보았으나, 주악상의 위쪽이 탑신이며 주악상이 있는 곳은 탑신 아래쪽의 중대석이며, 중대석 외에 중대석 받침에도 가릉빈가의 주악상이 별도로 있음을 확인하였다.

셋째, 중대석에 나타나는 주악상은 비천상으로서 5면에 나타나며, 연주된 악기는 적(횡적)·생·피리·비파·박판으로 편성되었다. 악기편성으로 볼 때 관·현·타악기의 합주이지만, 주로 관악기 위주로 편성된 특징을 보였다. 5면의 주악비천과 보주를 든 양쪽의 비천이 사리함을 향해 있으므로 부도 주인공의 극락왕생을 염원하는 공양상의 의미로 해석할 수 있다. 따라서 지금까지 음악학계에서 중대석에 마주보고 있는 '공양상'을 타악기 동발을 연주하는 '동발주악상'으로 판독한 부분은 수정되어야 할 것이다.

넷째, 중대석 받침에 새겨진 가릉빈가 주악상 8면 가운데 4면은 笛(횡적)·요발·피리·박판의 연주가 보이며, 2면에는 춤추는 모습이 있고, 또 2면에는 합장한 채 노래하는 모습의 가릉빈가가 있다. 즉, 관악기와 타악기로 위주로 가릉빈가의 가·무·악의 연행이 펼쳐졌으며, 중대석의 비천상과 비교해 볼 때, 중대석에는 표현되지 않았던 춤이 중대석 받침에서 등장하며 또한 요발 연주가 나타난 점이 중대석 받침의 특징이라 할 수 있다.

지금까지 신라시대뿐만 아니라 우리나라 전시대를 통하여 가장 수려秀麗한 부도로 알려진 것은 쌍봉사 철감선사 징소탑이었다.[53] 그러나 내가 보기에는 주악상이 등장하는 비천상과 가릉빈가상에 있어서만은 봉암사 지증대사 부도만큼 섬세하고 뛰어난 조각을 보지 못하였기에 통일신라 가장 수려한 부도로 봉암사 지증대사 부도라고 생각한다. 더욱이 이 부도는 우리나라에서 유일하게 중대석에는 주악비천상이 있고, 중대석 받침에는 주악 가릉빈가상이 나타나는 구조를 지녔다.

음악사적 입장에서 볼 때 이 부도에 조각된 주악상의 특징은 무엇보다 춤과 노래 그리고 악기연주가 함께 편성된 연주형태인 점이다. 따라서 지금까지 음악학계에서 일반적으로 악기 연주에 주안하여 명명한 '주악상'보다 노래와 춤을 포함한 '가무악상歌舞樂像'의 명명이 바람직하다고 생각한다.[54] 그리고 비천과 가릉빈가의 악기편성에서 중복되는 것이 '피리'와 '박판'인데, 이것은 당시 악기편성에서 그만큼 비중이 높았던 악기로 해석할 수 있으며, 그 시대 선호된 악기로 이해할 수 있다. 아울러 피리와 박판이 편성됨으로써 음악이 웅장하고 리드미컬한 경향으로 풀이할 수 있다.

882년 12월 18일에 당대 최고의 선사였던 도헌이 마침내 열반하였다. 약 1년 뒤에 그의 제자들은 봉암사에 선사의 부도를 건립하여 그를 추모하였는데, 이 부도의 중대석과 중대석 받침에 주악비천상과 더불어 주악 가릉빈가상이 각각 조각되어 있어 통일신라음악사 및 불교음악사 연구에 시사하는바 적지 않다. 뿐만 아니라 고려시대의 아박춤이나 오늘날 바라춤의 시원을 찾아 볼 수 있는 도상이기 때문에 고대무용사에서 차지하는 문화사적 가치도 높다고 판단한다. 따라서 봉암사 지증대사의 부도는 고대음악사 및 고대무용사에서 결코 간과할 수 없는 유물이라고 생각한다.

...

53 정영호, 『부도』, 서울: 대원사, 1990, 45쪽.
54 이에 대한 견해는 학술대회 발표에서 이 글의 논평자 정화순 교수의 지적이 있었다. 이 글은 2007년 6월 30일 한국동양예술학회 주최 제16회 학술대회(장소: 용인대학교)에서 발표한 바 있다. 당시 논평자 정화순 교수의 이와 같은 견해가 제시되었는데, 나는 논평자의 견해를 수용하고자 하며, 당시 논평에 지면을 통해 감사드린다.

03.
원주 일산동 불상의 주악상

-
 -
  -

    나에게 강원도 원주原州의 일산동 불상에 주악상奏樂像이 있다는 정보를 처음 제공한 이는 오세윤吳世允이다. 그는 주로 문화재 유물을 촬영하는 사진작가이자 나의 친구다. 그가 2012년 1월 28일 나에게 보여준 것은 불상의 정면 사진 한 장이었으며, 그 불상의 대좌 정면에 비파를 연주하는 도상이 있었다. 그래서 불상 대좌의 다른 면에도 주악상이 있을 것으로 판단하였다. 오세윤이 제공한 그 사진 한 장은 나의 관심을 끌기에 충분했다.

    원주 일산동 불상은 2003년에 출판된 『원주시립박물관』 도록에 간략히 소개되었고,[1] 2006년 『신라의 사자』 특별전 도록에 정면의 전신 및 대좌臺座 하대석 8면의 사자상이 공개되었다.[2] 그러나 중대석 8면에 조각된 주악 관련 도면은 지금까지 학계에 한 번도 공개되지 않았다. 따라서 이 글은 원주 일산동 불상에 새겨진 주악 관련 도상을 모두 공개하고, 이 불상을 음악사적 관점에서 조명하는데 목적이 있다.

    유물에 있는 도상을 파악하기 위해 나는 2012년 2월 15일과 16일 현장을 답사하였다. 원주 일산동 불상은 2기인데, 동측에 있는 불상에는 주악상이 있으나 서측에 있는

---

1 『원주시립박물관』, 원주: 원주시립박물관, 2003, 143쪽.
2 『신라의 사자』, 경주: 국립경주박물관, 2006, 78~79쪽.

불상에는 주악상이 없기 때문에 이 글에서 제시하는 주악 관련 도상은 동측의 불상이 될 것이다. 주악 관련 도상은 내가 촬영한 사진을 제공하고자 하며, 사진으로 판독이 어려운 경우 그림을 함께 제시하도록 하겠다.

먼저 원주역사박물관 정원에 진열된 불상 2기의 구조와 편년을 살펴본 다음, 무악상이 조각된 동쪽 불상의 중대석을 고찰하도록 하겠다.

1. 불상의 구조와 편년

원주역사박물관은 강원도 원주시 봉산동에 있다. 2000년 11월 개관 초부터 2010년 1월까지 '원주시립박물관'으로 일컬었으나, 원주 역사 전반의 유물을 전시하는 곳이란 의미로 2010년 2월부터 '원주역사박물관'으로 개칭하였다.

박물관 전시실에서도 다양한 유물을 관람할 수 있으나, 정원에도 석탑과 불상 및 다양한 석인石人[3]이 곳곳에 진열되어 있어 실견할 수 있다. 원주역사박물관의 정원은 박물관 입구 반대편에 있다.

박물관에 입실하여 정원으로 나가는 문의 우측에 1기의 5층석탑과 2기의 불상을 만날 수 있다. 이렇듯 박물관 정원의 동측에 불상 2기와 석탑 1기가 나란히 자리한 이유는 유물 해설판에 의하면 불상이 발견된 장소에 5층석탑도 함께 있었기 때문이라고 한다.

먼저 이 불상의 내력과 구조를 파악해 보려고 한다.

---

3 석인(石人)은 능묘(陵墓) 앞에 세우는 사람 형태의 석조물이다.

〈그림 1〉 원주역사박물관 소장 동·서 석조 비로자나불 좌상

1) 불상의 소장 내력과 구조

원주역사박물관에서 이 불상을 소장하게 된 경위는 본 박물관의 유물 안내판과 박물관 도록에 간략히 언급되었으니 직접 보도록 하겠다.

〈인용 1〉 원래 원주시 중앙동의 이름을 알 수 없는 절터에 있던 것인데, 몇 번을 옮긴 끝에 일산동의 江原 監營에 보존하다가 2000년 원주시립박물관으로 이전하였다.[4]

〈인용 1〉에 의하면 탑과 불상은 원주시 중앙동에 위치했던 무명無名의 폐사지廢寺址에서 발견된 유물임을 알 수 있다. 몇 번을 옮긴 끝에 일산동의 강원 감영터(옛 원주군 청사)에 보존하다가 2000년에 원주시립박물관을 개관하면서 이곳으로 옮겨왔다는 설명이다. 결국 원주시 중앙동에 위치했던 옛 사찰의 유물이지만, 더 상세한 내력은 알

---

4 『원주시립박물관』, 143쪽.

기 어렵다. 그렇다면 이 불상의 명칭을 '원주 중앙동 불상'이라 해야 바람직하지만, 현재 원주박물관측에서 사용하고 있는 명칭은 '원주 일산동 불상'이다. 따라서 이 글에서는 현재 사용하고 있는 '원주 일산동 불상'이란 명칭을 사용하지만, 차후 불상 명칭에 대한 바람직한 모색이 요청된다.

원주역사박물관 정원에 있는 불상(이하 '원주 불상'으로 약칭함)은 '석조石造 비로자나불毘盧遮那佛 좌상坐像'이다. 돌로 만들어졌고, 손모양이 지권인智拳印이기 때문에 비로자나불이며, 앉은 형태이므로 좌상坐像이다.

지권인은 지인智印과 권인拳印이 합하여 이루어진 수인手印[5]으로 좌우 양 손 모두 모지母指를 속에 넣고 주먹을 쥔 다음에 왼손을 가슴까지 들어 식지食指를 펴서 세운 다음 오른손의 소지小指로서 왼손 식지의 첫째 마디를 잡는다. 그리고 오른손 주먹 속에서는 오른손 엄지 끝과 왼손 검지 끝을 서로 댄 모양이다. 이 수인은 일체의 무명 번뇌를 없애고 부처의 지혜를 얻는다는 의미를 지녔으며, 부처와 중생은 같은 것이고 미혹함과 깨달음도 본래는 하나라는 뜻이다.

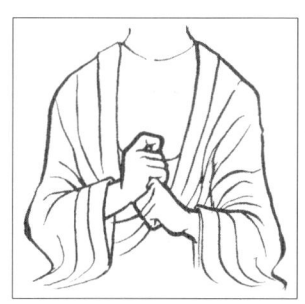

〈그림 2〉 지권인

즉 부처의 세계로 중생의 세계를 감싸 안아 두 세계가 하나임을 의미하는 수인이다.[6] 이러한 수인은 대부분 '비로자나불'이 취하기 때문에 명칭이 부여된 것이다. 비로자나불은 진리 그 자체를 상징하는 부처이다.

원주의 이 불상이 매우 독특한 것은 동·서 2기로 구성된 점이다. 석탑의 경우 동·서 쌍탑을 이루는 경우가 다소 발견되었으나,[7] 석조 불상이 동·서로 쌍을 이루는

---

5 수인(手印)은 불가에서 여래·보살·신장들의 깨달음의 내용·공덕·서원 등을 표시하는데 사용한다. 우리나라에서 나타나는 불상은 그 존명에 따라 수인의 형태가 거의 구별할 수 있어서 수인을 통해 그 불상의 존명을 파악할 수 있다. 정영호 감수, 『그림과 명칭으로 보는 한국의 문화유산』 1, 서울: (주)시공테크, 1999, 263쪽.
6 위의 책, 263쪽.
7 통일신라시대 동서 쌍탑의 실례는 다음과 같다. 경주 감은사지 동·서 3층석탑, 경주 남산리 동·서 3층석탑, 청도운문사 동·서 3층석탑, 단속사지 동·서 3층석탑, 부인사 동·서 3층석탑, 북지장사 동·서 3층석탑 그리고 경주 불국사의 다보탑과 석가탑도 쌍탑이다.

경우는 매우 드물기 때문이다. 석조불상이 쌍을 이루는 경우는 경북대학교박물관 소장 석조비로자나불 좌상 1·2가 있고, 영주 북지리 석조 비로자나불 좌상 1·2가 있다. 따라서 쌍을 이루는 불상은 모두 비로자나불 좌상인 점이 공통점이다.

먼저 서쪽의 불상 구조부터 파악해 보자.

(1) 서쪽의 불상

서쪽 불상의 전체 높이는 220.0cm이다. 현재 광배光背는 없고, 불상佛像과 대좌臺座만 남아 있다. 불상의 머리 부분은 새로이 보수하였고, 목 근처에 보수 흔적이 있으며 삼도三道는 결실되었다. 어깨 폭은 동쪽보다 약간 좁고, 법의法衣는 통견이며 평행계단식 문양이다. 수인은 지권인이며, 자세는 결가부좌結跏趺坐이고 길상좌吉祥坐이다. 결가부좌란 부처의 좌법坐法으로 좌선할 때 앉는 방법의 하나이다. 결가부좌에는 발의 위치에 따라 길상좌吉祥坐와 항마좌降魔坐가 있는데, 길상좌는 여래상이 취하는 자세로 왼쪽 발을 오른쪽 허벅지 위에 올린 다음 오른쪽 발을 왼쪽다리 위에 올려놓은 자세를 말한다. 이것은 부처님이 참선과 득도 시에 취했던 자세라고 전한다. 석가모니가 보리수 아래에서 득도하는 순간 취한 자세로 항마촉지인을 하고 있어 불교에는 길상좌를 최상의 자세로 여긴다. 이와 반대의 자세를 항마좌라 하는데, 항마좌는 오른쪽 발을 왼쪽 허벅지 위에 올려놓는 방법이다.[8]

〈그림 3〉 서쪽 불상 앞면   〈그림 3-1〉 서쪽 불상 뒷면

---

8 정영호 감수, 앞의 책, 1999, 257쪽.

무릎 폭은 동쪽보다 약간 좁고, 옷주름이 동쪽보다 깊고 선명하게 조각되었다. 불상의 뒷태를 보면, 양 어깨에 걸쳐 입은 옷 주름이 팔꿈치 주변으로 부드럽게 흘러내렸다. 한편, 왼쪽 어깨에서 오른쪽 겨드랑이 아래로 내려오는 상의上衣자락이 부드러운 곡선을 이루며 선명하게 조각되었다. 특히 불상의 왼쪽 어깨에 드리워진 옷자락은 머플러처럼 흘러내려 멋스럽기까지 하다.

대좌臺座는 상·중·하대석으로 구성되었다. 상대석은 연화문으로 장식되었다. 앙련仰蓮인데 판내 화문花文이 있는 단엽單葉 16판이고, 이중二重 앙련仰蓮이다. 아쉽게도 상대석 뒷부분은 파손이 심하다. 중대석은 8면마다 안상眼狀을 새겼고 그 속에 보살상과 공양상이 있다. 보살상은 정좌를 하였고, 광배가 있으며, 양손을 가슴에 모은 합장상이다. 그 외 천의가 있는 천인상이 많은데 물건을 받쳐 든 공양상이 대부분이다.

하대석의 상단은 복엽複葉 8판의 복련伏蓮으로 조각되었고, 하대석의 하단은 위부분이 톱니바퀴 모양으로 된 안상眼象 속에 사자를 새겼다. 사자 머리에 갈기가 없기 때문에 암사자로 보며, 몸을 둥글게 웅크린 자세이다.⁹

〈그림 4〉 중대석 보살상

〈그림 5〉 중대석 천인 공양상

이렇듯 서쪽 불상은 광배 없이 불상과 대좌만 남은 상태이며, 불상은 머리와 목 부분을 보수하였고, 수인은 지권인이며 자세는 결가부좌의 길상좌를 하여 비로자나불이다. 대좌 상대석은 연화문으로 장식되었고, 중대석에는 보살상과 공양상을 조각하였으며 하대석에는 복련과 암사자를 조각하여 비로자나불을 장

---

9 하대석의 하단 8면에 조각된 사자는 『신라의 사자』에 전부 공개되었다. 『신라의 사자』, 78~79쪽.

엄한 상태이다.

다음은 동쪽에 있는 불상의 구조를 파악해보자.

(2) 동쪽의 불상

　동쪽 불상의 전체 높이는 225.0cm이다. 서쪽 불상처럼 광배는 없고, 불상과 대좌만 있다. 불상의 머리부분을 새로이 보수하였다. 아울러 삼도三道 역시 결실된 상태이다. 어깨 폭은 서쪽 불상보다 좀 더 넓어서 당당하고 힘 있게 보인다. 수인手印과 자세는 서쪽 불상과 같이 지권인이며, 결가부좌의 길상좌이다. 무릎 폭이 서쪽보다 약간 넓어서 풍만한 느낌을 준다. 이 불상의 뒷태를 보면, 목 아래 부분만 부분적으로 파손되었고, 그 외 부분은 상태가 양호하다. 불상의 왼쪽 어깨에서 오른쪽 겨드랑이 아래로 걸친 상의上衣 띠가 마치 어깨에 맨 가방끈처럼 직선으로 조각되었다. 그리고 왼쪽 어깨 위에 앞에서 뒤로 넘겨진 옷자락이 머플러처럼 둘러졌는데 서쪽 불상의 것과 비교했을 때 옷자락의 폭이 좁고 조각의 선명도가 낮다.

　대좌는 상·중·하대석으로 구성되었다. 상대석의 연화문은 앙련인데, 판내 화문이 있는 단엽 8판이고, 이중 앙련이다. 중대석은 양쪽에 기둥이 조각되었고, 각 면에 춤추는 무인舞人과 악기를 연주하는 악인樂人이 있다. 중대석의 무악상에 관해서는 다음 항에서 별도로 상세히 후술할 것이다. 하대석의 상단은 서쪽 불상처럼 복엽 8판의 복련이 조각되었고, 하대석의 하단 역시 서쪽처럼 위 부분이 톱니바퀴 모양으로 된 안상 속에 사자를 새겼다. 그런데 차이점은 서쪽 불상에는 암사자를 새겼지만, 동쪽 불상에는 머리갈기가 있는 숫사자를 조각한 점이 다르다.[10] 갈기를 마치 목도리처럼 둥글게 표현하였고, 입

〈그림 6〉 동쪽의 불상 앞면

〈그림 6-1〉 동쪽의 불상 뒷면

을 벌린 사자는 모두 혀를 내밀어 익살스럽게 보인다.

이상으로 동쪽 불상 역시 광배가 없고 불상과 대좌만 남은 상태이다. 불상의 머리와 목 부분은 보수하였고, 자세는 서쪽처럼 비로자나불좌상이다. 대좌 상대석은 연화문으로 조각하였고, 중대석에 무악상이 있으며 하대석은 복련과 숫사자를 조각하여 비로자나불을 장엄하고 있다.

2기의 불상 구조를 파악하기 쉽게 정리한 것이 〈표 1〉이다.

〈표 1〉 원주 불상 서쪽과 동쪽의 구조 비교

불상과 대좌/ 구분			서쪽 불상	동쪽 불상
불상	전체 높이		220.0cm	225.0cm
	머리부분		새롭게 보수	새롭게 보수
	어깨폭		동쪽보다 좁다	서쪽보다 넓다
	수인		지권인	지권인
	자세		결가부좌 길상좌	결가부좌 길상좌
대좌	상대석		단엽 16판 2중 앙련	단엽 8판 2중 앙련
	중대석		안상 내 보살상과 공양상	양쪽 기둥 내 무악상
	하대석	상단	복엽 8판 복련	복엽 8판 복련
		하단	톱니바퀴모양의 안상 내 암사자	톱니바퀴모양의 안상 내 숫사자

이처럼 하대석의 암수 사자상은 서쪽의 불상과 동쪽의 불상이 별개의 것이 아니라 암수 한 쌍의 세트임을 시사한다.

2) 불상의 편년

불상 대좌의 중대석에 조각된 무악상을 고찰하기에 앞서, 이 불상이 과연 어느 시

---

10 『신라의 사자』, 78~79쪽.

기에 제작된 유물인지 의문을 제기할 필요가 있다. 왜냐하면 이 불상의 편년을 알게 되면 중대석에 조각된 악기의 편년도 자연히 알 수 있기 때문이다.

그런데 이 불상의 편년에 관하여 두 가지 견해가 있다. 하나는 고려 전기로 보는 것이며, 다른 하나는 통일신라 9세기로 보는 경우이다. 이 불상이 고려 전기의 유물이라는 것은 원주역사박물관측의 견해이다.

〈인용 2〉 이 석불좌상은 고려시대 전기에 만들어진 비로자나불좌상이다. …(중략)… 이 2구의 석불좌상은 특히 물결치듯이 흘러내리는 옷주름, 배 위의 띠 매듭, 화려하게 장식된 대좌의 형태로 미루어 고려시대 전기에 만들어진 것으로 추정된다.[11]

〈인용 2〉에 의하면 고려 전기에 제작된 근거로 두 가지를 들었다. 첫째는 불상의 옷주름이 물결치듯이 흘러내리는 것과 배 위의 띠 매듭이 있는 것이다. 둘째는 불상의 대좌 형태가 화려한 점을 들었다.

그런데 이 두 가지 요소는 고려 전기의 특징이기보다 통일신라시대 불상에 이미 출현한 요소인데 문제가 있다. 예를 들면, 통일신라 불상 중에서 옷주름이 물결치듯이 흘러내리는 것과 배 위의 띠 매듭이 있는 불상은 경주 남산 용장곡茸長谷 석불좌상과 영주 북지리北枝里 석조여래좌상 및 경북 금릉 청암사靑巖寺 수도암 석조비로자나불 좌상 등이 있고, 화려한 대좌로는 경주 남산 미륵곡彌勒谷 석불좌상과 상주 증촌리曾村里 석불좌상 등이 있다.[12] 따라서 〈인용 2〉에서 원주 2기의 불상을 굳이 고려 전기로 편년한 것은 설득력이 약하다.

한편, 국립경주박물관측에서 기획하고 출판한 『신라의 사자』 도록에는 짧게 '통일신라 9세기'라고만 기록하여[13] 9세기로 편년한 이유를 상세히 밝히지 않았다.

...

11 『원주시립박물관』, 143쪽.
12 한국문화재보호협회, 『文化財大觀5: 寶物3 佛像(금동불·석불·마애불)』, 서울: 대학당, 1986, 74~137쪽.
13 『신라의 사자』, 78~79쪽.

이 불상의 편년에 관하여 박경식의 『통일신라 석조미술 연구』를 참고할 만하다.[14] 박경식은 전국에 산재한 불상 341점 가운데 9세기 불상을 추출하였다. 철불鐵佛과 대좌臺座가 없는 석불을 제외하고 〈그림 1〉처럼 대좌가 있는 석불을 대상으로 수인手印별로 분류하였다. 그 결과 항마촉지인降魔觸地印 석불 18점, 약사여래藥師如來 석불 5점, 지권인 석불 18점이 있음을 밝혔는데, 지권인 석불 18점 속에 '원주 불상' 2기도 포함되어 있다.

  원주 불상 2기의 편년을 파악하고자 하므로 일단 이 2기를 제외한 불상의 전반적인 특징을 살펴보도록 하겠다. 이렇게 살피는 이유는 9세기 불상의 전반적인 특징이 파악되면 그 특징을 원주 불상 2기와 비교했을 때 유사성이 있으면 9세기 불상으로 볼 수 있고, 그렇지 않다면 다른 시기로 봐야하기 때문이다.

  박경식이 정리한 16점의 지권인 석불 양식을 보면, 불상의 법의法衣가 대부분 통견이며 평행계단식 문양이다. 불상의 자세는 홍천 물걸리 석조비로자나불좌상만 항마좌降魔坐이며, 나머지 15점이 모두 길상좌吉祥坐이다. 대좌의 상대석 연화문은 대부분 판내 화문이 있는 단엽 16판 2중 앙련 혹은 3중 앙련과 판내 화문이 있는 단엽 8판 2중 앙련이다. 중대석은 양쪽의 기둥 혹은 안상 내에 대부분 보살상 또는 공양상이 조각되었고, 사자상이 조각된 경우가 4점이며, 신장상神將像이 조각된 경우가 1점이다. 그리고 하대석의 상단에는 복엽 8판 복련인 경우가 8점이고, 귀꽃이 있는 복엽 8판 복련이 5점이며, 기타가 3점이다. 또한 하대석 하단에 사자를 조각한 경우가 8점이며, 안상만 있는 경우가 4점이고, 기타가 4점이다. 이렇듯 9세기 지권인 불상의 양식을 표로 정리하면 다음과 같다.[15]

---

14 박경식, 『통일신라 석조미술 연구』, 서울: 학연문화사, 1994, 151~198쪽.
15 〈표 2〉 9세기 지권인 불상의 양식은 박경식의 '지권인 석불 양식'을 바탕으로 작성하였고, 나는 일반형과 특수형으로 세분하였다. 단, 괴산 각연사 석조비로자나불좌상의 경우 박경식은 하단 조각을 화문과 비천상으로 판독했으나, 내가 유물을 실견한 결과 화문과 가릉빈가상이었으므로 이 부분을 수정하였다. 박경식, 『통일신라 석조미술 연구』, 173~174쪽.

〈표 2〉 9세기 지권인 불상의 양식

구분			일반형	특수형
불상	법의		통견 평행계단식 문양	통견 평행계단식 문양
	자세		길상좌 15점	항마좌 1점
대좌	상대석		단엽 16판 2중앙련 8점	단엽 16판 3중앙련 2점 복엽 8판 앙련 1점 단엽 8판 2중앙련 2점 결실 혹은 미확인 3점
	중대석		보살상 및 공양상 10점	권운문과 사자 3점 신장상 1점 쌍사자 1점 미확인 1점
	하대석	상단	복엽 8판 복련 8점	귀꽃이 있는 복엽 8판 복련 5점 판내 화문이 있는 단엽 16판 복련 1점 결실 1점 미확인 1점
		하단	안상 내 사자 8점	안상만 조각 4점 안상 내 향로와 가릉빈가상 1점 조각이 없는 경우 2점 미확인 1점

　결국 9세기 석불 중에 석조 비로자나불 좌상의 일반적인 특징은 다음과 같이 정리할 수 있다. 첫째는 법의가 통견이며, 평행계단식 문양을 지녔다. 둘째는 자세가 대부분 길상좌이다. 셋째는 상대석 연화문이 판내 화문이 있는 단엽 16판 2중 앙련 및 3중 앙련과 판내 화문이 있는 단엽 8판 2중 앙련이다. 넷째는 중대석 양쪽 기둥隅柱 혹은 안상 내에 보살상이나 공양상이 조각되었다. 다섯째는 하대석 상단에 복엽 8판 복련이 조각되었다. 여섯째는 하대석 하단에 사자가 조각되었다. 이상의 6가지 요인은 앞의 〈표 1〉에서 원주 불상 2기에 모두 있는 요소이다. 따라서 원주 불상 2기는 통일신라 9세기 불상의 일반적인 특징을 두루 갖추었기 때문에 나는 원주 불상 2기를 통일신라 9세기로 편년한 박경식과 국립경주박물관측의 견해를 따르고자 한다. 특히 『삼국유사』의 기록을 보면, 통일신라 초기에 의상義湘(625~702생몰연대)이 열 군데의 사찰로 하여금 교敎를 전하게 했는데, 그 가운데 한 곳이 원주였다.[16] 이렇듯 원주는 통일 초기부터 불교와 인연이 깊었던 지역이었기 때문에 원주 불상 2기 여기 통일신라

시대 유물이 가능성이 크다.

다음은 동쪽 불상의 대좌 중대석에 조각된 무악상을 상세히 살펴보도록 하겠다.

2. 동쪽불상 대좌 중대석의 무악상

동쪽에 있는 불상 대좌의 중대석은 〈그림 7〉이다.

불상의 정면을 중심으로 대좌 중대석의 8면을 시계방향으로 차례를 정하면, 〈그림 7-1〉과 같다. 아울러 8면에 조각된 내용을 판독한 것이 〈그림 7-2〉이다.

〈그림 7〉 동쪽 불상 대좌 중대석

〈그림 7-1〉 동쪽 불상 중대석의 8면 위치   〈그림 7-2〉 중대석 8면의 내용

불상의 정면인 ①에는 비파를 연주하며, ②와 ⑥은 춤을 추는 모습이다. ⑧면의 조각은 노래하는 가인상歌人像으로 짐작되지만, 단정하기 어렵다. ③은 요고를 연주하

---

16 리상호 옮김, 『신역 삼국유사』, 328쪽.

며, ④는 바라 혹은 서양 악기 심벌즈와 유사한 요발鐃鈸을 연주한다. ⑤는 관악기 횡적류로 짐작되는데, 단정하기 어렵다. ⑦은 지터zither류의 현악기 '고琴'[17]를 연주하는 도상이다. 이상 8면에 조각된 내용을 직접 도상을 보면서 살펴보도록 하겠다. 도상의 내용을 파악하기 위해 사진만으로 판독이 어렵기 때문에 유물의 외곽을 실선으로 나타낸 그림을 나란히 제시하도록 한다.

1) 정면의 비파

정면은 불상이 앉은 정면의 바로 아래 위치한 중대석 면석을 일컫는다. 여기에 비파를 연주하는 도상이 있다.

중대석 정면을 보면, 좌우 모서리에 기둥 같은 탱주撐柱가 있고, 면석에 안상眼狀은 없다. 연주자는 비파를 안고 앉았는데, 연꽃문양의 좌대座臺 위에 있다. 머리모양이 독특한데 머리의 일부는 상투처럼 위로 올렸고, 옆에는 단발머리 형태를 취하였다. 비파의 몸체는 타원형의 배모양이며, 조각이 선명하지 않아 비파의 목이 굽은 형인지 직선형이지 구분하기 어렵다.

〈그림 8〉 ① 비파

한편, 원주에서 출토된 통일신라 범종의 파편인데, 비파를 연주하는 주악상이 있다.

천의天衣 자락이 주변을 부드럽게 휘어 감으며, 연주자는 반가부좌로 편안하게 앉아 비파를 연주한다. 비파의 목이 길고 직선으로 뻗은 점으로 볼 때 목이 곧은 비파임을 알 수 있다. 〈그림

〈그림 8-1〉 비파

...

17 김성혜, 「고(琴)를 통해본 삼국시대 음악문화」, 『우리악기 보고듣기』, 대구: 경북대학교박물관, 2005, 147~166쪽.

9)의 원주 출토 범종 파편의 비파와 〈그림 8〉인 원주 불상의 비파와 비교해 보면, 연주 자세가 매우 비슷하다. 따라서 나는 〈그림 8〉의 비파를 목이 곧은 비파로 보고자 한다.

〈그림 9〉 원주 출토 동국대소장 범종 파편

신라에서 비파 주악상의 출현은 4~5세기 신라토우에서 비롯되었다.[18] 그리고 4~5세기 고구려 고분벽화에도 비파가 등장한다. 그렇다면 비파는 삼국시대에 이미 사용된 현악기이며, 가야금이나 거문고처럼 크지 않고 간편하기 때문에 휴대용으로 적합한 현악기다.

통일신라 유물에서 비파의 연주상은 682년 감은사 서탑 사리기 주악상에 나타나며, 7세기 후반 월지月池 판불板佛에도 비파 주악상이 있다.[19] 그리고 725년 상원사上院寺 종을 비롯하여 823년 실상사實相寺 종과 9세기 전반 광명사光明寺 종 등 8~9세기 통일신라 범종의 표면에도 등장한다. 뿐만 아니라 8세기 전돌에도 출현하며,[20] 9세기 석탑인 화엄사華嚴寺 4사자 3층석탑(이하 '화엄사 3층탑'으로 약칭함)에도 있다.[21] 또한 868년 쌍봉사雙峰寺 철감선사澈鑑禪師 징소탑徵召塔(이하 '쌍봉사 부도'로 약칭함)의 상대석 탑신 받침에도 나타나며,[22] 883년 봉암사鳳巖寺 지증대사智證大師 적조탑寂照塔(이하 '봉암사 부도'로 약칭함)의 중대석에도 출현한다.[23] 이러한 사례는 고려시대 부도인 경북대학교박물관 소장의 석조부도에도 나타난다.[24] 이와 같이 비파는 삼국시대부터 고려와 조선시대까지 널리 애

...

18 김성혜, 「신라토우의 음악사학적 조명(3): 신라비파를 중심으로」, 『신라토우 속의 음악과 춤』, 서울: 민속원, 2010, 112쪽.
19 김성혜, 「월지 출토 음악관련 자료에 대하여」, 『慶州文化論叢』 제5집, 경주: 경주문화원 부설 향토문화연구소, 2002, 72~94쪽.
20 김성혜, 「통일신라 전돌[塼]에 나타난 비파」, 『韶巖權五聖博士華甲紀念 音樂學論叢』, 서울: 논총간행위원회, 2000, 157~173쪽.
21 송방송, 「화엄사 삼층석탑의 주악상」, 『한국학보』 제108집, 서울: 일지사, 2002, 102~126쪽.
22 김성혜, 「쌍봉사 철감선사 징소탑의 무악상 고찰」, 『만당 이혜구박사 백수기념 음악학논총』, 서울: 기념사업회, 2008, 135~158쪽.
23 김성혜, 「봉암사 지증대사 적조탑의 음악사적 조명」, 『한국음악사학보』 제39집, 서울: 한국음악사학회, 2007, 31~63쪽.

용된 현악기였다.

원주 불상에서 주목되는 것은 중대석 정면에 비파주악상이 위치한 점이다. 쌍봉사 부도의 경우 비파의 주악상 위치가 팔각면 중에서 〈그림 8〉처럼 정면이 아니라 ②의 측면에 있다. 그리고 봉암사 부도 역시 정면이 아니라 ③의 위치에 있는 점이 원주 불상과 차이점이다. 봉암사 부도의 경우 정면에 사리함이 위치하며, 쌍봉사 부도는 정면에 춤추는 무인舞人이 있다. 이렇듯 지금까지 부도의 정면에는 향로나 춤추는 무인이 정면에 위치했는데, 원주 불상의 경우 기존과 다르게 비파주악상이 출현한 점이 다른 유물에서 발견할 수 없는 요소이다.

그런데 좌대 부위를 보면, 전반적으로 시커먼 먼지류의 이물질이 많이 묻은 상태이다. 오랫동안 야외에 방치한 데 원인이 있겠지만 유물이 더 이상 훼손되지 않도록 지금부터라도 보호와 관리가 시급하다.

2) 측면의 춤 도상

불상의 정면을 중심으로 시계방향 순으로 봤을 때 ②와 ⑥면에 조각된 도상은 춤이다. 두 면의 조각이 춤이기 때문에 함께 다루도록 하겠다.

정면의 비파 주악상이 좌상인데 반해 〈그림 10〉과 〈그림 11〉은 입상이며, 모두 꽃무늬 혹은 구름문양의 좌대 위에 있다. 고개를 연주자 왼쪽 혹은 오른쪽으로 기울였고 손에는 긴 수건을 잡은 듯도 하고 긴소매의 옷을 입은 듯도 하다. 〈그림 11〉의 ⑥에 검정색 페인트가 유물에 튀어서 천인의 두상을 덮은 상태이다. 1000년 이상의 역사를 지닌 유물을 온전히 보존하기 위해 원주역사박물관측의 보존처리가 시급히 요구되는 부분이다. 다시 도상을 살펴보면, 천인은 양손에 긴 수건 혹은 긴 소매를 펄럭이며 춤을 추는 형상이다. 이렇듯 악기 연주와 함께 춤추는 도상은 682년 감은사 사리

---

24 송방송, 『고려음악사연구』, 서울: 일지사, 1988, 사진 2-사.

〈그림 10〉 ② 춤1   〈그림 10-1〉 춤1   〈그림 11〉 ⑥ 춤2   〈그림 11-1〉 춤2

함에서 이미 나타났다.

사리함의 4각 모서리에 각각 주악 천인상이 있고, 연주자 사이사이에 춤추는 '무동舞童'이 있다. 그러나 지금까지 음악학계에서는 대부분 악기 연주에만 주목하였고, 춤추는 무동에는 큰 관심을 갖지 않았다. 이 유물은 통일신라 무용사에 매우 의미 있는 유물이기 때문에 주악상과 함께 춤추는 무동상도 함께 제시하여 유물을 종합적으로 고찰할 필요가 있다.

〈그림 12〉 감은사 서탑 사리기

그 외 춤이 등장하는 유물은 9세기 화엄사 3층탑도 있으며, 부도에도 등장하는데 쌍봉사 부도와 봉암사 부도이다. 특히 부도의 무인상舞人像은 원주 불상처럼 2기씩 출현하는 점이 같다.

3) 요고

8면 가운데 ③의 위치에는 구름무늬의 대좌 위에 천인이 앉았고, 허리에 요고가 있다. 연주자는 양팔을 옆으로 벌려 금방이라도 내려 칠 듯한 자세이다. 이러한 자세의 주악상은 〈그림 12〉의 감은사 서탑 사리기의 요고 주악상 및 선림원 종 요고 주악상과 매우 비슷하다.

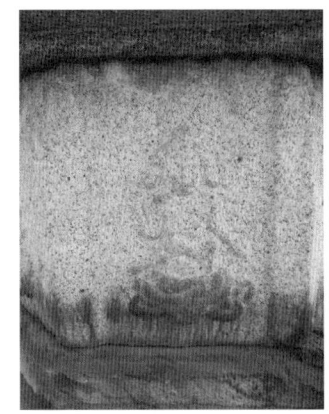

〈그림 13-1〉과 〈그림 14〉를 비교해 보면, 대좌 모양도 비슷하고 양팔을 벌린 자제는 거의 같다. 원주 불상의 경우 요고는 비파와 춤 또 다른 악기와 합주에 장단을 담당한 악기로 해석할 수 있다. 한편, 선림원지 종은 804년에 제작되었으며 요고와 횡적으로 구성되어 원주 불상보다 비교적 간단한 편성이다.

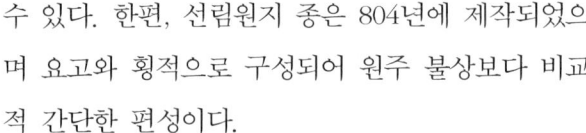

〈그림 13〉 ③ 요고   〈그림 13-1〉 요고

통일신라시대 음악고고학 자료에서 요고의 출현은 통일 초기에 등장하였다. 682년 감은사 서탑 사리기에서 비롯되며, 상원사 종과 운수사 종 및 연지사 종과 우좌신궁 종의 표면에도 나타난다. 특히 연지사 종과 우좌신궁 종의 경우는 '요고'만 단독으로 있는 사례이다.

〈그림 14〉 선림원지 종 요고 주악천인상

요고의 악기 실물이 경기도 하남시의 이성산성에서 출토된 사례가 있기 때문에 당시 악기 규모를 파악하는데 용이하다. 〈그림 15〉는 이성산성 C지구 저수지에서 일부가 파손되었지만, 보존상태가 양호한 통일신라시대 실물 악기다. 출토된 요고의 전체 길이는 42.8cm이며, 양 측면의 지름은 한쪽은 17.0cm이고, 다른 한쪽은 17.5cm이다.[25]

〈그림 15〉 이성산성 출토 요고

원주 불상에 조각된 〈그림 13〉의 요고 규격도 연주자의 신체와 비교했을 때 이성산성에서 출토된 통일신라 요고의 규격과 유사하게 보인다.

4) 요발

중대석의 8면 가운데 ④면에 있는 도상은 요발을 연주하는 주악상이다. 앞에서 본 〈그림 8〉과 〈그림 13〉처럼 〈그림 16〉의 천인도 앉은 자세이며, 양손에 요발을 들었다.

최근까지 학계에서는 요발이란 명칭보다 동발銅鈸이란 명칭을 많이 사용하였다. 그러나 『조선왕조실록』에 요발·대요발·중요발 등 크기에 따라 다양한 명칭이 사용되었고, 고려시대 송나라 서긍徐兢이 고려를 방문하고 기록한 『고려도경』에도 요발로 명명되었기 때문에 통일신라 유물과 가까운 고려시대 문헌과 『조선왕조실록』에 의거하여 나는 '요발'이란 명칭을 사용하고자 한다.[26]

〈그림 16〉 ④ 요발

요발의 등장도 통일 초기 감은사 서탑 사리기에서 비롯되었다. 그 외 금동가릉빈가 조각상 중에도 요발 주악상이 있고 화엄사 3층석탑 및 실상사 백장암 3층석탑에도 요발 주악상이 있으며, 쌍봉사 부도와 봉암사 부도에도 나타난다. 특히 봉암사 부도의 경우 요발을 들고 춤을 추기 때문에 바라춤의 기원을 통일신라 9세기까지 소급이 가능하다. 통일신라시대 음악고고학 자료 중에서 요발이 등장하는 유물을 시대 순으로 정리하면, 〈표 3〉이 된다.

〈그림 16-1〉 요발

---

25 『우리악기 보고듣기』, 대구: 경북대학교박물관, 2005, 35쪽.
26 김성혜, 「봉암사 지증대사 적조탑의 음악사적 조명」, 『한국음악사학보』 제39집, 53~54쪽.

〈표 3〉 통일신라 유물 중 요발 관련 유물

682년 감은사 사리기	7세기 전반 가릉빈가상	868년 쌍봉사 부도
883년 봉암사 부도	9세기 전반 화엄사 3층석탑	9세기 전반 백장암 3층석탑

〈표 3〉에서 요발의 크기에 주목하면 전반적으로 오늘날의 바라만큼 크지 않다. 요즘의 바라 지름은 약 38.5cm이고,[27] 고려시대 요발의 지름은 20cm보다 작다.

〈그림 17〉의 유물은 경북 상주 서곡동書谷洞에서 출토된 동제銅製 바라인데, 지름이 19.0cm이다.[28] 이것은 요즘 바라와 비교했을 때 절반 크기에 해당한다. 그런 반면 〈그림 18〉은 동국대학교 소장 청동의 발鈸(바라)인데 조선시대 유물이며, 지름이 29.5cm이

---

27 현재 동국대학교 경주캠퍼스 한국음악과에서 사용하는 바라를 대상으로 실측한 것이다.
28 『국립대구박물관』, 대구: 국립대구박물관, 2011, 141쪽.

다.[29] 따라서 통일신라시대 요발의 크기는 조선시대 것보다 작으며, 고려시대 것과 유사하여 대략 지름이 19.0cm 내외정도로 짐작된다.

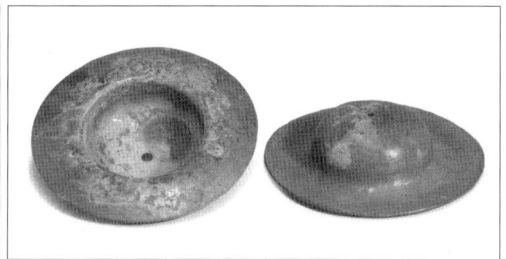

〈그림 17〉 상주 서곡동 동제바래(고려 / 지름 19.0cm)　　〈그림 18〉 청동 발(鈸)(조선시대 / 지름 29.5cm)

이와 같이 요발의 크기는 소리 크기와 비례한다. 요발이 큰 것은 연주 공간이 넓은 것과도 관련이 있으며, 다른 악기의 편성 수나 편성규모와도 관련이 있다. 〈그림 16〉과 〈표 3〉의 통일신라시대 요발의 지름이 고려시대의 요발과 비슷하고 조선시대 및 오늘의 바라보다 작은 것은 공연 공간이 넓지 않고, 악기 편성이 소규모 편성이었음을 시사한다.

5) 관악기

중대석의 8면 가운데 ⑤면은 ①의 정면과 대칭의 위치이다. ⑤면의 도상이 〈그림 19〉와 〈그림 19-1〉이다.

좌대 위에 가부좌로 앉았고, 머리모양은 다른 천인들과 비슷하다. 오른손이 가슴 위로 올려졌고, 왼손 역시 앞쪽으로 모아진 상태이다. 그리고 연주자의 왼쪽 뺨과 왼

---

29 『동국대학교 건학 100주년 기념 소장품도록』, 서울: 동국대학교박물관, 2006, 134쪽.

쪽 어깨 사이에 옆으로 놓인 것이 관악기로 짐작된다. 더욱이 7면의 조각 가운데 관악기 주악상이 없기 때문에 이 악기가 관악기일 가능성이 크다.

통일신라 음악고고학 자료 가운데 한 가지 유물에 4종 이상의 악기가 조각된 경우 횡적이나 종적류의 관악기가 없는 사례가 없다. 4종 이상의 악기가 조각된 유물을 시대 순으로 정리한 것이 〈표 4〉이다.

〈그림 19〉 ⑤ 횡적?

〈그림 19-1〉 관악기 횡적?

〈표 4〉 한 가지 유물에 4종 이상의 악기가 새겨진 사례

순서	연도	유물명	관악기	
①	682년	감은사 서탑 사리기	횡적	
②	725년	상원사 범종	횡적 · 종적 · 생	
③	868년	쌍봉사 부도	종적 · 나팔	
④	883년	봉암사 부도	상	횡적 · 피리 · 생
			하	횡적 · 피리
⑤	9세기	화엄사 3층탑	횡적 · 피리 · 생 · 소	
⑥	9세기	백장암 3층탑	횡적 · 생 · 소	

〈표 4〉에서 ① 감은사 서탑 사리기의 경우 관악기 횡적 1종이 있고, 그 외 ②~⑥의 유물에는 관악기가 2~4종씩 편성되었다. 그러므로 5개 악기가 편성된 원주 불상 역시 관악기가 편성되지 않았다고 보기 어렵다. 따라서 나는 〈그림 19〉의 악기를 관악기로 보며, 연주자의 자세로 봤을 때 종적보다 횡적일 가능성이 크다고 본다.

6) 현악기 '고'

중대석 8면 가운데 가장 흥미로운 도상이 ⑦면인 〈그림 20〉이다. 우선 도상을 보도록 하겠다.

다른 면의 주악 천인상처럼 대좌 위에 앉은 자세이며, 고개를 연주자의 좌측으로 숙여 음악에 심취한 자태를 취하였다. 악기는 거문고나 가야고 같은 지터류의 현악기이다. 단, 신라토우의 현악기처럼 악기의 중앙이 연주자 앞에 놓인 것이 아니라 연주자의 좌측으로 악기가 치우친 모습이 오늘날 가야고나 거문고와 같다. 이러한 도상은 계유명석상에서도 볼 수 있으며, 상원사 범종에도 나타난다.

〈그림 20〉 ⑦ 고(琴)

상원사 범종에는 상대上帶와 유곽乳廓 중대中帶 그리고 하대下帶에 각각 주악상이 있는데, 지터류의 현악기 주악상은 상대에 있다.

상대의 반원 내부에 2구의 주악상이 있는데, 악기 판독에 있어 두 가지 견해가 있다. 직지사성보박물관의 한국의 범종 탁본전 도록인 『하늘 꽃으로 내리는 깨달음의 소리』에서는 '피리와 쟁'으로 판독하였다.[30] 그리고 이진원은 통소 계열의 종취 관악기와 금琴 계열의 악기로 보았다.[31] 어쨌건 두 가지 견해의 공통점은 지터류의 현악기로 판독한 점이다.

〈그림 20-1〉 고

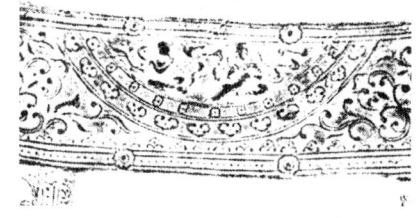

〈그림 21〉 상원사 범종 상대의 주악상

---

30 『하늘 꽃으로 내리는 깨달음의 소리』, 김천: 직지성보박물관, 2003, 188쪽.
31 이진원, 「한국 범종(梵鐘)상의 악기 도상과 의미」, 『한국고대음악사의 재조명』, 서울: 민속원, 2007, 210쪽.

이와 같이 원주 불상에 지터류의 현악기가 출현하는 것은 7~8세기 계유명석상과 상원사 범종에 이어서 9세기인 통일신라 후기까지 이 악기가 다른 악기와 함께 편성되어 연주되었음을 시사한다.

7) 가인상

⑧면에 조각된 도상은 애매하여 뭐라고 지정하기 어렵다. ②와 ⑥처럼 입상이나, 긴 소매를 펼럭이며 춤추지는 않는다. 고개는 한쪽으로 기울였으나 동적動的이기 보다 정적靜的인 자태기 때문에 춤추는 천인으로 보기 어렵다. 그렇다고 악기를 든 것 같지 않기 때문에 주악상으로도 보기 어렵다. 만약 어떤 물건을 손에 들었다면 공양상으로도 볼 수 있겠으나, 어떤 물건을 든 것도 아니다. 주악상과 무인상 그리고 공양상이 아닐 경우 노래 부르는 가인상歌人像으로 짐작할 수 있다.

〈그림 21〉 ⑧

악기 연주와 춤 그리고 노래는 통일신라시대 악곡의 일반적인 구성 중에 하나였기 때문이다. 『삼국사기』 잡지의 악조를 보면,[32] 689년 정명왕(신문왕) 9년에 신촌에 행차하여 연주한 악단 구성에 악기 연주자와 춤꾼 그리고 노래하는 가인歌人이 함께 구성된 사례를 확인할 수 있다.

〈그림 21-1〉 가인상

---

32 『三國史記』 卷32. 5b5-12b2. 中宗 7년(1512) 간행 목판본.

⟨표 5⟩ 통일신라 7세기 공연단 구성과 규모

종목/구성	감(監)	악기		무척(舞尺)	가척(歌尺)	합계
		가척(笳尺)	금척(琴尺)			
가무	6	2		1		9
하신열무	4		1	2	3	10
사내무	3		1	2	2	8
한기무	3		1	2		6
상신열무	3		1	2	2	8
소경무	3		1	1	3	8
미지무	4		1	2		7

따라서 나는 ⟨그림 22⟩의 도상을 노래하는 가인상으로 보고자 한다. 이렇듯 원주 일산동 불상의 대좌 중대석 8면에 조각된 내용을 검토한 결과, 춤추는 무인상과 비파·요고·요발·횡적·고琴를 연주하는 주악상 그리고 노래하는 가인상으로 구성되었음을 확인하였다.

지금까지 통일신라시대 음악고고학 자료 가운데 주악상은 신라토우·사리기·판불·범종·전돌·부도·석탑에서 발견할 수 있었고, 불상의 대좌에 조각된 사례는 발표된 경우가 없었다. 황미연은 1995년 "석조물에 나타난 주악상에 관한 연구: 실상사 백장암 삼층석탑을 중심으로"란 글에서 축서사 석조 비로자나불상과 각연사 석조비로자나불상 및 선산 해평동 석조여래상에 주악상이 있다고 소개하였다.[33] 그러나 내가 현장을 답사하여 유물을 확인한 결과 사실과 무관하였다.[34] 결국 주악상 혹은 무악상은 부도와 석탑 등에서 만날 수 있었고, 불상에서는 없었지만 지금까지 이 글에서 살

---

33 황미연, 「석조물에 나타난 주악상에 관한 연구: 실상사 백장암 삼층석탑을 중심으로」, 『한국음악산고』 제6집, 서울: 한양대학교 전통음악연구회, 1995, 107~131쪽.
34 김성혜, 「통일신라시대 음악고고학 자료의 재조명」, 『한국음악사학보』 제48집, 서울: 한국음악사학회, 2012, 45~76쪽.

펴봤듯이 신라인들은 불상에도 예외 없이 무악상을 조각하였고, 원주의 일산동 불상이 현재로서는 유일하다. 이런 의미에서 원주 일산동 불상은 일정부분 음악사적으로 의미가 있는 유물이다.

3. 음악사적 의미

원주역사박물관 정원에 전시된 원주 일산동 불상은 동·서 2기이며, 석조비로자나불좌상이다. 특히 동쪽의 불상 대좌 중대석 8면에 춤추고 연주하는 도상이 있지만, 지금까지 학계에 알려지지 않았기 때문에 이 글에서 이를 소개하고 음악사적 관점에서 조명하였다.

무악 도상과 직접적으로 관련된 이 불상의 제작 연대에 관해 두 가지 견해가 있는데, 통일신라 9세기로 보는 것과 고려시대 초기로 보는 견해로 대별되지만, 나는 이 불상이 지닌 양식을 고려하여 9세기 견해를 따르고자 한다.

이 불상의 중대석 8면에 조각된 내용을 실견한 결과 비파·춤·요고·요발·횡적·춤·고琴·가인歌人으로 구성되었음을 확인하였다. 여기서 횡적과 가인은 도상만으로 판독이 어려워서 내가 다른 정황을 헤아려 추정하였다.

원주 일산동 불상의 가장 큰 특징은 동·서의 불상이 세트로 제작된 점이며, 동쪽 불상의 경우 대좌 중대석에 무악상舞樂像이 조각된 점이다. 지금까지 나는 통일신라 부도와 석탑 그리고 범종과 사리기 등의 불교유물에서 다양한 형태의 무악상을 본 적이 있으나, 불상 대좌에서는 찾아볼 수 없었는데, 이 불상은 무악상이 조각된 유일한 불상인데 음악사적으로 의미가 있다. 이 불상에서 한 가지 주목되는 점은 대좌 정면에 비파 주악상이 위치하여 일반적으로 향로나 공양상이 위치한 고정관념을 벗어나게 한 점이다.

이와 같이 원주 불상은 통일신라 유물 중에서 매우 드물게 무악상이 조각된 특별한 유물이다. 유물에 대한 특징과 가치를 몰랐기 때문에 지금까지 학계에 잘 알려지지 않았고, 또 유물에 이물질이 묻어도 방치하였다. 앞으로는 좀 더 각별한 보존과 관리가 필요하다.

04.
통일신라 전돌에 나타난 비파

-
-
-

한국음악사 연구에 있어서 문헌을 통한 연구가 중요하며 실제로 많은 연구가 있었다. 이와 병행하여 발굴 유물을 통한 연구는 실체實體에 접근하는데 있어서 중요한 연구방법의 하나이며, 앞으로는 유물분석을 통한 한국음악사의 연구가 매우 필요하리라 본다.

특히 통일신라시대統一新羅時代의 고고학 자료에는 주악상奏樂像이 많은데, 그 종류로는 불상佛像과 석탑石塔·부도浮屠·범종梵鐘·기와瓦·전돌塼 등 다양하다. 이 가운데 전돌은 예로부터 여러 가지 문양文樣을 새겨 사용하였는데, 비파琵琶 연주의 무늬가 새겨진 전돌이 있다. 이 자료는 관련 학계에 소개된 바 있으나,[1] 음악학계音樂學界에 사진자료와 함께 소개된 예는 없었다.[2] 그러므로 이 글에서는 지금까지 음악학계에 소개

---

1 金東賢 外, 『新羅의 기와』, 서울: 동산문화사, 1976, 299쪽; 김성구, 『옛전돌』, 서울: 대원사, 1999, 89쪽; 『新羅瓦塼』, 慶州: 國立慶州博物館, 2000, 387~388쪽.
2 지금까지 '주악전돌'에 관하여 음악학계에 소개된 실례는 송방송과 황미연의 글에서 찾을 수 있다. 송방송은 이 자료에 관하여 다음과 같이 소개한 바 있다. "慶州博物館所藏 奏樂文塼은 필자(송방송)가 토론토대학교(University of Toronto)의 워터하우스(David Waterhouse) 교수를 안내하여 1984년 5월 13일 국립경주박물관을 방문하였을 때 第5陳列室에서 확인하였다. 奏樂文塼에 나타난 악기는 목이 굽고 撥로 연주하는 唐琵琶임이 분명하였다. 이 唐琵琶의 사진은 Waterhouse교수로부터 입수되는 대로 후일에 발표하기로 한다." 宋芳松, 「新羅 三絃의 音樂史學的 檢討」, 『韓國古代音樂史硏究』, 서울: 一志社, 1985, 106쪽의 각주 71번. 그리고 황미연은 「통일신라시대 주악상에 관한 고찰」의 논문 〈도표 2〉에서 「불국사강당지출토 주악문전, 악기명: 당비파, 위치: 전면, 시기: 751년」이라는

되지 않은 비파 연주 무늬의 전돌에 관하여 살펴봄으로써 비파의 형태와 특징을 파악하고자 한다.

통일신라시대 여러 가지 전돌 가운데 주악무늬가 새겨진 것으로는 현재까지 2점이 확인된다. 그것은 다름 아닌 '녹유주악천인문전돌綠釉奏樂天人文塼'과 '불상문전돌'이다. 이 유물들은 현재 국립경주박물관國立慶州博物館에서 기획한 『신라와전新羅瓦塼』 특별전의 도록圖錄[3]에 소개 및 전시되고 있다. 이 두 유물에 공통적으로 나타난 악기가 바로 비파琵琶이다.

따라서 이 글은 통일신라시대 비파에 대한 기초적인 자료를 음악학계에 소개하는 성격을 띠고 있으므로 앞으로 진행될 통일신라시대 비파에 대한 전문적이고 종합적인 연구에 조금이라도 도움이 될 수 있기를 기대한다.

1. 녹유주악천인문전돌

이 유물의 사진이 음악학계에 아직 소개된 적이 없으므로 먼저 유물 사진을 소개하고, 다음으로 도록의 내용을 바탕으로 출토지와 제작시기를 살펴보면서 유물의 성격을 파악하도록 하겠다. 그런 다음 전돌에 나타난 비파의 형태와 특징을 알아보도록 하겠다.

정리로 단편적으로 소개되었다. 황미연,「統一新羅時代 奏樂像에 關한 考察」,『낭만음악』제9권 제1호(통권33호), 서울: 낭만음악사, 1996, 32쪽 및 34쪽.

[3] 『新羅瓦塼』, 慶州: 國立慶州博物館, 2000.

〈사진 1〉
녹유주악천인문전돌

〈사진 1-1〉
녹유주악천인문전돌 뒷면

〈사진 1-2〉
녹유주악천인문전돌 측면

1) 출토지와 유물의 성격

이 유물은 불국사佛國寺 강당지講堂地에서 출토된 것으로 되어 있다.[4] 그런데 전시된 유물의 왼쪽 측면(〈사진 1-1〉 참조)을 보면 검정색 붓으로 '소화십구년昭和十九年 오월구일 五月九日 발견發見'이라 기록되어 있고, 뒷면에는 '불국사 강당지'라는 글이 보인다. 이 점으로 봐서 정식 발굴과정을 거친 출토품出土品이라기보다 수습품收拾品 가운데 하나인 점을 알 수 있다. 따라서 이 유물은 소화 19년인 서기 1944년에 불국사 강당지에서 발견된 유물이다.

그리고 출토지가 불국사 강당지라는 점은 강당 건물에 사용되었던 건축자재였을 가능성이 높다. 가령 강당 건물의 벽이나, 실내의 바닥 또는 정확한 용도는 알 수 없으나 특수용도로도 쓰였을 가능성도 있다. 어쨌건 불국사는 통일신라기 치밀한 설계 하

---

4 『新羅瓦塼』, 387쪽.

에 건축된 대사찰大寺刹로서 이곳에 주악奏樂 문양文樣의 전돌이 사용된 것은 당시 신라에서 이런 악기의 연주가 행해졌음을 짐작할 수 있다. 따라서 이 전돌은 불국사 강당의 창건創建 및 중창重創이나 중수重修 시기에 제작되어 사용되었을 가능성이 있다.

불국사 창건이나 중창 및 중수에 관한 문헌자료는 세 가지가 있다. 『삼국유사三國遺事』와 『불국사사적佛國寺事蹟』[5] 그리고 『불국사고금창기佛國寺古今創記』[6]이다. 『삼국유사』는 잘 알려진 바와 같이 고려시대 일연一然(1206~1289)이 편찬編撰한 것으로 권5의 대성효이세부모大城孝二世父母 조에 그 내용이 있다. 『불국사사적』은 일연이 1046년(慶歷 6)에 찬술한 것을 1708년(숙종 34)에 회인懷忍 등이 교정하여 간행한 것으로 되어 있다.[7] 그러나 찬자撰者 일연에 대한 연대 착오부터 불국사 창건을 신라 불교의 시초에까지 끌어올리고 있는 내용 등 사료로 신뢰하기에는 문제가 많다는 지적이 있다.[8] 그리고 『불국사고금창기』는 1740(영조 16)년 승려僧侶 동은東隱이 지은 것으로 불국사의 창건과 중창重創, 중수重修 사실을 자세히 기록하였으며, 불국사에 관한 최치원崔致遠(857~?)의 글도 함께 수록하고 있어 귀한 사료로 여겨진다. 그러나 역시 연대와 내용에 착오가 있고 의문시되는 부분이 많다는 의견이 있다.[9] 특히 중창과 중수에 관한 내용은 주로 『불국사고금창기』에 기록되어 있는데, 이 문헌이 1740년에 작성된 것이기 때문에 조선시대의 중창과 중수는 어느 정도 신뢰할 수 있으나 통일신라 및 고려 초기의 중수 사실에 대해서는 여러 선학들의 지적처럼 문헌적 검토가 필요하다고 하겠다.

위에서 살펴본 바와 같이 불국사 창건 사실을 살피는데 기본이 되는 자료로 『삼국유사』를 가장 신빙성이 높은 것으로 본다. 『삼국유사』는 편찬 당시 저본 자료로 『향전鄕傳』과 『사중기寺中記』에 의지하여 기록하였다. 그 가운데 『향전』에서는 건립하게 된

---

5 『佛國寺事蹟』은 필사본으로 되어있고, 원문 영인은 『佛國寺誌(外)』, 서울: 亞細亞出版社, 1983, 1~40쪽에 소개되었다.
6 『佛國寺古今創記』 역시 필사본이며, 원문 영인은 『佛國寺誌(外)』, 41~90쪽에 소개되었다.
7 張忠植, 「佛國寺誌 解題」, 『佛國寺誌(外)』, 3~5쪽.
8 金南允, 「佛國寺의 創建과 그 位相」, 『佛國寺의 綜合的 考察』, 慶州: 慶州市·東國大 新羅文化研究所, 1997, 第十八輯, 32쪽.
9 張忠植, 「佛國寺誌 解題」, 『佛國寺誌(外)』, 3~5쪽.

동기動機를 발췌하였고, 『사중기』에서 창건 연대年代를 인용하였는데 그 내용은 다음과 같다.

　　〈사료 1〉『사중기』에 이르기를 경덕왕대 대상 대성은 천보 10년 신묘(751)에 처음 불국사를 세워 혜공왕대를 지나 대력 9년 갑인(774) 12월 2일에 대성이 죽으므로 국가에서 마침내 그것을 완성하였다.[10]

〈사료 1〉의 기록에 의하면 불국사 건립은 751년 경덕왕 때 대성이 시작하였으나 23년 후인 774년 12월 2일 대성이 죽는 해에도 다 마치지 못하였다. 그래서 대성이 죽은 이후에 국가에서 공사를 맡아 완성하였다는 내용이다. 즉 공사를 착공한 시기는 751년이며, 완공한 시기는 분명하지 않지만, 774년 12월 2일 이후라는 사실이다. 전돌이 공사과정에서 건물의 축대를 쌓는 일처럼 공사 초기에 시공되는 것이 아니라, 모든 건물의 기본 골조가 형성된 다음 거의 마지막 단계에 시공되는 건축자재 가운데 하나이기 때문에 창건시기에 초점을 맞추기보다 완공시기에 주안점을 두는 것이 바람직하다고 생각한다. 그러면 공사의 완공시기가 분명하지 않은데, 774년 12월 2일에서 어느 정도 기간이 지난 다음에 불국사가 완공되었겠느냐 하는 문제이다. 이 점은 불국사 창건을 계획한 김대성金大成이 이찬伊飡의 벼슬에서 물러나 공사를 시작하였다는 점으로 보면,[11] 그의 나이가 어느 정도 들었을 때 공사를 시작하였다는 사실을 짐작할 수 있다. 즉 이찬에서 물러난 김대성은 짧지 않은 기간의 대공사를 적어도 자신이 생존했을 때까지 완공할 계획을 사전에 잡았을 것으로 짐작된다. 그렇다면 그가 죽은 774년 12월은 공사가 거의 마무리되는 단계였음을 짐작할 수 있다. 이렇듯 얼마 남지 않은 공사였기 때문에 나라에서 맡아 완공한 것으로 짐작할 수 있겠다. 그래서 불국

10　寺中有記云 景德王代 大相大城 以天寶十年辛卯 始創佛國寺 歷惠恭世 以大歷九年甲寅 十二月二日 大城卒 國家 乃畢成之 『三國遺事』, 卷5, 29a1-3.
11　丁仲煥, 「김대성」, 『한국민족문화대백과사전』 4권, 성남: 한국정신문화연구원, 1991, 632쪽.

사의 완공시기는 774년 12월 2일 이후부터 그다지 오랜 시일이 걸리지 않은 것으로 추정할 수 있다. 그러면 전돌의 제작시기는 공사가 거의 마무리 단계에 있는 774년경으로 볼 수 있을 것이다. 아울러 이 전돌에 새겨진 악기 역시 대략 774년경 신라사회에 특히 사찰에서 연주된 악기라는 사실을 짐작케 한다.[12]

이 유물의 특징 가운데 하나는 유물명이 '녹유주악천인문전돌'이듯이 녹유綠釉로 제작된 점이다. 녹유綠釉는 토기에 사용하는 유약의 하나이다. 토기 표면에 연유鉛釉를 시유施釉하여 청색·녹색 및 황갈색을 내기 위하여 사용하였다. 따라서 녹유를 사용한 토기는 낮은 온도의 산화염으로 구워야 하기 때문에 질이 약한 회색 또는 적갈색의 연질토기가 주종을 이룬다. 그래서 〈사진 1〉의 유물은 바로 적갈색의 연질토기이며, 표면은 녹색을 띠고 있다. 이러한 녹유의 사용은 그 예가 많지 않으며, 출토되는 유적지는 궁궐 등 당시 최고 권력층의 건축이나 사원 가운데도 사격寺格이 높은 성전사원成典寺院이나 왕실의 원찰願刹이 대부분이다. 따라서 녹유는 아마도 당시 최상의 건축물에만 한정하여 사용된 것으로 추측하고 있다.[13] 이런 정황으로 봤을 때, 〈사진 1〉의 유물이 정식으로 발굴과정을 거친 출토품이 아니라 비록 불국사 강당지에서 수습된 유물이지만, 녹유로 된 이 사실은 통일신라시대 최상의 건축물 가운데 하나인 불국사의 건축자재 가운데 하나임이 입증된다고 할 수 있겠다.

이 유물의 크기는 가로 14.9cm, 세로 9.7cm, 두께 5.1cm이다. 무늬가 전돌의 측면에 새겨진 것이 아니라 표면에 새겨져 있다. 대부분의 벽전돌이나 탑전돌은 측면에 무늬가 새겨져 있는데, 이 점으로 보면 일반 벽전돌이나 탑전돌의 용도는 아닌 것으로 보인다. 그리고 제작된 때의 완제품이 아니라 부분적으로 파손되고 마모된 유물이다. 특히 〈사진 1〉의 연주자 얼굴은 크게 손상되어 이목구비耳目口鼻를 알아 볼 수 없

---

12 이러한 이유 때문에 『신라와전』의 도록에서는 넓게 잡아 "8세기 중엽~9세기 중엽으로 여겨진다"(『新羅瓦塼』, 387쪽)고 기록된 것 같다. 한편 송방송과 황미연은 이 유물의 시기를 751년으로 보았다.(앞의 각주 2번 참고) 그 이유는 불국사 건립의 착공시기에 기준을 둔 것으로 보인다. 그러나 건축의 순서를 고려한다면 건물이 거의 완공 단계에 도달했을 때 전돌을 제작 사용하는 것이 합리적으로 여겨지므로 이 글에서는 '774년경'으로 하였다.
13 「녹유와 각종문양전」, 『新羅瓦塼』, 377쪽.

는 형편이다. 전돌의 윗면은 수평선이 유지된 점으로 보아 거의 원형상태임을 짐작할 수 있다. 그러나 양 옆선과 아래쪽은 부분 파손으로 인하여 굴곡이 있다. 또한 연주자의 하반신은 거의 결손되었지만, 원래의 모습은 전신상全身像이었을 것으로 짐작된다. 왜냐하면 고고학 자료에 나타난 악기를 연주하는 천인天人 혹은 비천상飛天像이 대부분 전신상이기 때문이다.

녹유의 전돌에 악기를 연주하는 사람은 긴 머리를 틀어 올렸고, 천의天衣를 휘날리는 '천인天人'으로 보인다. 동양미술에서는 천인을 표현하는데, '천의天衣' 자락을 휘날리는 모습으로 표현하였다. 천인은 달리 비천飛天이라고도 하며, 천선天仙 혹은 천녀天女 등 그 명칭이 다양하다. 한편, 오늘날 학계에서는 일반적으로 '비천飛天'이라는 단어를 많이 사용하고 있는데,[14] 그것은 일본학자 나가히로 토시오長廣敏雄의 『飛天の藝術』 출간[15] 이후 불교미술에서 사용된 것이라고 지적된 바 있다.[16] 따라서 불교 조각품이나 불교관련 고고학 자료에 나타난 '하늘을 나는 사람'에 대한 명칭은 불교경전[17]이나 『삼국유사』의 기록[18]을 검토해 봤을 때 '비천'보다 '천인'이 바람직하다고 본다.[19] 특히

...

14 일반 논문에서 '비천'의 용어를 많이 쓰고 있는 현상이다. 朱惠蓮, 「飛天紋에 대한 考察」, 서울: 이화여대대학원 석사학위논문, 1979; 高吉姬, 「三國時代 및 統一新羅期의 飛天像 考察」, 서울: 고려대학원 석사학위논문, 1980; 文明大, 「新羅梵鐘 飛天像의 考察」, 『梵鐘』 10집, 서울: 韓國梵鐘學會, 1987, 85~98쪽; 裵貞龍, 「韓·中 飛天樣式考: 특히 統一新羅期飛天樣式과 隋·唐代 敦煌飛天樣式을 中心으로」, 『西巖趙恒來敎授 華甲紀念 韓國史學論叢』, 서울: 亞細亞文化社, 1992, 337~375쪽.
15 長廣敏雄, 『飛天の藝術』, 東京: 朝日新聞社, 1949.
16 요시무라 제이(吉村怜), 「南朝の天人の日本への傳播」, 『日本美術全集 第2卷 法隆寺から藥師寺』, 東京: 講談社, 1990, 171쪽. 崔宣一, 「統一新羅時代 天人像 研究」, 서울: 弘益大大學院 碩士學位論文, 1994의 각주 17 재인용.
17 만약 이 소원이 이루어지면 삼천 대천 세계가 감동하리니 허공 중에 가득찬 천인(天人)들도 아름다운 꽃잎을 뿌려 주리라. 斯願若剋果 大千應感動 虛空諸天人 當雨珍妙華. 『佛說無量壽經』卷上『新修大藏經』, 서울: 佛敎大乘會, 1971, 第十二卷(전체 360권, 269쪽 중-하단).
이 집에서는 언제든지 천인(天人)에 제일 가는 풍악을 잡히고 한량없이 불법으로 교화하는 곡조를 타나니. 此室常作天人 第一之樂 紘出無量法化之聲. 『維摩結所說經』, 卷中 觀衆生品第七 『新修大藏經』, 第十四卷(전체475권, 548쪽 중단). 『維摩結所說經』은 정식명칭이며 줄여서 『유마경』이라 한다. 전 3권으로 되었으며, 405년(후진 홍치 8)에 구마라집이 번역한 경전이다. 『佛敎學大辭典』, 서울: 弘法院, 1988, 1179쪽.
18 얼마 후 천인(天人)이 와서 다섯 가지 계율을 주는 꿈을 꾸고 그제야 처음으로 산골을 나갔는데 고을과 마을의 남녀들이 저마다 와서 계율을 받았다. 俄夢天人來授五戒 方始出谷 鄕邑士女 爭來受戒. 『三國遺事』, 卷4, 13b6-7. 리상호 옮김, 『新編三國遺事』, 318쪽.
19 이런 이유로 『불교학대사전』을 보면, 거의 대부분 '천인'의 항목에 자세한 설명을 하였고, '비천'이란 항목은 내용이 천인 항목보다 소략하거나, '천인' 항목으로 가보라(→)로 되어 있다. 『한국불교대사전』, 서울: 寶蓮閣, 1982, 453쪽; 『佛敎學大辭典』, 서울: 弘法院, 1988, 1532쪽; 『불교용어사전』下卷, 서울: 景仁文化社, 1998, 1620쪽.

〈사진 1〉처럼 불교사원과 관련된 조각품인 경우 역시 비천보다 '천인'이라는 용어 사용이 바람직하다고 생각한다.[20]

2) 비파의 형태와 특징

이제 〈사진 1〉 녹유주악천인문전돌의 비파에 대하여 살펴보도록 하겠다. 이해를 돕기 위하여 유물의 모습을 모사模寫하였고, 각부 명칭을 표기하였다〈그림 1〉 참조).

이 전돌에 나타난 비파琵琶의 형태와 특징을 보면 몇 가지 주목을 끄는 점이 있다.

첫째는 천인이 연주하는 악기는 비파임이 분명하며, 목이 굽은 비파라는 사실이다. 둘째는

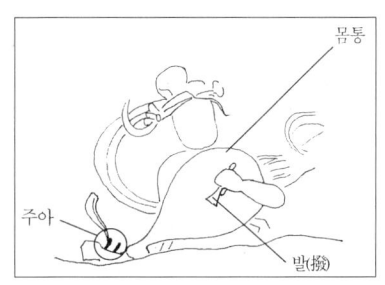

〈그림 1〉 녹유주악천인문전돌의 모사도 및 각부 명칭

목 부분에서 확인되는 주아周兒가 두 개인 점으로 미루어보면, 3현三絃이나 4현四絃 혹은 5현五絃일 가능성까지 있다는 것이다. 셋째는 악기의 몸통이 악기를 연주하는 천인의 몸체에 비해 상당히 크면서 목의 방향이 아래쪽을 향한다는 점이다. 넷째는 연주자가 비파의 현絃을 탈 때 손가락으로 타는 것이 아니라 발撥을 사용한다는 점이다. 다섯째는 연주자가 오른손으로 악기의 목을 잡고, 왼손으로 발撥을 쥐고 현을 탄다는 사실이다. 즉 오른손잡이 연주방향이 아니라 왼손잡이 방향이라는 점이다.

이상의 사실은 전돌이 불국사 강당지에서 출토되었고, 제작시기가 대략 774년경의 유물임을 감안할 때 이 시기에 존재한 비파의 형태와 특징을 보여주는 귀중한 자료로 평가된다. 따라서 위의 다섯 가지 사실은 통일신라 8세기 후반에 존재한 비파의 특징을 나타낸 것이므로 자세히 살펴보도록 하겠다.

---

20 이런 이유로 이 글에서는 '녹유주악비천문전돌'(『新羅瓦塼』, 387쪽)이란 용어 대신에 '녹유주악천인문전돌'이란 용어를 사용하였다.

첫째로 주목되는 사실은 비파가 목이 굽은 비파라는 점이다. 우리나라에서 비파는 19세기 말엽까지 연주되어졌으나, 일본제국주의日本帝國主義 식민통치植民統治로 인하여 그 전승이 끊겼으며, 당시 악기는 국립국악원國立國樂院에 전해오고 있다. 국악원의 비파는 목이 굽은 당비파唐琵琶와 목이 곧은 향비파鄕琵琶가 있다. 이 당비파와 향비파라는 명칭은 조선전기『세종실록世宗實錄』과『악학궤범樂學軌範』에 그림과 함께 기록이 있기 때문에 그 이후부터 지금까지 일컬어진다. 이 명칭이 통일신라시대 고고학 자료에 나타난 비파에도 적용되어 목이 굽은 비파인 경우 '당비파' 혹은 '곡경비파'라고 이름하였다.[21] 그러나 〈그림 1〉의 유물은 통일신라시대의 비파인데 조선시대에 사용된 명칭을 그대로 적용시킬 수 있느냐 하는 의문이 생긴다. 그러면 통일신라기의 비파는 어떤 명칭으로 불렸을지 관심이 간다. 이에 대한 기록은『삼국사기』와『삼국유사』에 남아 있으나,『악학궤범』처럼 악기의 종류와 명칭 및 그림을 자세히 남기지 않았기 때문에 그 정체가 모호하다. 그래도『삼국사기』의 경우 '비파' 혹은 '향비파'라는 기록이 보이며,[22]『삼국유사』는 오직 '비파'라는 기록뿐이다.[23] 한편 통일신라시대의 다른 고고학 자료를 보면 〈그림 1〉처럼 목이 굽은 비파도 있고,[24] 비파의 목 부분에 봉황의 머리모양을 한 비파[25]도 있으며, 목이 곧은 비파[26]도 보인다. 이렇듯 비파의 종류가 다양하지만, 기록에 나타난 명칭은 비파 혹은 향비파일 뿐이다. 그렇다고 조선시대 기

...

21 李惠求,「韓國音樂小史」,『韓國音樂論叢』, 서울: 秀文堂, 1976, 12쪽; 宋芳松,「新羅 中代 鄕樂器의 受容問題」,『韓國古代音樂史硏究』, 64~65쪽 및 71~72쪽; 황미연,「統一新羅時代 奏樂像에 關한 考察」,『낭만음악』제9권 제1호(통권33호), 21~51쪽; 이미향,「불교도상에 나타난 악기 연구」, 서울: 동국대학교 문화예술대학원 석사학위논문, 1997, 15~28쪽 및『蓮史洪潤植敎授 停年退任紀念論叢 韓國文化의 傳統과 佛敎』, 서울: 論叢刊行委員會, 2000, 897~903쪽.
22 琵琶『風俗通』曰 近代樂家所作 不知所起. 長三尺五寸 法天地人與五行. 四絃 象四時也.『釋名』曰 琵琶 本胡中 馬上所鼓 推手前曰琵 引手却曰琶 因以爲名. 鄕琵琶 與唐制度 大同而少異.『三國史記』, 卷32.9a2-5.
23 [文武王法敏] 公著緇衣 把琵琶 爲居士形 出京師.『三國遺事』, 卷2.4a6; [眞身受供] 將罷 王戲調之曰 住錫何所 僧曰琵琶嵓.『三國遺事』, 卷5.11a7-8.
24 지금까지 음악학계에 소개된 비파 가운데 목이 굽은 비파의 종류는 경상북도 상주시 석각천인상의 비파와 비암사 석상의 비파, 쌍봉사 철감선사 부도 그리고 봉암사 지증대사 부도의 비파이다(宋芳松,「考古學資料에 나타난 樂器 索引」,『韓國古代音樂史硏究』, 323쪽). 그외 아직 음악학계에 소개되지 않은 고고학 자료까지 포함한다면 더 많을 것이다.
25 감은사 사리기 주악상 비파.
26 상원사 범종 유곽대에 있는 비파.

록에 의존하여 목이 굽은 비파를 일괄 '당비파'로 부르며, 목이 곧은 비파를 모두 '향비파'라 명명하는 것은 후대의 기록인 『세종실록』이나 『악학궤범』에 의거한 것이므로 정확한 명칭인가에 대해서는 의문이 간다.[27] 즉 그러한 견해가 성립하기에는 다음과 같은 어려운 점이 있다. 통일신라시대는 676년[28]부터 935년까지이며, 특히 통일신라기 비파의 본격적인 등장은 682년 감은사 사리함부터 시작된다. 그런데 『세종실록』과 『악학궤범』의 편찬시기는 1472년[29]과 1493[30]년이므로 무려 7, 8백년 이상의 시간적 공백이 생긴다. 음악사에 있어서 악곡 자체의 변화는 말할 것도 없고, 악기의 사용 방법이나 형태 역시 끊임없이 변화 발전한다.[31] 이처럼 역사와 시대가 변하면서 악기의 모습이 변화되고 새롭게 악기가 창제·개량되는 것은 음악의 양식 및 음악문화의 변화와 함께 자연스러운 것으로 모든 음악사에서 나타나는 보편적인 현상이라 할 수 있다.[32] 따라서 이러한 시간 속의 변화를 고려하지 않고 조선전기의 기록에 나타난 명칭을 문헌적 검토에 대한 점검없이 7, 8백년 이전의 유물에 적용시킬 수는 없다고 생각하기 때문이다. 따라서 이 글에서는 단편적이나마 『삼국사기』와 『삼국유사』의 기록에 의거하여 '비파'로 칭하고자 한다.[33] 결국 〈그림 1〉의 악기는 비파이며 목이 굽은 것으로서 통일신라 비파의 여러 종류 가운데 하나임을 말해준다.

---

27 지금까지 음악학계에서는 통일신라시대 유물에 나타난 비파에 있어서 목이 굽은 경우 '당비파', '곡경비파', '4현비파'라 하였고(宋芳松, 「新羅 代代 郷樂器의 受容問題」, 『韓國古代音樂史研究』, 64~65쪽 및 71~72쪽), 목이 곧은 경우는 '향비파'·'직경비파'·'5현비파'(황미연, 「統一新羅時代 奏樂像에 關한 考察」, 『낭만음악』 제9권 제1호(통권33호), 21~51쪽)라 하였다. 이런 이유 때문에 『신라와전』 도록에도 '당비파'로 소개되었는데, 음악학계의 용어 검토가 시급하다고 할 수 있는 부분이다.
28 삼국통일의 시점을 잡는 견해는 다양하다. 백제의 멸망이 660년이며, 고구려 병합이 668년이므로 668년을 통일신라로 보는 견해가 있으나, 이 글은 676년을 삼국통일의 시점으로 보았다. 그 이유는 삼국통일 전쟁의 연장선상에서 치러진 唐兵과의 격전에서 676년에 최후의 승리를 맞으며, 오랜 전투가 마침내 종결되기 때문이다. 李昊榮, 『新羅三國統合과 麗·濟敗亡原因研究』, 서울: 書景文化社, 1997, 263쪽; 김성혜, 「新羅土偶의 音樂史學的 照明(2): 신라관악기를 중심으로」, 『韓國學報』 제95輯, 서울: 一志社, 1999, 144쪽. 각주13 재인용.
29 김상기, 「세종실록제사(題辭)」, 『세종장헌대왕실록』 제1권, 서울: 세종대왕기념사업회, 1968, 7쪽.
30 이혜구, 「해제」, 『국역 악학궤범』 Ⅰ, 서울: 민족문화추진회, 1979, 1쪽.
31 이런 점은 오늘날 가야금의 다양한 개량(17현, 22현, 25현)이나, 관악기(피리, 태평소 등)의 악기 개량 등으로 그 실례를 볼 수 있다.
32 한흥섭, 「악기의 의미」, 『악기로 본 삼국시대 음악 문화』, 서울: 책세상, 2000, 22쪽.
33 통일신라시대 비파 명칭에 대한 학술적 검토는 이 글의 논지와 직접적으로 관련되지 않기 때문에 차후의 과제로 남겨 둔다.

둘째로 목 부분에 확인되는 주아周兒가 두 개인 점이다. 주아는 현을 감아서 고정시키는 역할을 하지만, 기타guitar나 바이올린violin의 줄감개처럼 조율調律의 기능도 갖고 있다. 따라서 악기의 현수絃數를 육안肉眼으로 보여 주는 중요한 부분이라 하겠다. 〈그림 1〉에서 비파 목 부분의 위쪽에는 두 개의 주아가 뚜렷이 보이지만, 아랫부분은 전돌이 파손된 관계로 확인할 수가 없다. 만약 악기 전체의 현이 3현이라면 한 개의 주아가 있을 것이며, 4현이라면 두 개, 5현이라면 세 개의 주아가 있어야 할 것이다. 그러나 윗쪽의 주아가 두 개이지, 세 개 이상이 아니기 때문에 6현 이상의 비파로 추정하기는 어려울 것 같다. 그래서 〈그림 1〉의 비파에서 주아가 두 개인 것은 비파의 현수가 3현~5현일 가능성이 있다는 점이다.

셋째는 악기의 몸통이 크다는 사실이다. 〈그림 1〉을 볼 때, 비파의 몸체가 연주하는 천인의 상반신을 거의 다 가리고 있다. 이것은 당시의 비파 몸체가 그 만큼 크다는 사실을 보여준다. 이 유물의 비파 크기는 다음 2)번 항목에 나타나는 비파 크기와 서로 비교하여 후술하도록 하겠다.

넷째는 비파를 발撥로 탄다는 점이다. 발撥은 비파를 탈 때 손가락으로 타지 않고 주걱 모양 같은 나무조각의 뾰족한 끝부분으로 현을 치거나 당겨서 소리내는 도구이다. 『삼국사기』와 『삼국유사』에는 발 관련 기록이 전혀 없다. 그러나 조선 성종成宗대의 『악학궤범』 당비파조에 명칭과 그림이 등장한다.

〈사료 2〉 당비파조. 탄법: 당악의 경우는 나무 撥로 줄을 치고, 향악의 경우는 오른손 식지·장지·무명지 세 손가락으로 함께 친다.[34]

〈사료 2〉의 기록을 보면 성종대에 당비파는 〈그림 2〉에 보이는 바와 같이 음악에 따라 발撥을 사용하기도 하며 가조假爪를 쓰기도 하였다. 당악唐樂의 경우에 나무로 된

---

34 이혜구,『국역 악학궤범』Ⅱ, 110쪽. 唐樂 則以木撥挑之 鄕樂 則以右手食長名三指 同挑之.『樂學軌範』, 卷7.7a1-2.

발을 쓰고, 향악鄕樂의 경우 뿔角로 된 가조를 사용했던 것이다. 이때 나무로 된 이 도구가 바로 '발'이라는 사실을 알 수 있다. 이것 역시 조선전기에 사용된 명칭이므로 통일신라기에 어떤 이름으로 불렸는지는 정확히 알 수 없다. 통일신라시대 비파관련 문헌자료에 기록이 없기 때문에 일단 후대의 기록에 의거하여 '발'이라 이름하기로 할 뿐이다. 여기서 〈그림 1〉의 발 모양이 〈그림 2〉의 발 모양과 같지 않음을 알 수 있다. 즉 〈그림 1〉의 발은 가늘면서 긴 모양이나, 〈그림 2〉의 발은 가늘지 않고 짧은 모양이다.[35] 이러한 점은 통일신라의 비파 발과 조선전기 비파 발의 차이점으로 볼 수 있을 것이다.

한편, 거의 같은 시기로 보이는 일본 정창원에 있는 비파의 발[36] 모양이 〈그림 1〉과 닮았으며, 중국 당나라 유물에 나타난 비파의 발[37] 역시 〈그림 1〉과 유사하다. 이점은 고대 중국과 한국 그리고 일본의 비파가 상호 무관하지 않음을 짐작케 한다. 구체적인 관련성 여부는 통일신라기 비파 관련 자료와 중국 및 일본의 비파 자료를 종합해야 가능할 것이라 생각한다. 다만 이 글에서는 비파의 발 모양으로 인하여 동양東洋 삼국의 비파가 상호 무관하지 않음에 음악사적 의의를 찾고자 한다.

다섯째는 비파가 왼손잡이 방향으로 연주되고 있다는 점이다. 대부분의 비파는 오른손잡이 방향이 일반적이다. 오늘날 기타나

〈그림 2〉『악학궤범』의 당비파 발(撥)과 가조(假爪) 모양

---

35 『악학궤범』 편찬시 그림을 그리는 圖工이 실물과 다르게 그렸을 가능성도 있기 때문에 내가 직접 『악학궤범』에 기록된 수치대로 그림을 그려보았다. 그 결과 모양은 『악학궤범』에 그려진 모양과 동일하였고, 실제 크기보다 약 1/11 축소되었을 뿐이었다. 비록 단편적이긴 하지만, 이 확인으로 인해 『악학궤범』에 그려진 그림들은 거의 실물에 가깝게 그려서 축소된 사실을 짐작할 수 있었다.
36 岸辺成雄,「紅牙撥鏤撥」・「紫檀金銀繪撥」,『太平のひびき: 正倉院の樂器』, 東京: 音樂之友社, 1984, 16쪽.
37 139「石雕散樂圖」後梁龍德三年(公元 923年),『中國文物精華』, 北京: 文物出版社, 1997. 이 책은 쪽번호가 없고, 도면번호만 있다.

바이올린의 경우도 마찬가지이다. 위 〈사료 2〉『악학궤범』의 기록을 볼 때도 "오른손 식지·장지·무명지 세 손가락으로 함께 친다"라고 하니 조선전기 성종대 역시 오른손잡이 방향임을 확인할 수 있다. 그런데 〈사진 1〉의 유물에서 꼭 그렇지만 않았다는 사실이 확인된다. 그런데 이러한 실례는 다음 항목의 비파에도 나타나는 현상이다. 다음 항목에서도 역시 연주자가 비파를 연주하는데 왼쪽 방향인 점이 이 전돌과 공통점이라 할 수 있다. 자세한 비교는 역시 다음 항목에서 언급하기로 하겠다.

요컨대, 〈사진 1〉의 녹유주악천인문전돌에 관하여 출토지와 유물의 성격 그리고 비파의 형태와 특징을 살펴본 결과는 다음과 같다. 이 유물은 1944년 불국사 강당지에서 수습된 유물이라는 사실이다. 비록 수습품이지만, 녹유로 제작된 점으로 미루어볼 때 사격이 높은 불국사 건축자재의 하나로 사용되었음을 짐작케 한다. 그리고 유물의 제작시기는 불국사가 완공되는 774년경으로 추정하였다. 전돌에 나타난 악기 연주자는 불교 경전이나 『삼국유사』의 기록에 있는 '천인'으로 보이며, 악기의 형태와 특징은 다섯 가지로 요약된다. 즉 이 비파는 목이 굽은 비파이며, 현수는 3현~5현일 것이다. 그리고 악기의 몸체가 비교적 크며, 발을 사용하고 탄법彈法에 있어서 일반적인 오른손 주법이 아니라 왼손 주법의 실례를 보여주는 귀중한 자료 가운데 하나라는 점이다.

2. 불상문전돌

고고학계에서는 '비파를 연주하는 천인문'이 아닌 '조문鳥文'으로 인식하는 오류를 범하고 있는 이 유물의 사진 역시 음악학계에 소개되지 않았다. 그러면 이 유물에 관하여 앞의 항목처럼 먼저 유물의 사진을 소개하고, 다음으로 도록의 내용을 바탕으로 유물의 명칭과 성격 및 전돌에[38] 나타난 비파에 대하여 살

---

38 〈사진 2〉의 유물명칭이 『신라와전』에는 '탑상문전돌'로 기재되었는데(388쪽), 이 점은 〈사진 2-1〉을 '불상문'으로 표기한 것으로 볼 때, '불상문전돌'의 오기(誤記)로 보인다. 따라서 이 글에서는 〈사진 2〉의 유물명칭을 '불상문전돌'로 하였음을 밝힌다.

펴보도록 하겠다.

1) 유물의 명칭과 성격

이 유물은 크기가 18.1×15.0×4.0cm이며, 정기범鄭基範의 개인 소장품이다.[39] 따라서 학계의 정식 발굴과정을 거친 출토품도 아니거니와 〈사진 1〉 녹유주악천인문전돌처럼 유물에 수습시기와 장소가 기재된 유물도 아니다. 그래서 어느 건물지에 사용된 건축자재의 일부였는지 정확히 알 수 없는 점이 안타깝다. 그러나 이 전돌의 문양과 크기가 유사한 유물이 있는데, 그 출토지가 경주 인왕동仁旺洞[40]과 경주 황룡사지[41]인 점으로 보면 〈사진 2〉의 유물 역시 출토지를 경주지역으로 짐작할 수 있을 것이다. 그리고 유물의 제작시기는 통일신라로 비정하고 있다.[42]

〈사진 2〉 불상문전돌

〈사진 2-1〉 주악천인문

〈사진 2-2〉 불상문

위의 〈사진 2〉를 보면, 이 유물은 방형方形의 전돌 모서리 양 측면에 주악천인문奏樂天人文과 불상문佛像文을 각각 새겨서 이채롭다. 〈사진 1〉의 유물이 전돌의 표면에 문양이 있는 것과는 달리, 〈사진 2〉의 유물은 전돌의 측면에 무늬가 있다. 이런 점으로 보면, 건물의 벽전돌로 사용되었거나 아니면 전탑塼塔의 탑재塔材로 사용되었을 가능성

---

[39] 『新羅瓦塼』, 388쪽. 소장자인 鄭基範을 만나 면담한 결과, 7~8년 前에 구입하였다고 구술하였다(2000년 9월 7일).
[40] "불상문전돌" 仁旺洞 / 統一新羅 / 16.5×10.9×4.2 / 國立慶州博物館. 『新羅瓦塼』, 388쪽.
[41] "불상무늬전돌" 경주 황룡사터 출토 / 통일신라 / 국립경주박물관 소장. 『옛전돌』, 73쪽.
[42] 『新羅瓦塼』, 388쪽.

이 있다. 특히 양 모서리 측면에 무늬가 있는 점으로 볼 때, 건물의 벽 모서리나 전탑의 모서리 탑재로 쓰였을 것으로 추측할 수 있다. 이 유물의 두 가지 문양 가운데 음악하는 이의 관심을 끄는 것은 바로 왼쪽 측면에 있는 〈사진 2-1〉의 주악천인문이다. 이 유물은 지금까지 음악학계에서 한 번도 언급되지 않았던 희귀한 유물 가운데 하나임이 주목된다.

한편, 유물의 명칭에 있어서 이 유물을 소개한 『신라와전도록』에는 〈사진 2-1〉의 문양을 '조문鳥文'으로 소개하였다.[43] 즉 새의 무늬로 보았다는 것이다. 그러나 〈사진 2-1〉에 보이는 바와 같이 가운데 있는 문양은 악기를 연주하며 비상飛上하는 천인이다. 특히 나는 듯한 다리가 뚜렷이 보인다. 그리고 마모가 심하여 선명하지는 않지만, 악기의 전체적인 형태를 볼 때 이것은 비파가 분명하다. 또한 천인의 양 옆에는 구름 문양과 더불어 휘날리는 천의天衣자락이 새겨져 있는데, 이 점은 가운데 있는 무늬가 '조문'이 아니라 '천인문'이라는 사실을 더욱 분명케 한다.[44]

2) 비파에 대하여

〈사진 2-1〉의 유물에서 비파의 형태와 특징을 찾아내기란 무척 힘든 실정이다. 왜냐하면 부조浮彫된 무늬가 소형小型인데다가 마모磨耗까지 심하기 때문이다. 특히 통일신라시대 비파의 경우는 앞 항목에서 이미 살펴보았듯이 비파 목의 형태에 따라 여러 가지 종류가 있는데, 바로 그 비파의 목부분을 정확하게 판독하기 어렵기 때문에 형태와 특징을 살펴보기보다는 비파 전반에 관하여 약술하는 것이 좋을 듯하다.

천인의 몸은 정면이면서 방향은 오른쪽으로 향하고 있다. 그러면서 물방울 형태의 몸체인 비파를 연주하고 있는 모습이다. 여기서는 앞 항목에서 자세히 다루지 못했던

---

43 『新羅瓦塼』, 388쪽.
44 따라서 『신라와전』에 소개된 '조문'은 재고(再考)가 요청되는 부분이라 할 수 있겠다. 이런 까닭에 이 글에서는 〈사진 2-1〉의 명칭을 '조문'이라 하지 않고, '주악천인문'으로 표기하였다.

녹유주악천인문전돌의 비파 크기와 함께 비교하면서 살펴보도록 하겠다.

먼저 앞의 〈사진 1〉을 보면, 비파의 몸체가 연주하는 천인의 상반신上半身을 거의 다 가리고 있다. 그리고 악기의 몸통이 큰 반면 목부분은 길지 않고, 오히려 짧게 보인다. 그리고 비파목을 아래로 향하게 하고 타는 모습이다. 그런데 〈사진 2-1〉의 비파를 보면, 역시 비파의 몸체가 연주하는 천인의 상반신을 가리고 있으나, 악기의 몸통은 〈사진 1〉보다 작으며, 비파의 목부분이 긴 점이 서로 다르다. 또한 〈사진 2-1〉의 비파목은 아래로 향하지 않고, 옆으로 향한 점이 〈사진 1〉과 다른 점이다. 즉 〈사진 1〉의 비파와 〈사진 2-1〉의 비파 형태와 크기가 서로 약간씩 다른 특징을 지니고 있음을 보여준다. 그렇지만 공통점은 모두 왼손잡이 방향이라는 점이다.

한편, 〈사진 2-1〉의 비파에서는 비파의 목이 굽은지 곧은지 또는 주아(줄감개)의 수數나, 왼손 발撥의 유무有無 등을 판단하기가 매우 어렵다. 다만 비파의 목이 굽은 듯한데, 〈사진 1〉처럼 선명하게 보이지 않기 때문에 추정에 불과할 뿐 단정할 수는 없겠다.

결국 〈사진 1〉과 〈사진 2-1〉를 서로 비교해 볼 때, 공통점은 연주 방향에 있어서 왼손잡이 방향인 점이며, 차이점은 〈사진 1〉은 목이 짧으면서 아래로 향해 연주하며 악기 몸체가 크다는 사실이다. 그리고 〈사진 2-1〉는 비파의 목부분이 길며, 옆으로 향해 연주하면서 악기 몸체가 〈사진 1〉보다 작다는 점이다.

이상으로 불상문전돌에 관하여 살펴본 것을 요약하건대, 첫째로 이 유물은 출토지는 불분명하나 통일신라시대 유물이라는 것, 둘째로 전돌의 양 모서리 측면에 무늬가 새겨진 점으로 볼 때 건물의 벽 모서리나 전탑의 모서리 탑재로 사용되었을 것이라는 것, 셋째로 『신라와전도록』에 소개된 〈사진 2-1〉의 '조문'이라는 명칭은 오류이며 '주악천인문'이라는 것, 넷째로 이 유물의 비파는 목이 긴 악기라는 점과 목의 방향이 옆을 향한다는 것, 그래서 〈사진 1〉과 형태 및 크기가 약간 다른 것으로 보인다는 것, 다섯째로 비파의 몸체가 〈사진 1〉보다 작지만, 연주 방향이 왼손잡이 방향인 점은 서로 동일하다는 것이다. 특히 이 유물은 음악학계에 처음 소개되는 점에서 의미를 찾을 수 있을 것이다.

3. 전돌에 나타난 비파의 의미

　　　　　　　　　　지금까지 전돌에 나타난 주악상에 대하여 유물의 종류와 전돌의 성격 그리고 전돌에 나타난 비파에 관해 살펴보았다. 그 내용을 요약하면 다음과 같다.

　통일신라시대 음악관련 전돌로는 녹유주악천인문전돌과 불상문전돌로 2점이 있다. 녹유주악천인문전돌은 1944년 불국사 강당지에서 수습된 유물이며, 유물의 제작시기는 774년경으로 추정하였다. 불상문전돌은 출토지 미상이나, 유사한 유물의 출토지가 경주이므로 경주 지역으로 추정하고 있다. 한편, 불교 유물의 악기 연주자를 통상적으로 '비천'으로 명명하고 있으나 '천인'으로 명명하는 것이 바람직하리라 보았다.

　주악문양에 있어서 두 전돌에 나타난 악기는 모두 비파로서, 한 유물은 윤곽이 뚜렷한 반면 파손으로 인해 악기가 완형이 아니며, 한 유물은 악기가 완형인 반면 마모로 인해 선이 불투명하나, 악기를 조명한 결과, 두 비파의 공통점은 왼손잡이 방향으로 연주하는 것이다. 그리고 차이점은 비파목의 방향과 악기의 크기인데 하나는 아래로 향하며 크고, 또 하나는 옆으로 향하고 조금 작다는 점이다. 이러한 점으로 볼 때 당시의 비파는 크기나 연주 자세가 여러 가지일 것으로 추정이 되어 진다. 또한 녹유전돌의 비파에는 주아 두 개가 뚜렷이 보였는데 이로 봐서는 4현 비파일 가능성이 높고 넉넉잡아서 3~5현 비파일 것으로 추정된다. 그리고 목이 굽은 비파이며, 발로 연주하는 점이 특징이었다.

　통일신라 유물에 나타난 비파의 명칭에 관하여 이 글에서는 『삼국사기』와 『삼국유사』의 기록에 의거하여 '비파'라 하였다. 지금까지 음악학계에서는 조선시대 기록에 의거하여 당비파·향비파, 혹은 4현비파·5현비파라 하였고, 송나라 진양陳暘의 『악서樂書』에 보이는 곡경비파曲頸琵琶·직경비파直頸琵琶 등으로 이름 하였는데, 현학계에서 통일신라시대의 비파에도 이 이름을 그대로 적용하고 있는 점은 앞으로 문헌 검토를 거쳐 재조명해야 할 과제임을 인식하였다.

　이상으로 전돌에 나타난 비파의 형태에 관하여 자료 보고서처럼 필요치 않는 것까지 언급한 점이 많을 것이다. 그러나 통일신라시대 비파를 종합하는데 조금이라도 도움이 되고자 1차적으로 자료를 세밀히 관찰하고 기록하는데 주안점을 두었으므로 양해를 바랄 뿐이다.

끝으로 통일신라시대의 주악무늬전돌이 비록 2점에 불과하지만, 다른 고고학 자료와 마찬가지로 문헌기록에서 볼 수 없는 음악사적音樂史的 사실을 보여주기 때문에 중요한 사료적 가치를 지니고 있다. 따라서 이미 출토된 유물은 물론 이거니와, 앞으로 출토되는 고고학 자료에 대해 음악학계에서도 관심 있게 지켜봐야 할 것이다.

05.
생소병주의 연원

-
-
-

생소병주笙簫竝奏란 생황笙簧과 단소短簫의 2중주를 뜻한다. 이것은 전통악기 편성의 종류 중에 하나이다. 악기 편성의 종류를 보면, 합주와 독주 그리고 병주竝奏가 있으며, 음악에 따라 대취타大吹打, 취타吹打, 시나위, 농악과 사물놀이, 제례악, 무속 음악, 불교 음악, 성악곡 반주 등으로 구분된다.[1] 병주竝奏는 두세 개의 악기를 함께 연주하는 편성인데, 오늘날 양금洋琴과 단소의 병주와 생황과 단소의 병주가 대표적이다.

단소는 짧은 관악기의 일종으로 세로로 부는 악기다. 이 악기는 일반적으로 조선 말기부터 사용하기 시작한 것으로 알려져 있고, 퉁소의 변형으로 유추한다. 그 이유 중 하나는 고대사 관련 문헌인 『삼국사기』 및 『삼국유사』와 고려 조선시대 대표 사료인 『고려사』, 『조선왕조실록』 그리고 각종 의궤 등에 '단소'라는 악기명이 등장하지 않기 때문이다. 아울러 『악학궤범』에 세로로 부는 관악기로 퉁소가 제시되었기에 퉁소의 변형으로 간주한다. 그러나 내가 20여 년 동안 고대 음악고고학 자료를 탐색한 결과 고대 문헌에 기록되지 않은 악기가 그 시대 유물에 등장한다는 사실이다. 예컨대, 고구려 안악3호분에 춤 반주에 쓰인 세로로 부는 관악기와 백제 금동대향로 및

- - -

1 송혜진, 『한국악기』, 서울: 열화당, 2000, 20~27쪽.

계유명석상에 세로 부는 관악기가 등장한다는 점이다. 이 악기는 모두 오늘날 '단소류'의 관악기임을 부정하지 않는다. 따라서 이 글에서 논하고자 하는 단소는 세로로 부는 관악기의 범칭적 의미를 지닌 '단소류'를 뜻한다.[2]

반면 생황은 오늘날 단소만큼 널리 알려지지 않았기 때문에 일반인들에게는 다소 생소한 악기다. 생황은 밥그릇처럼 생긴 둥근 공명통에 길이가 다른 여러 개의 대나무 관을 꽂아 만든 것으로 공명통 옆으로 튀어나온 취구를 불어 소리내는 관악기의 일종이다. 오늘날 생소병주로 연주되는 곡목은 〈현악영산회상〉, 〈천년만세〉, 〈자진한잎〉, 〈밑도드리〉, 〈웃도드리〉 등이 있다.

생황에 관한 연구는 송방송宋芳松, 시무라 데쯔난志村哲南, 임미선, 이정희, 허지영, 권태욱 등에 의해 시도되었다. 송방송은 조선후기 악보인 "『유예지遊藝志』의 생황자보笙簧字譜 해독과 그에 나타난 자진한잎紫芝羅葉"을 연구하여 당시 생황은 기악 연주뿐 아니라 가곡 반주로도 쓰였음을 밝혔다.[3] 아울러 현행 자진한잎의 연주시기를 고종(1864~1907) 말경으로 잡았다. 시무라 데쯔난은 생황의 쌍성 주법의 해독을 연구하였고,[4] 임미선은 『가사유취歌詞類聚』에 기보된 생황보를 해독함으로써 생황이 가곡뿐만 아니라 시조와 가사 반주에도 사용되었음을 새롭게 밝혔다.[5] 이정희는 "조선 후기 민간의 생황문화 고찰"에서 생황의 제작과 수입, 연주된 공간과 연주곡목 등을 고찰하여 생황에 대한 기존의 연구가 주로 생황 악보에 치중한 한계를 극복하여 조선후기 민간의 생황 문화 양상을 새롭게 펼쳐보였다.[6] 또한 허지영은 일제강점기 때 생황의 연주 문화를 학계에 소개하였다.[7] 한편, 권태욱은 최근에 다산 정약용(1762~1836)

---

2 고대 문헌에 기록되지 않은 단소류는 고대 삼국의 유물에 모두 등장하기 때문에 '단소의 연원'에 대한 연구는 차후 과제로 남긴다.
3 宋芳松, 「『遊藝志』의 笙簧字譜 解讀과 그에 나타난 紫芝羅葉(자진한잎)」, 『韓國音樂史硏究』, 경산: 嶺南大學校 出版部, 1982, 513~552쪽.
4 志村哲南, 「한국에 있어서의 笙簧 變遷과 雙聲奏法」, 서울: 서울대학교 대학원 석사학위논문, 1985.
5 임미선, 「『歌詞類聚』의 笙簧譜」, 『韓國音樂硏究』 제28집, 서울: 韓國國樂學會, 2000, 93~108쪽.
6 이정희, 「조선후기 민간의 생황문화 고찰」, 『韓國音樂史學報』 제25집, 서울: 韓國音樂史學會, 2000, 103~147쪽.
7 허지영, 「이왕직아악부의 생황에 대한 연구」, 『한국악기학』 제2호, 서울: 한국통소연구회, 2004, 153~177쪽.

의 『악서고존樂書孤存』 권11에 언급된 생笙을 조명하였다.[8]

지금까지 생황에 대한 연구는 주로 조선 후기와 일제강점기 생황의 악보와 연주법 그리고 민간의 생황 문화에 집중되었다고 할 수 있다. 따라서 조선시대 이전의 생황 즉 고대인의 생황 문화에 관한 연구와 오늘날 연주되고 있는 생소병주가 언제부터 비롯된 것인지에 대해서는 본격적인 연구가 시도되지 않았다. 고대인의 생황 문화에 대한 연구는 별고를 마련 중에 있으므로 이 글에서는 오늘날 연주되고 있는 생소병주의 연원을 밝히는데 주력하고자 한다.

먼저 문헌 기록에 생笙 혹은 생황笙簧 관련 기록을 검토하고자 하며, 고고학 자료의 생 관련 도상을 중심으로 연구하고자 한다. 특히 신라 기와에 생소병주와 관련된 도상이 있기 때문에 살펴보고자 한다.

1. 고대의 생과 우

전통 관악기 가운데 우리나라에 현존하는 화음악기는 '생황' 하나뿐이다. 그러나 고려시대와 조선시대 문헌을 살펴보면 명칭도 다양하고 규모도 다양한 화음악기가 있었다.

고려시대의 경우 『고려사』를 보면, 왕이 제사에 참여할 때 등가登歌와 헌가軒架에 소생巢笙, 화생和笙, 우생竽笙이 사용되었고, 관리가 의식을 대행할 때도 사용되었는데 제관의 신분에 따라 악단의 규모가 달라서 악기 개수도 다르다.[9] 그러나 『고려사』에 악

---

8   권태욱, 「『樂書孤存』에서 茶山의 樂記論(Ⅲ): 『樂學軌範』의 笙을 비교 대상으로」, 『韓國音樂史學報』 제49집, 서울: 韓國音樂史學會, 2012, 37~67쪽.
9   『高麗史』卷70. 志 第24卷 樂 親祠登歌軒架 登歌 金鍾架一在東玉磬架一在西俱北向柷一在金鍾北稍西敔一在玉磬北稍東搏拊二一在柷北一在敔北東西相向一絃三絃五絃七絃九絃琴各一瑟二在金鍾之南西上玉磬之南亦如之東上. 又於壇下東南太廟則在前楹階下設笛二篪一巢笙一和笙一爲一列西上塤一在笛南簫一在巢笙南又於壇下西南設笛二篪一巢笙一和笙一爲一列東上塤一在笛南簫一在巢笙南. 鍾磬柷敔搏拊琴瑟工各坐於壇上. 太廟則在堂上前楹・開塤篪笙笛簫工立立於壇下. 太廟則在前楹階下樂正一人在鍾磬・開北向協律郎一員在樂簴之西東向歌工四人在柷敔・

기 형태와 구조를 그림으로 제시하지 않아 3종 악기의 차이점을 구분하기 어렵다. 단지 소생巢笙은 중성中聲과 정성正聲이 각 21개로 구성되었고, 우생竽笙은 중성과 정성이 각 15개로 구성된 점만 알 뿐이다.[10]

조선시대의 경우 『세종실록』과 『악학궤범』을 보면, 관 수에 따라 생笙·우竽·화和로 구분되었다. 『세종실록』에는 생·우·화 3종을 그림과 함께 제시했으나,[11] 구체적으로 몇 관씩인지에 대한 설명은 없다. 그러나 1493년에 편찬된 『악학궤범』에는 생·우·화 3종의 산형散形을 제시했기에 각각의 관 수를 파악할 수 있다.[12]

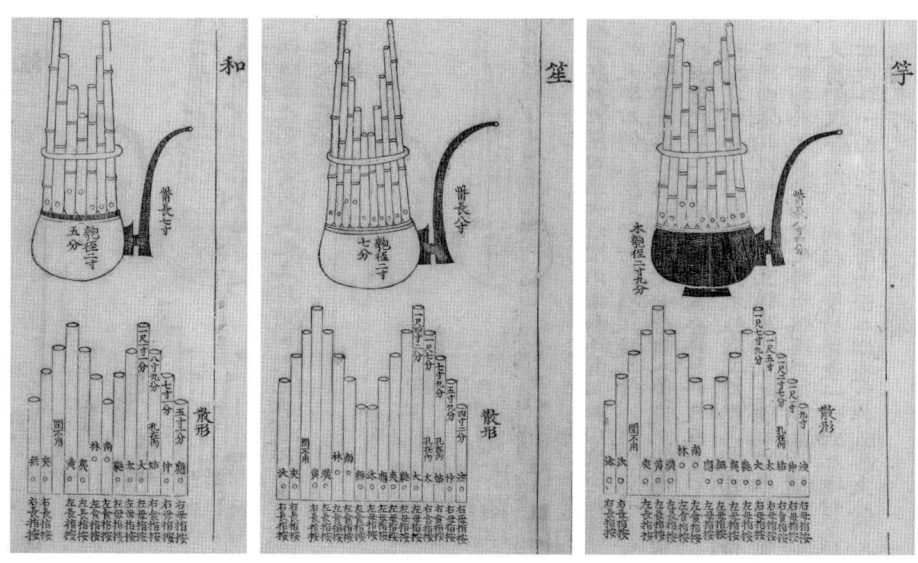

〈그림 1〉 『악학궤범』의 화·생·우

화和는 13관인데, 12율을 내며 관 하나는 윤관閏管이다. 생笙은 17관인데 12율 4청성의 16음을 내며, 하나는 윤관이다. 우竽도 17관이며, 12율 4청성의 16음을 내고 하나

 閒俱東西相向.
10 고전연구실 편찬, 신서원 편집부 편집, 『북역 고려사』 제6책, 서울: 신서원, 1992, 424쪽.
11 『세종실록』 권128, 20a 오례·길례 서례 중 악기도설.
12 『樂學軌範』 卷6, 14a-15a 및 이혜구 역주, 『신역 악학궤범』, 서울: 국립국악원, 2000, 387~389쪽.

는 윤관이며, 관의 길이가 생보다 2배 길다. 즉 생은 높은 음역의 관악기이며, 우는 낮은 음역의 관악기임을 시사한다.

정리하면, 화和는 13관이며, 생笙과 우竽는 17관인데, 생은 높은 음역이고 우는 낮은 음역의 관악기다. 이는 모두 화음악기다.

그런데 『고려사』와 『세종실록』 및 『악학궤범』을 보면, 대부분 악기명이 '생笙'인데, 언제부터 '생황笙簧'으로 불려서 오늘에 이르렀는지 의문이다.

먼저 조선왕조실록을 검색하면, 영조 때 생笙과 생황을 혼용한 사례가 등장한다. 영조 17년(1741) 9월 6일자 기록을 보면, 황단皇壇에 쓸 아악기 제조가 완성되어 영조가 이연덕李延德과 나눈 대화에서 생笙과 생황笙簧을 혼용하였다.[13] 이외 『영조실록』 곳곳에 생과 생황을 혼용한 사례가 나타난다.[14]

그리고 서유구가 지은 『임원경제지』의 『유예지』에 생황보笙簧譜가 있고, 『가사유취歌詞類聚』에도 생황보笙簧譜가 있다. 그러므로 고려와 조선전기 때는 주로 '생笙'으로 명명하였고, 18세기 영조 재위시대 때 생과 생황이란 명칭이 혼용되기 시작하여 오늘에 이른 것으로 이해된다.

...

13 『영조실록』 54권, 17년(1741) 9월 6일(무진) 황단(皇壇)의 아악기(雅樂器)가 완성되었다. 처음에 황단에는 아악기가 없어서 항상 산천(山川)에 제사지낼 때 쓰는 악기(樂器)로써 황단의 제사에 임시로 사용하였다. 이해 3월 상사일(上巳日)을 황단에 제사지내는 날짜로 정했는데, 선잠제(先蠶祭) 또한 이 날로 정하였다. 산천의 제사에 쓰는 악기를 장차 선잠에 사용하려 하는데, 황단의 제사에는 옮겨서 사용할 만한 악기가 없었다. 영의정 김재로(金在魯)가 문묘(文廟)의 아악(雅樂)을 임시방편으로 사용할 것을 청하니, 임금이 말하기를, "어찌 황단의 악기가 없을 수 있겠는가? 유사(有司)로 하여금 따로 악기를 제조하게 하라." 하였다. 6월 경술일로부터 제조하기 시작하여 이 때에 이르러 완성을 고하니, 임금이 조성도감(造成都監)의 당상(堂上) 신사철(申思喆)과 낭청(郞廳) 최규태(崔逵泰)·이연덕(李延德) 등을 소견(召見)하고서 새로 제조한 악기를 들여올 것을 명하여 친히 그것을 보고 이어서 황단의 누상고(樓上庫)에 보관하게 하였다. 임금이 이연덕에게 묻기를, "일찍이 들으니 관(管)의 소리가 매우 가늘었는데, 지금은 능히 생(笙)에 합치되는 묘(妙)를 얻었다. 그런데 지난번에 사신(使臣)이 얻어 가지고 온 합생(合笙)의 돌石을 사용할 수가 있겠는가, 없겠는가?" 하니, 이연덕이 말하기를, "지금은 관의 소리가 조금 종전보다 낫지만 음률(音律)은 오히려 합치되지 않습니다." 하였다. 임금이 전악(典樂)에게 명하여 생황을 불어보게 한 뒤 말하기를, "내가 들은 바에 의하면 피국(彼國)의 생황은 소리가 매우 크고 명랑한데, 이 생황의 소리는 매우 낮고 가느니 다시 개정(改正)할 수 없겠는가?" 하니, 최규태가 불가능하다고 대답하였다. 이연덕이 말하기를, "생황의 소리가 매우 가늘고 음률도 또한 틀린 것이 있으니 그대로 둘 수 없습니다." 하니, 임금이 전악에게 묻기를, "이연덕이 개연(慨然)히 개정할 뜻이 있으니 그대가 이연덕과 더불어 그 음률의 잘못된 것을 교정(校正)하도록 하라." 하였다. 『朝鮮王朝實錄』 http://sillok.history.go.kr/inspection

14 『영조실록』 54권, 17년(1741) 11월 6일; 『영조실록』 55권, 18년(1742) 6월 16일; 『영조실록』 56권, 18년(1742) 7월 4일; 『영조실록』 56권, 18년(1742) 7월 23일; 『영조실록』 56권, 18년(1742) 8월 2일.

이렇듯 고려와 조선전기 약 1천년 동안 생은 관管의 수에 따라 생·우·화 혹은 소생·우생·화생으로 구분되었다면, 그 이전 시대인 삼국과 통일신라시대 때도 명칭이 다르고 관 수도 달랐을 가능성이 있다.

실제 고대 관련 문헌을 살펴보면 고구려에는 '생笙'이란 악기가 있었고, 백제에는 '우竽'라는 악기가 있었다. 고구려와 백제 그리고 신라시대 사용한 악기에 대한 기록은 『삼국사기』 잡지의 악조樂條에 소략하나마 기록이 있다. 특히 생황과 관련된 '생笙'과 '우竽'의 기록이 고구려와 백제 악기에 등장하는데 사료를 직접 보도록 하겠다.

1) 고구려의 생笙

1145년 김부식 등이 『삼국사기』를 편찬할 때 『통전通典』을 인용하여 고구려 악기를 소개하였다.

> 〈사료 1〉 고구려 음악은 『통전』에 다음과 같이 기록하였다. "악공인은 자주색 비단모자에 새 깃으로 장식하고, 누른색 큰 소매옷에 자주색 비단띠를 두르고 통 넓은 바지를 입었으며, 붉은 가죽 목신발을 신고 오색의 검은 노끈을 매었다. 춤추는 자 네 사람은 뒤에 상투를 틀고 진홍색을 이마에 바르고 금귀고리로 장식하며, 그 중 두 사람은 누른색 치마저고리에 적황색 바지요, 두 사람은 적황색의 치마저고리와 바지를 입는데, 소매를 극히 길게 하고 검은 가죽 목신발을 신고 쌍쌍이 나란히 서서 춤을 추었다. 음악에는 탄쟁 하나, 추쟁 하나, 와공후 하나, 수공후 하나, 비파 하나, 오현 하나, 의취적 하나, 생笙 하나, 횡적 하나, 소 하나, 소필률 하나, 대필률 하나, 도피필률 하나, 요고 하나, 제고 하나, 담고 하나, 패 하나를 썼다. 당나라 무태후 때는 오히려 25곡이 있었으나, 지금은 오직 한 곡을 익힐 수 있고, 의복도 차츰 낡아 없어져서 그 본래의 모습을 잃었다."[15]

---

15 高句麗樂 『通典』云 "樂工人紫羅帽 飾以鳥羽 黃大袖 紫羅帶 大口袴 赤皮鞾 五色縚繩 舞者四人 椎髻於後 以絳抹額 飾以金璫 二人黃裙襦·赤黃袴 二人赤黃裙襦·袴 極長其袖 烏皮鞾 雙雙併立而舞 樂用 彈箏一 搊箏一 臥箜篌

〈사료 1〉은 고구려 악무에 관한 내용인데, 『통전』은 당나라의 재상宰相 두우杜佑 (735~812)가 편찬한 책이다.[16] 이 책의 악조樂條에 17종의 고구려 악기 가운데 '생笙'이 포함되었다. 한편, 이 내용은 『구당서舊唐書』 권29에도 등장하는데,[17] 당나라 정관(627~ 649) 때 십부기十部伎의 하나였던 '고려기高麗伎' 연주단 속에도 '생'의 연주자가 편성되었다. 그렇다면 고구려인들은 적어도 7세기 전반에 생을 사용했다는 결론이다.

2) 백제의 우竽

백제는 고구려와 달리 생笙을 쓰지 않고, 우竽라는 악기를 사용했다.

〈사료 2〉 백제 음악은 『통전』에 다음과 같이 기록하였다. "백제의 음악은 중종 때에 공인들이 죽고 흩어져서, 개원 중에 기왕 범이 태상경이 되어 다시 아뢰어 그것을 설치하였다. 그래서 음악과 재주가 많이 빠졌다. 춤추는 자 두 사람은 자주색 큰 소매옷과 치마저고리에 장보관을 쓰고 가죽신을 신었다. 음악의 남은 것은 쟁, 적, 도피필률, 공후였다." 이로 보아 악기 등속이 내지와 많이 같다. 『북사』에서는 다음과 같이 기록하였다. "고, 각, 공후, 쟁, 우竽, 지, 적의 음악이 있다."[18]

〈사료 2〉는 백제 악무에 대한 내용이다. 『삼국사기』 편찬자들이 중국 사서인 『통전』 과 『북사北史』를 인용했는데, 『북사』에 백제 악기 7종 가운데 '우竽'라는 악기가 있다.

...

  一 堅箜篌一 琵琶一 五絃一 義觜笛一 笙一 橫笛一 簫一 小篳篥一 大篳篥一 桃皮篳篥一 腰鼓一 齋鼓一 擔鼓一 唄一 大唐武太后時 尙二十五曲 今唯能習一曲 衣服亦寢衰敗 失其本風". 『三國史記』 卷32, 11b5-12a4. 『譯註三國史記』, 성남: 한국정신문화연구원, 1997, 561~571쪽.
16 이 책은 당대의 법령·개원례(開元禮: 玄宗 때의 禮制) 등의 자료를 참조하여, 식화(食貨: 經濟)·선거(選擧: 官吏登用)·직관(職官)·예(禮)·악(樂)·병(兵)·형(刑)·주군(州郡)·변방(邊防)의 각 부문으로 나누어 종합한 책이다.
17 『舊唐書』 卷29, 10b3-11a5.
18 百濟樂 『通典』云 "百濟樂 中宗之代 工人死散 開元中 岐王範爲太常卿 復奏置之 是以音伎多闕 舞者二人 紫大袖 裙襦 章甫冠 皮履 樂之存者 箏·笛·桃皮篳篥·箜篌 樂器之屬 多同於內地" 『北史』云 "有鼓·角·箜篌·箏· 竽·篪·笛之樂". 『三國史記』 卷32, 12a7-b2, 『譯註三國史記』, 성남: 한국정신문화연구원, 1997, 561~571쪽.

앞의 〈그림 1〉에서 생과 우를 비교해 보면, 관수는 17관으로 같지만 규모면에서 생笙의 관보다 우竽의 관 길이가 전반적으로 길다. 부리 길이도 우가 4푼 더 길고, 17관을 꽂는 박의 지름도 우가 2푼 더 길다. 이렇게 악기 규모가 생보다 우가 큰 점은 우의 소리가 생보다 저음이고 웅장한 악기임을 시사한다.

결국 『삼국사기』에 인용된 내용을 보면, 고구려의 경우 '생'이란 관악기를 사용하였고, 백제는 '우'라는 악기를 이용하였다. 생笙과 우竽는 명칭은 다르지만 서로 같은 계통의 관악기임을 알 수 있다.

그러면 신라는 어떤 악기를 사용했을까.

3) 신라의 우인竽引

신라의 경우 『삼국사기』 잡지에 "신라악에는 삼현·삼죽·박판·대고"라 했고, 이 악기의 형성 시기를 삼국통일 이후로 보기[19] 때문에 통일 이전 신라시대 때 생笙 혹은 우竽의 사용 여부에 관해 지금까지 주목하지 않았다.

그런데 『삼국사기』 잡지 악조를 보면, '우竽'와 관련된 내용이 있어 주목을 끈다.

〈사료 3〉 회악과 신열악은 유리왕 때 지은 것이고, 돌아악은 탈해왕 때 지은 것이고, 지아악은 파사왕 때 지은 것이고, 사내악(사내는 시뇌라고도 썼다)은 나해왕 때 지은 것이고, 笳舞는 나밀왕 때 지은 것이고, 憂息樂은 눌지왕 때 지은 것이고, 碓樂은 자비왕 때의 사람인 백결선생이 지은 것이고, **竽引은 지대로왕 때의 사람인 천상욱개자가 지은 것이고, 美知樂은 법흥왕 때 지은 것이고**, 徒領歌는 진흥왕 때 지은 것이고, 사내기물악은 원랑도가 지은 것이었다.[20]

---

19 宋芳松, 「新羅 中代 鄕樂器의 受容問題: 考古學資料를 中心으로」, 『民族文化研究』 제8집, 서울: 高大 民族文化研究所, 1984, 205~240쪽. 이 논문은 宋芳松의 『韓國古代音樂史研究』, 서울: 一志社, 1985, 54~76쪽에 수록됨. 내가 참고한 논문은 『韓國古代音樂史研究』에 수록된 것임.
20 『三國史記』卷32, 10a1-7.

〈사료 3〉에서 주목할 부분은 '우인竽引'이다. '우竽'는 〈사료 2〉에서 봤지만, 백제에서 사용한 관악기의 하나이며, '인引'은 고구려의 악곡 '공후인箜篌引'처럼 공후를 '잡다' 또는 '끌어안다'는 뜻을 지녔다. 그러므로 '우인'은 '우竽'라는 악기를 '끌어안다'는 뜻으로 해석할 수 있다. 즉 '우인竽引'은 관악기 '우竽'와 관련된 악곡으로 풀이할 수 있고, 이 곡이 지대로왕 즉 지증왕(500~514) 때 사람 천상욱개자天上郁皆子란 사람이 지은 곡이라 하니, 통일신라 이전에 지은 곡임을 시사한다. 그렇다면 신라인들도 고구려와 백제처럼 통일 이전 시대에 '우竽'라는 관악기를 사용했다는 해석이 가능하다.

정리하면, 삼국시대 때 고구려 악기로는 '생笙'이 있었고, 백제와 신라에서는 '우竽'라는 관악기가 있었다. 특히 신라의 경우 5~6세기 인물인 천상욱개자가 지은 '우인竽引'이라는 곡은 지증왕(500~514) 시대를 대표하는 악곡이었다. 이것은 고구려와 백제뿐만 아니라 신라에서도 생 종류의 관악기가 연주되었음을 시사한다. 그런데 통일신라 이후에는 우竽에 대한 기록은 더 이상 나타나지 않고, 우竽 대신 '생笙'이란 명칭이 등장한다.

4) 통일신라의 생笙

『삼국유사』의 '처용랑處容郞 망해사望海寺'와 '분황사芬皇寺 천수대비千手大悲 맹아득안盲兒得眼' 조를 보면, 생笙 관련 기록이 있다.[21]

〈사료 4〉 경덕왕 때 찬미하는 시에 이른다
죽마타고 총(풀피리)과 笙을 불며 길거리에서 놀더니
그만 하루 아침에 두 눈을 잃었네
보살님의 자비로운 보살핌이 없었던들

---

21 김성혜, 「『三國遺事』의 악기관련기사 검토」, 『慶州文化』 제5호, 경주: 경주문화원, 1999, 186~188쪽 및 『삼국시대음악사연구』, 서울: 민속원, 2009, 245~247쪽.

버들꽃 피는 좋은 봄 헛되이 보낼 것을²²

〈사료 5〉 제45대 헌강대왕 시대에 서울로부터 동해에 이르기까지 집들이 총총 늘어섰지마는 초가집 한 채를 볼 수 없었고, 笙과 노래소리 길거리에서 그치지 않았으며, 풍우마저 사철에 순조로웠다.²³

〈사료 4〉는 '분황사 천수대비 맹아득안' 조의 내용이다. 경덕왕(742~764) 때 한기리漢歧里의 여자 희명希明의 아이가 다섯 살에 갑자기 시력을 잃어, 그 어머니가 분황사芬皇寺 천수대비千手大悲 앞에서 빌어서 다시 눈을 회복하게 되었다는 이야기이다. 이 이야기를 찬미하는 시의 첫 구절에 "죽마타고 총葱(풀피리)과 생笙을 불며 길거리에서 놀더니"라고 표현되었다. 당시 생笙의 크기와 구조에 대해서는 자세히 알 수 없으나, 다섯 살 아이가 가지고 놀 정도였다면, 대체로 작은 크기의 관악기일 가능성이 크다. 총은 글자 뜻으로 볼 때, 풀피리의 일종으로 추측된다.

한편, 이 시구의 '총생'은 실제 악기를 지칭하기보다 풀피리 종류의 악기를 범칭하는 의미로 이해할 수도 있다. 그 이유는 5세 어린 아이가 생이란 관악기를 직접 연주했다고 보기 어렵기 때문이다.

〈사료 5〉는 '처용랑 망해사' 조의 내용이다. 헌강왕(875~885) 당시 왕도王都였던 경주에서부터 동해에 이르기까지 기와집들이 총총 늘어섰으며, 길거리에는 '생笙과 노래소리 그치지 않았으며'라고 하였다. 이때 '생笙'은 『악학궤범』에 제시된 그림처럼 관대를 여러 개 꽂아 부는 생笙 종류의 악기로 보인다. 이렇듯 생이 길거리에서 노래소리와 함께 그치지 않았으므로, 당시 악기 생은 신라인들이 애호하던 관악기 가운데 하나이며, 노래반주로도 연주되었을 가능성이 있다.

---

22 〈芬皇寺 千手大悲 盲兒得眼〉 讚曰 竹馬葱笙戲陌塵 一朝雙碧失瞳人 不因大士廻慈眼 虛度楊花幾社春. 『三國遺事』, 卷3.28b5-6. 리상호 옮김, 『新編三國遺事』, 서울: 신서원, 1994, 267쪽.
23 〈處容郞 望海寺〉 第四十九 憲康大王之代 自京師至於海內 比屋連墻 無一草屋 笙歌不絶道路 風雨調於四時. 『三國遺事』, 卷2.17b3-4. 위의 책, 145쪽.

이상으로 문헌기록의 '생笙' 혹은 '우竽' 관련 기록을 간략하게 정리하면, 〈표 1〉과 같다.

〈표 1〉 생·우 관련 문헌기록

구분	나라	시기	문헌 내용	출처	비고
삼국시대	고구려	627년 이전	탄쟁1, 추쟁1, 와공후1, 수공후1, 비파1, 의취적1, 생(笙)1, 소1, 소피리1, 대피리1, 도피피리1, 요고1, 제고1, 담고1, 패1	『구당서』 당 정관(627~649) 때 고려기의 악기편성	생(笙)
	백제	627년 이전	고, 각, 공후, 쟁, 우(竽), 지, 적	『수서』(636, 위징 편찬) 『북사』(627~647, 이연수 편찬)	우(竽)
	신라	지증왕 (500~514)	우인(竽引)은 천상욱개자가 지은 곡	『삼국사기』	우(竽)
통일신라		경덕왕 (742~764)	죽마타고 총(葱)과 생(笙)을 불며 길거리에서 놀더니	『삼국유사』	생(笙)
		헌강왕 (875~885)	경주에서 동해에 이르기까지 기와집이 총총 늘어섰으며, 길거리에는 생(笙)과 노래소리 그치지 않았다.	『삼국유사』	생(笙)

문헌에 기록된 악기 명칭만을 보면, 삼국시대 때 신라는 백제처럼 '우'라는 악기를 사용하였고, 통일 이후에는 고구려처럼 '생'이라는 악기를 이용하였다. 물론 같은 계통의 악기지만, 신라가 통일 이전 시기에 '우竽'라는 명칭을 사용한 점은 고구려보다 백제 음악문화의 영향을 많이 받았기 때문으로 해석할 수 있고, 통일 이후 '생'을 사용한 점은 고구려 음악 문화의 영향을 적극적으로 수용한 결과로 이해할 수 있다.

이처럼 문헌 기록을 통해 신라 사회에서도 통일 이전과 이후에 우竽와 생笙의 연주가 행해졌던 사실을 확인할 수 있다. 그러나 문헌 기록에서는 우와 생의 악기 형태를 알 수 없고, 생소병주에 관한 근거도 찾을 수 없다. 이러한 난제는 현전하는 고대 기와 유물로 실마리를 풀 수 있다.

2. 기와 속의 생소병주

기와瓦는 건물의 지붕에 비와 바람 같은 자연 환경이나 외부의 위험을 막아주는 구실을 하기 위하여 흙을 구워 단단하게 만든 작은 물건이다. 나무나 돌·금속 등으로 만들기도 하지만 보편적으로 기와라 하면 흙을 재료로 한다. 양질의 점토를 재료로 제작틀(와범)을 사용하여 일정한 모양으로 만든 다음에 가마에서 높은 온도로 구워서 제작한다. 이렇듯 기와는 일반적으로 건물의 지붕에 사용하므로 건축자재의 일종이다.[24]

원래 지붕에는 이엉이나 볏짚 그리고 나무껍질 같은 식물성 재료를 사용했을 것으로 간주되나, 내구력耐久力이 약하여 자주 고쳐 이어야 하기 때문에 방수성防水性이나 강도强度가 높은 반영구적半永久的인 점토소성품粘土燒成品으로써 기와가 출현하게 되었다.[25]

기와는 한반도에서 낙랑시대부터 출현하기 때문에 그 유래를 중국으로 본다. 아울러 기원전 2~1세기경에 한반도 북부지방에 제작되었기 때문에 사용 시기 또한 이때로 본다.[26] 『삼국사기』 신라본기를 보면, 지마이사금 11년(122)에 "큰 바람이 불어 나무가 부러지고 기와가 날아갔다"는 기록이 등장한다.[27] 백제본기에도 비유왕 3년(429)에 "큰 바람이 기와를 날렸다"는 내용이 있다.[28] 그러므로 삼국시대 각국마다 기와를 제작하여 건축부재로 사용했음을 알 수 있다. 이와 같은 문헌 기록 외에 삼국시대 사용한 고구려·백제·신라의 기와가 유물로 전하기 때문에 한반도에서 기와의 사용은 삼국시대 혹은 그 이전부터 비롯되었음이 분명하다.

이러한 기와는 지붕에 사용되는 위치에 따라 그 모양이나 명칭이 각각 다르고 종류

---

24 문명대, 「우리나라의 기와」, 『불교미술』 9집, 서울: 동국대학교박물관, 1988, 182쪽.
25 金誠龜, 「瓦塼」, 『韓國考古學美術史要解』, 서울: 國立中央博物館, 1983, 58쪽.
26 김성구, 「신라기와의 성립과 그 변천」, 『신라와전』, 430쪽.
27 『三國史記』 卷1, 16a3.
28 『三國史記』 卷25, 6a4.

도 매우 다양하다. 신라의 기와는 사용처와 형태에 따라 기본기와·막새기와·서까래기와·마루기와·특수기와로 구분된다.[29]

　기본기와는 지붕의 기왓등과 기왓골을 형성하는 둥근형의 '수키와'와 평평한 모양의 '암키와'를 일컫는다. 지붕의 전반을 기본기와로 덮어서 눈과 빗물의 누수를 방지한다.

　막새기와는 기본기와의 끝 부분을 막는 기와이다. 따라서 수키와를 막는 것은 '수막새'이고, 암키와를 막는 것은 '암막새'이다. 그 외 모서리를 막는 '모서리 암막새'도 있으며, 지붕의 외곽을 장식하는 마루의 끝막음을 위한 '곱새기와'도 있다. 수막새·암막새·모서리암막새·곱새기와의 위치를 그림으로 나타낸 것이 〈그림 2〉이다.[30]

　〈그림 2〉를 보면, 수막새는 원형이며, 문양이 있다. 암막새는 타원의 사각형이며 문양이 있고, 모서리 암막새도 사다리꼴 형이며 역시 문양이 있다. 곱새기와의 경우 끝은 원형인데 등이 굽어서 이름이 곱새기와이다. 이처럼 막새기와는 부위별로 형태와 쓰임 및 명칭이 다르지만 표면에 문양이 조각된 점이 공통적이다. 특히 암막새와 모서리암막새에 생과 단소류의 관악기 2중주 주악상이 있어 눈길을 끈다.

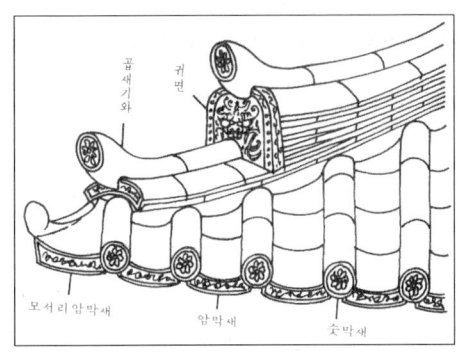

〈그림 2〉 막새기와의 종류와 용처

　기와 암막새에 '생소병주' 형태의 문양이 새겨진 유물은 일제강점기 때 일본인이 출판한 『新羅古瓦の研究』[31]와 1976년 김동현 외 4명이 편찬한 『신라의 기와』[32] 및 『고선사지발굴조사보고서』[33]에도 등장한다. 그리고 『일본소재 문화재 도록』[34]과 2000년

29　김성구, 「기와의 종류」, 『옛기와』, 서울: 대원사, 1992, 10~43쪽.
30　김동현 외, 『신라의 기와』, 서울: 동산문화사, 1976, 363쪽.
31　『新羅古瓦の研究』, 京都: 京都帝國大學, 1934.
32　김동현 외, 『신라의 기와』, 서울: 동산문화사, 1976.

국립경주박물관에서 개최한 '신라와전新羅瓦塼' 특별전 때도 소개된 바 있다.[35] 그리고 유창종柳昌宗이 기증한 유물 중에도 1점이 있으며,[36] 2005년 경북대학교박물관에서 개최한 '우리악기 보고듣기' 특별전 때도 2점이 공개되었다.[37] 이와 같이 생소병주 문양의 암막새는 지금까지 약 13점의 유물이 공개되었는데, 출토지가 분명한 것과 그렇지 않은 것을 구별하여 살펴보도록 하겠다. 출토지가 분명한 유물의 경우 유물의 제작 및 사용 시기를 유추할 수 있으며, 이것으로 생소병주의 연원을 추적할 수 있기 때문이다.

암막새의 출토지가 분명한 곳은 황성사지皇聖寺址, 고선사지高仙寺址, 창림사지昌林寺址, 사천왕사지四天王寺址, 보문사지普門寺址이며, 그 이외의 것은 미상이다.

1) 황성사지

황성사지皇聖寺址란 명칭은 『신라고와의 연구』에 제시된 것이다. 『신라고와의 연구』는 1934년 경도제국京都帝國대학 문학부 고고학 연구보고 제13책으로 간행된 책이다. 하마다 코오사쿠濱田耕作와 우메하라

〈그림 3〉 『신라고와의 연구』 도판 35 황성사지

스에지梅原末治가 일제강점기 때 경주를 중심으로 주변 지역에서 수습한 신라 기와와 전돌을 집대성하여 도면과 함께 소개한 책자다. 이 책의 도판 35에 아래와 같이 도면과 명칭이 제시되었다.[38]

---

33 『高仙寺址發掘調査報告書』, 경주: 문화재관리국 경주사적관리사무소, 1977.
34 『日本所在文化財圖錄』, 서울: 국립문화재연구소, 1995.
35 『신라와전』, 경주: 국립경주박물관, 2000.
36 『國立中央博物館寄贈遺物: 柳昌宗 寄贈』, 서울: 국립중앙박물관, 2007.
37 『우리악기 보고듣기』, 대구: 경북대학교박물관, 2005.
38 『新羅古瓦の研究』, 京都: 京都帝國大學, 1934, 도판 35. 이 책은 쪽수가 없기 때문에 도판 번호를 제시하며, 이하 같다.

〈그림 3〉에 제시된 '황성사지皇聖寺址'는 유물의 수습지를 명시한 것으로 이해된다. 그런데 경주에는 신라시대에 황룡사皇龍寺는 있으나, 황성사皇聖寺란 사찰명은 기록에 없다. 따라서 황성사지는 황룡사지의 오기誤記로 짐작된다. 이 자료는 1969년에 이홍직李弘稙의 "한국고대 악기도상 과안록"[39]이란 글을 통해 음악학계에 소개되었는데, 이 글에서 이홍직은 『신라고와의 연구』에 언급된 '황성사지皇聖寺址'를 '황룡사지皇龍寺址'로 수정하여 소개하였다. 따라서 연구자 역시 이 글에서 황성사지를 황룡사지로 수정하여 칭하도록 하겠다.

〈그림 3〉은 유물의 탁본이기 때문에 문양이 선명하지 않다. 암막새 아래 위의 끝부분은 구슬무늬가 일렬로 배열되었다. 좌측의 천인은 양손으로 두 가닥의 막대류를 잡았고, 우측의 천인도 세로로 막대를 잡았는데 유물을 보면 오늘날의 단소와 같은 관악기이다. 유물을 보면, 암막새 중앙에 구름 문양이 있고 양쪽에 천인天人이 서로 마주보면서 천의天衣를 휘날리는데 이들이 생황과 단소류의 관악기 2중주를 연주한다. 〈그림 3〉만 보면 우측의 악기가 생황임을 단정하기는 어려우나 이는 다음 항인 고선사지 유물에서 밝혀질 것이다.

2) 고선사지

고선사高仙寺는 원효대사元曉大師가 주석駐錫한 통일신라시대 사찰로서 경주시 암곡동 1020번지 일대의 사지寺地에는 거대한 삼층석탑과 귀부龜趺 및 초석礎石 등 다양한 유구가 남아 있었으나 1970년대 덕동댐 건설로 수몰이 불가피하였다.

따라서 1975년 사지寺址의 발굴조사를 실시하였으며 삼층석탑, 귀부 및 초석 등의 유구들을 국립경주박물관 남쪽의 정원으로 이건하였다. 이곳에서 출토된 생소병주형 암

---

[39] 李弘稙, 「韓國 古代 樂器圖象 過眼錄」, 『李惠求博士頌壽紀念 音樂學論叢』, 서울: 사단법인 한국국악학회, 1969, 169~202쪽. 이후 장사훈(張師勛)은 『한국악기대관』을 편찬할 때 이를 도판으로 실었으며, 1983년 임영주(林永周)도 『한국문양사』를 편찬할 때 이를 모두 소개하였다. 張師勛, 『韓國樂器大觀』, 서울: 서울대학교 출판부, 1986, 도판 26과 32; 林永周, 『한국문양사: 한국 미술 양식의 흐름』, 서울: 미진사, 1983, 520쪽.

막새는 모두 5점에 이른다. 1934년 『신라고와의 연구』에 2점, 1976년 『신라의 기와』에 1점, 1977년 『고선사지발굴조사보고서』에 1점, 2000년 『신라와전』에 1점이 각각 공개되었다.

(1) 『신라고와의 연구』

이 책에 소개된 고선사지 암막새는 〈그림 4〉와 〈그림 5〉이다. 문양은 앞에서 살펴본 황룡사지 암막새와 거의 같다.

〈그림 4〉
『신라고와의 연구』 도판 35의 고선사지 암막새

〈그림 5〉
『신라고와의 연구』 도판 58의 고선사지 암막새

〈그림 4〉는 암막새의 우측 부분이 결실된 상태인데, 〈그림 5〉는 좌우가 온전하다. 그리고 〈그림 4〉의 경우 고선사지 아래의 괄호 속에 '광성씨光成氏'라 명시한 것은 소장자를 표시한 것으로 보인다. 〈그림 5〉에서 고선사지 아래 괄호 속에 명시된 '인왕리폐사仁旺里廢寺, 사천왕사지四天王寺址, 창림사지昌林寺址'는 고선사지에서 수습한 〈그림 5〉와 같은 암막새 형태를 괄호 속에 명시한 세 군데에서도 수습한 사례가 있음을 의미한다. 왜냐하면, 『신라고와의 연구』의 도판 35는 〈그림 4〉처럼 1점만 소개된 것이 아니라 〈그림 3〉의 황성사지와 후술할 〈그림 9〉의 창림사지 및 〈그림 10〉의 사천왕사지와 함께 제시되었기 때문이다. 한편, 인왕리 폐사 암막새 편의 경우 주악 천인의 도상이 상당부분 결실되었기 때문에 생소병주형으로 간주하기 어렵다. 그래서 이 글에 포함시키지 않았다.

앞에서 살펴본 〈그림 3〉 및 〈그림 4〉와 〈그림 5〉는 모두 암막새를 탁본한 도면인 점이 공통적이다. 한편, 『신라의 기와』란 책에서는 실제 유물의 사진을 소개하였다.

(2) 『신라의 기와』

『신라의 기와』는 김동현金東賢·김주태金周泰·우병익禹炳益·정재훈鄭在鎭·허만하許萬夏·신영훈申榮勳이 국립중앙박물관과 경주·부여·공주박물관 및 각 대학박물관에 소장된 삼국시대와 통일신라시대 기와 및 전돌을 수집하여 사진 혹은 탁본과 함께 소개한 책이다. 이 책에 고선사지 암막새 1점의 사진이 나온다.

〈그림 6〉은 『신라의 기와』에 소개된 고선사지 암막새이다.[40] 사진 상태가 선명하지는 않으나 암막새 아래 위에 구슬무늬가 있으며, 가운데 구름 문양이 있고 양쪽의 천인이 마주보면서 관악기를 잡은 문양은 앞에서 살펴본 탁본과 같다.

〈그림 6〉 『신라의 기와』에 소개된 고선사지 암막새

고선사지 유물로 알려진 〈그림 4~6〉은 모두 일제강점기 때 구입했거나 수습된 유물인데 한계가 있다. 그런데 1975년 고선사지를 발굴할 때 〈그림 4~6〉과 같은 형태의 암막새가 출토되었다.

(3) 『고선사지발굴조사보고서』

이 보고서는 1975년에 경주 고선사지를 발굴한 뒤에 발굴조사 결과를 수록한 책이다.[41] 이 때 발굴된 유구를 수습하여 박물관에 보관했는데, 발굴보고서에 '생소병주형' 암막새 1점이 소개되었다.[42]

암막새의 아래 위는 구슬무늬로 장식되었고, 구름 문양을 사이에 두고 천인이 마주보며 관악기를 연주하는 모습은 앞에서 본 도상과 같다. 구름 문양 부분에 금이 있지

···

40 김동현 외, 『신라의 기와』, 112쪽.
41 『高仙寺址發掘調査報告書』, 경주: 문화재관리국 경주사적관리사무소, 1977.
42 위의 책, 186쪽.

만, 유물 상태는 전반적으로 양호하다.

〈그림 7〉의 암막새는 고선사 현장에서 직접 발굴된 기와인데 의미가 있다. 왜냐하면 앞에서 살펴본 같은 종류의 암막새는 경주 곳곳의 사찰지에서 수습된 것이지만, 〈그림 7〉의 암막새는 현장에서 출토된 것이므로 수습된 기와 역시

〈그림 7〉 고선사지 암막새

명시된 장소에 대한 신뢰성을 가질 수 있기 때문이다. 따라서 고선사지 이외 다른 곳에서 수습된 생소병주 형태의 암막새는 명시된 장소의 유물로 간주할 수 있다.

한편, 〈그림 7〉의 유물에 관하여 당시 보고서에는 "왼쪽 비천은 생황을, 오른쪽은 피리를 들고 있다"고 발표한 바 있다.[43] 이것은 당시 발굴조사 보고서의 작성자가 악기 관련 문헌에 의거하여 기술한 것이 아니라 관악기를 범칭하는 의미로 '피리'라 했을 가능성이 크다. 1977년 『고선사지발굴조사보고서』 간행 이후에 또 한 점의 유물이 『신라와전』에 공개되었다.

(4) 『신라와전』

『신라와전』은 국립경주박물관에서 2000년에 간행한 책인데, 신라시대 기와와 전돌을 집대성한 특별전 도록이다.

1975년 고선사지 발굴과정에서 수습된 것인지는 알 수 없으나, 국립경주박물관 소장의 고선사지 암막새이다. 이 유물은 2000년에 국립경주박물관에서 개최한 '신라와전' 특별전 때 일반인들에게 공개되었다.[44]

〈그림 8〉은 현재 너비 14.8cm이며, 높이 6.0cm, 두께 2.0cm이다. 『고선사지발굴보고서』의 〈그림 7〉과 비교했을 때 우측이 결실된 상태다. 그러나 앞에서 제시한

---

43 『高仙寺址發掘調査報告書』, 61쪽.
44 『신라와전』, 289쪽.

〈그림 3~7〉의 탁본에 드러나지 않았던 생
황의 취구吹口 부분이 선명하게 드러난 점
이 돋보인다. 천인天人의 몸은 우측을 향했
고, 여러 관이 꽂힌 생을 양손으로 잡았는
데, 생의 취구吹口가 천인의 입에 닿은 곡
선이 뚜렷하다. 따라서 암막새 좌측의 천

〈그림 8〉 고선사지 암막새

인이 양손으로 잡은 두 가닥의 물체가 관악기 생황임을 확인할 수 있다.

3) 창림사지

창림사지昌林寺址는 경주시 배동 남산 기슭에 있었던 신라시대 사찰이다. 현재 창림
사터에는 절은 없고 삼층석탑과 쌍귀
부 등의 유물만 남아 있다. 신라의 서
예가 김생金生이 창림사비昌林寺碑에 글
을 썼다는 기록으로 추정컨대 그가
활약했던 원성왕 7년(791) 이전에 세
워졌을 것으로 본다. 이곳에서 수습
된 암막새가 바로 〈그림 9〉이다.

〈그림 9〉 창림사지 암막새

이 유물은 1934년 『신라고와의 연구』 도판 35에 소개된 것인데, 우측 끝에 '창림사
지昌林寺址'라 명시되었다. 유물의 우측 끝부분이 결실된 상태이다. 그러나 구름 문양
을 사이에 두고 좌우측 천인이 마주보며 생소를 연주하는 모습은 앞에서 살펴본 다른
암막새와 같다. 다음은 사천왕사지에서 출토된 암막새를 보도록 하겠다.

4) 사천왕사지

사천왕사지四天王寺址는 경주시 배반동에 있는 신라시대 절터이다. 679년(문무왕 19)에

당나라의 침략을 막기 위해 지어졌지만, 지금은 건물 초석과 강당지·금당지 등만 남아 있다. 이곳에서 수습된 생소병주형 암막새는 2점이 전한다. 하나는 『신라고와의 연구』에 소개되었고, 다른 하나는 『일본소재문화재도록』에 공개되었다.

〈그림 10〉은 『신라고와의 연구』에 소개된 것인데, 우측 끝에 '사천왕사지'란 기록이 있다. 좌측 절반이 결실되었고, 우측 끝부분도 결손되어 전체의 1/4만 남은 상태이다. 비록 1/4 정도 남았지만, 천인이 새로 부는 관악기를 양손에 잡았고 천의 자락을 허공에 날리는 형상은 앞에서 살펴본 생소병주형 암막새와 같다.

그리고 〈그림 11〉은 『일본소재문화재도록』에 소개된 암막새이다.[45] 이 책은 1992년과 1994년 일본에 흩어져 있는 우리 문화재의 소재와 실태를 파악한 자료를 수록한 도록이다. 특히 북구주시립北九州市立 고고박물관 소장의 와전 79점이 소개되었는데, 이 가운데 사천왕사지 비천문암막새 1점이 포함되어 있다. 당시 도록에는 '비천문 암막새'로 소개되었으나, 앞의 〈그림 8〉 고선사지 암막새처럼 생을 연주하는 천인의 모습이다. 우측이 결손되었으나 〈그림 5~7〉처럼 관악기를 연주하는 비천 형태의 암막새임이 분명하다.

〈그림 10〉 『신라고와의 연구』 도판 34

〈그림 11〉 『일본소재문화재도록』

---

45 『日本所在文化財圖錄』, 1995, 40쪽.

5) 보문사지

경주 보문사지普門寺址는 경주 도심에서 남동쪽으로 명활산성明活山城과 경주 낭산狼山 사이의 들판에 위치하고 있다. 이곳은 신라를 건국한 연맹체였던 신라 6촌 중 명활산 아래에 위치했다고 전해지는 명활산 고야촌高耶村이 있던 마을이다. 신라가 6촌을 6부로 개편할 때 습비부習比部가 되면서 설薛씨 성姓을 받은 지역이다. 이곳에 위치한 보문사지는 통일신라시대 조성된 사찰로 추정한다. 절터에는 지금도 거대한 통돌로 제작된 '보문사지석조(보물 64호)'가 그대로 있으며, 당간지주와 초석, 석등 부재 등이 절터에 남아 있고, 금당지와 목탑지가 현존하고 있다. '보문普門'이라고 새겨진 기와가 출토되어 절 이름이 '보문사普門寺'였음을 확인할 수 있다. 이 사찰의 건립 연대는 알 수 없으나 신라 경문왕 11년(871) 8월 12일에 황룡사 9층탑을 중수하면서 넣었던 황룡사 찰주본기에 보문사 스님이 참석하였다는 기록이 있는 것으로 봐서 871년 이전부터 존재했던 사찰임을 알 수 있다.

이곳의 암막새 1점이『신라의 기와』에 공개되었다.[46]

〈그림 12〉 보문사지 암막새

〈그림 12〉의 기와에 조각된 문양은 앞에서 살펴본 것과 마찬가지로 '생소병주' 형태이다.

6) 출토지 미상의 암막새

생소병주형 암막새인데, 출토지 미상인 유물로 3점이 전한다. 2점은 경북대학교박물관 소장 유물이고, 1점은 유창종이 소장했다가 국립중앙박물관에 기증한 유물이다.

---

46 김동현 외,『신라의 기와』, 127쪽.

(1) 경북대학교박물관 소장 유물

〈그림 13과 14〉는 경북대학교박물관에 소장된 것인데, 2005년 '우리악기 보고듣기'란 제목의 특별전 때 공개되었다. 〈그림 13〉은 구름 문양을 중심으로 천인이 마주보며 생과 단소류의 관악기를 연주하는 모습이다. 〈그림 14〉는 양쪽 모두 결손되었으나 앞에서 살펴본 고선사지나 보문사지 암막새와 같은 형태였음을 짐작할 수 있다. 이 유물 역시 천인이 관악기 생을 연주하는 모습의 도상이며, 생의 취구 부분이 선명하기 때문에 '생소병주'형 암막새로 판단된다.

〈그림 13〉 경북대박물관 소장 암막새 1   〈그림 14〉 경북대박물관 소장 암막새 2

(2) 유창종 기증 암막새

〈그림 15〉는 유창종柳昌宗(1945년 7월 15일 충남 당진 출생)이란 분이 기증한 유물이다. 그는 평생 법조인으로 활동한 분이다. 1978년 충주지청 검사로 부임한 이후부터 와당을 수집했는데, 2002년 국립중앙박물관에 기와와 전돌 1,875점을 기증하였다. 당시 기증한 유물을 모아서 『국립중앙박물관기증유물: 유창종 기증』을 출판했는데, 여기에 통일신라 암막새 가운데

〈그림 15〉 유창종 기증 암막새 편

1점이 바로 〈그림 15〉이다.[47] 이 암막새는 '신라와전' 특별전 때 전시된 〈그림 8〉의 고선사지 암막새와도 매우 닮았다.

이와 같이 〈그림 13~15〉는 출토지가 분명하지 않다. 그러나 앞에서 살펴봤듯이 황룡사지나 고선사지, 창림사지, 사천왕사지, 보문사지 등 경주 일원의 사찰에서 사용되었던 유물일 가능성이 크다. 어쩌면 같은 시대 같은 장소에 사용되었던 암막새일 가능성도 있다. 유창종 기증의 〈그림 15〉 역시 생의 취구 부분이 선명하게 드러난다.

지금까지 살펴본 생소병주형 암막새 유물을 출토지 혹은 수습지를 구분하여 정리하면 〈표 2〉가 된다.

〈표 2〉 생소병주 신라 기와의 출토지와 출처

출토지	유물 수	그림번호	악기구분	출처
황룡사지	1	3	생, 소	『신라고와의 연구』 도 35
고선사지	5	4	생	『신라고와의 연구』 도 35
		5	생, 소	『신라고와의 연구』 도 58
		6	생, 소	『신라의 기와』
		7	생, 소	『고선사지발굴조사보고서』, 186쪽
		8	생	『신라와전』, 289쪽
창림사지	1	9	생, 소	『신라고와의 연구』 도 35
사천왕사지	2	10	소	『신라고와의 연구』 도 35
		11	생	『일본소재문화재도록』, 40쪽
보문사지	1	12	생, 소	『신라의 기와』, 127쪽
미상(경북대소장)	2	13	생, 소	『우리악기 보고듣기』, 45쪽
		14	생	『우리악기 보고듣기』, 45쪽
미상(기증품)	1	15	생	『유창종 기증』, 96쪽
합계	13점			

---

47 『國立中央博物館寄贈遺物: 柳昌宗 寄贈』, 서울: 국립중앙박물관, 2007, 178쪽. 유창종에 관한 내용은 「유창종 선생의 와전 수집과 기증」(376~379쪽)을 참고하였다.

생소병주형 암막새를 종합하면 모두 13점에 이른다. 유물의 상태가 온전한 것도 있지만 양쪽 귀퉁이가 결실된 것, 또는 좌측만 있기도 하고 우측만 있기도 하다. 유물의 출토지 혹은 수습지가 밝혀진 것도 있고, 미상인 것도 있다.

유물의 현존 상태를 보면, 두 천인의 소조가 모두 남아 있는 경우 혹은 좌측만 있는 경우와 우측만 있는 경우가 있다. 좌측 혹은 우측만 남은 유물의 도상은 양쪽이 온전한 암막새가 있으므로 결실된 부분의 모양이 무엇인지 파악할 수 있다.

〈표 2〉에서 신라기와 주악상 암막새기와의 출토지가 밝혀진 것은 10점인데, 황룡사지皇龍寺址·고선사지高仙寺址·창림사지昌林寺址·사천왕사지四天王寺址·보문사지普門寺址[48] 등이다.

3. 생소병주형 암막새의 제작시기

생소병주형 암막새가 언제 제작된 것인지를 알면, 암막새에 시문된 생소병주 형태의 연주가 언제 시행되었는지 알 수 있다.

먼저 암막새의 출토지를 종합해 보면, 13점의 암막새 가운데 10점이 경주의 황룡사지, 고선사지, 창림사지, 사천왕사지, 보문사지에서 출토되었다. 황룡사지는 경주 구황동에 위치하고, 고선사지는 경주 암곡동에 위치했는데, 현재 경주 덕동댐 건설 이후 수몰된 상태이다. 창림사지는 경주 남산 서록에 위치한다. 사천왕사지는 낭산의 남록에 있고, 보문사지는 낭산 동쪽의 보문평야에 위치한다.

황룡사는 진흥왕 14년(553)에 짓기 시작하여 17년 후인 진흥왕 30년(569)에 사찰의 건물 배치가 완료되었고, 이후 진지왕, 진평왕, 선덕여왕 14년(645)에 9층목탑이 완성될 때까지 4대왕 93년에 걸쳐 국가적으로 조성된 대사찰이다. 고선사는 통일신라시대

---

[48] 『新羅古瓦の研究』에 언급된 '보문사지'는 경주시 보문동에 위치한 '보문리 사지'를 일컫는다. 대전의 고려시대 사찰인 보문사지와 별개의 것이다.

사찰로서 원효대사가 주석한 사찰이다. 사천왕사는 문무왕 19년(679)에 선덕여왕릉의 남쪽에 건립되었고, 창림사는 탑 안에서 발견된 '무구정탑원기'에 따르면 탑이 통일신라 문성왕 때인 855년에 조성되었으므로 통일신라시대의 사찰이다. 보문사지는 황룡사 찰주본기의 기록에 따라 최소 871년 이전부터 존재했던 통일신라시대의 사찰임을 알 수 있다.

따라서 이러한 곳에서 출토된 암막새기와는 통일신라시대의 기와로 간주할 수 있다. 실제로 이 유물을 수록한 책 예컨대 『신라고와의 연구』 혹은 『신라기와』 『신라와전』 등은 한결같이 신라시대 기와로 간주한다.

윤경렬尹京烈이 쓴 『기와무늬 이야기』를 보면, 신라 막새무늬를 시기별로 특징을 구분했는데 보상화寶相花, 인동당초忍冬唐草 외에 용龍, 기린麒麟, 비천飛天 등의 문양이 새겨진 것을 신라 쇠퇴기로 편년하였다.[49] 쇠퇴기는 선덕왕이 즉위한 780년부터 경순왕이 고려 왕건에게 나라를 양도하는 935년까지 155년간을 뜻한다.

그리고 고대부터 조선시대까지 암막새의 형태 변화를 고찰한 박홍국朴洪國도 암막새에 보상당초, 인동당초문을 주류로 하는 식물문과 기린, 사슴, 새, 용, 비천 등의 동물문이 시문된 것을 통일신라시대 암막새로 분류하였다.[50] 김성구金誠龜 역시 "통일신라시대의 와전 연구"에서 고선사지에서 출토된 암막새를 통일신라시대 독자적인 와당형으로 간주하였다.[51] 국립경주박물관측에서도 고선사지에서 출토된 〈그림 8〉을 '통일신라' 유물로 간주하였다.[52] 특히, 『일본소재한국문화재』에 소개된 고선사지 암막새의 경우 8세기 말로 편년하여[53] 제작시기를 더욱 구체적으로 제시하였다.

요컨대, 경주 일원의 사찰지에서 출토되거나 수습된 생소병주형 암막새의 제작시기를 넓게는 통일신라시대이며, 좀 더 좁게 보면 7~9세기로 볼 수 있다.

...
49 윤경렬, 「기와무늬 이야기」, 『어린이향토학교 교본』 제15집, 경주: 어린이 향토학교 뒷받침회, 1974, 140~149쪽.
50 박홍국, 「암막새(平瓦當)의 형태변화」, 『始林』 제2집, 경주: 동국대학교 경주대학 총학생회, 1982, 122~124쪽.
51 김성구, 「통일신라시대의 와전 연구」, 『考古美術』 162·163호, 서울: 고고미술사학회, 1984, 185~186쪽.
52 『신라와전』, 289쪽.
53 『日本所在文化財圖錄』, 40쪽.

4. 생소병주의 연원은
신라다

이 글은 우리의 전통 관악기 가운데 현존하는 하나뿐인 화음악기 '생황笙簧'과 세로로 부는 관악기 단소短簫의 2중주인 '생소병주笙簫竝奏' 형태의 연주가 언제부터 비롯된 것일까 하는 의문으로 시작되었다. 이를 위하여 기본적으로 문헌기록을 검토하였고, 다음으로 통일신라시대 음악고고학 자료를 탐색하였다.

문헌에 나타나는 생황은 삼국시대 때부터 존재하였으나, 지금까지 생황에 대한 연구는 주로 조선 후기와 일제강점기 생황의 악보와 연주법 그리고 민간의 생황 문화에 집중되어 있었다. 따라서 고대의 생황에 관한 연구와 오늘날 연주되고 있는 생소병주형의 연주가 언제부터 비롯된 것인지에 대해서는 본격적인 연구가 시도되지 않았다.

신라의 경우 문헌상으로 지증왕(500~514) 대의 인물인 천상욱개자天上郁皆子가 지은 '우인竽引'은 우竽라는 관악기와 관련된 가장 오래된 악곡이며, 7세기에 이미 고구려, 백제, 신라의 삼국이 모두 사용하고 있었던 악기였다.

서로 같은 계통의 관악기였으나 명칭은 약간의 차이가 있었는데, 고구려는 '생笙', 백제는 '우竽'라는 악기명을 사용하였다. 신라의 경우는 통일 이전에는 '우竽'라는 명칭을, 통일 이후에는 '생笙'이라는 명칭을 사용하였다. 이는 음악적으로 신라는 통일 이전에는 백제 음악 문화와 밀접했는데, 통일 이후에는 고구려 음악의 영향을 받은 결과로 이해할 수 있다.

또한 적어도 통일신라시대에는 이미 생소병주형의 연주가 있었다는 점을 보여주는 고고학 자료 13점이 있는데, 그 중에서 근거가 확실한 10점은 7~9세기에 창건된 황룡사지皇龍寺址·사천왕사지四天王寺址·고선사지高仙寺址·창림사지昌林寺址 등에서 발견된 신라 기와瓦이다. 각각 다른 장소에서 출토된 이들 기와의 문양들이 거의 동일한 생소병주 형태를 갖추고 있는 것으로 봤을 때 통일신라시대 즉, 7~9세기에 이미 생소병주가 존재했다는 것을 알 수 있다. 결론적으로 현존 생소병주형의 연원은 통일신라시대인 7~9세기로 볼 수 있다.

제3부

유물과 유적

1. 정창원의 신라금
2. 월지 출토 음악 자료
3. 경주 남산의 음악 유적

01.
정창원의 신라금

-
-
-

 2005년 12월 고령군이 주최하고 계명대학교 한국학연구원이 주관하는 제4회 대가야사 학술대회에서 나에게 주어진 주제는 한국 고대 현악기 발달사에서 가야금[1] 加耶琴[2]의 위치이다. 아마도 우리나라 고대 현악기 발달사에서 가야금이 차지하는 역사적 의의를 찾아보자는 의도인 듯하다. 고대 현악기사絃樂器史에서 가야금의 위치를 파악하고자 하는 것은 가야금의 역할과 당시의 구조 즉 6세기 초에 제작된[3] 초기 가야금의 구조를 의미하는 것으로 이해할 수 있다.

 지금까지 초기 가야금의 구조에 대한 그림이 제시된 문헌은 없다. 아울러 가야지역에서 출토된 유물에서조차 그 단서를 찾을 수 있는 것이 없다. 다만 가야금이 신라로

...

1 오늘날 '加耶琴'은 일반적으로 '가야금'으로 읽는다. 그러나 고대의 현악기 용어 가운데 '고'가 있으며, 이 용어 때문에 '玄琴'은 지금도 대부분 '거문고'로 읽는다. '加耶琴'의 경우 얼마 전까지만 해도 일반적으로 '가야고' 혹은 '가얏고'로 불렸는데, 지금은 그렇지 못한 듯하다. 가야고와 가얏고의 흔적은 무속의 노래가사에서 찾을 수 있다. 김헌선, 「필사본 무가 자료(굿거리책)」「서울 지역 배경재의 말미」, 『한국고전문학전집18: 일반무가』, 서울: 고려대학교 민족문화연구소, 1995, 441쪽 및 181~182쪽.
2 가야금의 한자 표기에 대하여 나는 '加耶琴'이 바람직하다는 견해를 제시한 바 있다. 김성혜, 「'가야금'의 한자표기에 대하여」, 『음악과 민족』 제22호, 부산: 민족음악학회, 2000, 180~195쪽.
3 가야금의 제작시기에 대한 견해는 타나카 토시아키는 510년으로 보았으며, 백승충은 520년 전후(520~522)로 제시함으로써 대략 6세기 초로 볼 수 있다. 田中俊明, 「于勒十二曲と大加耶連盟」, 『東洋史研究』 48-4호, 1990, 141쪽. 白承忠, 「加羅國과 于勒十二曲」, 『釜大史學』 제19輯, 釜山: 釜山大學校史學會, 1995, 73쪽 재인용.

전래되고 천여 년이 지난 15세기의 『세종실록世宗實錄』[4]과 『악학궤범樂學軌範』[5]의 가야금 그림이 가장 오래된 것으로 남아 있을 따름이다.

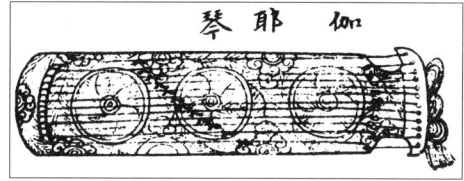

〈그림 1〉 『세종실록』의 가야금

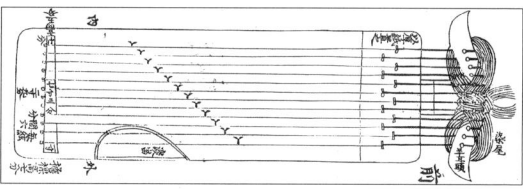

〈그림 2〉 『악학궤범』 가야금

학계에서는 일반적으로 초기 가야금의 구조를 『세종실록』과 『악학궤범』에 나타나는 가야금과 유사한 악기로 속단을 하곤 했다. 공교롭게도 15세기 문헌에 그려진 가야금의 모습은 4~5세기 신라토우新羅土偶의 현악기 구조와 823년 정창원正倉院(쇼소인) 신라금新羅琴(시라기고토)의 형태와 유사하다. 그래서 자연스럽게 초기 가야금의 구조는 먼저 신라토우에서 찾았으며, 다음으로 정창원의 신라금에서 찾아 왔다. 그런 까닭에 가야금은 6세기 중엽에 신라에 전해지고부터 오늘에 이르기까지 1500년 혹은 2000여 년 동안 면면히 이어져 온 악기로 굳게 믿어 왔다.[6] 이렇게 믿어 온 고대 가야금에 있어서 지난 50여 년 동안 한 번도 여기에 대해 문제를 제기한 적이 없었다.

그런데 최근 신라토우新羅土偶에 있는 악기가 가야금이 아니라는 견해가 나왔다.[7] 신

---

4 『世宗莊憲大王實錄』 卷132 五禮 嘉禮序例(樂器) 15b.
5 『樂學軌範』, 卷7, 24a.
6 가야금의 역사를 2000여 년으로 보는 것은 광주 신창동 현악기와 경산 임당동 현악기 흔적까지도 가야금으로 인식하여 "가야금의 나이는 어림잡아 2000년 안팎으로 볼 수 있다" 혹은 "가야금이 2000여 년 동안 변함없이 우리 민족에게 사랑받은 악기"로 서술한 사례가 있다. 李在淑, 「伽倻琴의 構造와 奏法의 變遷」, 『李惠求博士九旬紀念 音樂學論叢』, 서울: 李惠求學術賞運營委員會, 1998, 345~346쪽 및 364쪽; 문재숙, 「가락국(駕洛國)의 고대 현악기 연구: 김해를 중심으로」, 『가야금의 원형과 아시아의 현악기』, 김해: 가야세계문화축제추진위원회·이화여자대학교음악연구소, 2005, 34쪽.
7 김성혜, 「新羅土偶의 音樂史學的 照明(1): 신라고를 중심으로」, 『韓國學報』 제91·92합집, 서울: 一志社, 1998, 60~101쪽.

라토우의 편년이 4~5세기이며,『삼국사기三國史記』에 3세기 신라의 물계자勿稽子나 5세기 백결선생百結先生이 연주한 '금琴'은 우륵于勒이 가야에서 신라로 가야금을 전해준 551년 이전에 연주되었던 '금琴'으로서 이는 가야금이 아니다. 곧 신라토우에 나타나는 악기는 가야금 전래 이전에 신라에서 원래 연주되었던 악기라는 것이다. 따라서 신라토우에 나타난 악기는 신라의 '고' 혹은 '신라고新羅琴'[8]라는 견해이다.

이 견해는 초기 가야금의 구조에 대한 기왕의 견해에 문제를 제기한다. 또한 정창원의 신라금은 신라토우에 있는 악기 구조와 유사하기 때문에 지금까지 가야금으로 본 통념과도 충돌한다. 그렇다면 초기 가야금의 구조적 형태를 찾고 있는 정창원의 신라금에 대한 재검토가 이루어져야 할 것이다.

따라서 이 글에서는 초기 가야금의 구조를 찾기 위한 기초적 연구의 일환으로 정창원 신라금이 과연 가야금인지 아닌지 그 여부에 대해 고찰하고자 한다.

1. 정창원 신라금을 가야금으로 본 논리 구성

초기 가야금의 구조적 형태에 대한 언급은 1964년 이혜구李惠求와 일본학자인 하야시 겐죠林謙三에 의해 비롯되었으며, 그 이후 남한학자로서는 김동욱金東旭(1966)·송방송宋芳松(1984)·김영운金英云(1984)·권오성權五聖(1985)·황미연黃美衍(1999) 등 최근 문재숙(2005) 그리고 북한학자인 문성렵(1990)에 이르기까지 끊임없이 언급되고 있다.

---

8 여기서 '고'라는 것은 전통악기 가운데 '거문고'의 고와 '가얏고'의 고처럼 고대의 현악기를 가리키는 용어이다. 같은 맥락에서 신라의 현악기 고는 사료에 '琴'으로 기록되었는데, 오늘날 거문고나 가야금과 구분하기 위해서 '신라고'라 하였고, 한자로는 新羅琴으로 표기하였다. 김성혜,「新羅土偶의 音樂史學的 照明(1): 신라고를 중심으로」,『韓國學報』제91·92합집, 1998, 60~101쪽 및「괴琴의를 통해 본 삼국시대 음악문화」,『우리악기 보고듣기』, 대구: 경북대학교박물관, 2005, 147쪽.

이렇듯 가야금의 구조에 대해 지속적으로 관심을 가지는 이유는 고대 가야금의 원형을 직접 알 수 있는 자료가 없기 때문이라 생각한다. 신라토우에 나타난 현악기 '고'와 정창원의 '신라금新羅琴'을 가야금이라고 하는 설의 출발점은 바로 15세기의 『악학궤범』에 나타난 '양이두羊耳頭'[9] 때문이다.

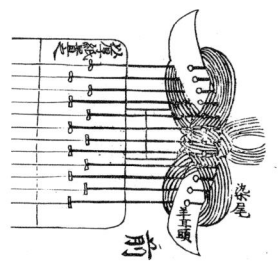

〈그림 3〉『악학궤범』 양이두

이혜구李惠求는 "신라시대 토우를 보면 현재 풍류가얏고, 법금이라는 것 같이 가야금 끝이 양이두 형상으로 되었고, 또 일본 정창원 신라금이라는 것도 양이두 모양으로 되었고, 더욱 12현을 가진 까닭에 현재 풍류가야금과 같았다고 할 수 있다"[10]고 하였다. 즉 인접국가인 신라토우에 나타나는 악기의 양이두와 일본 정창원에 있는 '신라금'의 양이두에 주목하였고, 특히 12현이므로 오늘날 풍류가야금과 같았다고 결론지었다.

〈그림 4〉 토우장식장경호의 악기 양이두

〈그림 5〉 신라토우 양이두

---

9 '양이두(羊耳頭)'라는 명칭은 『樂學軌範』 기록에 의거하여 오늘날 칭하는 명칭일 뿐, 이 악기가 사용된 당시의 명칭은 아니다. 신라토우의 현악기에도 양이두 형태가 나타나는데, '양이두'란 양(羊)의 귀[耳]모양으로 된 머리[頭]부분이라는 뜻이므로 이 명칭의 사용은 적어도 한반도에 양(羊)이 출현한 이후가 된다. 중국 『新唐書』 기록에 의하면 신라는 "가축 가운데 양은 없고, 나귀와 노새는 적으며, 말은 많다"라고 했으므로, 『樂學軌範』의 '양이두' 명칭이 신라토우와 대전 월평동에서 출토된 유물에 사용되었을 가능성은 희박하다고 하겠다. 다만 유물의 제작 당시 사용한 명칭을 알 수 없기에 후대 기록에 의거하여 '양이두'라 칭할 뿐이다. 김성혜, 「百濟 '琴'의 音樂史學的 照明」, 『韓國學報』 제108집, 서울: 一志社, 2002, 148쪽.

10 李惠求, 「國樂史: 上古에서 羅末까지」, 『韓國藝術總攬』, 서울: 大韓民國藝術院, 1964, 104쪽; 李惠求, 「日本에 傳하여진 百濟樂」, 『韓國音樂論叢』, 서울: 秀文堂, 1976, 173쪽 및 177~178쪽.

하야시 겐죠林謙三는 일본 정창원에 소장된 신라금의 기원을 고찰하면서[11] 정창원의 신라금과 『악학궤범』에 그려진 가야금 그림을 비교한 결과 거의 동일하기 때문에 정창원 신라금을 한국의 가야금으로 비정하였다. 가야국의 멸망으로 인해 신라로 전해진 가야금이 신라인에 의해 일본으로 전해지면서 '신라금'이 된 것이라는 내용이다. 결국 정창원 신라금은 가야금이라는 것이다.

김동욱金東旭은 가야금의 구조를 구체적으로 언급하지는 않았지만, "일반적으로 원시 가야금이 일찍이 신라에 와서 '신라금'이 되고 다시 일본에 건너가 '신라금'으로서 길이 전승됐다는 사실은 주의할 필요가 있다"[12]고 서술한 데서 원시 가야금 즉 초기 가야금을 정창원 신라금으로 인식했음을 알 수 있다.

김영운金英云은 가야금의 연원을 찾기 위해 악기의 양이두에 주목하여 유목민족 계통의 류트lute류 악기로 봤다가[13] 차후 자신의 이론을 수정하여 중국의 지터zither류 악기를 모방하여 개작한 것으로 발표하였다.[14] 또한 악기의 몸통 구조에 있어서 유독 가야금만 상자형이 아니라 반원통형인 이유를 대나무와 관련지어 동남아시아 죽통금竹筒琴과의 관련성을 제시하였다. 따라서 초기 가야금의 구조를 정창원 신라금과 『악학궤범』 가야금의 구조와 동일시하는 인식이 저변에 있음을 알 수 있다. 즉 김영운 역시 가야금의 연원을 찾는데 정창원의 신라금 및 『악학궤범』의 가야금 구조를 기반으로 하고 있다.

한국음악사 개설서에 보면, 송방송宋芳松은 고고학 자료인 신라토우에 나타난 악기의 모양을 근거로 가야금의 구조를 추적하면서 가야금의 실물로 일본 정창원의 신라금을 언급하였고, 『악학궤범』의 가야금과 똑같다고 밝혔다.[15] 권오성權五聖 역시 가야

---

11 林謙三, 『正倉院樂器の硏究』, 東京: 風間書房, 1964, 278~284쪽 및 林謙三 黃俊淵 譯, 「新羅琴(伽倻琴)의 生成」, 『民族音樂學』 제6輯, 서울: 서울大學校 音樂大學 附設 東洋音樂硏究所, 1984, 135~140쪽.
12 金東旭, 「于勒 十二曲에 대하여」, 『新羅伽倻文化』 第一號, 大邱: 靑丘大學校 新羅伽倻文化硏究所, 1966, 16쪽.
13 金英云, 「伽倻琴의 淵源에 關한 試論」, 『韓國音樂硏究』 제13·14輯 合倂號, 서울: 韓國國樂學會, 1984, 31~43쪽.
14 金英云, 「伽倻琴의 由來와 構造」, 『國樂論文集』 제9輯, 서울: 國立國樂院, 1997, 3~29쪽.
15 宋芳松, 『韓國音樂通史』, 서울: 一潮閣, 1984, 63쪽; 윤화중 옮김, 송방송 지음, 「거문고의 역사와 어원」, 『韓國音樂史學報』 제16집, 경산: 韓國音樂史學會, 1996, 134쪽.

금의 원형을 신라토우의 양이두와 정창원 소장 신라금에서 찾고자 하였다.[16] 심지어 권오성은 최근에 신라토우인 계림로 30호분의 장경호에 있는 현악기를 가야금으로 보면서 "고고학적 연대인 3세기로 가야금의 역사가 소급되었다"고 언급하였다.[17]

북한학자인 문성렵은 가야금의 초기 형태에 관하여 "6세기 초엽에 우륵이 창안한 가야금의 초기 형태가 15세기 말까지 크게 변하지 않았으며 그 구체적인 모양은 일본에 전해진 신라금과 『악학궤범』에 실려 있는 가야금과 같았다는 것을 알 수 있다"[18]고 했으므로 남한학자들의 입장과 다르지 않다.

이와 같이 초기 가야금의 구조에 대한 제견해諸見解를 종합해 보면, 가야금의 구조를 1차적으로 신라토우에 나타나는 현악기의 양이두에서 그 구조를 찾는다. 오늘날 가야금에 양이두가 있는 점에 주목하여 신라토우에 있는 악기를 마침내 가야금으로 인식하기에 이른 것이다. 다음 2차적으로 일본 정창원에 있는 '신라금'에서 가야금의 구조를 찾고 있다.

결국 신라토우의 현악기=초기가야금=정창원의 신라금新羅琴=『악학궤범』의 가야금=오늘날의 정악가야금이라는 등식을 성립시키고 있다. 심지어는 가야에서 신라로 전해준 가야금이 통일신라 이후 신라인들이 일본으로 전해줬기 때문에 가야금이 신라금으로 되었다는 논리를 펼쳐왔다.

지금까지 제시된 초기 가야금의 구조설은 신라의 고고학 자료에 의거한 한계가 있으며, 문헌기록과 상이한 점이 있다. 또한 조선시대의 그림을 가야금 출현 시기 혹은 그 이전 시기까지로 소급해서 적용하는 등의 문제를 안고 있다고 본다. 이러한 부분에 대하여 기존의 견해를 검토한 후 재해석을 시도하고자 한다.

---

16 權五聖, 「삼국시대의 음악」, 『韓國音樂史』, 서울: 大韓民國藝術院, 1985, 91~92쪽.
17 권오성, 「한국의 가얏고와 中·日의 현악기」, 『가야금의 원형과 아시아의 현악기』, 김해: 가야세계축제추진위원회·이화여자대학교음악연구소, 2005, 4쪽.
18 문성렵, 「가야금의 전신악기와 우륵의 음악활동」, 『력사과학』 제1호, 평양: 사회과학원출판사, 1990, 52쪽.

2. 기존의 견해와 해석

1) 국내사료

대부분의 연구자들은 우륵이 가야금을 신라에 전해줬다는 그 사실에 중점을 두어 그 이전 시기에 해당하는 신라 물계자勿稽子의 금琴이나 백결선생百結先生의 금琴 그리고 『삼국유사三國遺事』의 사금갑射琴匣 조에 있는 '금갑琴匣'에 대한 해석을 소홀히 하였다. 여기에 대해 이미 내가 문제점과 견해를 제시한 바 있다.[19]

그러면 551년 우륵이 가야금을 전한 그 이후에 해당하는 금琴 관련 기록은 과연 어떻게 해석해 왔는가? 이에 앞서 관련 기록을 제시하면 아래와 같다.

〈사료 1〉 다만 고기古記에는 "㉠정명왕 9년에 왕이 신촌에 거동하여 큰 술잔치를 베풀고 음악을 연주하였는데, 笳舞에는 監이 6명, 笳尺이 2명, 무척이 1명, 하신열무에는 감이 4명, 琴尺이 1명, 무척이 2명, 가척이 3명, 사내무에는 감이 3명, 琴尺이 1명, 무척이 2명, 가척이 2명, 한기무에는 감이 3명, 琴尺이 1명, 무척이 2명, 상신열무에는 감이 3명, 琴尺이 1명, 무척이 2명, 가척이 2명, 소경무에는 감이 3명, 琴尺이 1명, 무척이 1명, 가척이 3명, 미지무에는 감이 4명, 琴尺이 1명, 무척이 2명이었다. ㉡애장왕 8년에 음악을 연주하는데 처음으로 思內琴을 연주하였다. 무척 4명은 푸른 옷을 입었으며, 琴尺 1명은 붉은 옷을 입었고, 가척 5명은 채색 옷을 입고 수놓은 부채를 들고 금을 새겨 넣은 띠를 띠었다. 다음으로 碓琴舞를 연주하는데 무척은 붉은 옷을 입었으며 琴尺은 푸른 옷을 입었다"고 기록되어 있다. 기록이 이러할 뿐이니 자세한 것을 말할 수가 없다. 신라 시대에 악공은 모두 尺이라고 불렀다.[20]

---

[19] 김성혜, 「新羅土偶의 音樂史學的 照明(1): 신라고를 중심으로」, 『韓國學報』 제91·92합집, 1998, 60~101쪽 및 「三國時代 新羅音樂文化史 研究」, 부산: 동아대학교 대학원 박사학위논문, 2005, 116~124쪽.

[20] 但古記云 政明王九年 幸新村 設酺奏樂. 笳舞 監六人 笳尺二人 舞尺一人. 下辛熱舞 監四人 琴尺一人 舞尺二人 歌尺三人. 思內舞 監三人 琴尺一人 舞尺二人 歌尺二人. 韓岐舞 監三人 琴尺一人 舞尺二人. 上辛熱舞 監三人 琴

이 기록은 『삼국사기』 잡지雜志의 악조樂條에 있는 내용인데, 편찬 당시 『고기古記』를 인용한 것이다. 〈사료 1〉의 내용은 정명왕 9년 즉 신문왕 9년인 689년(㉠)과 애장왕 8년인 807년(㉡)에 연행된 악무로 구분된다. 특히 ㉡부분에서는 연행자들의 복식을 기록하기도 하였다.

〈사료 1〉에서 금琴은 무려 10회의 기록이 있다. 이 금琴에 대한 지금까지의 해석은 가야금 혹은 거문고였다. 〈사료 1〉에서 이혜구는

"가얏고는 노래와 춤 반주에 사용되었다."[21]

"애장왕 8년(807)까지도 新羅樂은 가야금 한 가지만 썼으니 여러 나라 악기를 쓴 신라악은 애장왕 이후에 생겼을 것이다."[22]

고 함으로써 '금琴'을 일괄 가야금으로 해석하였다.

장사훈 역시 〈사료 1〉로써

"가야고·춤·노래로 묶어지거나 또는 가야고·춤으로 연출되었다. 즉 가야고·춤·노래가 종합 연출된 사실과 춤은 가야고 또는 笳 반주에 의해 추어졌음을 알 수 있다. 따라서 琴尺은 '가야고 잡이' 舞尺은 '춤 잡이' 歌尺은 '노래 잡이'로 볼 수 있다."[23]

고 하여 가야금으로 해석하였다. 이러한 견해는 이성천[24]·송방송[25]에 이르기까지 같다.

尺一人 舞尺二人 歌尺二人. 小京舞 監三人 琴尺一人 舞尺一人 歌尺三人. 美知舞 監四人 琴尺一人 舞尺二人. 哀莊王八年 奏樂 始奏思內琴 舞尺四人靑衣 琴尺一人赤衣 歌尺五人彩衣 繡扇並金鏤帶. 次奏碓琴舞 舞尺赤衣 琴尺靑衣. 如此而已 則不可言其詳也. 羅時樂工皆謂之尺. 『三國史記』, 卷32, 10b2-11a4.

21 李惠求, 「國樂史」, 『韓國藝術總覽』, 서울: 大韓民國藝術院, 1964, 104쪽.
22 이혜구, 「음악·무용」, 『한국사』 2권, 서울: 국사편찬위원회, 1978, 356쪽.
23 張師勛, 『韓國音樂史』, 서울: 韓國國樂學會, 1970, 14쪽; 『韓國音樂史』, 서울: 正音社, 1976, 40쪽; 『增補韓國音樂史』, 서울: 世光音樂出版社, 1986, 84~85쪽 및 109쪽; 「신라의 음악문화」, 『한국음악과 무용에 관한 연구』, 서울: 세광음악출판사, 1993, 102~103쪽.
24 이성천, 『국악사』, 서울: 삼호출판사, 1976, 73쪽.

한편, 거문고로 해석하는 입장도 있다. 함화진咸和鎭은 금척琴尺에 있어서 "신라 때에는 기악하는 사람 중에도 거문고 타는 사람을 금척琴尺이라 불렀다"고 한 데서 금琴을 거문고로 인식했음을 알 수 있다.[26] 또한 북한학자인 문성렵은 〈사료 1〉의 ㉠부분에 있어서 금琴을 일괄 '현금반주'[27]라 하여 거문고로 해석하였다.

이렇듯 〈사료 1〉에 기록된 금琴을 가야금 혹은 거문고로 해석하는 것이 과연 타당한가? 대부분의 연구자들이 551년 우륵이 신라로 가야금을 전해 준 기록에 의거했기 때문이라 생각한다. 그리고 금琴을 오늘날 한자 자전적字典的 풀이[28] 그대로 거문고로 하거나, 북한의 경우 고구려의 거문고를 부각시키려는 의도 등으로 이해할 수 있다.

그러나 〈사료 1〉의 기록은 같은 『삼국사기』 잡지 악조의 앞부분에 있는 기록과 연장선상에서 이해해야 바람직하다고 생각한다. 앞부분에 있는 내용은 다음과 같다.

> 〈사료 2〉 會樂과 辛熱樂은 유리왕 때 지은 것이고, 突阿樂은 탈해왕 때 지은 것이고, 枝兒樂은 파사왕 때 지은 것이며, 思內樂[사내는 시뇌라고도 썼다]은 내해왕 때 지은 것이다. 笳舞는 내밀왕(356~402) 때 지은 것이고, 憂息樂은 눌지왕(417~458) 때 지은 것이다. 碓樂은 자비왕(458~479) 때의 사람인 百結先生이 지은 것이고, 竿引은 지대로왕(500~514) 때의 사람인 川上郁皆子가 지은 것이다. 美知樂은 법흥왕(514~540) 때 지은 것이고, 徒領歌는 진흥왕(540~576) 때 지은 것이다. 捺鉉引은 진평왕(579~632) 때 사람인 淡水가 지은 것이고, 思內奇物樂은 原郎徒가 지은 것이다.[29]

---

25 宋芳松, 『韓國音樂通史』, 1984, 74쪽 및 107쪽;「韓國古代音樂의 日本傳播」, 『韓國音樂史學報』 창간호, 경산: 韓國音樂史學會, 1988, 7~40쪽 및 『韓國音樂史論攷』, 경산: 영남대학교 출판부, 1995, 26~60쪽;『한국고대음악의 전개양상』, 서울: 한국예술종합학교 전통예술원, 2000, 193~233쪽. 이 글은 『韓國音樂史論攷』를 참고함.
26 咸和鎭, 『朝鮮音樂通論』, 서울: 乙酉文化社, 1948, 54쪽.
27 문성렵, 『조선음악사』 1, 서울: 민속원, 1988, 157쪽.
28 요즘의 자전에는 '琴'을 '거문고금'으로 풀이했는데, 이런 경우는 거문고로 한정하는 의미가 되기 때문에 바람직하지 않다. 한편, 조선시대 최세진(崔世珍)이 어린이들의 한자 학습을 위하여 지은 『훈몽자회(訓蒙字會)』(1527)에는 琴을 '고금'이라 하였다. 김성혜, 「고琴를 통해본 삼국시대 음악문화」, 『우리악기 보고듣기』, 2005, 147쪽.
29 會樂及辛熱樂 儒理王時作也 突阿樂 脫解王時作也 枝兒樂 婆娑王時作也 思內[一作詩惱] 奈解王時作也 笳舞 奈密王時作也 憂息樂 訥祗王時作也 碓樂 慈悲王時人百結先生作也 竿引 智大路王時人川上郁皆子作也. 竿引 智大路王時人 川上郁皆子作也 美知樂 法興王時作也 徒領歌 眞興王時作也 捺紘引 眞平王時人淡水作也 思內奇物

〈사료 1〉이 삼국통일 이후의 가무악歌舞樂에 관한 내용이라면, 〈사료 2〉는 통일 이전 시기에 해당하는 신라악에 대한 내용이다. 〈사료 1〉에 있는 689년의 가무笳舞·하신열무下辛熱舞·사내무思內舞·한기무韓岐舞·상신열무上辛熱舞·소경무小京舞·미지무美知舞와 807년의 사내금思內琴 및 대금무碓琴舞 등의 악곡은 가야금이 신라로 전해진 551년 이후에 처음 등장하는 악곡도 있지만, 이미 이전부터 연주된 곡목이 상당수이다. 가무·사내무·미지무·사내금·대금무 등은 551년 이전에 연행된 사례가 바로 〈사료 2〉에 분명히 드러나기 때문이다. 〈사료 1〉을 중심으로 이전부터 연행된 곡과 새로 등장하는 악곡을 표로 정리하면 다음과 같다.

〈표 1〉 삼국통일 이전의 악곡과 이후의 악곡 비교

시기	통일이전 악곡	689년 악곡	807년 악곡	비고
유리왕(24~57)	회악 辛熱樂	1. 下辛熱舞 2. 上辛熱舞		기존악곡
탈해왕(57~80)	돌아악			
파사왕(80~112)	지아악			
내해왕(196~230)	思內樂	3. 思內舞	思內琴	기존악곡 물계자의 琴연주
내물왕(356~402)	笳舞	4. 笳舞		기존악곡
눌지왕(417~458)	우식악			
자비왕(458~479)	碓樂		碓琴舞	기존악곡
지증왕(500~514)	우인			
법흥왕(514~540)	美知樂	5. 美知舞		기존악곡
진흥왕(540~576)	도령가			
진평왕(579~632)	날현인 사내기물악			
		6. 한기무		새악곡
		7. 소경무		새악곡
		기존곡 70% 새악곡 30%	기존곡 100%	

樂 原郎徒作也.『三國史記』, 卷32, 10a1-12b2.

〈표 1〉에서 가야금을 전해 받은 551년 이전에만 연주된 악곡이 있는 반면, 이후에도 계속 연주되었으며, 807년까지도 지속된 곡이 있다.

통일 이전에 연주된 악곡이 통일 이후 더 이상 기록에 나타나지 않는 경우는 회악會樂·돌아악突阿樂·지아악枝兒樂·우식악憂息樂·우인竽引·도령가徒領歌·날현인捺絃引 등이다.

그러나 지속된 악곡의 경우를 보면, 유리왕 때 연주된 신열악辛熱樂은 689년에 2곡으로 분리되어 하신열무下辛熱舞와 상신열무上辛熱舞로 나타난다. 그리고 내해왕 때 지었다는 사내악思內樂은 사내무思內舞로 이어졌다. 내물왕 때 지은 가무笳舞는 그대로 이어졌으며, 법흥왕 때 만든 미지악美知樂은 미지무美知舞로 연행되었다. 특히 내해왕 때 연주된 사내악思內樂은 689년에 사내무思內舞로 연행되었고, 807년에는 사내금思內琴으로 연주되었다. 또한 자비왕 때 대악碓樂은 807년에 대금무碓琴舞로 연행되었는데, 이때 사내금과 대금무는 짝을 이루어 먼저 사내금이 연주된 다음 대금무가 연주되었다. 즉 이렇게 짝을 이루어 연행되는 형태는 9세기 일본에서 연행된 번무番舞[30]와 무관하지 않을 것이라 생각한다.

악곡 명칭에서 전반적인 특징의 하나는 통일 이전시기의 악곡은 일반적으로 '무슨樂'으로 구성되어 있다. 예컨대, 회악·신열악·돌아악·사내악 등이다. 물론 예외도 있다. 예를 들면, 가무·우인·도령가·날현인은 그렇지 않다. 그런 반면, 689년의 악곡은 하나같이 '무슨舞'로 구성된 것이 특징이다. 그리고 807년의 악곡은 명칭에서 '금琴'이 부각되는 것이 특이하다. 이러한 악곡명의 변화에 대한 사회적 현상도 앞으로 해결해야 할 과제의 하나이다.

〈사료 1〉에서 금琴에 주목할 필요가 있다. 먼저 대금무碓琴舞를 보자. 대금무의 구성은 '무척舞尺 금척琴尺'까지는 확인된다. 기록상으로 볼 때, 가척歌尺에 대해서는 있었는

...

30 9세기 중엽 일본 雅樂寮에서 악제개편 때, 음악을 左坊樂과 右坊樂으로 나누었듯이 高麗樂의 舞樂 역시 右坊의 춤이라는 뜻의 右舞로 개칭되었고, 唐樂의 左舞와 대칭어로 쓰였다. 右舞와 左舞는 공연 때 서로 관계되는 춤끼리 하나의 짝을 이루어 연주되었는데, 이렇게 짝이 되는 관계를 番舞라고 한다. 吉川英史, 『日本音樂の歷史』, 大阪: 創元社, 1965, 69~70쪽; 宋芳松, 『韓國音樂通史』, 1984, 141쪽 재인용.

지 확실하지 않으나, 이 악곡명에서 볼 때, 자비왕 때 연주된 백결선생의 대악碓樂과 관련된 것임을 알 수 있다. 백결선생이 세모를 걱정하는 아내를 위로하기 위해 금琴으로써 방아소리를 낸 것이 바로 '대악碓樂'이며,[31] 이것이 후에 궁중음악으로 채택되어[32] 자비왕 시대의 대표되는 악곡으로 자리잡은 것임을 〈사료 2〉에서 확인할 수 있다.

그렇다면 이때 연주된 금琴은 우륵이 가야금을 신라로 전해주기 이전이기 때문에 당연히 가야금이 아닌 신라의 금琴이며, 토우에 나타나는 형태의 금琴과 시기가 다르지 않다. 그렇다면 기록의 연장선상에서 807년에 연행된 대금무碓琴舞의 금琴 역시 가야금으로 해석하기보다는 백결선생이 연주했던 신라의 금琴으로 이해하는 것이 옳을 것이다.

왜냐하면 악곡과 곡에 따른 악기편성은 바늘과 실처럼 긴밀한 관계가 있기 때문이다. 그 실례를 보면, 고구려 왕산악王山岳이 진晋의 7현금을 보고 악제를 고쳐 만든 악기가 바로 거문고인데, 새로 탄생한 악기는 악기에 맞는 악곡의 창제가 뒤따른다.[33] 가야국의 가야금 역시 법제를 고쳐 만든 후 12곡의 가야금 악곡이 우륵에 의해 새로 제작되었다.[34]

이는 악기와 악기에 따른 악곡의 관계가 고대부터 밀접한 관계에 있었음을 시사한다. 이러한 관계는 오늘날에도 여전하다. 일반적으로 전통음악은 전통악기로 연주되며, 서양음악은 서양악기로 연주된다. 그리고 악기를 개량했다면, 개량된 악기에 맞는

...

31 百結先生 不知何許人 居狼山下 家極貧 衣百結若懸鶉 時人號爲東里百結先生 嘗慕榮啓期之爲人 以琴自隨 凡喜怒悲歡不平之事 皆以琴宣之 歲將暮 鄰里舂粟 其妻聞杵聲曰 人皆有粟舂之 我獨無焉 何以卒歲 先生仰天嘆曰 夫死生有命 富貴在天 其來也 不可拒 其往也 不可追 汝何傷乎 吾爲汝作杵聲以慰之 乃鼓琴作杵聲 世傳之名爲碓樂. 『三國史記』, 卷48.3b7-4a5.
32 〈사료 2〉에 기록된 악곡을 궁중음악으로 본 견해는 이미 제시한 바 있다. 金聖惠,「三國時代 新羅音樂文化史 硏究」, 2005, 57~63쪽 및 208~212쪽.
33 玄琴之作也. 古記云 初 晋人以七絃琴 送高句麗. 麗人雖知其爲樂器 而不知其聲音及鼓之之法 購國人能識其音而鼓之者 厚賞. 時 第二相王山岳 存其本樣 頗改易其法制而造之 兼製一百餘曲 以奏. 於時 玄鶴來舞 遂名玄鶴琴 後但云玄琴.『三國史記』, 卷32.6a8-b4.
34 十二年 春正月 改元開國. 三月 王巡守次娘城 聞于勒及其弟子尼文知音樂 特喚之. 王駐河臨宮 令奏其樂 二人各製新歌奏之. 先是 加耶國嘉悉王製十二弦琴 以象十二月之律 乃命于勒製其曲 及其國亂 操樂器投我 其樂名加耶琴.『三國史記』, 卷4.7a4-9.

악곡이 창제되는 것이 일반적이기 때문이다.

따라서 〈사료 1〉의 대금무碓琴舞와 〈사료 2〉의 대악碓樂은 악곡명으로 볼 때, 같은 계통의 음악이므로 같은 계통의 악기가 연주된 것으로 이해할 수 있다. 그렇다면, 〈사료 1〉의 '대금무碓琴舞'에서 금琴을 가야금이나 거문고로 해석하기보다는 신라금으로 이해하는 것이 훨씬 순리적이라는 견해를 제시한다.

다음으로 사내무思內舞와 사내금思內琴을 보도록 한다. 689년 사내무와 807년 사내금의 구성에도 역시 '금琴' 연주가 있다. 2~3세기 내해왕 때 사내악과 689년(신문왕 9)의 사내무 및 807년(애장왕 8)의 사내금의 구성을 정리하면, 다음과 같다.

　　　내해왕(196~230)　思內樂　　(물계자 琴)
　　　신문왕 9년(689)　思內舞　　監 3명, 琴尺 1명, 舞尺 2명, 歌尺 2명
　　　애장왕 8년(807)　思內琴　　琴尺 1명, 舞尺 4명, 歌尺 5명

내해왕 때 음악인 사내악思內樂은 기록의 부재로 인하여 어떤 구성인지 자세히 알 수 없다. 그러나 689년의 사내무思內舞에는 감監 3명, 금척琴尺 1명, 무척舞尺 2명, 가척歌尺 2명으로 구성되었고, 807년의 사내금은 금척琴尺 1명, 무척舞尺 4명, 가척歌尺 5명으로 이루어졌음이 〈사료 1〉에서 확인된다. 즉 통일 이후의 악곡 구성에 역시 '금琴' 연주가 있다. 이 역시 일괄 가야금 혹은 거문고로 해석해 왔으나, 나는 달리 해석하고자 한다.

사내무와 사내금은 악곡의 명칭으로 볼 때, 2~3세기 내해왕 때 지은 사내악과 같은 계통의 악곡으로 짐작할 수 있다. 그런데 내해왕 때 금琴을 연주한 기록이 『삼국사기』와 『삼국유사』에 각각 나타나는데 바로 물계자勿稽子의 금琴이다.[35] 그렇다면 내해왕 때

35　勿稽子 奈解尼師今時人也 …(中略)… 乃語其婦曰 嘗聞 爲臣之道 見危則致命 臨難則志身 前日 浦上竭火之役 可謂危且難矣 而不能以 致命忘身 聞於人將何面目 以出市朝乎 遂被髮攜琴 入師彘山 不反.『三國史記』, 卷48. 3a2-3b6.
　　勿稽子 第十奈解王 卽位十七年壬辰 …(中略)… 乃被髮荷琴 入師彘山(未詳) 悲竹樹之性病 寄托作歌擬溪澗之咽

연주된 사내악에는 반드시 물계자의 금곡琴曲은 아니지만, 그 시대 신라에서 연주된 금琴이 기록에서 확인되기 때문에 689년에 연주된 금琴과 807년에 연주된 금琴을 가야금이나 거문고로 해석하기보다는 역사의 연장선상에서 내해왕 시대 금琴으로 이해하는 것이 바람직하다고 본다.

즉 3세기 물계자 시대 연주된 금琴과 5세기 백결선생 시대 연주된 금琴은 가야금이 신라로 전래된 551년 이후 역사에서 사라진 것이 아니라, 689년 그리고 807년에 이르기까지 지속적으로 연주됐음을 시사한다.

그러면 〈사료 1〉에 기록된 10회의 금琴은 같은 맥락으로 볼 때, 신라의 금琴일 가능성이 크다. 〈사료 1〉의 악곡과 그 구성을 표로 정리하면 다음과 같다.

〈표 2〉 7~9세기 신라 왕실에서 연행된 악곡의 구성

시기	악곡	監	악기	춤[舞]	노래[歌]
689년	가무	6명	筘 2명	1명	없음
	하신열무	4명	琴 1명	2명	3명
	사내무	3명	琴 1명	2명	2명
	한기무	3명	琴 1명	2명	없음
	상신열무	3명	琴 1명	2명	2명
	소경무	3명	琴 1명	1명	3명
	미지무	4명	琴 1명	2명	없음
807년	사내금		琴 1명(붉은옷)	4명(푸른옷)	5명
	대금무		琴 ?명(푸른옷)	?명(붉은옷)	?

〈표 2〉에서 특히 가무筘舞는 〈사료 2〉에서 보듯이 4세기 내물왕 때 곡명이 689년까지 그대로 전승되었음이 확인된다. 이 부분에 있어서 지금까지 음악학계에서는 4세기

響 扣琴制曲 隱居不復現世. 『三國遺事』, 卷5. 25a10-25b2.

가무箎舞가 7세기까지 이어져 연행된 것으로 대부분 인정해 왔다.[36] 그렇다면 기존 악곡이 전승되어 나타나는 신열악 계통의 하신열무와 상신열무 그리고 사내무·사내금·미지무·대금무 등의 악곡도 가무箎舞처럼 전승된 악곡으로 인정하는 것이 바람직할 것이다.

또한 사내무의 금척琴尺과 사내금의 금척 그리고 대금무의 금척을 가야금이나 거문고가 아닌 신라의 금琴으로 해석할 경우 〈표 2〉에 있는 다른 악곡의 금척琴尺 역시 같은 악기로 봐야 타당할 것이다.

그리고 〈표 1〉 및 〈표 2〉에 정리된 7~9세기 신라 왕실에서 연행된 악곡을 종합해 보면, 689년의 악곡 가운데 약 70%가 기존악곡으로 볼 수 있으며, 약 30%가 새악곡으로 판단된다. 그리고 807년에 연행된 악곡은 모두가 기존악곡에서 그 연원을 찾을 수 있다. 한편, 7~9세기 연행된 악곡 가운데 우륵 12곡 즉 하가라도下加羅都·상가라도上加羅都·보기寶伎·달기達己[37]·사물思勿·물혜勿慧·하기물下奇物·사자기師子伎·거열居烈·사팔혜沙八兮·이사爾赦·상기물上奇物[38]과 관련된 악곡은 한 곡도 없다. 이러한 점으로 미루어 봤을 때, 〈사료 1〉에 기록된 10회의 금琴을 가야금으로 해석하기는 더더욱 어렵다.

따라서 〈사료 1〉의 금琴을 지금까지 가야금이나 거문고로 해석한 것은 우륵이 가야금을 전해 준 기록에 집착한 나머지 551년 이전 시기에 해당하는 신라 금의 존재를 인식하지 못하였고, 551년 이후에 해당하는 〈사료 1〉의 금琴을 일괄적으로 가야금이나 거문고로 해석하는 견해를 낳았다고 본다. 결국 신라금은 〈사료 1〉과 〈사료 2〉를 통해 볼 때, 3세기부터 9세기초까지 신라왕실에서 계속 연주된 것으로 이해할 수 있다.

---

36 張師勛, 「韓國의 古代音樂과 隣接音樂과의 關係」, 『韓國古代文化와 隣接文化와의 關係』, 성남: 韓國精神文化硏究院, 1981, 506~535쪽 및 『國樂史論』, 서울: 大光文化社, 1983, 43~84쪽에 복간. 이 글에서는 『國樂史論』을 참고함.
37 달기를 '달이'라고도 한다. 鄭求福 外, 『譯註三國史記 4 주석편(하)』, 성남: 韓國精神文化硏究院, 1997, 69쪽.
38 『三國史記』, 卷32, 8b6-9.

따라서 551년 우륵이 가야금을 신라로 전해줬다고 해서, 그 이후 사료에 나타나는 금琴을 가야금 혹은 거문고로만 해석 하는 것은 타당하지 않다.

2) 일본사료와 정창원正倉院 신라금新羅琴

(1) 일본사료의 금琴이 가야금加耶琴이라는 견해

국내사료에 기록된 금琴을 가야금 혹은 거문고로 해석한 입장은 일본사료의 해석에 까지 연장되었다. 먼저 일본사료의 내용을 보면 다음과 같다.

〈사료 3〉 天推國高彦天皇 平城天皇(大同 4년, 809, 3월) 丙寅. 雅樂寮의 雜樂師와 歌舞師 4명, 笛師 2명, 唐樂師 12명, 橫笛師 2명을 정하고 高麗樂師 4명을 정하였는데 橫笛, 箜篌, 莫目, 舞師 등이다. 百濟樂師 4명을 정하였는데 橫笛, 箜篌, 莫目, 舞師 등이다. <u>新羅樂師 2명은 琴, 舞師 등이며</u> 度羅樂師 2명은 鼓, 舞師 등이고 伎樂師 2명, 林邑樂師 2명을 정하였다.[39]

〈사료 4〉 文德天皇(嘉祥 3년, 850, 11월 甲戌 초하루) 己卯. 從4位下 治部大輔興世朝臣書主 가 죽었다. …(중략)… (7년 816) 書主가 비록 유학을 잘 알고 있었으나 몸이 작고 날렵하여 높은 둑을 뛰어넘고 깊은 물 위를 떠서 건넜으므로 무예를 익힌 사람 같았다. 和琴을 잘 탔으므로 大歌所別當이 되어, 항상 節會에서 天皇을 모셨다. <u>신라인 沙良眞熊이 新羅琴을 잘 탔으므로</u> 書主가 항상 모시며 전습받아 드디어 秘道를 이루었다.[40]

---

[39] 卷十七 天推國高彦天皇 平城天皇 (大同四年 三月) 丙寅 定雅樂寮雜樂師 歌舞師四人 笛師二人 唐樂師十二人 橫笛師二人 高麗樂師四人 橫笛 箜篌 莫目 舞 等師也 百濟樂師四人 橫笛 箜篌 莫目 舞等師也. 新羅樂師二人 琴舞等師也. 度羅樂師二人 鼓舞等師也. 伎樂師二人 林邑樂師二人. 173쪽. 『日本後紀』卷17 崔根泳 外, 『日本六國史韓國關係記事: 原文』, 서울: 駕洛國史蹟開發硏究院, 1994, 173쪽. 『日本六國史韓國關係記事: 譯註』, 서울: 駕洛國史蹟開發硏究院, 1994, 310쪽.

[40] 卷二 文德天皇 (嘉祥三年 十一月) 己卯. 從四位下 治部大輔興世朝臣書主卒. …(中略)… (7년 816) 書主雖長儒門 身稍輕提 超羅高岸 浮渡深水 猶同武藝之士 能彈和琴 仍爲大歌所別當 常供奉節會 新羅人 沙良眞熊 善彈新羅琴 書主相隨傳習 遂得秘道. 『日本文德天皇實錄』, 卷2. 崔根泳 外, 『日本六國史韓國關係記事: 原文』, 1994, 203~204쪽. 『日本六國史韓國關係記事: 譯註』, 356~357쪽.

〈사료 3〉에서 신라악사 2명으로 금사琴師와 무사舞師가 나타난다. 대동大同 4년인 809년에 일본 아악료雅樂寮 즉 일본 궁중음악의 업무를 맡아본 관서에서 악제樂制를 개편하는데, 신라악사는 2명으로 금사와 무사를 두었다는 내용이다. 이때 금사琴師란 금琴을 가르친 악사樂師를 뜻하며, 무사舞師란 춤을 지도한 스승으로 이해된다. 그리고 〈사료 4〉는 치부대보흥세조신서주治部大輔興世朝臣書主가 유학儒學을 잘 알았고, 무예武藝도 출중했으며 일본 화금和琴(혹은 와곤)을 잘 탔다는 내용이다. 화금和琴은 현재 일본의 아악에서 일본 고래古來의 노래 반주악기로 사용된다. 6현의 고토琴인데, 야요이·고분 시대의 유적에서 출토되기도 하는 악기이다.[41] 이와 더불어 816년에 신라인 사량진웅沙良眞熊이 신라금新羅琴을 잘 탔는데, 서주書主가 항상 모시고 전습받았다는 것이다.

이상의 내용을 종합해 보면, 809년 이전부터 신라의 금사琴師가 일본 궁중에 파견되어 악기와 춤을 지도하였다. 또 9세기 초에 사량진웅처럼 신라금에 능숙한 사람이 일본에 개인적으로 머물면서 악기를 전수한 것으로 이해된다. 이처럼 일본사료에 기록된 신라의 '금琴' 혹은 '신라금新羅琴'은 지금까지 일괄 가야금으로 해석해 왔다.

이혜구는 〈사료 3〉에서

"일본에서 신라악에 사용된 琴이 新羅琴을 빼놓고 딴 琴이라고 생각할 수 없고, 또 7세기와 9세기의 신라 본국에서 신라악에 사용된 琴도 역시 6세기에 大樂으로 채용된 가야금일 수밖에 없다."[42]

고 하였다. 송방송 역시 〈사료 3〉의 "금琴은 가야고였음에 틀림없다"[43] 혹은 "금사琴師는 가야금을 가르치던 신라악사를 뜻하고, 무사舞師는 춤을 가르치던 악사를 의미한

---

41 카사하라 키요시(笠原 潔), 「고토(琴)와 치쿠죠현악기(筑狀弦樂器): 고대 일본의 두 종류의 현악기」, 『제9회 동양음악학 국제학술회의: 고대한반도 문화교류사 - 악기를 중심으로』, 서울: 국립국악원, 2005, 200쪽.
42 李惠求, 「음악·무용」, 『한국사』 2권, 1978, 357쪽; 「日本에 있어서의 三國樂」, 『韓國音樂論集』, 서울: 世光音樂出版社, 1985, 219~227쪽.
43 宋芳松, 『韓國音樂通史』, 1984, 83~84쪽 및 139쪽.

다"⁴⁴고 하였다. 장사훈도 〈사료 3〉을 통해 "일본에 전해진 신라악은 가야금과 춤으로 이루어졌다"⁴⁵고 하였다.

〈사료 4〉에 있어서도 장사훈은

"신라금의 명인 사량진웅은 가야고 연주자가 각별한 예우를 받았을 뿐만 아니라, 일본 조정의 조신들이 가야고의 秘道를 전수받을 만큼 일본에 있어서의 가야고 음악의 예우와 기반은 확고한 것이었다."⁴⁶

고 장담하여 일본사료의 금琴 혹은 신라금新羅琴을 가야금으로 믿게 하였다. 이와 같이 일본사료에서 신라악사가 연주한 금琴과 사량진웅이 연주했다고 분명히 기록된 '신라금'도 일괄 가야금으로 해석해 왔던 것이다. 문헌 해석의 이러한 입장은 일본에 소장된 9세기 유물인 '신라금' 역시 '가야금'으로 비정하였다.

(2) 정창원 신라금이 가야금이라는 견해

일본 나라奈良의 동대사東大寺라는 절 안에 정창원正倉院이라는 창고가 있다. 정창正倉이란 본래 정세正稅 즉 조세로서 왕국이 거두어들인 곡식을 비롯하여 중요한 자재를 보관하는 정부 관계의 창고나 혹은 사원의 집물什物·자재資材를 넣는 수장고에 붙인 호칭이었다. 따라서 중앙관청이나 동대사에 한하는 것이 아니라 지방관청이나 여러 큰 사찰에도 정창正倉이 있었으며 그 몇 기를 모아서 정창원을 만들고 있었다. 그러나 동대사 정창원의 경우는 왕후王后 광명光明이 남편 성무천황聖武天皇(724~749)이 죽은 후 49재일齋日에 명복을 빌기 위하여 평시에 애용하던 600여 종의 물품을 동대사에 헌납

---

44 宋芳松,「韓國古代音樂의 日本傳播」,『韓國音樂史論攷』, 1995, 42쪽.
45 張師勛,「統一新羅時代」,『韓國音樂史』, 1985, 109쪽.
46 張師勛,「統一新羅時代」,『韓國音樂史』, 1985, 124~126쪽 및『增補韓國音樂史』, 1986, 103~106쪽;「新羅音樂이 日本에 끼친 影響」,『新羅文化祭學術發表會論文集』제3집, 경주: 신라문화선양회, 1982, 33~63쪽 및『國樂史論』, 1983, 104쪽.

한 데서 시작되었다.⁴⁷

이 봉헌 목록으로 헌물장獻物帳을 만들었는데, 그 가운데 악기에 관한 것을 기록한 것이 '국가진보장國家珍寶帳'이다.

정창원 소장의 초기 물건은 4종의 헌물장⁴⁸에 각각 품목이 기록되어 있는데, 이 가운데 가장 초기인 "천평승보팔재天平勝寶八載 육월감일일六月廿一日" 즉 756년 6월 21일의 헌물장에 '신라금新羅琴'이 기재되어 있다.

〈사료 5〉 金鏤新羅琴一張 枕尾並染木 綠地畫月形 納縹臘袋綠裏
金鏤新羅琴一張 枕尾並桐木 緋地畫月形 納紫地錦袋緋裏⁴⁹

〈그림 6〉 國家珍寶帳

이 기록은 756년에 정창원으로 여러 가지 물건을 헌납할 때 신라금 두 대도 함께 있었다는 증거이다. 그런데 헌물장의 품목에서 악기의 종류는 20여 종인데, 현존 하는 것은 13종이다. 안타깝게도 신라금은 기록만 있고, 당시 악기는 현존하지 않는다.

한편, 그 이후 홍인弘仁(810~823)·천장天長(824~833) 연간의 '잡물출입장雜物出入帳'에도 약간의 악기가 기재되어 있는데, 바로 여기에 신라금에 관한 기록과 함께 유물이 남아 있다.

〈그림 7〉은 홍인弘仁 5년(814) 9월 17일부터 천장天長 3년(826) 9월 1일까지 정창원에서 여러 가지 물건이 출납된 정황을 기록한 문서이다.⁵⁰ 이 가운데 제9지第九紙와 제10지第十紙에 신라금新羅琴

---

47 崔在錫, 「正倉院 소장품의 內容과 性格」, 『正倉院 소장품과 統一新羅』, 서울: 一志社, 1996, 19쪽.
48 4종의 헌물장은 다음과 같다. 1. 天平勝寶 八載 六月 廿一日(756년 6월 21일) 2. 天平勝寶 七月 廿六日(756년 7월 26일) 3. 天平寶字 二年 六月 一日(758년 6월 1일) 4. 天平寶字 二年 十月 一日(758년 10월 1일). 林謙三, 『正倉院樂器の硏究』, 1964, 343쪽.
49 林謙三, 『正倉院樂器の硏究』, 1964, 346쪽. 이 글의 내용은 다음과 같다. 침미는 아울러 무늬 있는 나무이고, 초록색 바탕에 달 그림을 그렸다. 그리고 고운 비단 밀납 포대의 초록색 안감에 넣어 두었다. 침미는 아울러 오동나무이고, 붉은 바탕에 달 그림을 그렸다. 그리고 붉은 비단 포대의 자주색 안감에 넣어 두었다.

두 대가 출납된 기록이 바로 〈그림 8〉과 〈그림 9〉이며,[51] 이 내용을 정리한 것이 〈사료 6〉이다. 그리고 지금까지 정창원에 소장된 신라금 세 대는 〈그림 10~12〉이다.[52]

〈사료 6〉 弘仁十四年二月十九日下

　　　　箏琴壹面 桐木木繪 紫檀琵琶壹面

　　　　紫檀五絃琵琶壹面 螺鈿 <u>新羅琴貳面 金鏤</u>

　　　　銀平文革莒壹合 楸木瑟壹面 木畫

　　　　銀薰爐壹合 重一斤八兩大 御琴皆各 ☐七

　　　　右依右大臣二月十七日宜 所出如件

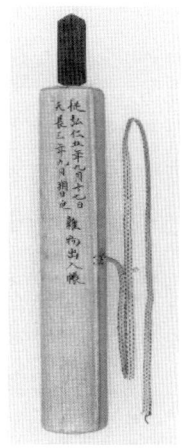

〈그림 7〉 雜物出入帳

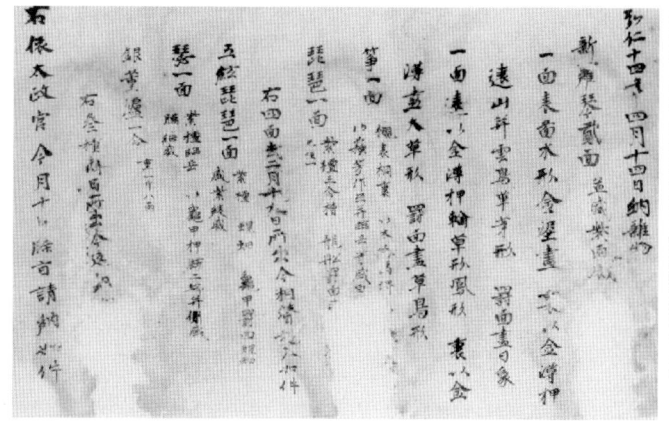

〈그림 8〉 雜物出入帳 4월 14일

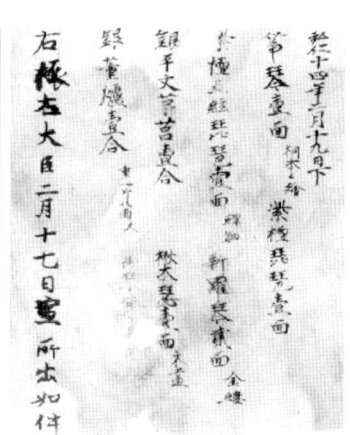

〈그림 9〉 雜物出入帳 2월 19일

50　『正倉院展』, 奈良: 奈良國立博物館, 2004, 26쪽.
51　『正倉院展』, 2004, 119~120쪽.
52　그림의 출처는 林謙三, 『正倉院樂器の硏究』, 1964, 도면 56-57, 60-61, 66-67을 참고함.

弘仁十四年四月十四日納雜物

○[53]新羅琴貳面 並盛紫兩袋

　　一面表圖水形金渥畫 裏以金薄押

　　　遠山幷雲鳥草等形 罰面畫白象

　　一面表圖以金薄押輪草形鳳形 裏以金

　　　薄畫大草形 罰面畫草鳥形

　箏一面槻表桐裏 以木繪爲堺　　　以蘇芳作足幷臨岳等盛白　　　

　琵琶一面 紫檀三合槽 龍船罰面　　　无柱

　　　右四面 去二月十九日所出 今相替施入如件

　五絃琵琶一面 紫檀螺鈿 龜甲罰面螺鈿 盛紫綾袋

　瑟一面 紫檀臨岳 以龜甲押鐐二端幷側盛纈臘袋

　銀薰爐一合 重一斤八兩

　　　右參種 同日所出 今返納

　右依太政官 今月十日牒旨 請納如件[54]

53　○이 표시는 현재까지 정창원에 新羅琴 貳面이 소장된 것을 뜻한다. 한편, ○이 표시가 없는 것은 현재 소장하지 않음을 말한다.

54　林謙三, 『正倉院樂器の研究』, 1964, 347~348쪽. 이 글의 내용은 다음과 같다. 홍인 14년(823) 2월 19일에 쟁금 1면(오동나무이고, 나무에 비단 무늬 그림을 그렸음), 자단비파 1면, 자단오현 비파 1면(나전), 신라금 2면(금으로 새긴 것), 은평문혁거 1합, 추목슬 1면(나무에 그림이 있는 것), 은훈로 1합(무게는 1근 8냥), 어금 등 모두 7개를 임금이 내렸다.(　　　: 네모는 판독불량표임) 이는 우대신에 의해 2월 17일에 내용과 같이 반출하였음.
홍인 14년(823) 4월 14일에 들어온 잡물임. 신라금 2면(모두 자주색 두 포대에 담아두었음)이다. 1면 겉에는 水形을 금니로 그렸고, 속에는 금박으로 遠山 및 雲鳥草 등 모형을 곁들였으며, 겉면에는 흰 코끼리를 그렸다. 다른 1면 겉에는 금박으로 輪草形과 鳳形을 곁들였고, 속에는 금박으로 大草形을 그렸으며, 겉면에는 草鳥形을 나타냈다. 쟁 1면은 겉은 물후레나무이고 속은 오동나무이다(나무에 비단 무늬 그림을 그려 경계로 삼았다. 蘇芳이 만든 足幷 臨岳 등으로 흰색 (포대에) 담았다). 비파 1면(紫檀을 3합한 구유이고, 龍船으로 겉을 나타냈으며, 기둥은 없다.) 위의 4면은 지난 2월 19일에 반출한 것이었으나 지금 서로 바꿔 내용과 같이 반입한다.
오현비파 1면(紫檀과 螺鈿, 龜甲으로 장식하였고, 겉면은 나선으로 나타냈으며, 자주색 비단 포대에 담았다), 슬 1면(紫檀이며 臨岳이며, 龜甲에 2단을 깎았고, 아울러 비단 밀랍 포대에 담았다), 은훈로 1합(무게는 1근 8냥)이다. 위의 3종은 같은 날 반출하였다가 오늘 반납한다. 이는 대정관에 의해 금월 10일에 첩지가 내려 같은 여건으로 들이라고 청하였다.

〈그림 10〉 정창원 신라금 1

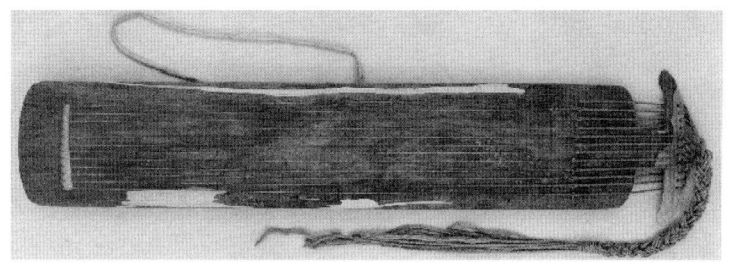
〈그림 11〉 정창원 신라금 2

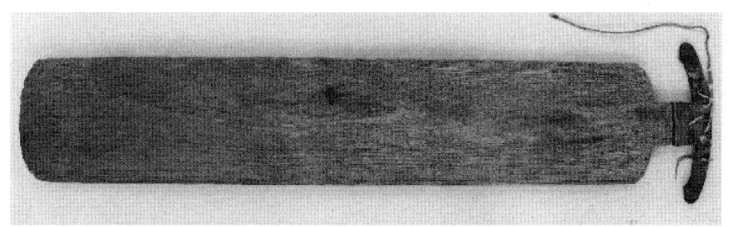
〈그림 12〉 정창원 신라금 3

　〈사료 6〉에 의하면, 823년 2월 19일에 출고된 악기가 같은 해 4월 14일에 반납되었다. 그런데 신라금 두 대와 더불어 쟁 한 대 및 비파 한 대는 "우사면右四面 거이월십구일소출去二月十九日所出 금상체시입여건今相替施入如件"이라는 기록에서 다른 악기로 대신 반납한 것으로 되어 있다. 즉 2월 19일 출고될 때의 신라금이 4월 14일에 반납될 때는 다른 신라금으로 대체됐음을 말한다. 따라서 현재 정창원에는 세 대의 신라금이 있는데, 그 가운데 두 대는 바로 823년에 반납될 때 들어온 것으로 보고 있다.
　이상으로 헌물장과 잡물출입장을 종합해 보면, 756년 혹은 그 이전에 신라금이 일본 궁중에 전해졌으며, 현재 정창원에 소장된 신라금 두 대는 823년 것으로 알려져 있다. 〈그림 10~12〉를 보면, 악기 구조에서 신라토우에 나타난 양이두가 뚜렷하며, 규모는 세 대가 약간의 차이가 있으나 대략 비슷하다.[55]

〈그림 6〉의 국가진보장과 〈그림 8~9〉의 잡물출입장을 보면, 당시 '신라금新羅琴'으로 분명하게 기록되어 있지만, 이것을 신라금으로 믿는 경우는 지금까지 거의 없었다. 대부분 가야금으로 여겨왔던 것이다.

이성천과 이혜구는 "신라 본국에서 뿐 아니라 일본에 건너간 신라악도 악기로는 가야고 하나로써 이를 신라금이라 하였다"[56]고 기술하여 정창원 신라금을 가야금으로 인식하였다. 송방송도

"일본에 전한 신라금의 실물이 현재 풍류가야금 또는 정악가야금이라고 불리는 법금과 동일한 악기여서 가야고라는 것이 명백히 드러난 셈이다."[57]

고 하여 같은 입장이다. 이러한 견해는 장사훈[58]도 예외가 아니며, 북한학자인 리차윤[59]과 문성렵[60] 역시 같은 입장이다. 아울러 일본학자 하야시 겐죠林謙三 역시 마찬가지이다. 심지어 정창원 소장 신라금 유물은 "일본 정창원에 전하는 신라의 가야고"로

⋯

55 신라금 세 대의 규모를 표로 정리하면 다음과 같다. 단위: cm

	長	頭幅	尾幅	羊耳形長
金薄押新羅琴	158.1	30.2	30.9	37.7
金泥新羅琴	153.3	30	30.5	37.3
新羅琴殘欠	147.3	26.75	25.7	34.5

林謙三, 『正倉院樂器の樂器』, 1964, 39~40쪽.
56 이성천, 『국악사』, 1976, 74쪽; 李惠求, 「音樂上으로 본 韓日關係」, 『古代韓日文化交流研究』, 성남: 韓國精神文化研究院, 1990, 185~186쪽.
57 宋芳松, 『韓國音樂通史』, 84쪽. 혹은 "가야금은 통일신라시대에 이르러 이웃 일본 왕실에서 신라금(시라기고토)으로 알려진 것은 물론이고, 신라 삼현의 하나로 꼽히게 되었던 것이니, 가야금이 신라음악사에서 중요시되어야 하는 까닭은 바로 여기에 있다고 본다"고 하였다. 宋芳松, 「新羅 三絃의 音樂史學的 檢討」, 『韓國古代音樂史研究』, 서울: 一志社, 1985, 90쪽.
58 張師勛, 「統一新羅時代」, 『韓國音樂史』, 1985, 126~128쪽 및 『增補韓國音樂史』, 1986, 106~109쪽.
59 리차윤, 『조선음악사』, 평북: 예술교육출판사, 1987, 68~69쪽.
60 문성렵, 『조선음악사』 1, 1988, 123쪽.

소개되기에 이른다.[61] 1100여 년 동안 신라금이었던 정창원 악기는 현대 연구자들에 의해 마침내 '가야금'으로 소생한 것이다. 이와 같은 결과는 국내사료인 『삼국사기』의 〈사료 1〉에 기록된 '금琴'을 가야금으로 인식하면서, 그 여파로 일본사료와 정창원 신라금을 모두 가야금으로 해석했다고 본다.

이미 앞에서 살펴봤듯이 689년과 807년에 연주된 금琴은 가야금이기보다 신라의 금琴이다. 그렇다면 〈사료 3〉에 기록된 금琴과 〈사료 4〉에 있는 '신라금新羅琴'은 가야금이기보다 신라 궁중에서 807년에 연주된 신라의 금琴일 가능성이 크다. 따라서 7~9세기에 신라 궁중에서 연주된 금琴이 일본으로 전해진 것이므로 정창원에 전해진 '신라금新羅琴' 역시 당시 기록대로 '신라금'으로 인정할 수 있다.

만약 기왕의 논리대로 신라에는 금琴이 없었는데, 가야에서 신라로 전한 가야금이 신라 사람이 일본으로 전해줬기 때문에 명칭이 '신라금'으로 된 것이라고 가정하면, 당장 몇 가지 문제가 또 발생한다.

첫째는 정창원에 있는 '신라금궤新羅琴櫃'이다. 금궤琴櫃란 악기 금琴을 넣는 상자이다. 이 신라금궤는 홍인 12년(823) 2월 19일에 출장한 신라금新羅琴 두 대가 같은 해 4월 14일에 반납될 때 신라금 두 대와 함께 정창원으로 들어온 것으로 추정하고 있다.[62] 길이가 183.5cm, 폭이 43.8cm, 높이가 24.0cm인 점을 보면,[63] 사람이 들어갈 정도의 크기임을 알 수 있다. 기왕의 논리로 이해하자면, 이것은 가야금궤이다. 그런데 『삼국유사』 사금갑조를 보면,[64] 488년 신

〈그림 13〉 정창원 소장 신라금궤

---

61 윤중강, 「고대악기 복원은 21세기 신음악의 창조: (일본)신라금 복원연주」, 『객석』 통권126호, 서울: 주식회사예음, 1994, 72~75쪽.
62 『正倉院展目錄』, 奈良: 奈良國立博物館, 1980, 12쪽.
63 위의 책, 12쪽.
64 射琴匣 第二十一毗處王(一作炤智王)卽位十年戊辰 …(中略)… 時有老翁自池中出奉書 外面題云 開見二人死 不開 一人死 使來獻之 王曰 與其二人死 莫若不開 但一人死耳 日官奏云 二人者庶民也 一人者王也 王然之開見 書中 云射琴匣 王入宮見見琴匣射之 乃內殿焚修僧與宮主潛通而所奸也 二人伏誅, 『三國遺事』, 卷1,22a4-b6.

라 왕실에는 금을 넣는 금갑琴匣이 있었고, 이것은 사람이 숨을 수 있는 정도의 크기였다. 이 시기는 물론 가야금이 신라에 유입되기 이전이었기 때문에 금갑을 가야금궤라고 한다면, 『삼국유사』 사금갑조의 기록을 부정해야 하는 문제가 발생한다. 정창원 소장 신라금궤의 크기가 『삼국유사』 사금갑조에 나오는 크기와 비슷하므로 기록 그대로 가야금궤가 아닌 신라금궤라고 해야 할 것이다.

둘째는 『일본서기日本書紀』에 나오는 기록이다.

〈사료 7〉 大泊瀨幼武天皇 雄略天皇 11년(467) 가을 7월 百濟國으로부터 도망해 온 자가 있었는데, 스스로 이름을 貴信이라고 하였다. 또 貴信은 吳나라 사람이라고도 한다. 磐余의 吳琴을 타는 壇手屋形麻呂 등이 바로 그 후손이다.[65]

〈사료 8〉 豊御食炊屋姬天皇 推古天皇 20년(612) 백제인 味摩之가 귀화하였는데, "吳나라에서 배워서 伎樂의 춤을 출 수 있다"고 말하였다. 곧 櫻井에 안치하고, 소년을 모아 伎樂의 춤을 배우게 하였다. 이때 眞野首弟子·新漢濟文 두 사람이 그것을 배워 그 춤을 전하였는데, 이들이 지금의 大市首·辟田首 등의 선조이다.[66]

가야금을 신라에서 전해줘서 가야금이라 하지 않고 '신라금'이라 칭한다면, 〈사료 7〉에서 귀신이라는 사람이 백제국으로부터 건너갔다면 당연히 기록은 '오금'이 아니라 '백제금'이 있어야 할 것이다. 또한 〈사료 8〉 역시 백제 사람 미마지가 기악을 전했으나, 오나라에서 배운 기악이라고 굳이 밝혔다. 즉 일본사료에서는 금琴이나 기악伎樂을

...

[65] 『日本書紀』, 卷14 大泊瀨幼武天皇 雄略天皇 (十一年) 秋七月 有從百濟國逃化來者 自稱名曰貴信 又稱貴信吳國人也. 磐余吳琴彈壇手屋形麻呂 是其後也. 崔根泳 外, 『日本六國史韓國關係記事: 原文』, 1994, 24쪽. 『日本六國史韓國關係記事: 譯註』, 61쪽.

[66] 『日本書紀』, 卷22. 豊御食炊屋姬天皇 推古天皇 (廿年) 是歲 又百濟人味摩之歸化 曰 學于吳 得伎樂儛 則安置櫻井 而集少年 令習伎樂儛 於是 眞野首弟子 新漢濟文 二人習之傳其儛 此今大市首 辟田首等祖也. 崔根泳 外, 『日本六國史韓國關係記事: 原文』, 1994, 64쪽. 『日本六國史韓國關係記事: 譯註』, 144쪽.

전한 사람이 백제사람이건 오나라 사람이건 간에 그 출처인 오吳나라의 금琴 즉 오금吳琴 혹은 오吳나라의 기악伎樂임을 분명히 기록하였다. 예컨대 기왕의 논리처럼 가야국의 금을 신라 사람이 전했다고 가정하면, 〈사료 3〉에서 "신라사람 사량진웅은 가야의 금을 잘 탔다"고 기록에 남아 있어야 할 것이다.

만약 미마지가 오나라에서 배운 기악을 일본으로 전했다는 일본사료의 기록을 부정한다면, 지금 학계에서 인정되고 있는 일본에 전한 삼국악에 관한 내용 역시 대부분 부정되어야 할 것이다.

그렇지 않다면, 기록에 있는 대로 8~9세기 신라에서 일본으로 전래된 금琴은 8~9세기 신라 궁중에서 연주된 신라의 금琴이었기 때문에 일본사료와 국가진보장 및 잡물출입장에 모두 '신라금新羅琴'으로 분명히 기록했던 것으로 이해할 수 있다.

따라서 후대인 15세기 『세종실록』과 『악학궤범』에 그려진 가야금과 오늘날 연주되는 가야금의 구조를 근거로 앞 시기의 기록과 유물을 부정하면서까지 600년 전의 가야금이라는 주장은 성립하기 어렵다. 나아가 초기 가야금의 구조적 특징으로 양이두에 주목하는 것도 관련 유물이 출토되지 않은 지금으로서는 의미가 없다고 생각한다.

따라서 나는 다음의 두 가지를 강조하고자 한다.

첫째는 시대의 흐름을 앞에서부터 순리대로 해석해 나가자는 것이다. 선대의 문헌 기록과 유물이 전혀 남아 있지 않은 경우는 후대의 기록과 유물로 어느 정도 추정은 할 수 있다고 생각한다. 그러나 해당 시기의 관련 문헌기록과 고고학 자료가 있음에도 불구하고 이를 활용하지 않거나 인정하지 않고 후대의 기록 및 형태를 기준으로 앞 시기의 것을 소급하여 적용시키는 것은 문제가 된다는 점이다.

둘째는 551년 우륵이 신라로 가야금을 전해줬다고 해서 기존의 신라 현악기가 모두 사라지고 가야금 일변도로 신라 음악계가 변화된 것이 아니다. 앞에서 살펴본 바와 같이 가야음악 및 악기가 신라에 편입되어 신라음악의 일부가 되었겠지만, 기존의 신라음악과 악기는 가야금이 전해지기 이전부터 있었던 것이 이후에도 존속하였다는 것이다.

이상으로 일본사료와 정창원 소장 유물 및 관련 기록을 검토해 본 결과, 정창원의

'신라금'은 신라의 금으로 보인다. 혹 가야금이 될 수도 있다. 그러나 지금으로서는 신라금일 경우 충분한 문헌 근거와 고고학 자료가 존재하지만, 가야금일 경우 문헌사료가 부족하며, 결정적인 것은 초기가야금의 구조를 보여주는 고고학 자료가 아직 없다는 점이다. 따라서 정창원의 신라금이 가야금인가에 대해서는 좀 더 인내를 가지고 관련 자료를 기다려야 할 것으로 생각한다.

3. 정창원의 신라금은 '가야금'이 아니라 '신라금'이다

초기 가야금의 구조를 지금까지 신라토우에 나타난 현악기 혹은 정창원 소장의 신라금에서 찾았다. 그러나 신라토우의 현악기는 이미 가야금이 아니라 신라고로 밝혀졌으므로, 이 글에서는 정창원 신라금이 과연 가야금인지 그 여부에 대해 고찰하고자 했다. 먼저 정창원 신라금을 가야금으로 본 논리 구성을 살펴본 다음 최근까지 국내사료 해석과 일본사료 및 정창원 신라금 해석의 견해를 각각 검토해 보았다.

결론적으로 정창원 신라금을 가야금이라고 하기에는 정황적으로 시기상조라고 여겨진다. 정창원 신라금을 가야금으로 해석하여 초기 가야금도 오늘날 정악가야금과 크게 다르지 않았다고 인식해서 1500년 혹은 2000년 동안 큰 변화없이 이어져 온 악기라는 이론 도출은 이미 논한 바와 같이 출발선상에서 무리를 범한 것이 아닌가 한다.

현재로서는 6세기 초기의 가야금 구조를 정확히 파악하기란 어렵다고 생각한다. 그리고 지금까지 믿어온 것처럼 551년 이후 신라에서 가야음악 및 가야금이 신라음악에 전면적으로 부상한 것 같지는 않다. 551년 우륵에게 계고·법지·만덕 세 사람이 파견되어 가야의 악·가·무를 전수받아서 진흥왕 시대에는 신라음악에 대악大樂으로 포함되었지만, 그 이후 신라왕실에서 가야음악을 전면적으로 수용한 것 같지 않기 때문이다.

그러면 통일신라시대는 가야금보다는 기존의 신라금이 문헌기록이나 정창원의 신라금으로 볼 때 왕실의 중심 악기의 하나로 판단된다. 이전부터 내려온 신라악이 왕실에 지속되어진 반면, 가야음악은 연행되지 않은 점으로 봐서 가야금은 크게 드러나지 않은 듯하다.

그런데 김부식이 『삼국사기』를 편찬한 고려시대에는 가야금이 신라 삼현 가운데 하나로 전면 부상하게 된다. 과연 이러한 현상을 어떻게 이해해야 할지 앞으로의 연구 과제로 남는다. 뿐만 아니라 조선시대 사료인 『세종실록』과 『악학궤범』에 그려진 가야금은 정창원에 있는 신라금과 거의 유사한 구조이나 분명 가야금이다. 왜 이런 현상이 일어났는지에 대한 것도 탐구해야 할 과제이다.

앞으로 가야금은 『세종실록』의 가야금을 기점으로 그 이전과 이후로 구분지어 연구해야 할 필요가 있을 것이다. 또 고려시대에 이르러 기존의 신라금은 왜 역사의 뒷무대로 사라지고 반면 삼현의 하나로 가야금이 부상되었는지 그 이유도 밝혀져야 할 것이다. 불확실한 증거와 추론에 근거한 연구가 아니라 확실한 사료와 고고학 자료를 바탕으로 한 연구가 앞으로 이루어져야 할 것으로 기대한다.

02.
월지 출토 음악 자료

•

•

•

월지月池란 안압지雁鴨池를 의미하는데, 지금까지 일반적으로 안압지로 널리 알려졌으나, 학자들의 연구결과 '안압지雁鴨池'라는 명칭은 조선시대에 붙여진 것이며, 통일신라시대의 명칭은 '월지月池'라는 견해가 지배적이다.[1] 따라서 이 글에서는 안압지를 월지라 이름 하였다.

이 글은 월지에서 출토된 유물 가운데 음악관련 자료를 정리하여 소개하고자 한다. 물론 기왕에 월지의 『안압지발굴조사보고서雁鴨池發掘調査報告書』[2]가 간행된 바 있으나 출토된 유물 전반을 조사 정리했기 때문에 음악관련 자료에 한하여 자세히 보고하는 것에는 한계가 있었다. 그러므로 이 글에서는 월지에서 출토된 음악관련 자료를 좀 더 자세히 보고하고자 하는 것이 목적이다.

먼저 월지의 발굴경위와 전반적인 출토유물을 알아보고 그 가운데 음악과 관련된 유물로 어떤 것이 출토되었는지 살펴볼 것이다. 특히 음악관련 유물에서 각 유물의 형태와 그 특징을 면밀히 관찰한 다음 관련된 기록은 어떤 내용이 있는지 살펴보고자 한다.

---

1 안압지의 명칭에 관한 글은 다음과 같다. 최영희, 「雁鴨池의 이름」, 『雁鴨池發掘調査報告書』, 서울: 文化財管理局, 1978, 5~6쪽; 韓炳三, 「雁鴨池 名稱에 關하여」, 『考古美術』 제153호, 서울: 韓國美術史學會, 1982, 40~41쪽; 高敬姬, 「雁鴨池 名稱에 대한 考察」, 『考古歷史學志』 제16집, 부산: 동아대학교박물관, 2000, 511~526쪽.

2 『雁鴨池發掘調査報告書』, 서울: 文化財管理局, 1978.

1. 월지의 출토유물

월지月池는 경주종합개발계획의 일환으로 연못의 준설浚
渫과 주변의 정화작업이 추진되었다. 서서히 바닥층을 향하여 토사土砂를 제거하는 과
정에서 와당瓦當이 출토되어 본격적인 발굴이 요청되었다. 그래서 월지의 발굴조사는
연못에 대한 조사와 연못 주변 건물지 조사로 나누어 실시되었는데, 연못에 대한 발
굴조사는 1975년 3월 24일부터 다음해인 1976년 3월 25일까지 만 1년간 지속되었으
며, 연못 주변지 발굴조사는 1976년 5월 10일부터 그해 12월 30일까지 실시되었다.[3]
결국 월지 발굴은 2년 동안 이루어졌다.

월지에서 출토된 유물遺物은 와당瓦當·전博·불상佛像·판불板佛·금동제장식구金銅製
裝飾具·건축부재建築部材·목선木船 등이었으며, 대부분 연못 바닥층이나 사질砂質 갯벌
층에서 출토되었다. 출토된 유물은 크게 4종으로 분류되는데, 와전류瓦博類 50%·토기
류土器類 20%·목재류木材類 15%·금속류金屬類 10%·기타 철기류 5%의 비율을 보였
다.[4] 이러한 유물은 당시 왕과 군신들이 이곳에서 향연할 때 못 안으로 빠진 것과,
935년에 신라가 멸망하여 동궁東宮이 폐허가 된 후, 홍수 등 천재天災로 인하여 이 못
안으로 쓸려 들어간 것, 그리고 신라가 망하자 고려군이 동궁을 의도적으로 파괴하여
못 안으로 물건들을 쓸어 넣어 버린 것 등으로 추정한다.[5]

이때 발굴된 유물 가운데 음악과 직접 관련된 유물이 6점 있으니, 금속류에 속하는
주악천인상奏樂天人像 화불化佛 4점과 목재류에 해당하는 것으로 목간 1점 그리고 주사
위 1점이 그것이다. 아울러 주악천인상 이외 간접적으로 관련된 유물로 지물공양상持
物供養像이 있는데 이것을 '기타'로 분류하여 간략히 소개하고자 한다. 왜냐하면 비록

---

3 『雁鴨池發掘調査報告書』, 서울: 文化公報部 文化財管理局, 1978, 1~3쪽.
4 『雁鴨池發掘調査報告書』, 81쪽. 한편 유물을 물질별로 나누어 볼 때 금속제품 1,980점·옥석제품 1,453점·토도
  제품 3,996점·와전 24,465점·골각제품 359점·목칠제품 875점이며, 모두 33,128점이 됨을 밝힌 바 있다. 고경
  희, 『안압지』, 서울: 대원사, 1989, 57쪽.
5 고경희, 『안압지』, 56쪽.

지물을 들고 공양하지만 '소리공양'도 함께 했을 가능성이 있기 때문이다. 따라서 유물에 대해 자세히 살펴보도록 하겠다.

1) 주악천인상 4점 및 기타

판불板佛이란 금동金銅의 판면에 불佛·보살菩薩 등의 형상을 표현한 것을 말한다.[6] 월지에서 출토된 불상을 분류하면, 금동제삼존판불金銅製三尊板佛 2구軀, 금동보살판불金銅菩薩板佛 8구, 금동여래입상金銅如來立像 6구, 금동여래좌상金銅如來坐像 1구, 그리고 다수의 금동광배편金銅光背片과 광배에 입체적으로 장식했을 것으로 생각되는 화불化佛·보주寶珠·비천공양상飛天供養像·천개天蓋 등이다.[7]

이 가운데 음악과 관련된 자료는 광배에 입체적으로 장식했을 것으로 보이는 '비천공양상'이다. 월지에서 수습된 광배 장식용 천인상은 모두 80여 점으로 가장 수가 많은데, 이것은 다른 화불化佛에 비하여 많은 수의 천인상天人像이 광배에 장식되었음을 말해 주는 것이다. 천인상을 형식에 따라 분류하면, 다음과 같다.[8]

① 天人坐像: 合掌供養像·蓮花供養像

② 天人飛像: 合掌供養像·蓮花供養像

③ 天人奏樂像

이 가운데 천인좌상이 가장 많고, 천인비상이 6점이며, 천인주악상이 4점이다.[9] 특

6　尹慶淑, 「雁鴨池 金銅板佛의 考察」, 서울: 동국대대학원 석사학위논문, 1987, 1쪽.
7　姜友邦, 「雁鴨池 出土 佛像」, 『圓融과 調和』, 서울: 열화당, 1990, 202쪽.
8　『雁鴨池 發掘調査報告書』, 273쪽 및 姜友邦, 「雁鴨池 出土 佛像」, 『圓融과 調和』, 227쪽.
9　한편 黃美衍은 "통일신라시대 주악상에 관한 고찰"에서 월지 판불에 관하여 "악기를 연주하는 像는 횡적을 부는 주악상 2구와 적을 부는 천인상 2구, 비파를 치는 주악상 1구로 총 5구의 주악상이 발견된다"고 서술하였는데, 무엇을 근거로 5구라 했는지 알 수 없다. 황미연, 「통일신라시대 주악상에 관한 고찰」, 『낭만음악』 제9권 제1호(통권 33호), 서울: 낭만음악사, 1996, 34~36쪽.

히 주악상은 천음天音을 상징하므로 광배光背 위쪽에 부착된 것으로 추측한다.[10] 이러한 유물의 출토지는 월지 2·3·4 각 건물지에서 막대한 양으로 출토되었는데, 특히 주악상의 경우 4점 모두 이미 조각난 상태로 발견되었기 때문에 그 원형을 알 수 없는 점이 아쉽다. 그러면 주악상 4점의 형태를 살펴보도록 하겠다.[11]

(1) 대금

월지 출토 주악상 가운데 가장 많이 알려진 유물이다.[12]

〈그림 1〉의 유물은 현재(2002년) 국립경주박물관에 전시되고 있다. 비교적 상태가 좋은 편이므로 얼굴의 형태와 연주자의 손가락 및 옷자락 선 등 출토상태가 매우 양호한 유물이다. 규모면에서 보면, 유물 전체길이는 4cm이며, 연주자의 앉은키는 3cm이다. 그리고 천인의 악기 길이는 2.5cm이며, 악기 폭은 0.17cm이다.[13] 특히 천인의 얼굴모양이 둥글게 생겼고, '신라의 미소'로 널리 알려진 인면와당人面瓦當의 모습과 매우 닮았다. 머리모양은 위로 올린 듯 모아졌고, 머리의 끝부분은 약간 결손되었다. 이마 언저리는 복숭아 끝부분처럼 곱게 빗은 형태인데, 그 윤곽이 너무도 선명하게 남아 있다.[14]

〈그림 1〉을 보면, 연주자는 결가부좌로 편안히 앉은 좌상이며, 오른쪽 방향으로 관악기를 연주하고 있다. 악기의 길이가 신체비례로 볼 때 크므로 횡적橫笛 가운데 통일신라 삼죽三竹 중에서 대금大笒이 아닌가 한다. 특히 악기의 위쪽 끝부분은 대나무의 매듭과 짧게 뻗은 가지 부분이 묘사되었고, 악기 몸통에 약간 패인 홈 부분도 있는데,

---

10 『雁鴨池 發掘調査報告書』, 273쪽.
11 4점의 주악상 도면이 모두 소개된 자료는 『雁鴨池發掘調査報告書: 도판편』, 도판 162와 姜友邦, 『圓融과 調和』, 229쪽이다.
12 최근 『박물관신문』 2002년 6월 1일자에 소개되었는데, 사진 상태가 아주 우수하다.
13 그 외 유물 전체 폭은 3.8cm이며, 연주자의 앉은 다리 폭은 2.2cm이다. 이상의 실측은 2002년 7월 29일 오후 2시~3시 40분까지 국립경주박물관에서 유물관람신청을 허락해 주었기 때문에 가능하였다. 지면을 통해 감사드린다.
14 한편 이 유물을 童子像으로 보기도 하는데(황미연, 「통일신라시대 주악상에 관한 고찰」, 『낭만음악』 제9권 제1호, 1996, 34~36쪽), 그 실물을 봤을 때 동자상으로 보기보다 천인상으로 판단된다.

마치 '쌍골죽雙骨竹'을 표현한 것 같다. 쌍골죽이란 대나무의 양쪽에 홈이 패인 형태의 것을 일컫는데, 이러한 대나무는 단단한 성질이 있기 때문에 오늘날 대금같은 악기 재료로 가장 으뜸으로 여긴다.15 대금의 재료로는 오래 묵은 황죽黃竹이나 또는 쌍골죽을 많이 사용한다. 황죽의 경우는 일반적으로 내경內徑(대의 안지름)이 굵지 않아 전체 음정을 고루 맞추기가 어려우며, 중간음이나 저음은 시원하게 잘 나지만 고음에서는 대금 특유의 소리를 내기가 어렵다. 그러나 쌍골죽의 경우는 일반적으로 살이 굵어 만들기가 어렵지마는 내경이 고르기 때문에 음정을 맞추기에는 비교적 쉽고, 저음뿐만 아니라 고음에서도 대금 특유의 장쾌한 소리를 낸다. 그러나 이 대나무는 일종의 병죽病竹이며, 돌연변이로서 재료를 구하기가 매우 어려운 편이나, 연주용 악기로서는 역시 쌍골죽 이상 가는 재료가 없다.16

〈그림 1〉 월지 출토 주악상

한편, 오늘날 대금 연주형태와의 차이점이라고 한다면, 악기가 연주자 무릎 쪽으로 많이 내려왔다는 점이다. 오늘날 대금 연주 자세는 악기가 거의 연주자 어깨와 나란하며, 무릎과도 수평을 이루는 것이 일반적이다. 대금 연주 자세를 잡는데, 먼저 자연스럽게 앉아서 허리를 똑바로 편 다음, 머리는 약 45도 정도 왼쪽으로 돌리고 고개를 약간 숙인다. 시선視線은 전방 약 15도 아래로 본 다음, 악기를 가볍게 쥐고 수평으로 든다. 연습을 하다보면 팔에 힘이 빠져 악기가 처지기 쉬우니 항상 수평이 유지되도

---

15 雙骨竹은 30여 종의 대나무 종류 중에서도 아주 희귀한 돌연변이 종자로서 일종의 病竹이다. 왕(王)대과에 속하며 골이 양쪽으로 패인 것이 특징이다. 골이 전혀 없는 일반 민대에 비하여 살이 두껍고 단단하며, 음색이 청아하고 투명하기 때문에 小笒이나 大笒의 재료로는 최고로 친다. 그러나 재료를 구하기가 어렵고 제작하는 과정이 까다로워 상품의 악기를 만나기란 매우 어려운 실정이다. 趙聖來, 『大笒正樂』, 서울: 도서출판 한소리, 1992, 56쪽.
16 조성래, 『大笒正樂』, 55쪽.

록 노력해야 한다.[17]

한편, 〈그림 1〉과 같은 연주자세는 또 다른 유물에서도 발견되는데, 바로 감은사 사리함의 주악상이다.

이와 같이 〈그림 1〉의 주악상은 가로 부는 관악기 가운데 대금大笒으로 판단되며, 연주 자세에 있어서 오늘날과 약간 차이가 있다. 한편 감은사 사리함의 대금 연주 형태와 유사하므로 통일신라시대 일반적인 연주자세를 보여주는 사례라고 할 수 있다.

〈그림 2〉 감은사 서탑 사리함 주악상

(2) 횡적으로 추정

〈그림 3〉의 주악상은 다소 마모와 부식이 심하다.[18] 유물의 전체높이는 8.2cm이며, 연주자의 앉은키는 3.8cm이다. 다리는 가부좌 형태로 앉은 좌상이며, 상체의 경우 마모가 심하여 판독이 어렵다. 오른쪽에 가느다란 선이 보이며, 연주자의 오른손이 관악기로 짐작되는 가느다란 선 위에 올려졌고, 악기 건너편에 왼손이 있었던 것으로 짐작된다. 천인의 오른손이 입 부근에 올라가 있고, 앉은 자세와 가는 선이 아래로 뻗은 각도 등으로 볼 때 횡적의 악기를 연주하는 유물로 판단된다. 따라서 이 주악상은 횡적의 관악기로서 오늘날 소금小笒처럼 대금大笒보다 짧은 악기로 보인다.

〈그림 3〉 주악상

---

17 조성래, 「자세」, 『大笒正樂』, 14쪽.
18 국립경주박물관, 『경주의 황금문화재』, 240쪽.

(3) 비파

〈그림 4〉의 유물은 비파琵琶를 연주하고 있는 모습이다.[19] 천의天衣까지 전체길이는 8.3cm이며, 천인의 앉은키는 3.6cm이고, 비파의 몸체길이는 3cm이다. 구름 위에 앉은 듯 연주자세는 결가부좌한 좌상이다. 역시 마모가 심하여 얼굴의 이목구비耳目口鼻는 전혀 알아 볼 수 없으며, 상체에 타원으로 드러난 윤곽선이 현악기 비파임을 짐작케 하는 단서가 된다. 오른손의 형태는 마모와 부식으로 형체가 희미하지만, 악기 몸체는 타원의 선이 분명히 남아 있으며, 드러나는 현은 두 줄이다. 악기 목부분을 보면 직경인데 끝부분이 결실되어 그 다음이 어떤 형태인지 알 수 없다.[20]

한편, 감은사 사리함의 주악상 가운데 비파와 비교해 볼 때 비파 몸체의 형태와 유사함을 알 수 있다. 그러나 유물의 심한 마모 때문에 현을 타는 발撥의 유무有無나, 악기 목부분이 직경直頸인지 곡경曲頸인지에 대해서는 알 수 없다.

〈그림 4〉 비파 주악상　　　　　　　　〈그림 5〉 감은사 서탑 사리함 주악상

19　국립경주박물관,『경주의 황금문화재』, 서울: 삼성문화인쇄, 2015, 248쪽.
20　유물 아랫부분의 좌우측에 작은 구멍이 2개 있는데, 좌측에는 고리가 남아 있고, 우측에는 구멍만 있다. 이 두 개의 구멍은 다른 판불과 이어주는 연결고리임을 짐작할 수 있다.

(4) 종적

〈그림 6〉의 유물은 출토당시 상체만 남은 상태였다.[21] 유물의 전체길이 2.8cm, 연주자 상반신 길이 2.2cm, 유물의 폭 2.2cm, 악기 길이 0.8cm, 악기 폭 0.18cm이다. 하체가 결손되어 연주자세가 어떤 모습이었는지 알 수 없지만, 지금까지 앞에서 살펴본 3점의 주악상이 모두 좌상이었으므로 이 유물 역시 좌상으로 짐작할 수 있다. 머리모양과 얼굴의 윤곽이 잘 남아 있고, 연주자의 입은 세로로 된 관악기를 불고 있는 듯한 모습이며, 관管은 비

〈그림 6〉 종적 주악상

교적 굵게 보인다. 아울러 연주자의 오른손이 위에 있고 왼손이 아래로 향하면서 결손되었으나, 오른손 아래에 놓여 짐을 짐작할 수 있다. 따라서 이 악기는 세로로 부는 종적의 악기로 짐작할 수 있다.

지금까지 월지에서 출토된 4점의 주악상을 살펴보았는데, 악기 종류와 연주자세 등을 표로 정리하면 다음과 같다.

〈표 1〉 화불 주악천인상 비교

유물	악기종류	연주자세
1	횡적(굵은 것)	좌상
2	횡적(가는 것)	좌상
3	비파	좌상
4	종적	좌상으로 추측

---

21 국립경주박물관,『경주의 황금문화재』, 240쪽.

(5) 기타

악기를 연주하는 주악상 이외 월지에서 출토된 유물 가운데 두 손을 합장한 채불과 지물持物을 들고 있는 공양상이 있다. 이러한 공양상을 단순히 합장만 하고 지물을 공양하는 형태로 볼 수 있으나, 소리공양을 겸비한 것으로 볼 수도 있다는 가능성을 제시하고자 관련 자료를 소개하고자 한다. 지물공양과 함께 소리공양을 겸했으리라는 추측은 오늘날 불교의식에서 악기를 연주하는 승려뿐만 아니라 지물을 공양하는 승려 역시 모두 함께 범패를 하여 소리공양을 드리기 때문이다.[22]

① 합장 공양상

〈그림 7〉 합장 공양상 1 〈그림 8〉 합장 공양상 2

---

22 ① 합장 공양상 ② 지물 공양상 ③ 불상과 함께 있는 공양상 도면은 국립경주박물관, 『경주 황금문화재』, 232~242쪽 참고.

② 지물 공양상

〈그림 9〉 지물 공양상 1

〈그림 10〉 지물 공양상 2

〈그림 11〉 지물 공양상 3

③ 불상과 함께 있는 공양상

〈그림 12〉 공양상 1

〈그림 13〉 공양상 2

〈그림 14〉 공양상 3

이상으로 화불에 나타난 주악상 4점과 기타에 관해 살펴 본 바를 요약하면 첫째로 지금까지 출토된 음악관련 고고학 자료에서 화불에 나타난 주악상은 월지 출토 유물이 유일한 자료라는 것이다. 둘째는 화불에 나타난 악기의 종류는 비파 1점, 횡적 2점, 종적 1점이다. 특히 이 악기들은 7세기 후반 이후 8세기 전반으로 추정되기에 통일신라시대 음악사 연구에 중요한 자료라 할 수 있는 점이다. 마지막으로 악기를 연주하는 주악상은 아니지만 지물을 들고 있는 화불을 몇 점 소개하였고, 이것을 소리공양의 화불로 볼 수 있다는 가능성을 제시했다. 이에 대한 자세한 연구는 앞으로의 연구과제로 남는다. 다음은 목제류에 관해 살펴보도록 한다.

2) 목간의 명문 '금琴'

월지에서 나온 목재류木材類만 하더라도 880여 점에 달하며 그중에는 목선木船과 인장印章, 총 57자字가 있다. 특히 이 가운데 목간木簡이 나온 것은 획기적인 사실이다. 목간은 모두 51점이 발굴 출토되었는데, 출토위치는 대부분 서북西北쪽에 위치하고 있는 임해전지의 통칭通稱 제4건물지에서 제5건물지로 통하는 이중二重 호안석축護岸石築 및 갯벌층에서 발견되었다.[23] 우리나라 고대의 목간이 출토된 것은 이번이 처음이었으므로 더욱 큰 주목을 받았다.

그런데 51점 가운데 음악과 관계있을 가능성이 높은 것이 1점 있어 소개하고자 한다. 보고서에 의하면 다음과 같은 문구가 적혀 있으며, 출토 유물의 모습은 아래와 같다.

"□榮(?) 抱相耕(?)慰 璧 (?)琴現榮(?)"[24]

---

23 李基東, 「木簡類」, 『雁鴨池發掘調査報告書』, 285쪽.
24 『雁鴨池發掘調査報告書』, 289쪽 및 高敬姬, 「新羅 月池 出土 在銘遺物에 對한 銘文 硏究」, 부산: 동아대학교 대학원, 1993, 81쪽.

이 유물의 크기는 14.5cm×4.2cm×1cm이다.[25] 대부분의 목간 그 자체 단간영묵斷 簡零墨인데다가 현존 상태마저 양호한 것이 못되어 실제 전문全文을 판독할 수 있는 것 은 극히 소량에 불과하다. 목간의 판독율이 낮은 것은 심히 유감된 일이다.[26]

이들 목간은 임해전에 부속된 궁중 관아官衙의 것이 확실하지만, 그러나 결코 전형 적인 공문서公文書로 보기는 어려우며 일숙직日宿直 기타 간단한 근무현황을 적은 표찰 류票札類에 속하는 것으로 추정된다. 특히 이 목간의 성격은 당시 궁정연회시 궁정인宮 廷人의 회포를 적은 듯한 시문류詩文類로 본다.[27]

대부분의 목간 연대는 목간에 쓰인 연호年號 혹은 간지干支를 종합해 볼 때 대체로 8세기 중엽 신라 경덕왕대의 것으로 추정한다.[28]

〈그림 15〉의 목간 역시 8세기 중엽의 것으로 볼 수 있는데, 명문 가운데 '금현영琴現榮'에 주목된다. 특히 '금琴'은 현악기인데, 이 악기로 영화榮華를 표현했다는 뜻으로 풀이할 수 있다. 즉 이 목간이 궁정인의 회포를 적은 시문류詩文類로 볼 때, 당시 궁정인들이 금琴으로 영화榮華를 표현한 것은 당연했으며, 그것이 시문구에 적용되었고, 〈그림 15〉가 그 증거물이라 해석할 수 있 게 된다. 따라서 이 목간은 통일신라 8세기 중엽 금琴에 관한 소중한 유물의 하나인 것만으로도 그 의의가 크기 때문에 이 글에서 소개하는 바이다.

〈그림 15〉 '琴'字 명문 목간

---

25 『雁鴨池發掘調査報告書』, 289쪽.
26 『雁鴨池發掘調査報告書』, 296쪽.
27 『雁鴨池發掘調査報告書』, 290쪽.
28 『雁鴨池發掘調査報告書』, 292쪽 및 296쪽.

3) 14면체 주사위

주사위란 뼈나 단단한 나무 따위로 만든 조그만 정육면체인데 놀이기구의 하나로서, 각 면에 하나에서 여섯까지의 점을 새기거나 1~6까지 숫자를 새긴 것이다. 이것을 바닥에 던져 위쪽에 나타난 점수 혹은 숫자로 놀이에서 승부를 결정한다. 바로 이러한 주사위가 월지에서 출토되어 많은 사람의 관심을 끌었다. 주사위가 출토될 당시의 상태는 다음 〈사진 16〉과 같다.29

〈그림 16〉 목제 주사위(복제품)

『안압지발굴조사보고서雁鴨池發掘調査報告書』에 의하면, 이 주사위는 월지의 서편 호안西便護岸 석축石築 바닥의 갯벌층에서 발견되었는데, 출토장소가 "E18區"라고 했으므로 'E18區' 지역을 월지 도면에서 찾아보면 아래와 같다.

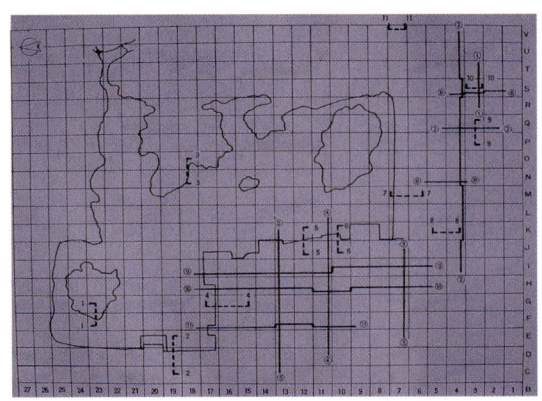

〈그림 17〉 건물지 및 토층 단면 안내도30

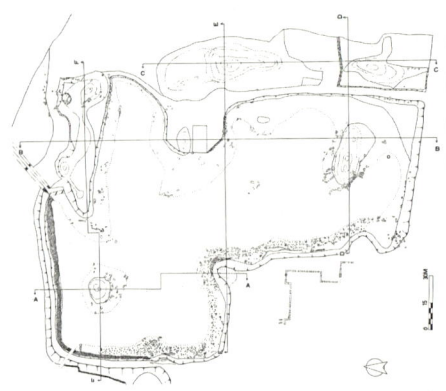

〈그림 18〉 월지 발굴전 평면도31

---

29 『안압지보고서: 도판편』, 도판 186 슬라이드.
30 『雁鴨池發掘調査報告書』, 407쪽 및 고경희, 『안압지』, 78쪽.
31 『雁鴨池發掘調査報告書』, 圖面 2.

따라서 〈그림 17·18〉을 볼 때, 주사위의 출토지역이 건물지와 가까운 거리이므로 건물지에서 못 안으로 떨어졌을 가능성이 크다고 본다.

오늘날 대부분의 주사위가 정육면체로 이루어진 것에 반하여, 〈사진 16〉의 주사위는 그 모양이 다면체多面體인 점이 특이하며, 그것도 한 가지 도형이 아닌 두 가지 도형 즉 육각형[32]과 사각형이 합쳐져 하나의 주사위로 이루어진 것이 매우 독특하다. 모두 14면을 이루는데, 육각형면이 8면이며, 사각형면이 6면이다.[33]

주사위의 규모에 있어서 사각형은 가로 세로가 2.5cm로 이루어진 정사각형이며, 육각형은 2.5×0.8cm로 되었고, 높이는 4.8cm로 구성되어[34] 손으로 잡기에 알맞게 만들어졌다. 그리고 주사위의 재료는 참나무이며, 흑칠黑漆을 하였다. 참나무는 다른 나무보다 단단한 성질을 지녔으며, '흑칠'은 옻칠을 한듯한데 이는 나무가 썩는 것을 방지해 준다. 따라서 작은 놀이기구 하나를 만드는 데도 당시 사람들의 세심한 가공법을 알 수 있다.

이러한 기하학적 모양의 주사위에서 더욱 놀랍고 재미있는 사실은 오늘날 주사위처럼 단순히 점을 나타내거나 숫자를 새긴 것이 아니라 14면마다 재미난 문구가 새겨져 있고, 그 내용 가운데 1/3이 바로 음악의 가무歌舞와 관련된 문구라는 사실이다. 주사위의 실측도와 전개도를 소개하면 다음과 같다.

〈그림 19〉의 주사위에 새겨진 14개의 문구를 유물의 사진과 함께 오늘의 의미로 풀이하면 다음과 같다.[35]

---

32 〈그림 12〉의 주사위 △ 모양은 엄밀하게 보면, 6개의 직선으로 이루어진 도형이므로 육각형이라고 해야 바람직하나, 3개의 긴 직선과 3개의 짧은 직선으로 이루어져 있으므로 긴 직선 3개로 인식하여 삼각형으로 설명하기도 하였다. 『雁鴨池發掘調査報告書』, 407쪽.

33 한편, 『한국민족문화대백과사전』의 '주사위놀이' 항목에 소개된 사진은 월지 출토의 주사위가 분명한데, "12면 주사위"로 설명되었으므로 이것은 "14면 주사위"로 수정되어야 바람직할 것이다. 「주사위놀이」, 『한국민족문화대백과사전』 20권, 성남: 한국정신문화연구원, 1991, 826쪽.

34 고경희, 『안압지』, 77쪽.

35 주사위의 명문이 수록된 자료는 다음과 같다. 許興植, 『韓國金石全文』, 서울: 亞細亞文化社, 1984, 98~99쪽; 黃壽永, 『韓國金石遺文』 제5판, 서울: 一志社, 1994, 497쪽; 金宅圭, 「民俗學的 考察」, 『雁鴨池 發掘調査報告書(本文·圖版)』, 경주: 國立文化財研究所, 1978, 407쪽.

① 자창자음自唱自飲 - 혼자 노래 부르고 혼자 마시기
② 삼잔일거三盞一去 - 술 석 잔 단번에 마시기
③ 금성작무禁聲作儛 - 소리 없이 춤추기
④ 음진대소飮盡大咲 - 술잔 비우고 크게 웃기
⑤ 중인정비衆人打鼻 - 여러 사람 코 때리기
⑥ 유범공과有犯孔過 - 달려들어도 가만 있기
⑦ 임의청가任意請歌 - 아무에게나 노래 청하기
⑧ 양잔즉방兩盞則放 - 술 두 잔을 즉각 마시기
⑨ 공영시과空詠詩過 - 시 한 수 읊기
⑩ 추물모방醜物莫放 - 추물을 모방하기
⑪ 자창괴래만自唱恠[37]來晩 - 스스로 '괴래만'이라는 노래를 부르기
⑫ 농면공과弄面孔過 - 간질러도 가만 있기
⑬ 곡비즉진曲臂則盡 - 팔뚝을 구부린 채 다 마시기
⑭ 월경일곡月鏡一曲 - '월경' 한 곡조 부르기

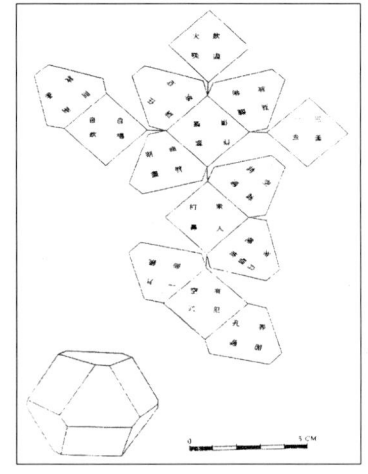

〈그림 19〉 주사위의 실측도와 전개도[36]

자창자음

삼잔일거

금성작무

...
36 『雁鴨池發掘調査報告書』 揷圖 28.
37 恠는 怪의 속자임.

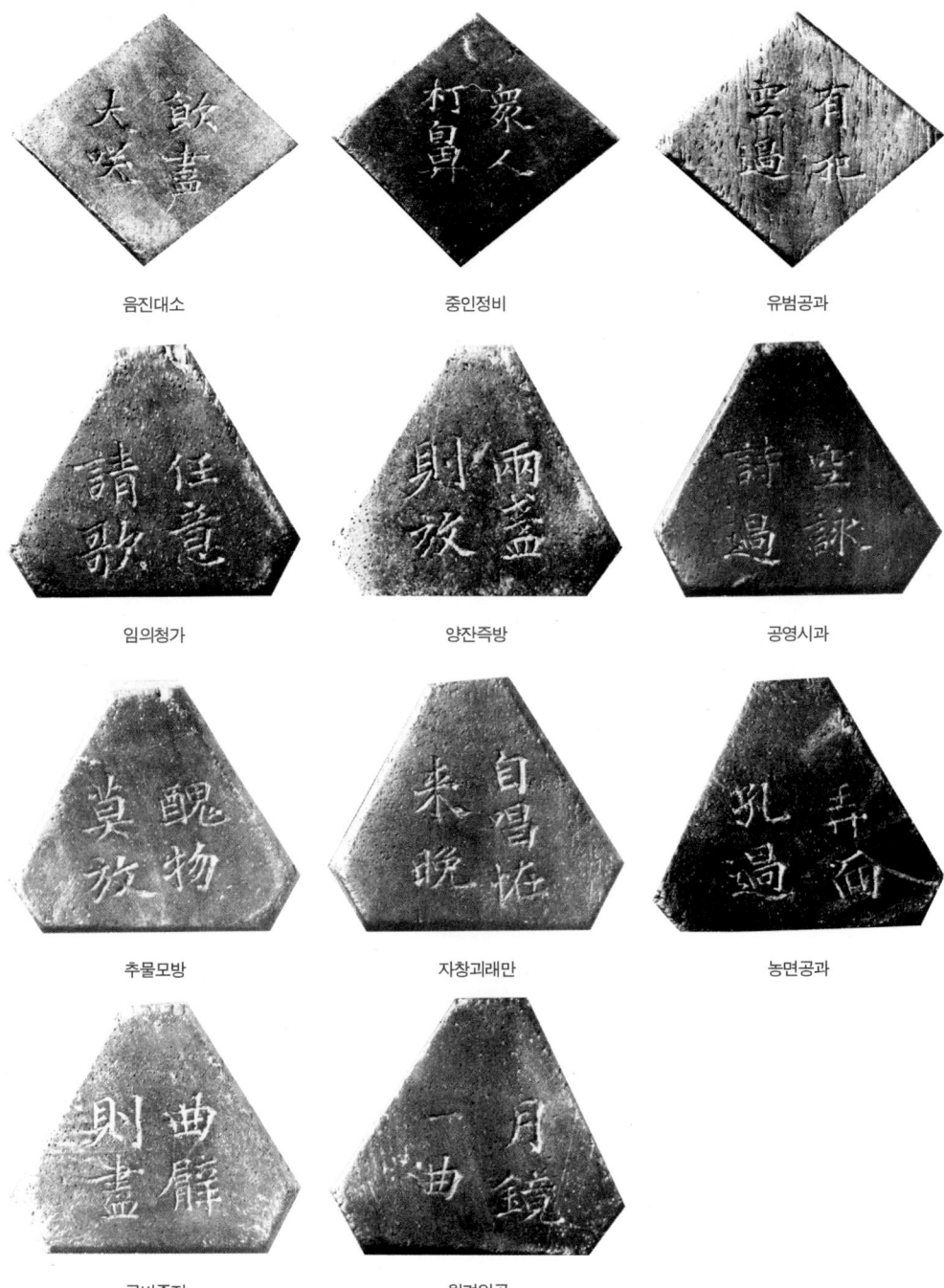

음진대소 중인정비 유범공과

임의청가 양잔즉방 공영시과

추물모방 자창괴래만 농면공과

곡비즉진 월경일곡

이상의 14문구에서 ①, ②, ④, ⑧, ⑬에 나타나는 '자음自飮', '삼잔三盞', '음진飮盡', '양잔兩盞' 등을 볼 때, 이 주사위가 술판에서 사용된 것임을 쉽게 알아볼 수 있다. 그런 까닭에 〈그림 16〉의 주사위를 '주령구酒令具'라고도 하는데, 그 뜻은 술자리에서 사용하는 놀이기구란 의미이다.

①~⑭의 문구는 내용면에서 크게 3가지로 분류할 수 있다. 하나는 술을 마시는 것 또 하나는 추물을 모방하거나 간질이거나 달려들어도 가만히 있어야 하는 것 등. 그리고 마지막 하나는 노래 부르거나 춤을 추는 것 또는 시를 읊는 것이다. 3가지를 표로 구분하면 다음과 같다.

〈표 2〉 주사위 14문구의 내용 분류

술을 마시는 것	흉내내기 · 벌받기 기타	노래 · 춤 · 시
① 자창자음(自唱自飮)	⑤ 중인정비(衆人打鼻)	① 자창자음(自唱自飮)
② 삼잔일거(三盞一去)	⑥ 유범공과(有犯孔過)	③ 금성작무(禁聲作儛)
④ 음진대소(飮盡大咲)	⑩ 추물모방(醜物莫放)	⑦ 임의청가(任意請歌)
⑧ 양잔즉방(兩盞則放)	⑫ 농면공과(弄面孔過)	⑨ 공영시과(空詠詩過)
⑬ 곡비즉진(曲臂則盡)		⑪ 자창괴래만(自唱怪來晩)
		⑭ 월경일곡(月鏡一曲)

따라서 이 주사위의 14문구를 통해 볼 때, 당시 사람들은 술을 마심에도 놀이와 재미를 가까이 하였고, 특히 시詩 · 가歌 · 무舞와 함께 했음을 알 수 있다. 특별이 음악인들의 관심을 끄는 노래 · 춤 · 시에 해당하는 문구에서 어떤 음악사적 의의가 있는지 정리해 보면,

첫째 ③의 '금성작무禁聲作儛'에서 예나 지금이나 춤에는 반주음악이 필수라는 사실을 실감케 한다. 역설적으로 소리없이 춤을 추게 하는 것은 곤란하므로 이것이 벌칙으로 가해질 수 있다는 것을 당시 사람들은 알고 있었다.

둘째 ⑨의 '공영시과空詠詩過'에서 이 주사위의 사용자들은 시 읊는 것이 자연스러웠음을 알 수 있다. 사실 고체시가古體詩歌는 일찍이 구지가龜旨歌와 황조가黃鳥歌 등에서 찾아볼 수 있다.

셋째 ⑪의 '자창괴래만自唱怪來晚'과 ⑭의 '월경일곡月鏡一曲'에서 '괴래만怪來晚'과 '월경月鏡'이 정확히 어떤 뜻을 지니는지 현재로서는 알 수 없다.

이렇듯 하나의 주사위가 출토되어 시사하는 바는 이 주사위의 사용자들이 노래하고 춤추며 술 마시기를 좋아했다는 사실이다. 놀이와 함께 술을 즐기고 술과 함께 가무를 즐겼던 것이다. 한편, 이러한 사례는 좀 더 이전부터 지속되었던 것 같다. 왜냐하면 중국인의 기록에도 이와 유사한 내용이 신라 이전시대 사람들의 특징으로 중국사서中國史書에 기록되었기 때문이다.

〈사료 1〉 변진 그 나라의 풍습은 노래하고 춤추며 술마시기를 좋아한다.[38]
〈사료 2〉 한(진한) 그들의 풍속은 노래하고 춤추며 술마시고 슬 치기를 좋아한다.[39]
〈사료 3〉 진한 춤추기를 좋아하며 슬 연주를 잘 하는데, 슬의 모양은 축과 비슷하다.[40]

위의 〈사료 1〉은 『삼국지』 위지魏志 동이전東夷傳의 변진조弁辰條에 기록된 내용이다. 〈사료 2〉는 『후한서』 동이전東夷傳의 한조韓條 중 진한辰韓에 기록된 내용이며, 〈사료 3〉은 『진서』 열전列傳 중 동이東夷의 기록 가운데 진한辰韓의 내용이다. 이와 같이 〈사료 1~3〉에서 신라의 모체가 되는 진한의 풍속에도 '노래하고 춤추며 술마시기'라는 것이 이미 있었음을 알 수 있다.

그런데 이 유물의 제작시기가 과연 언제인가? 하는 것이 문제이다. 지금까지 월지에서 출토된 대부분의 유물은 통일신라시대 것이 많다. 아울러 이 14면체 주사위 역시 그렇게 인식되었다. 한편 14면체에 새겨진 서체書體와 문장짜임 및 품격이 굉장한 것으로 볼 때 통일신라시대로 보기 어려운 점도 없지 않다는 견해가 있다.[41]

---

38 弁辰 …俗喜歌舞飮酒 『三國志』, 卷30, 29a4-5(『文淵閣四庫全書』, 卷254, 538頁).
39 韓(辰韓) …(中略)… 俗喜歌舞飮酒鼓瑟. 『後漢書』, 卷115, 14b4(『文淵閣四庫全書』, 卷253, 646頁).
40 辰韓 …(中略)… 喜舞 善彈瑟 瑟形似筑 『晉書』, 卷97, 4b1-2(『文淵閣四庫全書』, 권256, 583頁).
41 이 글을 발표하기에 앞서 경주문화원 향토문화연구소 연구위원들이 2002년 8월 10일 13:00~19:00까지 경주문화원에서 학술회의가 있었는데, 이 주사위에 대하여 금석학 연구위원인 鄭壽岩과 한문학의 趙喆題 연구위원이 "14면

이상에서 종합해 보면, 잔치 때 흥을 돋우는 놀이기구의 일종인 이 주사위를 사용한 사람들은 월지에 상주常主하거나, 출입할 수 있는 신분의 사람들이었을 것이며, 그들이 시·가·무를 겸비하였음을 알 수 있다. 아울러 예나 지금이나 춤에는 반드시 반주음악이 필요하다는 사실이 입증되었다. 한편 괴뢰만과 월경이 악곡인지 아닌지에 대한 연구는 앞으로 연구되어야 할 과제로 남았다. 따라서 월지에서 출토된 주사위의 출토지역과 규모 및 주사위에 새겨진 14문구의 의미 등을 나름대로 정리해 보았다. 한편 주사위의 제작 년대에 관해서는 신라 서체와 문장구조 등의 전문적 연구가 요구된다.

2. 문헌기록 검토

월지와 관련된 문헌기록 가운데 특히 음악적 기록은 어떤 내용이 있는지 의문이다. 먼저 관련 기록을 살펴본 다음 그 의미를 알아보도록 한다. 월지에 관한 기록은 역시 『삼국사기』가 유일한데 관련 내용을 살펴보면 다음과 같다.

〈사료 4〉 효소왕 6년(697) 9월에 임해전에서 여러 신하들에게 잔치를 베풀었다.[42]

〈사료 5〉 혜공왕 5년(769) 봄 3월에 임해전에서 여러 신하들에게 연회를 베풀었다.[43]

〈사료 6〉 헌안왕 4년(860) 가을 9월에 왕이 임해전에서 여러 신하들을 모아 잔치를 베풀었는데, 왕족 膺廉이 15세의 나이로 그 자리에 참석하였다.[44]

체에 새겨진 書體와 문장 구조 및 품격이 굉장한 것으로 볼 때 통일신라시대로 보기 어렵지 않는가?" 하는 문제제기를 하였다. 따라서 신라 금석학 및 신라 한문 구조 등 전문적인 연구가 요구되는 부분이라 하겠다.

42 孝昭王 六年 九月 宴群臣於臨海殿.『三國史記』卷8. 7a5-6.
43 惠恭王 五年 春三月 燕群臣於臨海殿.『三國史記』卷9. 10b5.
44 『三國史記』, 卷11. 5a6-7.

〈사료 7〉 헌강왕 7년(881) 봄 3월에 임해전에서 여러 신하들에게 잔치를 베풀었다. 술이 얼큰하게 취하자 임금이 琴을 타고 좌우의 신하들은 각기 歌詞를 지어 바치며 매우 즐겁게 놀다가 그쳤다.[45]

〈사료 8〉 경순왕 5년(931) 봄 2월에 태조가 50여 명의 기병을 이끌고 서울(경주) 지경에 이르러 뵙기를 청하였다. 왕은 백관과 함께 교외에서 맞이하여 궁궐에 들어와 서로 대면하고 정성과 예의를 곡진하게 하였다. 임해전에서 잔치를 베풀었다.[46]

〈사료 4~8〉의 내용을 종합해 보면, 697년부터 931년까지 임해전臨海殿에서 여러 신하들에게 잔치를 베풀었다는 내용이다. 임해전은 여러 신하들의 연회장소로 중요한 구실을 하였다는 것은 일반적인 견해이다. 임해전이 언제 세워진 것인지 그 연대를 정확히 알기는 어렵지만 『삼국사기』의 〈사료 4〉에 의거하여 적어도 효소왕 6년인 697년에 존재했다는 것. 그리고 『동경잡기東京雜記』에 "그 서쪽에 임해전이 있었다. 어느 때에 창건했는지는 모르나 애장왕 5년(804) 갑신에 중수하였는데 그 터의 주초와 섬돌이 아직도 밭이랑 사이에 남아 있다."[47]는 기록을 통해 대체로 월지와 임해전이 동시에 축조되었을 가능성이 많다고 본다.[48]

그래서 월지의 임해전은 왕이 신하들에게 연회를 베푼 장소로 이용된 곳임을 말해 준다. 그리고 〈사료 7〉에서 경순왕이 태조를 맞이하여 임해전에 연회를 베푼 것을 보면, 신라 왕실과 귀족의 향연소일 뿐 아니라 외부의 사신을 접대하는 장소로도 이용되었던 것임을 알 수 있다.

아울러 〈사료 7〉에서 임금이 금琴을 타고, 측근의 신하들이 가사歌詞를 지어 바쳤다는 내용을 보면, 881년 당시까지만 해도 신라 왕이 직접 악기를 연주하였다는 사실을

---

45 憲康王 七年 春三月 宴群臣於臨海殿 酒酣上 鼓琴左右 各進歌詞 極歡而罷. 『三國史記』 卷11, 11b6-7.
46 五年 春二月 太祖率五十餘騎 至京畿通謁. 王與百官郊迎 入宮相對 曲盡情禮. 置宴於臨海殿. 『三國史記』 卷12, 10a9-b2. 鄭求福 外, 『三國史記』 2 번역편, 성남: 한국정신문화연구원, 1997, 261쪽.
47 閔周冕, 李錫浩 譯, 『東京雜記』, 서울: 大洋書籍, 1978, 268쪽.
48 李基白, 「望海亭과 臨海殿」, 『考古美術』 129·130합집, 서울: 韓國美術史學會, 1976, 6쪽.

보여준다. 또한 신하들이 각기 가사를 지어 바쳤다는 점에서 왕을 비롯한 신라 왕실의 신하들은 악가樂歌를 가까이 하였음을 시사한다.

이것으로 문헌기록에 나타나는 월지궁의 임해전 관련 기록을 종합해 보면, 월지궁은 왕이 외국 사신을 접대하거나 신하와 연회를 베풀거나 평상시에는 궁중의 유연소遊宴所로 이용되었다[49]는 견해에 동의하는 바이다.

3. 음악사적
의의

이 글은 '월지'에서 출토된 여러 가지 유물 가운데 음악관련 자료를 정리하여 소개하고자 하였다. 따라서 지금까지 살펴본 음악관련 자료는 주악천인상 화불 4점 및 기타 공양상과 목간 1점 그리고 14면체 주사위 1점이다.

주악천인상 4점의 유물에서 판독한 악기는 횡적 2점과 종적 1점 그리고 비파 1점이다. 특히 횡적 2점은 굵고 긴 것 1점과 가늘고 짧은 것 1점으로 구분된다. 아울러 악기를 연주하는 주악상은 아니지만, 물건을 들고 있거나 두 손을 모으고 있는 천인상의 경우 '소리공양'의 모습으로 짐작해 보았다.

목간에 나타난 명문 '금琴'자字는 8세기 중엽 금琴에 관한 소중한 금석문 자료임을 소개하였다. 그리고 주사위 유물의 14면에 새겨진 문구를 분석해 본 결과 전체의 1/3이 가歌·무舞 관련 내용이었으며, 이 점은 이 유물이 출토된 월지 혹은 안압지가 유연소로 이용되었다는 점을 확인할 수 있다. 한편 14면체 주사위의 경우 제작 년대에 관해서 이제까지 통일신라시대 유물로 인식하였으나, 유물에 새겨진 서체와 문장구조가 과연 그 시대에 합당한 것인가 하는 점은 앞으로 연구되어야 하는 과제로 남겼다. 즉 이 유물의 편년에 관한 문제는 연구과제로 남는다.

---

49 朴景子, 『雁鴨池 造營計劃 硏究: 韓·中·日 古代 苑池 비교연구를 중심으로』, 서울: 學硏文化社, 2001, 127~129쪽.

따라서 이러한 월지출토 주악상은 7~9세기 통일신라 악기 연구 및 불교음악연구의 기초자료가 되는 점에서 그 의의가 적지 않다.

03.
경주 남산의 음악 유적

-
-
-

일반적으로 남산南山이라고 하면, '서울타워'가 있는 서울 남산을 연상할 것이다. 이것은 오늘날 우리나라 백과사전으로 대표되는 『한국민족문화대백과사전』을 볼 때, '남산' 항목에 "서울특별시 중구와 용산구에 걸쳐 있는 산"만 소개된 것으로도 확인할 수 있다.[1]

한편, 경주의 노천박물관으로 알려진 '남산'이 있는데, 이는 서울 남산과 구별하기 위해서 '경주남산'이란 항목으로 나타난다.[2] 그렇다면 서울의 남산 역시 경주를 포함한 타지역의 남산과 구분하기 위해 '서울남산'이라고 해야 형평에 맞지 않을까 한다.

이렇듯 경주의 남산은 타지역의 남산과 구분하기 위해 일반적으로 '경주남산'이라 칭해지고 있다. 실례를 들면, '경주남산'에 관련된 대부분의 단행본은 『경주남산』으로 되어 있다.[3] 따라서 이 글에서도 '경주남산'이란 명칭을 사용하였다.

경주남산은 경주시의 남쪽을 둘러싸고 남북으로 길게 뻗어 있으며, 금오산金鰲山이라고도 하고, 불적지佛蹟地가 많기로 유명하다. 최근에 정리된 "남산의 유적・유물 현황"[4]

1　李惠恩, 「남산」, 『한국민족문화대백과사전』 5권, 성남: 한국정신문화연구원, 1991, 411~412쪽.
2　「경주남산」, 『한국민족문화대백과사전』 2권, 106~129쪽.
3　『경주남산』, 서울: 悅話堂, 1987; 『경주남산』, 경주: 국립경주문화재연구소, 2002 등.
4　「남산의 유적・유물 현황」, 『경주남산』, 2002, 12쪽.

을 보면, 실로 우리나라에서 뿐만 아니라 세계적으로도 유래가 드물 만큼 많은 유산을 간직하고 있다. 이런 까닭에 경주남산이 세계문화유산으로 등록된 것이라고 생각한다.

이렇듯 많은 유적과 유물이 있기에 이에 대한 학계의 연구도 다양한 주제로 여러 각도에서 조사되고 조명되었으나,[5] 남산과 관련된 음악문화에 대한 별도의 조사나 소개는 지금까지 이루어지지 않았으므로, 이 글에서는 경주남산과 관련된 음악문화 유적을 정리하여 소개하면서 현재까지 우리나라에 일반적으로 인식되어지고 있는 신라음악에 대한 오류사항도 지적하기로 한다.

남산의 음악관련 유적으로 세 곳을 소개하고자 한다. 첫째는 통일전 부근의 서출지이며, 둘째는 옥보고의 금송정, 그리고 셋째는 비파골의 비파바위이다.

1. 사금갑射琴匣의 서출지

경주 남산 아래에 있는 통일전 정문의 남쪽에 서출지로 알려진 연못이 있다. '서출지書出池'란 '글을 들고 나온 연못'이란 뜻이다. 이와 관련된 내용은 『삼국유사』의 '사금갑'조에 있는데 다음과 같다.

〈사료 1〉 사금갑 제21대 비처왕(혹은 소지왕이라고 쓴다) 즉위 10년 무진에 왕이 天泉亭에 거동하였을 때 까마귀와 쥐가 와서 울더니 쥐가 사람의 말을 하여 가로되 이 까마귀의 가는 곳을 찾아보라 하였다(혹은 이르기를 신덕왕이 흥륜사에 行香하려 할새, 길에서 여러 쥐들이 꼬리를 물고 있는 것을 보고 괴상히 여겨 돌아와 점을 치니 이튿날 먼저 우는 새를 찾으라 하였다 한다. 그러나 이 말은 그릇된 것이다). 왕이 騎士를 명하여 좇아서 남으로 避村(지금의 양피사촌이니 남산 동쪽 기슭에 있다)에 이르러 두 돼지가 싸우는 것을 서서 보다가 홀연히 까마귀의 간 곳을

---

5 「남산 연구논저 목록」, 『경주남산』, 2002, 199~202쪽.

잊어버리고 길가에서 헤매고 있었다. 이때 한 노인이 못 가운데서 나와 글을 올리니 겉봉에 쓰여 있되 "이를 떼어보면 두 사람이 죽을 것이고 떼어보지 않으면 한 사람이 죽을 것이라"고 하였다. 기사가 와서 왕께 드리니 왕이 말하되 "두 사람이 죽을진대 차라리 떼보지 않고 한 사람만 죽는 것이 옳겠다"고 하였다. 일관이 아뢰되 "두 사람이란 것은 서민이요, 한 사람이란 것은 왕입니다" 왕이 그렇게 여겨 떼어 보니 그 글에 "금갑을 쏘라" 하였다. 왕이 곧 궁에 들어가 금갑을 쏘니 거기에 내전에서 焚修하는 중이 宮主와 相奸하고 있었다.[6]

이 내용의 줄거리는 궁내宮內의 궁주宮主[7]와 승려가 서로 내통하였고, 그러한 사실을 왕이 알지 못했으므로, 한 노인이 서찰書札로 알려서 그들을 벌하도록 한 내용임을 짐작할 수 있다. 이는 488년에 있었던 내용을 기록한 것이므로 신라에 불교가 공인되는 법흥왕 15년 즉 527년 이전에 이미 불교가 신라 왕실에 유입되었음을 말해 주는 사료로 많이 인용된다.

한편, 이 기록은 고대음악사적 입장에서도 매우 흥미로운 내용이기도 하다. 그것은 이 내용의 주제인 '사금갑'에서 '금갑'은 '금琴을 넣는 상자'인데, '금琴'이란 오늘날 가야금이나 거문고처럼 길게 눕혀서 연주하는 현악기이며, '갑匣'이란 악기를 넣어서 보관하거나 운반하는 케이스case를 일컫는다. 따라서 금갑은 현악기인 금을 넣는 상자란 뜻이며, '사금갑'이란 바로 그런 악기 상자를 활로 쏘았다는 의미이다. 그런데 서출지의 '사금갑'을 소개할 때, 일반적으로 "거문고 갑을 쏘라"로 해석하는데,[8] 이렇게

---

6 射琴匣 第二十一毗處王(一作炤智王)卽位十年戊辰 幸於天泉亭 時有烏與鼠來鳴 鼠作人語云 此烏去處尋之(或云 神德王欲行香興輪寺 路見衆鼠含尾 怪之而還占之 明日先鳴烏尋之云云 此說非也) 王命騎士追之 南至避村(今壤避寺村 在南山東麓) 兩豬相鬪 留連見之 忽失烏所在 徘徊路傍 時有老翁自池中出奉書 外面題云 開見二人死 不開 一人死 使來獻之 王曰 與其二人死 莫若不開 但一人死耳 日官奏云 二人者庶民也 一人者王也 王然之開見 書中 云射琴匣 王入宮見琴匣射之 乃內殿焚修僧與宮主潛通而所奸也 二人伏誅. 『三國遺事』, 卷1.22a4-b6. 李丙燾 譯註, 『三國遺事』, 209~210쪽.

7 宮主는 왕비 또는 왕의 친척, 기타 궁녀 등 여자에 대한 높은 인품의 봉작 명칭 중 하나로서 시대에 따라 대상이 달랐다. 리상호 옮김, 『新編三國遺事』, 서울: 도서출판 신서원, 1994, 90쪽 재인용. 한편, 최근의 연구 가운데 宮主는 왕의 후궁 다시 말해 왕의 첩이라는 견해가 있다. 김태식, 「사금갑 설화의 역사적 이해: 『화랑세기』 관련 기록과의 대비 검토」, 『민속학연구』 제12호, 서울: 국립민속박물관, 2003, 122쪽.

8 신영훈, 「서출지」, 『경주南山』, 서울: 조선일보사, 1999, 74~75쪽; 박홍국, 「서출지와 이요당」, 『신라의 마음 경주남

해석하는 데는 오류가 있다.

'금琴'은 한문자전에 '거문고금'으로 나오지만, 거문고를 칭할 때는 일반적으로 '현금玄琴'이라고 한다. 그 외 현악기 가운데 가야국의 금은 '가야금'이라 하며, 중국으로부터 유입된 해족奚族의 현악기는 '해금'이라고 한다. 오늘날 우리나라 대표적인 3대 현악기로 현금(거문고)·가야금·해금을 꼽지만, 『삼국유사』에 기록된 '사금갑'의 '금'을 통상적으로 고구려에서 건너온 거문고로 해석하는데 이에는 바로 잡아야 할 것으로 사료된다.

거문고는 4세기경 왕산악이 중국의 7현금을 개량한 악기로 전해지고 있으며, 『삼국사기』에 따르면 통일신라 경덕왕대(재위 742~765)에 옥보고가 연주한 기록이 있다. 이로 미루어 거문고가 신라에 유입된 시기는 삼국통일 이전 시기로 보기보다는 통일 이후로 추정하는 것이 일반적인 관점이다.

따라서 〈사료 1〉의 내용은 소지왕 10년 즉, 488년에 일어났던 일이므로 『삼국유사』의 '사금갑조'에 나타나는 '금'은 고구려에서 유입된 거문고로 해석할 수 없다.

그러면 여기에 나타나는 '금'은 무엇인가? 이것을 해결하기 위해서는 이와 관련된 비슷한 시기의 신라의 음악 관련 유물자료에서 단서를 찾을 수 있다. 즉, 488년과 비슷한 시기인 5세기 전반의 '신라토우'에 현악기의 주악상이 나타나는 것이다. 여기에 대한 자료는 모두 11점으로 이미 소개한 바 있으며,[9] 특히 국보 제195호 토우장식장경호에 있는 현악기는 연주자의 몸체 만하거나 그것보다 더 큰 크기인 점으로 미루어 '사금갑조'에 사람이 숨어 들어간 내용과 일치하고 있다.

또한 이 토우에 나타난 현악기를 대부분 '가야금'으로 해석했지만, 우륵이 가야금을 신라로 전한 것이 기록상 551년이므로 500년 이전 시기에 해당하는 유물이 신라토우인 까닭에 이 역시 '가야금'으로 보기 어렵다는 해석이 있었다.[10]

산」, 파주: 한길아트, 2002, 126쪽.
[9] 김성혜, 「신라토우의 음악사학적 조명(1): 신라금을 중심으로」, 『韓國學報』 제91·92합집, 서울: 一志社, 1998, 61~101쪽.
[10] 위의 글, 61~101쪽.

결국 신라토우에 나타난 현악기는 고구려에서 전래된 거문고가 아니며, 가야에서 유입된 가야금도 아닌 신라의 독자적인 '금'이며, 시대의 선후를 보면 '사금갑'의 '금' 역시 거문고나 가야금이 아니라 '신라의 금'이라는 견해이다. 즉, 사금갑의 기록으로 보면 규모면에서 '금'의 크기가 사람만한 것이었음을 말해 주며, 이는 신라토우에 나타나는 크기와 비슷하기에 더욱 독자적인 '신라의 금'임을 알 수 있다.

그런데 〈사료 1〉의 기록에서 금갑에 해당하는 실제 유물이 일본 정창원에 남아 있어 주목을 끌고 있다. 자료를 소개하면 아래와 같다.

〈그림 1〉 토우 장경호

신라금궤 1合

덮개 길이 187.5cm 폭 43.8cm 전체 높이 24.0cm

國家珍宝帳에 '금박신라금 1대' 또 '금박신라금 1대'와 雜物出入帳에 보면 어떤 두 대의 금이 弘仁 14년(823) 2월 19일에 出藏되어, 이것을 대신해서 같은해 4월 14일에 다른 신라금 두 대를 들였다. 삼나무를 사용하여 만든 금궤는 뒷날 들어온 두 대의 금 가운데 어느 쪽을 담은 것으로 추정된다.[11]

이 유물의 정식 명칭은 '신라금궤'이다. '금궤琴櫃'와 '금갑琴匣'은 같은 의미이며, 가야금이나 현금이 아닌 '신라금궤'라고 명시한 점으로 봐서 속에 악기가 있다면 그것은 분명 이름이 '신라금'일 것이다.

---

11 奈良國立博物館, 『正倉院展目錄』, 奈良: 奈良國立博物館, 1980, 12쪽.

다음으로, 크기가 길이 187.5cm, 폭 43.8cm, 높이가 24.0cm인 점을 보면, 사람의 신체가 충분히 들어갈 수 있는 크기라고 할 수 있다. 따라서 이 크기는 '사금갑'조의 내용이 전설에 그치는 것이 아니라, 당시 실제 했을 가능성을 더욱 높여 준다. 즉, 일본 정창원에 소장된 '신라금궤'는 『삼국유사』의 기록에 있는 금갑의 실존에 대해 확신을 준다.

〈그림 2〉 정창원 신라금궤

결론적으로 서출지에 얽힌 '사금갑'과 '신라토우'에 나타난 '금'은 시대가 비슷하며 이때는 거문고와 가야금이 신라로 유입되기 이전이다. 또한 『삼국유사』에

〈그림 3〉 서출지와 이요당

기록된 '금갑'의 크기와 신라토우에 나타나는 '금'의 크기와 일본 정창원의 '신라금궤'의 크기를 비교해 보면 거의 비슷하다는 것을 알 수 있다.

따라서 '서출지'에 얽힌 '금'은 일반적으로 생각하는 거문고나 가야금과는 다른 '신라의 금'이 당시 존재했었다는 것을 증명해 주는 중요한 단서가 되는 것이라 할 수 있으며, 호칭도 이들과 구별하여 불러야 할 것이다.

2. 옥보고의

금송정琴松亭

남산과 관련된 또 하나의 음악 유적지로 '옥보고의 금송정'이 있다. 그러면 먼저 옥보고가 어떤 인물이며, '금송정'은 어디이며, 이것이 어떻게 경주 남산의 음악 유적지가 되는지 살펴보도록 하겠다.

옥보고에 대한 기록으로서 가장 먼저 나오는 역사서가 『삼국사기』이다. 『삼국사기』

의 기록을 보면,

〈사료 2〉 신라사람 사찬 공영의 아들 옥보고는 지리산의 운상원에 들어가 50년 동안 금거문괴을 익히고 스스로 새로운 30곡을 창작하였다. 그는 속명득에게 금도를 전했고 득은 그것을 귀금 선생에게 전했는데, 귀금선생이 또한 지리산에 들어가 나오지 않았다. 신라왕은 금의 전통이 끊어질 것을 걱정하여 이찬 윤흥에게 방편으로 그 음악을 전승하도록 말하고 드디어 남원지방의 공사를 맡겼다. 윤흥은 남원에 이르러 총명한 두 소년을 뽑았는데, 그 소년이 청장과 안장이다. 그들에게 지리산에 들어가 귀금선생의 금을 배우도록 했으나, 선생은 가르치기는 했지만 은미한 기법을 전수시키지 않았다. 그러므로 윤흥은 그의 처와 함께 가서 이르기를, "우리 임금이 저희들을 남원에 파견한 것은 다름이 아니라 선생의 기법을 전수하고자 함인데, 이제 3년이 지났으나 선생께서는 비법을 갖고 있으면서도 전승시키지 않고 있으니, 저희들은 임금에게 복명할 것이 없습니다"라고 하고서, 윤흥은 술병을 들고 그의 처는 술잔을 들어 무릎으로 기어가서 극진하게 예의와 정성을 다한 후에야 그 비전하는 바 표풍 등 세 악곡을 전수하게 되었다. 안장은 그의 아들 극상과 극종에게 전승시켰으며, 극종은 일곱 곡을 지었다. 극종 이후 금으로써 업을 삼는 사람이 하나 둘이 아니었다. 그 음곡에는 두 개의 조가 있는데, 하나는 평조요, 또 하나는 우조이다. 곡은 모두 187으로 그 남아서 전하여 기록할 수 있는 것은 얼마 없고, 대부분 유실되고 흩어졌다. 옥보고가 만든 30곡은 상원곡 하나, 중원곡 하나, 하원곡 하나, 남해곡 둘, 기암곡 하나, 노인곡 일곱, 죽암곡 둘, 현합곡 하나, 춘조곡 하나, 추석곡 하나, 오사식곡 하나, 원앙곡 하나, 원호곡 여섯, 비목곡 하나, 입실상곡 하나, 유곡청성곡 하나, 강천성곡 하나, 극종이 일곱 곡을 만들었으나 지금은 없다.[12]

...

12 玄琴 …(中略)… 羅人 沙湌 恭永子玉寶高 入地理山雲上院 學琴五十年 自製新調三十曲 傳之續命得 得傳之貴金先生 先生亦入地理山不出 羅王恐琴道斷絶 謂伊湌允興 方便得其音 遂委南原公事 允興到官 簡聰明少年二人 曰安長 · 淸長 使詣山中傳學 先生敎之 而其隱微不以傳 允興與婦偕進曰 "吾王遣我南原者 無他 欲傳先生之技 于今三年矣 先生有所秘而不傳 吾無以復命" 允興捧酒 其婦執盞膝行 致禮盡誠 然後 傳其所秘飄風等三曲 安長傳其子克相 · 克宗 克宗制七曲 克宗之後 以琴自業者 非一二 所製音曲有二調 一平調 二羽調 共一百八十七曲 其餘聲遺曲流傳 可記者無幾 餘悉散逸 不得具載 玉寶高所制三十曲 上院曲一 中院曲一 下院曲一 南海曲二 倚嵒曲一 老人曲七 竹庵曲二 玄合曲一 春朝曲一 秋夕曲一 吾沙息曲一 鴛鴦曲一 遠岵曲六 比目曲一 入實相曲一 幽谷淸聲曲一 降天聲曲一 克宗所製七曲 今亡. 『三國史記』, 권32,6b4-7a6.

이러한 기록을 통하여 보면 옥보고는 사찬의 관등을 받은 육두품 집안으로서 신라 성골과 진골의 왕족을 제외한 최고의 귀족가문 출신이라고 할 수 있다. 그의 생존연대는 대략 경덕왕대(742~762)[13]로 추정한다.

따라서 옥보고라는 인물은 30곡의 작품을 지은 작곡가이기도 하지만 당시 끊어지려던 거문고의 맥을 되살리고 활짝 꽃피운 대음악가이다. 이러한 옥보고가 경주 남산과 관련이 있는 기록이 아래의 내용으로 『세종실록』에 실려 있다.

> 〈사료 3〉 금송정은 금오산 정상에 있는데, 그 곳이 바로 옥보고가 금을 타며 즐거이 지낸 곳이다. [옥]보고는 신라 사찬 공영의 아들이며, 경덕왕 때 사람이다. 지리산 운상원에 들어가 금[거문고]을 50년간 배우고 스스로 새로운 곡 30곡을 만들어 전했는데, 그것을 일러 현학금 또는 현금이라 한다. 세상에 전하기를 [옥]보고는 仙道를 얻어 승천하였다고 한다.[14]

금송정은 금오산 정상에 있는데, 그곳이 바로 옥보고가 금을 타며 즐거이 지낸 곳이란 내용이다. 여기서 '금오산'이란 『신증동국여지승람』을 보면, 금오산은 일명 남산이라고도 하며, 경주부 동쪽 6리에 있다는 것이다. 즉, 경주 남산의 다른 이름이 금오산이며, 그 정상에 '금송정'이 있다는 것이다. 실제 오늘날에도 경주 남산은 2개의 봉우리가 있는데 하나는 금오봉이며, 다른 하나는 고위봉이다. 아마도 금송정은 이 정상에 위치한다는 의미이다. 지금도 경주 남산에는 소나무가 많이 있는데, 옥보고 생존 당시에도 소나무가 많이 우거져 '송정松亭'이라 이름하였는지도 모른다.

최근에 거문고의 명인名人 김무길金茂吉(60)은 통일신라시대 명인이었던 옥보고의 거문고 선율을 되살리기 위해 활동을 하고 있는 바, 그것은 옥보고가 지리산 운상원으로 들어가 50년 동안 거문고를 익히며 신선처럼 산 것에 착안하여 남원 폐교에[15] '운

---

13 송방송, 「왕산악과 옥보고의 연대고」, 『한국음악사연구』, 경산: 영남대학교출판부, 1981, 426쪽.
14 琴松亭在金鰲山頂 玉寶高彈琴遊樂之處也 寶高 新羅沙湌恭永子 景德王時人 入智異山雲上院 學琴五十年 自製新調三十曲傳之 謂之玄鶴琴 又云玄琴 世傳寶高得仙道乘天, 『世宗實錄』, 권150, 5a10-11.
15 남원시 운봉읍 권포리에 있는 폐교.

상원 소리터'를 마련하여 옥보고기념사업을 진행하고 있으며, 그 일환으로 2003년 10월 25~26일에는 '옥보고기념제'를 개최하였다.[16] 경주 남산에 이렇듯 옥보고의 흔적이 있으므로 전통음악을 되살리는 음악문화활동이 앞으로 이곳에서도 펼쳐져야 할 것이다.

3. 비파골의 비파암

남산 관련 음악 유적지로 세 번째 소개할 것은 비파골의 '비파바위'이다. 그러면 비파골의 위치와 비파바위가 있는 곳은 어디인가? 또한 비파바위와 관련된 기록은 무엇이며, 당시 비파는 어떤 형태였으며, 무슨 의미가 있는가? 그리고 비파와 관련된 당시 유물도 함께 살펴보도록 하겠다.

경주 삼릉골에서 35번 국도를 따라 남쪽으로 1.7km 내려가면 도로 서쪽에 앞비파 마을이 있다. 남쪽의 용장골과는 800m 거리로 이곳이 비파골의 입구이다. 금오산 정상에서 시작하여 서남쪽으로 뻗은 계곡으로 직선길이가 약 1.5km이며, 실제 길이는 2km에 이른다. 정상부 아래에 비파처럼 생긴 바위가 있어 이와 같이 불린다.[17] 그 모습은 다음과 같다.

비파 바위는 자연입석으로 황갈색을 띠며, 밑면은 넓고 위는 뾰족한 형태를 지니고 있다. 높이는 6m이며, 폭은 5m정도이다.[18] 비파바위와 관련된 기록이 『삼국유

〈그림 4〉 비파바위

---

16 『조선일보』, 2003년 7월 16일, 「신라 옥보고의 거문고 선율 되살린다」.
17 『경주남산』, 2002, 107쪽.

사』에 다음과 같은 내용으로 적혀 있다.

〈사료 4〉 장수 원년 임진(692)에 효소왕이 즉위하여 비로소 망덕사를 창건하여 당나라 황실의 복을 빌고자 하였다. 그 후 경덕왕 14년(755)에 망덕사 탑이 흔들리더니 이 해에 안록산의 난리가 나매 신라 사람이 말하기를 "당나라 황실을 위하여 이 절을 세웠기 때문에 그 감응은 당연하다"고 하였다. 6년 정유에 낙성회를 베풀고 왕이 친히 거동하여 공양을 하는데 웬 비구승이 허수룩한 꼴로 마당에 쭈그리고 서서 청하기를 "소승도 역시 재에 참가하기를 바랍니다" 하니 왕이 말석에 참예할 것을 허락하였다. 재가 끝날 무렵에 왕이 농담하여 말하기를, "어느 절에 사는고?" 하니, 승려가 말하기를, "비파암이외다" 하였다. 왕은 "돌아가서 다른 사람에게 왕이 직접 참가한 의식에 참석했다고 말하지 말라"고 하였다. 승려는 웃으며 "왕 또한 다른 사람에게 진신석가眞身釋迦를 공양했다는 말을 하지 말라"고 하고는 갑자기 남쪽으로 날아가 버렸다. …(중략)… 심부름 갔던 사람이 와서 복명하매 드디어 비파암 밑에 석가사를 세우고 그의 자취가 사라진 곳에 불무사를 세워 지팡이와 바리때를 나누어 모셨는데 두 절은 지금까지 남아 있지만 지팡이와 바리때는 없어졌다.[19]

〈사료 4〉는 효소왕孝昭王(692~701) 때 경주 비파암琵琶嵒에 관한 기록이다. 망덕사는 신문왕 5년(685) 여름 4월에 완성되었는데, 효소왕이 망덕사望德寺에서 당나라 황실의 복을 빌고자 하였다. 그래서 망덕사에서 낙성회落成會를 6년 정유丁酉(697)에[20] 베풀고, 왕이 친히 거동하여 공양하였다. 그때 웬 승려가 허수룩한 차림으로 재齋에 참석하였는데, 왕이 농담조로 물은 내용이 〈사료 4〉이다. 기록을 보면, 경주 남산 참성골參星谷

---

[18] 『경주남산』, 2002, 164쪽.
[19] 長壽元年壬辰 孝昭卽位 始創望德寺 將以奉福唐室 後景德王十四年 望德寺塔戰動 是年有安史之亂 羅人云爲唐室立玆寺 宜其應也 八年丁酉 設落成會 王親駕辦供 有一比丘儀彩疎陋 局束立於庭 請曰 貧道亦望齋 王許赴床杪將罷 王戲調之曰 住錫何所 僧曰琵琶嵒. …(中略)… 使來復命 遂創釋迦寺於琵琶嵒下 創佛無寺於滅影處 分置錫鉢焉. 『三國遺事』, 卷5. 11a2-8, 11b1-2.
[20] 『三國遺事』에는 "8년 丁酉"라고 기록되었는데, 원전에 誤字가 있는 듯 하다. 효소왕 8년은 己亥이며, 6년이 丁酉가 된다. 그렇다면 "8년 정유"가 아니라 "6년 정유"라고 해야 맞다.

에 비파암琵琶嵓이 있는 것으로 되어 있다. 그런데 오늘날 경주 남산에는 '비파골', '비파바위', '비파마을'이 있는데, 특히 비파바위는 비파모양을 한 바위이므로 '비파암琵琶嵓'이 바로 그것일 것이다. 지금도 그 바위는 경주 남산에 자리잡고 있다.[21]

따라서 이 내용은 사람의 겉모습만 보고 쉽게 판단하지 말라는 교훈을 준다. 뒤늦게 깨달은 효소왕은 진신석가에게 사죄하는 뜻으로 비파바위 앞에 석가사釋迦寺를 짓고, 숨어버린 바위에는 불무사佛無寺를 지었다는 내용이다. 지금도 비파바위 주변에는 절터가 네 곳이나 발견되어 『삼국유사』의 기록에 신빙성을 더하고 있다.

〈그림 5〉 토우비파

그런데 이 내용이 어떻게 음악과 관계가 있다는 것인가? 그것은 바로 '비파바위'의 '비파'라는 악기에서 찾아볼 수 있다. 비파는 현악기 가운데 하나이며, 『삼국사기』 기록을 볼 때, 신라시대부터 가야금, 거문고와 함께 삼현에 해당하는 악기였다. 특히 가야금이 가야국에서 거문고가 고구려에서 전해진 악기인 반면 비파는 누가 만들었는지는 알 수 없으나 신라에서 비롯되었다고 『풍속통風俗通』에 기록되어 있는 것이 주목되며 다른 현악기에 비해 악곡 수도 212곡으로 가장 많다.[22] 아울러 신라토우에도 비파 관련 유물이 남아있기 때문에 비파의 역사가 오래되었음이 입증되기도 한다.

...

21 윤경렬, 『경주남산 - 겨레의 땅 부처님의 땅』, 서울: 불지사, 1993, 225~226쪽.
22 비파에 대하여 『풍속통(風俗通)』에서는 다음과 같이 기록하였다. "근대의 음악가가 만든 것이나 기원하는 바를 알 수 없다. 길이 세 자 다섯 치는 하늘·땅·사람과 오행을 본받은 것이고 네 줄은 네 철(四時)을 상징한 것이다" 『석명(釋名)』에서는 다음과 같이 기록하였다. "비파는 본래 오랑캐 사이에 말 위에서 타는 것이었다. 손을 앞으로 내미는 것을 비(琵)라 하고 손을 안으로 끌어당기는 것을 파(琶)라 하였으므로, 이로 인하여 이름으로 삼았다" 향비파는 당나라의 제도와 대동소이한 것으로 역시 신라에서 시작되었으나 다만 누가 만들었는지를 알 수 없다. 그 음은 세 조가 있으니, 첫째는 궁조, 둘째는 칠현조, 셋째는 봉황조로서, 모두 212곡이었다(琵琶 風俗通曰 近代樂家所作 不知所起 長三尺五寸 法天地人與五行 四絃 象四時也. 釋名曰 琵琶 本胡中馬上所鼓 推手前曰琵 引手却曰琶 因以爲名 鄕琵琶 與唐制度 大同而少異 亦始於新羅 但不知何人所造 其音有三調 一宮調 二七賢調 三鳳皇調 共二百一十二曲). 『三國史記』, 卷32.9a2-7; 鄭求福 外, 『譯註三國史記』, 성남: 韓國精神文化硏究院, 1997, 561쪽, 566쪽.

한편, 비파는 불교유입과 더불어 불교와 밀접한 관계의 현악기로 자리잡는데, 그 흔적은 감은사 서탑 출토의 청동제 사리기에서 입증되기도 하며,[23] 불국사에서 발견된 '녹유주악천인문전돌'에도 비파가 있으며, '불상문전돌'에도 비파연주가 있다.[24] 뿐만 아니라 신라시대 비파와 승려의 밀접한 관계를 대변해 주는 기록이 있어 더욱 주목된다.

〈사료 5〉 거득공은 승려 복색을 차리고 손에 비파를 잡아 거사의 차림을 하고 서울을 떠나서… [25]

〈사료 5〉은 문무왕文武王의 이복 아우인 거득공車得公을 불러 재상으로 삼으려 했는데 거득공이 사양하고, 각처를 다니면서 민심을 살핀 후에 일에 임하기를 원하였다. 이 때 거득공은 신분을 감추기 위해 승려차림을 하였으며, 아울러 비파를 잡고 다녔다는 기록이다. 이 기록의 원문을 보면, 치의緇衣는 승려의 검은 옷을 말하며, 거사居士는 『삼국유사』에 "혹은 사문沙門이다"[26]는 기록이 있으므로 승려를 말한다.

즉 〈사료 5〉에서 주목되는 점은 첫째, 승려복장을 한 거사가 비파를 잡고 다닌 사실이 너무도 당연하고 자연스럽다는 점이다. 이것은 당시 승려(혹은 거사)들이 일반적으로 비파연주를 자연스럽게 했음을 짐작할 수 있다. 둘째, 각처의 민심을 살필 때 휴대한 악기가 바로 비파였다는 사실이다. 이것은 유람하는데 거추장스럽지 않고, 간편했던 현악기가 다름 아닌 비파였음을 말해준다. 셋째, 이 기록은 문무왕 때의 기록이다. 따라서 661~680년으로 통일신라초기에 해당하는데, 이때 이미 비파가 일반화됐음을 말해주고 있다.

---

23 『感恩寺址發掘調查報告書』, 서울: 국립박물관, 1993년 재판, 도판 47-50.
24 김성혜, 「통일신라 전돌塼에 나타난 비파」, 『韶巖權五聖博士華甲紀念 音樂學論叢』, 서울: 韶巖權五聖博士華甲紀念論文集刊行委員會, 2000, 157~173쪽.
25 [文武王法敏] 公著緇衣 把琵琶 爲居士形 出京師, 『三國遺事』, 卷2,4a6.
26 『三國遺事』 卷5,10b1.

이렇듯 『삼국유사』의 기록을 종합해 보면, 통일신라 초기인 문무왕 때 이미 승려들이 일반적으로 휴대하고 다닌 악기였음을 볼 때, 통일 이전에도 연주된 악기임을 짐작케 한다. 한편, 신라시대 비파암은 조선시대 기록에도 전하고 있으니 아래의 기록이 그것이다.

〈사료 6〉 비파암은 금오산에 있다. 돌이 옆으로 누워 있는데, 바위의 머리부분이 비파의 형태와 같다.[27]

따라서 사찰의 낙성식과 관련있는 '비파바위'에 대한 기록, 그리고 승려가 휴대품으로 소지하고 다니던 '비파'에 대한 기록에서 보듯이 비파는 불교와 밀접한 관계가 있음을 알 수 있다.

경주 남산은 불적지가 많기로 유명하며, 어느 골짜기로 산을 올라도 볼거리가 있고 정감을 느낄 수 있는 곳이다. 따라서 이에 대한 학계의 연구도 다양한 주제로 여러 각도에서 조사되었지만, 경주 남산의 음악문화에 대한 조사나 소개가 미진한 관계로 이 글에서 이를 정리하고 소개하고자 하였다. 지금까지 경주 남산의 음악관련 유적으로 세 곳을 소개하였는데 이를 종합하여 요약하면 다음과 같다.

첫째는 『삼국유사』 사금갑射琴匣조와 관련된 서출지이다. 이곳은 5세기 신라 현악기 금琴과 악기 상자 금갑琴匣에 얽힌 내용으로 남산 음악 유적지라 할 수 있으며, 이 서출지에 대한 기록의 연대를 고찰하여 보면 당시 기록의 '금'은 거문고나 가야금이 전래되기 이전에 신라에 원래부터 있었던 악기라는 것을 알 수 있다. 그리고 일본 정창원에서 소장하고 있는 '신라금궤'는 『삼국유사』의 내용이 전설에 그치는 것이 아니라 당시 실제 했을 가능성을 더욱 높여 준다.

둘째는 옥보고의 금송정이다. 현시대에도 사라져가는 전통을 안타까워하며 보전하

---

27 琵琶巖在金鰲山 有石橫在巖頭 如琵琶狀. 『東京雜記』 권3, 고적.

려는 노력을 하듯이, 신라 경덕왕대(742~762)에도 사라지는 전통을 지키려는 노력이 있었던 모양이다. 옥보고는 당시 사라져 가던 거문고의 전통을 되살린 대음악가이며 이런 대가가 남산 정상의 금송정에서 금을 타며 유유자적하며 지냈다고 하니, 또 하나의 남산 관련 음악 유적지로 손꼽을 만하다.

셋째는 남산 비파골에 있는 비파바위이다. 이 바위는 『삼국유사』의 망덕사 낙성회 기록과 관련되며 신라의 대표 현악기 가운데 하나인 비파는 불교와 밀접한 연관이 있으며 특히 불교 유적의 보고인 남산에 위치하므로 남산의 불교음악 유적이라 할 수 있을 것이다.

현 21세기는 문화의 시대이다. 따라서 국가마다, 도시마다 문화욕구를 충족시킬 수 있는 문화자원의 개발에 심혈을 기울이고 있다. 이러한 때를 맞이하여 경주 남산의 음악문화유적은 이에 부응할 만한 음악문화자원이라고 할 수 있을 것이다. 따라서 이러한 양질의 음악문화자원을 심도 있는 연구와 기획으로 음악가, 음악애호가 또는 일반인의 욕구를 충족시켜 많이 찾아보는 곳으로 할 수 있으면 하는 바램을 가져본다. 아울러 소개한 이외의 경주 남산과 관련된 음악문화유적은 앞으로의 과제로 남겨 둔다.

제4부

그림과
벽화

1. 고구려와 신라 기악의 성격
2. 발해 정효공주묘 동·서 벽화의 재해석

01.
고구려와 신라 기악의 성격

-
-
-

'기악伎樂'하면, 612년 백제인 미마지味摩之가 오吳나라에서 배워서 일본에 전한 것으로 널리 알려져 있다. 이 내용은 『일본서기日本書紀』에 명시되어 있기 때문이다.[1] 미마지가 일본에 전한 기악은 일본에서 불교 사원의 여흥을 위한 악무로 간주한다.[2] 왜냐하면 법륭사法隆寺(호류지)·정창원正倉院(쇼소인)·동대사東大寺(도다이지) 등에 여러 종류의 가면이 남아 전하고, 『교훈초教訓抄』에 전하는 기악伎樂이 사자師子·사자아師子兒·치도治道·오공吳公·오녀吳女·금강金剛·가루라迦樓羅·곤륜崑崙·역사力士·바라문波羅門·태고太孤·태고아太孤兒·취호왕醉胡王·취호종醉胡從 등의 가면을 쓰고 행렬하면서 무언無言으로 익살스럽게 연기하는 무용극이기 때문이다.

그런데 미마지가 일본에 전했다는 '백제 기악'이 정작 우리나라에서는 무엇을 뜻할까에 의문을 처음 제기한 이는 이혜구李惠求였다. 그는 국내 문헌 기록에서 미마지가 전했다는 기악의 실체를 일본의 악서樂書 『교훈초教訓抄』에서 찾았다. 일본의 기악伎樂에 등장하는 곤륜崑崙이나 역사力士 및 오녀吳女의 삼각관계 이야기가 국내 양주산대도감이나 봉산탈춤에 등장하는 노장과 취발이 및 당녀唐女의 삼각관계와 유사한데 주목

---

1 최근영 외, 『일본육국사 한국관계기사』, 서울: 사단법인 가락국사적개발연구원, 1994, 144쪽.
2 기시베 시게오(岸邊成雄), 「고대의 음악」, 『일본음악의 역사와 이론』, 서울: 민속원, 2003, 29~30쪽.

하여 미마지가 전한 기악의 실체가 '가면극'이라는 견해를 제시하였다.[3] 아울러 일본 기악에 비추어 볼 때 한국의 가면극인 산대도감극도 원래는 절에서 연출되었던 것으로 추정하였고, 극의 성격은 여흥이 아니라 포교의 의미가 있다는 견해를 밝혔다. 미마지가 일본에 전수한 '백제 기악'의 실체가 그 동안 미상이었는데 이혜구의 연구로 인해 기악의 성격을 파악하는데 실마리를 찾은 셈이다.

이 연구의 성과로 인해 오늘날 '기악'의 의미는 "고구려·백제 때에 이루어진 춤과 음악이 곁들여진 탈춤의 하나"로 규정하거나,[4] "일본에 귀화한 백제인 미마지가 오나라에서 배워온 춤"[5] 혹은 "고대 종교적 예능으로 부처를 공양하기 위한 가무歌舞"[6] 등으로 정의하였다. 결과적으로 오늘날 사전에 정의된 '기악'의 의미는 고구려와 백제 때 이루어진 탈춤 혹은 종교적 예능으로 부처를 공양하기 위한 춤이란 뜻이다.

여기서 나는 두 가지 의문을 제기하고자 한다. 하나는 삼국 중에 신라의 경우 탈춤 성격의 기악이 존재하지 않았는가? 하는 것이고, 다른 하나는 고대 '기악'의 의미가 과연 탈춤과 종교적 예능의 가무歌舞에 한정됐는가 하는 것이다.

왜냐하면 4~5세기 신라고분에서 '탈 쓴 토우'가 출토되었기 때문이고, 또한 최치원崔致遠이 지은 향악잡영오수鄕樂雜詠五首에 대면大面과 같은 가면춤과 산예 같은 동물탈춤이 있지만, '기악伎樂'이 아니라 '향악鄕樂'이란 제목으로 표기되었기 때문이다. 아울러 일본에 전하는 무악서舞樂書 『무악산악도舞樂散樂圖』[7]에도 탈춤을 비롯하여 악기 연주와 다양한 춤 심지어 마술적인 것까지 포괄하여 '무악舞樂'이란 책명에 소개되어 있기 때문이다. 따라서 고대 '악樂'과 '기악伎樂'의 의미는 재고할 필요가 있다.

한편, 2012년 10월 5일 제58회 백제문화제 국제학술대회 주최 측에서 나에게 요청

---

3 이혜구, 「산대극과 기악」, 『보정 한국음악연구』, 서울: 민속원, 1996, 223~236쪽.
4 국립국어연구원, 『표준국어대사전』 상권, 서울: 두산동아, 1999, 898쪽.
5 전인평, 「기악」, 『한국음악사전』, 서울: 대한민국예술원, 1985, 83쪽.
6 유민영, 「기악」, 『한국민족문화대백과사전』 4권, 성남: 한국정신문화연구원, 1991, 481~482쪽.
  전덕재, 「고대의 백희잡기와 무악」, 『한국고대사연구』 65집, 서울: 한국고대사학호, 2012, 82쪽.
7 『日本音樂史料叢刊1 陽明文庫藏 舞繪「舞樂散樂圖」法隆寺 舊藏 搩鼓』, 上野学園大学 日本音樂史研究所, 2016.

한 연구 주제는 "고구려와 신라 기악의 성격"에 대한 것이었다. 고대 기악의 의미를 먼저 파악해야 성격에 대한 연구가 가능하기 때문에 이 글의 연구 목적은 먼저 고대 기악의 의미를 고찰한 후 고구려와 신라 기악의 종류와 성격을 조명하는데 있다.

1. 고대 '기악'의 의미

고대 '기악'과 '악'의 의미를 살펴보기 위해 먼저 『일본서기』[8]의 '기악' 관련 기록을 살펴보고자 하며, 다음으로 신라 사경寫經에 기록된 '기악'과 『삼국유사』에 기록된 '기악'의 내용을 검토하도록 하겠다. 그리고 중국의 『낙양가람기』에 기록된 '기악'의 내용도 더불어 보고자 한다.

1) 『일본서기』

서두에 언급했듯이 오늘날 '기악'의 사전적 의미를 한 단어로 축약하면, '탈춤' 혹은 '가면춤'이다. 그런데 백제인 미마지가 전했다고 기록된 『일본서기』에는 그 실체를 분명히 알 수 없다는데 문제가 있다. 아울러 같은 책 686년의 '기악' 관련 내용에도 탈춤이라는 근거는 없다.

〈사료 1〉 권22 풍어식취옥희천황豊御食炊屋姬天皇 추고천황推古天皇 20년, 612 이해. 백제인 미마지味摩之가 귀화하였는데, "오吳나라에서 배워서 기악무伎樂儛를 한다"고 말하였다. 곧 사쿠라이櫻井에 안치하고, 소년을 모아 기악무伎樂儛를 배우게 하였다. 이때 진야수제자眞野首弟子·신한제

---

[8] 『일본서기』는 일본 최고의 역사서이며, 전 30권으로 구성되었다. 이 책의 내용은 신들의 역사인 신대기(神代記)와 인간의 역사인 인황기(人皇記)로 나눌 수 있는데, 신대기는 권1과 2이며, 권3부터 권30까지가 인황기이다. 이 책은 편년체로 구성되었고, 서기 696년까지의 내용이 수록되어 있다. 아울러 우리나라 4국 즉 고구려·백제·신라·가야와 관련된 내용이 많기 때문에 고대사 연구자의 필독서이다.

문新漢濟文 두 사람이 그것을 배워 그 춤을 전하였는데, 이들이 지금의 대시수大市首·벽전수辟田首 등의 선조이다.[9]

〈사료 2〉 권29 천순중원영진인천황天淳中原瀛眞人天皇 下 천무천황天武天皇 주조朱鳥 원년(686 여름 4월 庚午 초하루) 임오壬午 신라의 사신들에게 잔치를 베풀기 위해 천원사川原寺의 기악伎樂을 축자筑紫에 옮겼다. 그리고 황후궁皇后宮의 사도私稻 5천 속束을 천원사에 바쳤다.[10]

〈사료 1〉은 미마지 관련 기록이고, 〈사료 2〉는 신라 사신이 갔을 때 내용이다. 〈사료 1〉에서 주목할 것은 미마지가 오나라에서 배운 것은 '기악'이 아니라 '기악무伎樂儛'였다.[11] 그런데 이 '기악무'가 구체적으로 어떤 것인지는 알 수 없다.

〈사료 2〉는 축자筑紫에 간 신라 사신들을 위해 잔치를 베푸는데 천원사川原寺의 '기악'을 축자로 보냈다는 내용이다. 하지만 이 내용 역시 구체적으로 어떤 형태인지는 미상이다. 다만, '기악'이 천원사라는 사찰에 속해 있는 점이 주목된다.

요컨대, 『일본서기』에 기록된 '기악무'와 '기악'은 그 실체가 탈춤인지는 미상이다. 다만 7세기 당시 기악이 사찰 내에 존재했던 것은 분명하다.

2) 신라 화엄경 사경과 『삼국유사』

(1) 신라 화엄경 사경

신라 사경寫經은 『화엄경사경변상도華嚴經寫經變相圖』를 일컫는다. 사경은 경전을 베끼

---

[9] 권22 豊御食炊屋姫天皇 推古天皇 又百濟人 味摩之歸化 曰學于吳 得伎樂儛 則安置櫻井 而集少年 令習伎樂儛 於是 眞野首弟子 新漢濟文 二人習之傳其儛 此今大市首辟田首等祖也. 최근영 외, 『일본육사 한국관계기사 원문』, 서울: 가락국사적개발연구원, 1994, 64쪽.
[10] 최근영 외, 『일본육사 한국관계기사』, 역주본 193쪽, 원문 94쪽.
[11] 물론 '기악무'와 '기악'이 유사한 혹은 같은 것일 수 있으나, 백제가 오나라에서 배워서 일본에 전한 것을 지칭할 때는 원전에 의거하여 '기악무'라 하는 것이 바람직하다.

는 것인데, 이 경은 신라 754년 8월에 시작하여 755년 2월에 완성한 것으로 두루마리로 제작되었다.[12] 이 경의 끝에 발문跋文이 있는데, 제작 연대와 발원자 그리고 제작방법과 제작 관계자 인명이 수록되어 있다. 여기에 '기악인'이 등장하는데 그 내용은 다음과 같다.

〈사료 3〉 ① 사경 장소에 나갈 때는 의관을 정결, 장엄하게 착용하고 청의동자青衣童子로 관정발灌頂鉢을 받들게 하였다. 또 청의동자와 네 명의 기악인伎樂人들이 아울러 기악하고 한 사람으로 하여금 가는 길에 향수를 뿌리고 꽃을 뿌리게 하였다. 또한 한 법사法師로 하여금 향로를 받들어 인도케 하고 다른 한 법사는 범패梵唄를 부르며 인도케 하고 여러 필사들은 각각 향화香花를 받들고 염불하면서 뒤를 따라 사경 장소에 이르게 하였다. 그리고 거기서 삼귀의三歸依를 부르고 세 번 절하며 불보살상에 경전 등을 공양한 다음 자리에 올라 사경하였다. ② 경심經心을 만들고 불보살상을 그릴 때에도 청의동자와 기악인伎樂人들이 위와 같이 의식하였다. 그리고 특히 경심에는 한 알의 사리舍利까지 봉안하고, 불보살상의 그림은 정세장엄精細莊嚴하게 꾸미는 데 온갖 정성을 바쳤다.[13]

이 〈사료 3〉의 ①은 사경 장소에 나갈 때 승려들이 갖춰야 할 자세와 행렬 형태 및 사경장소에 도착한 후 간단한 의식을 언급한 내용이다. 그리고 ②는 경심經心을 만들고, 불보살상을 그릴 때도 ①처럼 거행한다는 것이다. 즉 사경승들이 사경 장소로 이동할 때 이들의 선두에서 향수를 내뿜고 꽃을 뿌리며 기악을 연행한 사람이 바로 '네 명의 기악인'이다. 이러한 의식은 두루마리의 중심축으로 사용한 경심經心을 제작하거나 불보살상을 그릴 때도 같은 방식으로 거행되었다. 그런데 이때 기악인들이 구체적으로 무엇을 연행했는지는 이 내용만으로는 파악이 어렵다.

---

12 문명대, 「신라 화엄경 사경과 그 변상도의 연구: 사경 변상도의 연구(1)」, 『한국학보』 제14집, 서울: 일지사, 1979, 27~64쪽.
13 송방송, 「통일신라시대 음악사료」, 『한국고대음악사연구』, 서울: 일지사, 1985, 249~250쪽.

이와 관련하여 682년 감은사 서탑 사리기를 보면, 사리함 주변에 4인의 악인과 4인의 동자가 악무樂舞를 연행하는 모습이 있다.

〈그림 1〉 감은사 서탑 사리기

〈그림 1-1〉 악무상

〈그림 1-2〉 동자무

〈그림 1-3〉 요발

〈그림 1-4〉 적(횡적)

〈그림 1-5〉 비파

〈그림 1-6〉 요고

네 명의 악인은 요발(혹은 동발)과 횡적, 비파와 요고를 연주하고, 동자는 춤을 춘다. 따라서 여기에 탈춤 형태는 보이지 않는다. 다만 기악인들이 사찰과 밀접한 관련이 있는 점은 일본의 사정과 같다.

(2) 『삼국유사』

『삼국유사』에서 '기악'은 만불산 항목에 나온다.

〈사료 4〉 사불산四佛山·굴불산掘佛山·만불산萬佛山 왕이 또 당나라 대종代宗황제가 불교를 특별히 숭상한다는 말을 듣고 재인바치를 시켜 오색 빛깔 모직 담요를 만들고 또 침단목을 조각하여 맑은 구슬과 아름다운 옥으로 높이가 한길 남짓 되는 가산假山을 만들어 담요 위에 두고 그 가산에는 기암괴석이 있고 개골과 동굴로 구간을 지어 매 구간마다 가무기악歌舞伎樂이 있으며 여러 나라들의 산천 모양을 꾸몄다. 미풍이 창으로 불어들면 벌과 나비가 훨훨 날고 제비와 참새가 너울너울 춤을 추어 얼핏 보아서는 진짜 가짜를 분별할 수 없었다. …(중략)… 따라서 이름을 만불산이라 하였다.[14]

〈사료 4〉에서 당나라 대종代宗 황제는 763~779년까지 재위하였으므로 신라 경덕왕 22~24년(763~765)과 혜공왕 원년~15년(765~779) 때 일이다. 왕이 장인匠人에게 가짜 모형의 산을 만들되 동굴로 구간을 지어서 매 구간마다 '가무기악歌舞伎樂'의 인형을 만들도록 시켰다는 내용이다. 이때 '기악' 역시 그 실체를 파악하기는 어렵다. 다만 중국 북조 석굴 가운데 운강 16굴 기악천인의 부조를 보면, 〈사료 4〉의 내용을 연상할 수 있다.

〈그림 2〉 북조시대 운강 6굴 기악천 부조

...

14 王又聞唐代宗皇帝優崇釋氏 命工作五色氍毹 又彫沈檀木與明珠美玉 爲假山 高丈餘 置氍毹之上 山有巉嵓怪石澗穴 區隔每一區內 有歌舞伎樂列國山川之狀 微風入戶 蜂蝶翱翔 鷰雀飛舞 隱約視之 莫辨眞假 中安萬佛 大者逾方寸 小者八九分 其頭或巨黍者 或半菽者 螺髻白毛 眉目的皪 相互悉備 只可髣髴 莫得而詳 因號萬佛山.『三國遺事』卷3, 21a4-7.

〈그림 2〉는 운강 제6굴 동벽 최상층에 위치한 것인데, 11명의 기악천인이 부조되어 있으며, 북鼓・비파琵琶・배소排簫・소簫・쟁箏・완阮・패貝・동발銅鈸・춤꾼 2명・비파琵琶로 구성되었다.15 이렇듯 '기악천인'의 실체가 관현타악기 연주자와 춤꾼으로 구성되었음을 시사한다.

신라 사경과 『삼국유사』에 기록된 '기악' 관련 내용을 검토한 결과 기악 혹은 가무기악의 실체를 파악하기는 어렵다. 다만 감은사 서탑의 사리기 주변에 장엄된 악무천인天人과 중국 북조시대 운강 제6굴에 부조된 기악천인들이 악기 연주와 춤을 추는 '악무樂舞'이므로 '기악'은 부처를 공양하기 위한 악무로 파악된다.

3) 『낙양가람기』

『낙양가람기』는 지금으로부터 1500여 년 전 중국 북위北魏의 수도 낙양을 무대로 양현지楊衒之16가 쓴 책이다.17 사찰을 통해서 그 시대의 정치・경제・사회・문화를 이야기하고 있기 때문에 5세기 말에서 6세기 초의 중국 사회상을 살필 수 있는 책이다.18 이 책에서 '기악' 관련 기록이 '경흥니사景興尼寺'를 비롯하여 몇몇 항목에 나타나는데, 내용을 간략히 〈표 1〉로 정리하였다.19

---

15 류둥성 지음, 김성혜・김홍련 옮김, 『그림으로 보는 중국음악사』, 서울: 민속원, 2010, 112쪽.
16 북평(北平; 지금의 허베이성(河北省) 만청현(滿城縣)) 사람으로 생몰년・가계・행적에 대해서는 알려지지 않았다. 그의 성(姓)은 보통 양(楊)이라고 알려져 있으나 陽이나 羊이라고 쓴 곳도 있으며, 책에 따라서는 그가 무군부사마, 봉조청 또는 기성태수를 지냈다는 기록이 있다. 『낙양가람기』序에 의하면 547년 양현지는 공무로 폐허가 된 낙양을 둘러보고 북위의 수도 낙양의 이야기가 후세에 전해지지 못할까 두려워 이 책을 쓰게 되었다고 하였다.
17 양현지 지음・서윤희 옮김, 『낙양가람기』, 서울: 눌와, 2001.
18 『낙양가람기』에서 다루고 있는 시기는 북위 왕조가 평성(平城; 지금의 산시성 다퉁시(大同市))에서 낙양으로 도읍을 결정한 493부터 도읍을 업(鄴; 지금의 허베이성(河北省) 린짱현(臨漳縣) 서남쪽)으로 옮기게 되는 534년까지의 40여 년이다.
19 『낙양가람기』의 원본은 『洛陽伽藍記・華陽宮記事』(北京: 中和書房, 1991)를 저본으로 하였고, 번역은 양현지 지음・서윤희 옮김, 『낙양가람기』(서울: 눌와, 2001)를 저본으로 하였다.

〈표 1〉『낙양가람기』의 기악 관련 용례

	항목	내용	원전	번역
①	경흥니사	이 절에는 삼 장 높이의 금상련(金像輦)이 있었다. 그 수레 위에는 보개가 펼쳐져 있었고, 사면에는 금방울과 칠보로 된 구슬이 늘어뜨려져 있었다. 伎樂을 연주하는 비천상은 바라보면 마치 구름 위에 있는 듯하였다. 만든 솜씨가 매우 정교하여 말로 표현하기 어려웠다. 행상하는 날에는 항상 우림군 백 명에게 이 불상을 들게 하였고, 악기를 다루거나 雜伎는 모두 황제의 뜻에 따라 보내졌다.	권2.69-70	82
②	소의니사	4월 7일 이 삼존상이 경명사에 이르면 경명사의 삼존불도 항상 나와서 맞았다. 伎樂을 많이 둔 것은 유등의 장추사와 서로 비슷하였다.	권1.47	59-60
③	장추사	4월 4일, 이 불상이 행상(行像)을 나갔는데 악을 물리치는 사자가 그 앞을 인도하였다. 칼을 삼키거나 불을 토하고, 말을 모는 묘기가 한쪽에서 행해지고, 장대를 오르거나 줄을 타는 등 평소에는 볼 수 없는 기이한 묘기들이 행해졌다.	권1.39-40	52-53
④	종성사	종성사에는 불상이 하나 있었다. (중략) 이 불상이 일단 행상(行像)을 나가게 되면 거리는 모두 텅 빈 채 불상만이 환하게 빛을 발하니 세상에서 보기 드문 광경이었다. 그때 펼쳐지는 妙伎와 雜樂는 유등이 세운 장추사에 버금갔다.	권2.64	77
⑤	경명사	당시 복을 빌기 좋아하여 4월 7일에는 도성의 불상들이 이 절로 모여 들었다. (중략) 황제가 꽃을 뿌려 예를 표했다. 이때 금으로 만든 연꽃에 해가 비치고, 보개는 구름 속에 떠 있었으며, 깃발은 숲과 같았고, 향의 연기는 안개처럼 피어났다. 범패와 설법 소리가 천지에 울렸다. 百戲가 펼쳐져 가는 곳마다 사람들이 늘어섰다.	권3.113	116

『낙양가람기』에서 '기악'이란 용어는 내용 ①과 ②에 나타난다. 그런데 내용 ③의 여러 가지 기예와 ④의 '묘기 잡기' 및 ⑤의 백희百戲와도 무관하지 않다.

먼저 ①에서 '기악비천'은 불상을 싣는 수레에 장식된 것이지만, 무엇을 연행하는 지는 구체적으로 알기 어렵다. 그런데 내용 ②는 좀 다르다. 소의니사昭儀尼寺 안에 '기악'을 많이 둔 것이 유등劉騰이 새운 장추사長秋寺와 같다고 하였다.

장추사 항목의 내용 ③을 보면 행상行像 때 악을 물리치는 사자가 앞을 인도하였고 칼을 삼키거나 불을 토하며, 말을 모는 묘기가 한쪽에서 행해지고, 장대를 오르거나 줄을 타는 묘기도 펼쳐졌다. 따라서 ②의 '기악'의 실체는 ③의 여러 가지 묘기인 셈이다. 여기서 '행상'이란 석사모니 열반 후에 사람들이 그의 진용眞容을 친히 보지 못함을 한스럽게 여겨 상像을 만들어서 석가탄신일에 수레에 싣고 성城의 안팎을 다니며 여러 사람들이 우러러보고 절하던 행사이다.[20]

그런데 ④를 보면 행상 때 나간 것을 '묘기妙技 잡악雜樂'이라 하였고, 내용 ⑤에서는

'백희百戱'라 표기하였다. 중국에서 잡기雜伎의 개념이 신체 교예·마술·동물놀음 그리고 골계滑稽로 한정된 것은 근래에 와서라고 한다. 고대의 잡기는 백희와 크게 구별되지 않는다는 것이다.[21]

그렇다면 고대의 기악은 잡기나 잡악, 백희와 유사한 의미를 지녔으며, 수레 앞을 인도하는 사자와 칼 삼키기·불 토하기·말을 모는 묘기·장대타기 등을 일컫는다. 아울러 내용 ①처럼 사찰에서 비천이 연주하는 것도 '기악'이라 명명하였다.

'기악비천'류는 위진 남북조시대 조성된 석굴에 풍부하게 남아 있다. 위진 남북조시대에 불교가 흥행하였으며 북조에서는 불교석굴 예술이 발흥하여 세계적으로 유명한 석굴로 감숙성의 돈황敦煌 막고굴莫高窟과 맥적산麥積山 석굴, 산서성의 운강雲崗 석굴, 하남성의 용문龍門 석굴 및 공현鞏縣 석굴, 하북성의 향당산響堂山 석굴 등이 있다. 이러한 석굴에는 기악인 및 기악천인의 조각과 그림이 풍부하게 남아 있는데, 이것은 불교예술의 장식도상으로서 당시 음악의 현상을 시사한다.

예컨대 운강 16굴 기악천 부조와 맥적산 127굴 기악천 및 향당산 석굴의 기악천 등은 대부분 '악무樂舞'를 연행하는 형태임이 주목된다.[22]

〈그림 3〉 운강 16굴 기악천 부조

20 양현지 지음·서윤희 옮김, 『낙양가람기』, 52쪽.
21 안상복, 『중국의 전통잡기』, 서울: 서울대학교출판부, 2006, 3~4쪽.
22 류둥성 지음, 김성혜·김홍련 옮김, 『그림으로 보는 중국음악사』, 112~117쪽.

 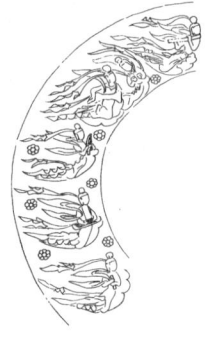 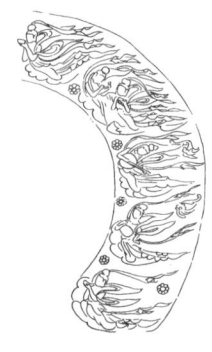

〈그림 4〉 맥적산 127굴 기악천

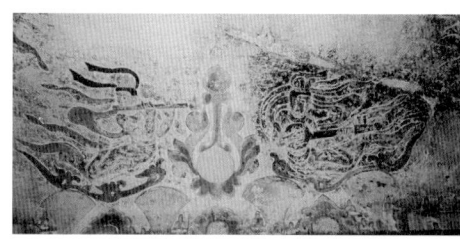 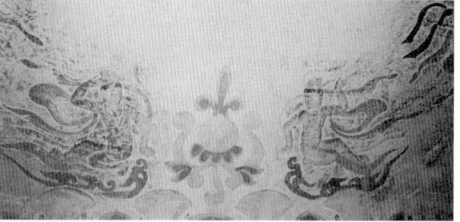

〈그림 5〉 향당산 석굴 기악천(악무)

    그런데 7세기로 추정되는 쿠차의 사리함 악무도를 보면, 사리함에 모두 20명이 등장하는데, 10명의 남녀 무용수 가운데 8명이 '가면'을 썼다.[23]

---

23 류둥성 지음, 김성혜·김홍련 옮김, 『그림으로 보는 중국음악사』, 138~139쪽.

〈그림 6〉 쿠차 사리함 악무도

이는 서역에서 성행되는 '소막차蘇幕遮'라는 가무희를 연행하는 것으로 추정되었다.[24] 어쩌면 7세기 미마지가 일본에 전했다는 기악이 이런 형태의 '기악무'일 가능성이 크다.[25]

정리하면, 한·일 문헌에 기록된 '기악' 혹은 '기악무'는 그 실체를 알기 어렵다. 그런데 중국의 『낙양가람기』를 보면, 기악은 비천의 악무 연행도 있지만, 마술과 묘기 및 사자춤과 가면춤 등의 잡기도 포괄한다.

---

24 류둥성 지음, 김성혜·김홍련 옮김, 『그림으로 보는 중국음악사』, 138~139쪽.
25 더욱이 『무악산악도』에 있는 '소막자(蘇莫者)'가 소막차와 관련이 있는 듯한데 이에 대한 심도 있는 연구는 차후 과제로 남기도록 하겠다.

여기서 잠시 '악樂'과 '기伎'의 의미를 짚어보도록 하겠다. 중국사서에 기록된 수나라 때 '7부악七部樂'와 '9부악九部樂', 당나라 때 '10부기十部伎'에 주목할 필요가 있다. 7부악이란 수나라 개황開皇(581~600) 초에 설립된 것으로 당시 대표적인 일곱 나라 혹은 지역의 악무를 말하는데, 국기國伎·청상기淸商伎·고려기高麗伎·천축기天竺伎·안국기安國伎·구자기龜玆伎·문강기文康伎이다. 그리고 잡기雜伎에 소륵疎勒·부여夫餘·강국康國·백제·돌궐·신라·왜국 등이 포함되었다.[26] 뒤이어 수 양제煬帝는 605~616년 사이에 '강국기康國伎'와 '소륵기疎勒伎'를 추가하여 '9부악'으로 삼았다. 그리고 당나라에 이르러 640년 당 태종은 현재 신강성 투루판 지역인 고창高昌을 통일하고, 642년에 '고창기高昌伎'를 추가하여 당나라 '10부기'를 이루었다.

이와 같이 7부악·9부악·10부기 등 '~樂' '~伎'는 혼용되었고, '~樂' 속에 7개 혹은 9개 10개의 '~伎'가 포함된 사실에서 고대에는 악樂과 기伎를 혼용하였다. 그렇다면 고대에는 '악'과 '기'가 유사한 의미로 사용되었음을 시사한다.[27]

한편, 가면춤 대면大面과 속독束毒 그리고 곱사등이 춤 같은 골계희滑稽戱의 일종인 월전月顚, 공으로 묘기를 부리는 금환金丸 등을 관람한 최치원은 이것을 묶어서 '향악鄕樂'이라 표기하였다.

아울러 일본에 소장된 『무악산악도舞樂散樂圖』 역시 악기 연주를 비롯하여, 춤과 다양한 가면춤, 동물탈춤, 그리고 마희와 입에서 불을 뿜어 내는 묘기, 농환, 칼 삼키기 등의 묘기까지 포괄하여 '고악古樂'이란 제목을 사용하였다. 그렇다면 고대의 '악' 역시 '기악'처럼 가·무·악과 가면춤 및 여러 가지 재주를 포괄한 넓은 의미로 사용되었을 가능성이 크다.

이에 대하여 양재연은 1964년 글에서 "실상 과거 악樂이라는 표현은 단순히 오늘의 '음악'을 뜻하지 않는 좀 더 넓은 개념으로 사용되었다. 즉 그것은 음악뿐 아니라 무

---

26 『수서』, 권15, 29b8-10.
27 그래서 나는 고구려의 음악과 춤을 개관하면서 '기(伎)'란 가·무·악(歌·舞·樂)과 여러 가지 기예를 포함한 의미로 해석한 바 있다. 김성혜, 「고구려의 음악과 무용」, 『삼국시대음악사연구』, 서울: 민속원, 2009, 135~156쪽.

용·시가詩歌·연희演戲 등을 포함한 표현이었다."²⁸는 탁견을 제시한 바 있다. 나는 고대 '악樂'에 대한 의미에 있어서 양재연의 견해에 동의한다.

아울러 시대가 좀 후대로 내려오지만, 국내 문헌 중에 『신증동국여지승람新增東國輿地勝覽』과 『증보문헌비고增補文獻備考』에 최치원의 '향악잡영오수'를 '오기五伎'라 명명하였다.²⁹ 결국 고대는 물론 조선시대에도 '악樂'과 '기伎'를 혼용했음을 알 수 있다.

정리하면, 고대의 '기악伎樂'은 '악樂'과 유사한 개념이며, 가·무·악을 비롯하여 가면춤과 여러 가지 재주를 포함하는 광의廣義적 의미라 할 수 있다.

광의적 의미의 기악은 오늘날 세 가지 분야로 세분하는데, 가·무·악은 주로 '음악'과 '무용'으로 세분하며, 가면춤과 여러 가지 재주는 '연희演戲'라는 용어로 대체하여 사용하고 있다.³⁰ 그러나 연희란 용어는 고대 문헌에 사용한 예가 없기 때문에 재고할 필요가 있다. 또한 가·무·악을 제외한 나머지 종목을 북한학자들은 '교예'라는 명칭을 사용하였으나, 이 역시 고대 문헌에 사용한 사례가 없다.

따라서 나는 국내 문헌과 일본 및 중국 문헌에 기록된 '기악'이란 용어를 사용하고자 한다. 이때 기악은 좁은 의미의 기악이 될 것이다. 즉 넓은 의미의 기악은 가·무·악과 여러 가지 재주를 뜻하며, 좁은 의미의 기악은 가·무·악을 제외한 '여러 가지 재주'에 한정한 의미이다.

다음은 고구려와 신라의 곡예와 묘기·마술·가면춤 등 좁은 의미의 '기악'에 대해 살펴보도록 하겠다.

---

28 梁在淵,「新羅五伎研究序說」,『陶南 趙潤濟博士 回甲紀念論文集』, 서울: 陶南 趙潤濟博士 回甲紀念論文集事業會, 1964, 272~273쪽.
29 『新增東國輿地勝覽』, 서울: 민족문화추진회, 1982, 卷21,6a8-b1. 慶州府 조에 "新羅又 有鄕樂 金丸 月顚 大面 束毒 狻猊 五伎"라 기록됨. 『增補文獻備考』, 서울: 세종대왕기념사업회, 1994, 卷106,6b3-4. "東都鄕樂有 金丸 月顚 大面 束毒 狻猊 五 劒舞戲 崔致遠各有 五技絶句詩"로 기록됨.
30 전경욱,『한국의 전통연희』, 20~21쪽.

2. 고구려 기악의 종류와 성격

고구려는 대륙과 인접한 위치에 있었기 때문에 삼국 중에서 가장 먼저 문화를 꽃 피울 수 있었다. 그 실례로 수나라가 중원을 통일한 후 궁정에서 빈객에게 연회를 베풀 때 연주한 '7부악七部樂'과 '9부악九部樂'에 고려기高麗伎가 속할 만큼 국제적인 수준이었다.

그러나 백제와 신라는 이에 편성되지 못하고 잡기雜伎에 포함되었다. 아울러 불교를 수용하여 공인함에 있어서도 고구려는 372년(소수림왕 2)에 불교를 공인하였고, 백제는 384년(침류왕 원년)에 공인하였으며, 신라는 527년(법흥왕 15)에 공인하였다.

기악 역시 고구려가 중국으로부터 영향을 받은 것은 한漢나라 무제武帝(B.C.140~86) 때로 소급된다. 『후한서後漢書』 동이열전 제75권과 『삼국지三國志』 위서魏書 동이전의 고구려 항목을 보면, 관련 내용이 나온다.

〈사료 5〉 (한) 무제는 조선을 멸망시키고 고구려를 현縣으로 만들어서 현도玄菟에 속하게 하였으며, 고취鼓吹와 기인伎人을 하사하였다.[31]

〈사료 6〉 한漢나라 때에는 고취와 기인技人을 하사하였으며, 항상 현도군玄菟郡에 나아가 (한나라의) 조복朝服과 의책衣幘을 받아갔는데, (현도군의) 고구려령高句麗令이 그에 따른 문서를 관장하였다.[32]

〈사료 5〉와 〈사료 6〉은 한나라 무제武帝가 조선을 멸망시킨 기원전 107년의 일이다. 당시 한 무제가 고구려 왕에게 고취鼓吹와 기인伎人(技人)을 보냈다는 내용이다. 그 외 조복朝服과 의책衣幘도 주었다.

---

31 『中國正史朝鮮傳 역주1』, 서울: 국사편찬위원회, 1987, 138쪽.
32 『中國正史朝鮮傳 역주1』, 235쪽.

고대사회에서 이렇게 주는 의미는 한漢 제국帝國이 주변 제집단諸集團의 수장首長에게 한漢의 세력권에 귀복한 데 대한 대가로 한漢의 권위를 부여하는 상징적인 행위였다. A.D. 136년에 부여왕夫餘王이 직접 와서 조문하였을 때도 그에게 황문고취黃門鼓吹 등을 주어 귀국케 하였다. 그런 만큼 고취와 기인伎人은 곧 왕의 권위를 나타내는 것이다. 이것은 당시 중국이 군현을 다스리는 정책의 소산이었다.[33] 중국 대륙에서 고구려에 의복과 여러 기물을 하사하는 의례는 6세기 말까지 지속되었다.[34]

고취는 주로 타악기와 관악기로 구성된 악단을 뜻하며, 이 두 기록의 '기인伎人'과 '기인技人'은 가·무·악과 다양한 재주를 연행하는 자의 의미로 해석한다.[35]

1) 고구려 기악의 종류

고구려 기악의 종류에 대해서는 북한의 주재걸이 8종을 언급한 바 있고,[36] 남한의 전경욱은 수박희와 씨름 및 인형극을 추가로 발표하였는데[37] 이들의 연구를 종합하고, 내가 생각하는 몇 가지를 추가하여 표로 정리하면 다음과 같다.

---

[33] 그 결과 비록 B.C. 75년 이후 고구려가 한(漢) 군현(郡縣)의 직접적인 지배 하에서는 벗어났으나 고구려 내의 여러 집단은 제각기 漢과 연결되는 면을 지녔다. 이로 말미암아 왕실을 중심으로 한 중앙집권력의 성장에 제약을 가하게 되어 고구려국은 漢의 영향권 하에 예속된 상태를 당분간 지속케 되었던 것이다. 『中國正史朝鮮傳』 역주본1, 서울: 國史編纂委員會, 1987, 247쪽.

[34] 태화(太和) 15년(491)에 연이 죽으니 나이가 100여세였다. 고조는 동쪽 교외에 나가 거애하고, 알자복사 이안상을 보내 거기대장군태부요동군개국공 고구려왕에 추증하고 시호를 강이라 하였다. 연의 손자 운을 고구려왕에 배하고, 의복과 복장·기물 및 수레·깃발 따위의 물건들을 하사하였다. 『中國正史朝鮮傳』 역주본1, 516쪽. 『삼국사기』 고구려본기 권20 영양왕 항목에 "(수나라 황제가) 고구려왕으로 책봉하고 수레와 의복을 주었다"는 기록이 있다. 정구복 외, 『역주 삼국사기』, 성남: 한국정신문화연구원, 1997, 364쪽.

[35] 전경욱은 고취를 악사로 번역하고 기인을 연희자로 번역하기도 하였다. 전경욱, 『한국의 전통연희』, 서울: 학고재, 2004, 105쪽.

[36] 주재걸, 「벽화무덤을 통해본 고구려의 교예」, 『력사과학』 2호, 평양: 과학백과사전출판사, 1983, 32~34쪽.

[37] 전경욱의 고구려 연희 종류 중에서 안악3호분 후실에 있는 춤추는 서역인의 경우 전경욱은 "외국인으로 보이는 춤꾼이 가면을 착용하고 있다."고 하였으나 나는 가면 착용으로 보지 않기 때문에 이는 제외하였다. 전경욱, 『한국의 전통연희』, 107~111쪽.

〈표 2〉 고구려 기악의 종류와 출처

구분	기악의 종류	출처	구분	기악의 종류	출처
1	나무다리 걷기	수산리·팔청리	8	수박희	안악3호분·무용총
2	공과 봉을 연속받기	수산리·팔청리·약수리	9	씨름	장천1호분·각저총
3	바퀴 돌려 올리기	수산리·장천1호분	10	공받기	장천1호분
4	칼 재주 부리기	팔청리	11	마사희	덕흥리
5	칼과 활 재주	안악3호분	12	골계인(?)	대안리1호분
6	긴봉 올려받기	약수리	13	가면희(?)	오회분4호묘
7	말타기	약수리	14	인형극(괴뢰자)	두우 『통전』

고구려 기악의 종류는 대략 14종에 이른다. 물론 당시에는 이보다 더 다양하고 많았을 것으로 짐작되지만, 고구려 고분벽화와 문헌에 기록된 사례는 이 정도로 정리할 수 있다.

팔청리 고분을 보면, 나무다리 걷는 사람 옆에 비파류의 악기를 연주하는 자가 재인オ人의 몸동작을 주시하면서 연주에 집중한 장면이 있다(그림 6). 주재걸은 이것에 주목하여 고구려의 기악에 긴장감을 고조시키는 음악반주가 있었음을 제시하였고, 공받기나 봉받기 혹은 바퀴돌리기처럼 고도의 긴장감을 요하는 종목에는 비파류의 선율음악을 사용하였으며, 말타기나 칼 재주 부리기처럼 용감하고 진취적인 기악에는 군악으로 반주했을 것으로 추정하였다.

나 역시 이런 추정에 동의한다. 그러면 이러한 여러 종목의 기악을 연행하는 목적이 무엇이었는지에 대해 주재걸은 고구려 기악의 특징으로 사회 부유계층의 취미를 만족시키거나 흥미 본위를 주로 하는 것이 아니라고 주장했는데,[38] 과연 그런지 의문이다.

---

[38] 주재걸, 「벽화무덤을 통해본 고구려의 교예」, 『력사과학』 2호, 평양: 과학백과사전출판사, 1983, 34쪽.

2) 기악의 목적

　벽화에 나타난 여러 종목의 기악이 어떤 목적으로 연행되었는지 파악하기 위해서는 연행된 기악의 주변 그림을 살펴볼 필요가 있다. 팔청리 고분과 안악3호분 그리고 약수리 고분은 기악의 연행이 모두 주인의 수레 앞에서 펼쳐졌다.
　팔청리 고분의 경우 좌측에 주인의 수레 천막만 겨우 보이고 그 뒤쪽의 모습은 파악하기 어렵다.

〈그림 7〉 팔청리 고분

　수레 앞에서 나무다리 걷기와 2인의 칼 재주 부리기, 말타고 뿔나발 불기 등이 펼쳐진 상태이다. 그리고 기악인 앞에는 북 혹은 징을 치는 고취대가 선두에 있다.
　안악3호분의 행렬은 거대한 퍼레이드다. 수레 앞뒤로 고취대가 있는데, 앞에는 보행악대, 뒤에는 기마악대가 각각 배치된 상태이다.

〈그림 8〉 안악3호분 의장대

〈그림 8-1〉 안악3호분 의장대 중 활과 환두대도를 잡은 기악인

　보행악대 앞에 '3자' 형태의 활과 환두대도環頭大刀를 잡은 기악인 두 사람이 재주를 부리고 있다.

〈그림 9〉 약수리 고분의 행렬도

〈그림 9〉의 약수리 고분벽화의 남벽 행렬도인데 주인의 수레 앞에서 두 사람이 긴 봉을 올려받고 있고, 공 2개와 봉 하나를 올려 받는 기인, 3인조 말탄 재주꾼이 빠른 속도로 역주행하는 모습 등이 묘사되었다.

행렬의 앞쪽에 깃발 든 기마부대와 고취대가 선두에 있으며, 이어서 도끼든 보행 군인들이 양쪽을 호위하며 간다. 이들 뒤에는 깃발을 든 기마부대가 주인의 수레를 호위하며, 수레 뒤에는 여자 시녀 4명이 따르고 있다. 그 측면에는 갑옷과 마갑으로 무장한 무사 기마대가 호위를 하는 왕 혹은 귀족의 의장 행렬이다.

그런데 안악3호분처럼 거대한 규모의 무사 호위를 받으며 수레에 탄 주인은 과연 어디로 향한 것일까? 『삼국사기』에서 고구려 왕들이 궁을 떠나 출타한 사례로 대표적인 것은 졸본으로 가서 시조묘에 제사를 지내고 돌아온 내용이며, 시조묘 관련 기록은 여러 차례 등장한다.

고구려 태조왕은 121년에 부여에 가서 태후묘에 제사를 지냈고, 신대왕도 167년에 졸본으로 가서 시조묘에 제사를 지냈다. 180년 고국천왕과 228년 동천왕, 260년 중천왕, 332년 고국원왕, 521년 안장왕, 560년 평원왕, 619년 영류왕 등이 계속해서 졸본으로 가서 시조묘에 제사를 지냈고, 495년 문자명왕은 남쪽으로 순수巡狩하여 바다에 제사를 지내고 돌아왔다.

이때 왕의 행렬 의장대 규모와 형태는 안악3호분 행렬도와 거의 유사한 형태였을 것이다.³⁹ 427년 고구려가 평양으로 천도遷都하기 이전에는 국내성에서 졸본으로 왕래하였고, 천도 이후에는 평양에서 졸본까지 왕래하였다. 출타 기간은 왕복 2개월이 소요되었으니, 거의 한 달 걸려 갔다가 또 한 달 만에 돌아왔다. 이처럼 장거리 행차에서 힘이 들고 지루한 나날이 계속되는 것은 당연하다. 바로 이런 점을 덜기 위해 왕의 수레 앞에 기악인을 배치하여 묘기를 펼치게 함으로써 볼거리를 제공했던 것으로 해석이 가능하다.

이렇게 팔청리·안악3호분·약수리 고분에 등장하는 기악인들은 한결같이 주인의 수레 앞에 위치하며, 주인을 향해 재주를 부리는 점으로 볼 때, 연행목적은 주인에게 볼거리를 제공하기 위함이다.

한편, 수산리 벽화는 주인 부부가 호위무사 없이 시동侍童과 시녀侍女의 일산日傘 시중을 받으며 여유 있게 거니는 나들이 장면이다.

〈그림 10〉 수산리

〈그림 10-1〉 수산리 모사도

앞의 의장 행렬은 이동 거리가 먼 행렬이라면, 수산리의 나들이 모습은 거처하는 곳에서 그리 멀지 않은 곳으로 가는 행렬이다. 남자 주인 앞에 긴 나무다리로 걷는 기인, 공 다섯 개와 봉 세 개를 연이어 받는 묘기자, 수레를 돌려 올리는 재주꾼 등이 제각기 자신의 묘기를 펼치고 있다. 이 역시 연행 목적은 볼거리를 제공하기 위함이다.

---

39 김성혜, 「고구려 음악과 무용」, 『삼국시대음악사연구』, 139쪽.

고구려 사람들의 나들이 장면은 장천1호분에 다양하게 나타난다. 고분의 앞칸 왼쪽 벽에 그려진 여러 모습 가운데 두 사람이 씨름을 하는 장면도 있고, 4개의 공을 올려 받는 사람도 있다.

〈그림 11〉 장천1호분

〈그림 11-1〉 공받기

〈그림 11〉의 장천1호분 장면은 다소 신분이 높은 사람의 수산리의 나들이 장면과 차이가 있다. 대부분 개별적이고 자유로운 귀족 남녀의 나들이 장면이 묘사되었다. 남녀가 서로 만나 담소를 나누기도 하고, 또 어떤 남녀는 만나서 한 사람은 악기를 연주하고 또 한 사람은 춤을 추며 여가를 보낸다. 즉 장천1호분에 묘사된 기악의 목적은 남에게 볼거리를 제공하기 위해서라기보다는 씨름 장면처럼 서로의 체력 단련을 위해, 혹은 남녀의 춤과 연주처럼 교재를 목적으로 연행한 것으로 볼 수 있다.

그런데 안악3호분의 수박희와 덕흥리의 마사희는 연행 장소가 행렬이나 보행이 아니다. 〈그림 12〉의 안악3호분의 수박희는 앞칸 동벽 남쪽에 위치하는데 2인의 수박희 아래 6명의 부월斧鉞 무사가 있다.

〈그림 12〉 안악3호분 수박희　　　　〈그림 13〉 의장대와 부월수

그리고 그 옆쪽 동쪽에는 부월수와 의장 기수가 일렬로 서 있어 마치 공식적인 의례가 행해지는 장면을 묘사한 것으로 추정된다. 그렇다면 수박희는 공식적인 의례의 한 절차에서 행해지는 것으로 간주할 수 있다. 예컨대, 『북사北史』 열전과 『수서隋書』 동이열전東夷列傳의 고구려 항목을 보면, 왕이 우의羽儀를 나열해 놓고 놀이를 구경했다는 기록이 있다.

〈사료 7〉 해마다 연초에는 패수浿水 가에 모여 놀이를 하는데, 왕은 요여腰轝를 타고 나가 우의羽儀를 나열해 놓고 구경한다. 놀이가 끝나면 왕이 옷을 물에 던져 놓는데, 좌·우의 두 패로 나누어 물과 돌을 서로 (그 옷에다) 뿌리거나 던지고, 소리치며 쫓고 쫓기기를 두세 번 하다가 끝낸다.[40]

〈사료 7〉에서 '패수'는 대동강이다. 매년 연초에 고구려인들이 대동강 가에 모여서 놀이를 했으므로 이것은 연중행사의 일종이다. 이 놀이는 석전놀이石戰戲로 간주한다. 〈사료 8〉에서 주목하고자 하는 것은 '우의羽儀'이다. 우의는 새깃으로 장식한 군대 깃

---

40 『中國正史朝鮮傳』 역주본-2, 서울: 國史編纂委員會, 1988, 63쪽 및 135쪽.

발과 여러 가지 의물이라 생각하는데, 안악3호분 〈그림 12〉와 〈그림 13〉에 일렬로 선 인물들이 잡고 있는 것이 아닌가 한다. 이것은 조선시대 왕실의례 때 사용한 개蓋·정절旌節 등의 의물과 같은 것이다. 그러면 안악3호분의 수박희는 의장대 행렬 속에서 재주가 펼쳐졌던 것으로 추정할 수 있다. 이렇게 보면, 안악3호분의 수박희는 연중 행사 혹은 국가 의례 시에 연행한 것으로 보인다.

무용총의 수박희는 천정에 위치하여 일반인의 생활 모습으로 간주하기 어렵다. 왜냐하면 무덤의 천정에 그려진 것은 일반적으로 신선의 세계로 여기기 때문이다. 예를 들면 무용총 천정에 그려진 두 사람의 현악기 연주자는 선인仙人으로 간주하며, 천상의 세계로 해석하기 때문이다.

씨름의 장면이 그려진 장천1호분과 각저총은 야외에서 혹은 나무 아래에서 씨름이 연행된 상태기 때문에 야외에서 서로의 힘겨루기를 하는 가벼운 시합 정도로 볼 수 있다.

〈그림 11-2〉 장천1호분 씨름

〈그림 14〉 각저총 씨름

다음은 덕흥리 고분의 마사희馬射戱 장면을 보자.

〈그림 15〉 덕흥리 고분 마사희 장면

장대 끝에 목표물을 달아 일렬로 설치해 두고, 말탄 자에게 달리면서 활로 맞추도록 하였으며 결과를 기록하는 장면도 있다. 군사 훈련의 일환으로 볼 수도 있으나, 일반적으로 '마사희馬射戱'로 보기 때문에[41] 본고에 포함시켰다.

마지막으로 내가 고구려 고분 벽화에서 지금까지 언급되지 않은 고구려의 기악 종류 가운데 두 가지를 제시하고자 한다. 하나는 '골계인滑稽人'이고, 또 하나는 '가면희' 연행의 가능성이다.

골계인은 남포시 대안리1호분의 안칸 서벽에 있는 인물인데, 〈그림 16〉이다.[42]

----

41 『북한의 문화재와 문화 유적: 고구려편Ⅰ』, 서울: 서울대학교출판부, 2000, 168~169쪽.
42 『북한의 문화재와 문화 유적: 고구려편Ⅱ』, 서울: 서울대학교출판부, 2000, 68쪽.

〈그림 16〉 대안리1호분 골계인

　〈그림 16〉에서 우측의 다섯 번째 인물이다. 하반신은 앞 사람들처럼 우측을 향했는데, 상반신은 반대쪽인 좌측으로 돌렸고, 곱사등이처럼 신체 우측이 불룩 튀어 나왔다. 얼굴을 보면, 눈이 크고 코도 길고 크다. 마치 서역 사람같은 인상을 준다. 전반적인 자태가 웃음을 자아내니 이런 자가 춤을 춘다면 영락없는 골계인이다.

　고구려 가면춤에 대해 전경욱은 안악3호분의 후실 벽화에 그려진 춤추는 서역인을 탈춤 장면으로 소개한 바 있다.[43] 그러나 일반적으로 탈춤으로 보기보다는 터번을 쓴 코 큰 서역인으로 간주하기 때문에 탈춤 인물로 수긍하기 어렵다. 또 장천1호분의 〈그림 11〉에서 씨름 아래에 그려진 마부가 말을 끌고 가는데 다른 사람이 머리를 수그린 채 말의 꼬리를 잡고 따라가는 자를 가면을 쓴 것으로 판단하였다.[44] 이것 역시

...

43　전경욱, 『한국의 전통연희』, 111쪽.
44　전경욱, 『한국의 전통연희』, 111쪽.

〈그림 11〉을 봤을 때 쉽게 수긍하기 어렵다.

그러나 〈그림 17〉의 집안 오회분4호묘의 안칸 천정에 그려진 농사신을 보면, 가면극이 고구려에 연행되었을 가능성이 보인다. 뿔 달린 소머리 형상인데, 마치 동물의 탈을 쓴 모양을 연상시킨다. 당시 사람들이 이러한 형태를 벽에 그림으로 그렸다면 다른 동물의 형상을 본떠서 탈처럼 쓰고 춤추고 연희했을 가능성이 크다. 따라서 나는 골계인과 가면희가 고구려에 있었음을 〈그림 16〉과 〈그림 17〉로 유추한다.

〈그림 17〉 오회분4호묘 농사신

지금까지 언급한 고구려 기악의 종류와 연행 위치 및 연행 목적을 표로 정리하면 〈표 3〉이 된다.

〈표 3〉 고구려 기악의 종류와 성격

고분 종류	기악 종류	연희 위치	연희 목적
팔청리	나무다리 걷기 · 공과 봉 받기 · 2인의 칼재주	수레 앞	볼거리 제공
안악3호분	2인 칼과 활재주 수박희	수레 앞 부월수 앞	볼거리 제공 의례 절차
약수리	긴봉 받기 · 공과 봉 받기 · 말타기	수레 앞	볼거리 제공
수산리	나무다리 걷기 · 공과 봉 받기 · 수레 돌려 올리기	나들이 앞	볼거리 제공
장천1호분	씨름 공받기	야외 야외	체력 단련 개인 연습
무용총	수박희	천상(무덤 천정)	미상
각저총	씨름	노인 앞	힘겨루기, 체력 단련
덕흥리	마사희	들판(?)	군사 의례

정리하면, 고구려 고분 벽화에 나타난 기악의 연행 장소는 첫째, 왕과 귀족이 장거리 출타나 단거리 나들이를 할 때 주인의 수레 앞에서 혹은 주인이 걸어가는 앞 쪽에서 재주를 부렸다. 이때 연행의 목적은 주인에게 볼거리를 제공하기 위한 것으로 간주하였다.

주재걸은 고구려 기악의 특징으로 사회 부유계층의 취미를 만족시키거나 흥미 본위를 주로 하는 것이 아니라고 주장했는데,[45] 고구려 고분벽화에 그려진 절반 이상의 기악 장면이 이처럼 주인에게 볼거리를 제공하는 것이기 때문에 재고를 요한다.

둘째는 의장기를 든 부대와 부월 무사들이 집결한 공식 의례 때 수박희 같은 기악이 연행되었는데, 이것을 국가 의례의 한 절차에서 연행한 것으로 추정하였다. 셋째는 자신의 기악을 연마하고, 개별적인 시합을 목적으로 야외에서 연행된 사례가 있다. 이것은 자신의 체력을 단련하기 위한 목적 혹은 실력 향상을 위한 목적으로 보인다.

3. 신라 기악의 종류와 성격

신라인들이 노래와 춤 그리고 여러 가지 기악을 연행한 기록은 『삼국사기』 유리왕 9년 조에 나오는데, '가무백희歌舞百戱'란 용어를 사용하였다. '기악'에 관한 기록은 앞에서 언급했듯이 8세기 중엽 신라 사경寫經에 나온다.

가무백희歌舞百戱는 노래와 춤 그리고 여러 가지 놀이 혹은 재주란 뜻인데, 고대 넓은 의미의 '기악'과 유사한 의미이다. 신라 유리왕 9년(32) 8월 보름 가배 때 유리왕은 6촌村을 6부部로 바꾸고 각 부에 성姓을 하사하고 통치 체제를 정비하면서 생산력 증대를 목적으로 '가배'라는 길쌈대회를 개최하였다.

7월 16일부터 한 달 동안 왕녀를 비롯하여 6부의 여자들로 하여금 베를 짜게 하여

---

[45] 주재걸, 「벽화무덤을 통해본 고구려의 교예」, 『력사과학』 2호, 평양: 과학백과사전출판사, 1983, 34쪽.

8월 15일에 승패를 가리게 했고, 그 후 가무백희가 연행되었다. 구체적으로 어떤 놀이와 재주가 펼쳐졌는지는 알 수 없으나 힘든 일을 한 후에 마음 편하게 웃고 함께 즐길 수 있는 성격의 놀이가 연행되었을 것으로 짐작된다. 그러면 신라시대 기악의 종류를 살펴보도록 하겠다.

1) 신라 기악의 종류

신라 기악의 종류에 관하여 윤광봉尹光鳳은 8종을 언급한 바 있다.[46] 최치원의 향악잡영오수인 월전·속독·대면·산예·금환과 원효의 무애희, 황창의 검무희, 그리고 처용가무이다. 여기에 전경욱은 일본의 『무악산악도』를 참고하여 신라박新羅狛과 입호무入壺舞를 더 추가하였다.[47] 아울러 전덕재는 『무악산악도』에 있는 여러 종목과 신라 기악과의 관계를 지속적으로 연구하고 있다.[48]

이상으로 기존의 신라 기악의 종류 10종과 내가 생각하는 4종 즉 신라토우의 탈춤[49]과 '마희馬戲' 및 매 부리기[50] 그리고 경흥국사 병을 치유한 인형극을 추가하여 표로 정리하면 〈표 4〉가 된다.

---

[46] 윤광봉, 『한국의 연희』, 서울: 반도출판사, 1992, 39~153쪽.
[47] 전경욱, 『한국의 전통연희』, 119~125쪽.
[48] 전덕재, 「한국 고대 서역문화의 수용에 대한 고찰: 백희·가무의 수용을 중심으로」, 『역사와 경제』 58집, 부산: 부산경남사학회, 2006, 1~39쪽; 「신라 서역음악의 수용과 향악의 정립」, 『제2회 신라학 국제학술대회: 실크로드와 신라문화』, 경주: 경주시·신라문화유적조사단, 2008, 221~243쪽.
[49] 김성혜, 「토우로 보는 신라무용과 그 의미」, 『한국무용사학』 제6호, 서울: 한국무용사학회, 2007, 47~78쪽 및 『신라토우 속의 음악과 춤』, 서울: 민속원, 2009, 138~142쪽.
[50] 김성혜, 「신라인의 놀이에 관한 고찰(1)」, 『신라문화제학술논문집: 신라 왕경인의 삶』 제28집, 경주: 경주시, 신라문화선양회, 경주문화원, 동국대 국사학과, 2007, 79~106쪽.

〈표 4〉 신라 기악의 종류와 출처

	시기	종류	출처
1	57~80 500~513	마기 마희	『삼국사기』
2	350~500	탈춤	유물
3	579~632 677	매 부리는 기술	『삼국사기』
4	660	가면검무(1인)	『동경잡기』
5	660년 전후	무애희	
6	681~692	인형극	『삼국유사』
7	875~886	처용무	
8	9세기 말	금환(농환, 저글링)	『삼국사기』
9		월전: 꼽사춤	
10		속독: 가면춤	
11		대면: 가면춤	
12		산예: 사자춤	
13	신라	신라박: 사자춤	『무악산악도』
14		입호무: 마술	

(1) 마기와 마희

마기馬伎와 마희馬戲는 말을 타고 여러 가지 재주를 부리는 것인데, 『삼국사기』 신라인 거도와 이사부 관련 내용에 등장한다.

〈사료 8〉 거도居道는 그의 가계와 성씨가 전하지 않아 어떤 사람인지 알 수 없다. 탈해 이사금 (57~80) 때에 벼슬하여 간干이 되었다. 그때, 우시산국于尸山國과 거칠산국居柒山國이 국경의 이웃에 끼어 있어서 자못 나라의 걱정거리가 되었는데, 거도가 변경의 지방관이 되어 그 곳을 병합할 생각을 품었다. 매년 한 번씩 여러 말들을 장토 들판에 모아놓고 군사들로 하여금 말을 타고 달리면서 유희놀이를 하게 하였다. 당시 사람들이 이 놀이를 '마기馬技'라 불렀다. (군사를 동원하였을 때) 두 나라 사람들이 자주 보아 왔으므로 신라의 평상적인 일이라고 생각하여 괴이하게 여기지

아니하였다. 이에 (거도는) 병마를 출동하여 불의에 쳐들어가 두 나라를 멸하였다.[51]

〈사료 9〉 (이사부는) 지대로왕(500~513년) 때 연해 국경 지역의 지방관이 되었는데, 거도居道의 꾀를 답습하여 마희馬戱로써 가야국을 속여 취하였다.[52]

〈사료 8〉의 내용을 보면, 신라인 거도居道는 탈해왕(57~80) 때 변경 지역의 지방관으로 있으면서 병사들로 하여금 말을 타고 유희를 하게 했으며, 이것을 당시 사람들이 '마기馬技'라고 불렀다는 것이다.[53] 마기는 매년 한 번씩 행한 연례행사로 볼 수 있으며, 이를 계기로 우시산국과 거칠산국[54]을 습격하여 취했으니, 마기가 전쟁의 수단으로 이용되기도 하였다. 이러한 수법은 지증왕 때 이사부 역시 마희를 하는 척하면서 가야국을 취한 기록이 〈사료 9〉이다.

위 사료에서 이 행사는 병사들로 하여금 장토 들판에서 기마 훈련을 하게 했으므로 체력 단련과 군사 훈련의 성격이 강하다. 마기 또는 마희는 조선시대에는 '마상재'로 불렸다.

(2) 탈 쓴 신라토우

신라토우는 4~5세기 신라고분에서 출토된 흙으로 만든 인형이다. 주로 그릇 위에 혹은 옆에 부착되었기 때문에 규모가 4~6cm로 대부분 작다. 지금까지 출토되거나 수

---

51 居道, 失其族姓, 不知何所人也, 仕脫解尼師今, 爲干. 時, 于尸山國·居柒山國, 介居隣境, 頗爲國患. 居道爲邊官, 潛懷幷呑之志, 每年一度, 集群馬於張吐之野, 使兵士騎之, 馳走以爲戱樂, 時人稱爲馬技. 兩國人, 習見之, 以爲新羅常事, 不以爲怪. 於是, 起兵馬, 擊其不意, 以滅二國. 『三國史記』 卷44, 4a9-b3.
52 異斯夫 『或云苔宗』 姓金氏, 奈勿王四世孫. 智度路王時, 爲沿邊官, 襲居道權謀, 以馬戱, 誤加耶 『或云加羅』 國取之. 『三國史記』 卷44, 4b4-7.
53 종래에는 馬技를 馬叔으로 판독하였으나, 誠庵本 『三國史記』에서 'ㅓ'변이 분명히 판독되고 '支'의 윗부분이 마모된 사실을 『三國史切要』 등에서 확인되므로 최근에는 '馬技'로 보고 있다. 정구복 외, 『譯註 三國史記 4: 주석편(하)』, 성남: 한국정신문화연구원, 1997, 696~697쪽.
54 우시산국은 현재 울산광역시 울주구 웅촌면으로 보며, 거칠산국은 부산광역시 동래구 근처로 비정한다. 정구복 외, 『역주 삼국사기4: 주석편(하)』, 696쪽.

습된 것 가운데 탈 쓴 토우는 5점이 전한다.[55]

  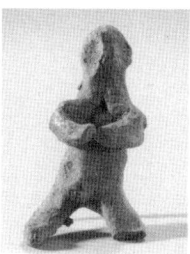  

〈그림 18〉 탈 쓴 토우1　〈그림 19 탈 쓴 토우2　〈그림 20〉 탈 쓴 토우3　〈그림 21〉 탈 쓴 토우3　〈그림 22〉 탈 쓴 토우4

좌측부터 차례로 보면, 머리 부분이 뾰족한 탈을 쓰고 양팔을 앞으로 내밀어 춤추는 토우와 역시 탈을 쓰고 두 손을 앞으로 모아 노래를 부르는 모양의 토우 2점, 학처럼 긴 부리의 탈을 뒤집어 쓴 토우, 또 자루모양의 탈인데 두 눈과 코·입을 간단히 표시한 탈을 쓴 토우 등 모양이 다양하다.

이것은 당시 신라인들의 탈춤을 묘사한 것으로 추정된다. 현실 세계에서 얼마나 유행했으면 토우로 만들어 무덤에 부장했는지 가히 짐작할 만하다. 4~5세기 신라인들이 무덤에 토우를 부장품으로 넣은 것은 생전의 삶이 사후 내세에도 생전처럼 지속되기를 염원한 표현으로 볼 수 있다.

따라서 백제 미마지가 오나라에서 배워 일본에 전한 '기악'의 탈춤보다 약 150년 이상 신라의 탈 쓴 토우가 앞서기 때문에 고대 탈춤의 기원과 역사 연구에 사료적 가치가 높은 유물이다.

(3) 매 부리는 기술

매는 독수리보다 작으며, 부리와 발톱은 갈고리 모양으로 되어 있어 사냥용으로 많

55　김성혜, 『신라음악사연구』, 서울: 민속원, 2006, 115~116쪽.

이 활용된 새이다.

신라인들은 매를 이용하여 사냥을 했는데, 사냥으로 활용하기 위해서는 '매를 부리는 기술'을 갖춰야 한다. 내가 이것을 '기악'의 종류에 포함시킨 것은 『무악산악도舞樂散樂圖』에 매를 부리는 사람이 포함되어 있기 때문이다.[56]

매를 날려 보내어 토끼나 꿩 등의 짐승을 잡는 수렵 활동을 문헌에는 주로 '방응放鷹'이라 하였는데, 『무악산악도』에 기록된 명칭이 '방응락放鷹樂'이다. 고려시대에는 '응방鷹坊'이라는 관청을 설치하여 매의 사육과 사냥을 전담하도록 제도화하였다.[57]

〈그림 23〉 방응락

매사냥은 고대 사람들의 생업에 관련된 일이지만, 이것을 재주로 삼아 놀이할 때는 기악의 한 종목이 되고, 매를 잘 다루는 자는 '기인伎人'이 된다. 특히 매사냥을 즐기고 좋아하는 왕일 경우에는 신하들이 매를 헌상물로 바치기도 하고 금으로 장식한 매방울을 진상품으로 올리기도 했을 것이다. 이에 대표적인 신라왕이 진평왕이다.

진평왕(579~632)은 사냥을 좋아하여 날마다 매와 개를 풀어서 사냥했으므로 신하 김후직金后稷이 여러 차례 만류하였다. 그러나 끝내 듣지 않자 자신의 무덤을 임금의 사냥 나가는 길목에 만들어 줄 것을 유언한 간묘諫墓에 관한 일화가 『삼국사기』에 전한다.[58]

---

56 『日本音樂史料叢刊1 陽明文庫藏 舞絵「舞樂散樂圖」法隆寺 舊藏 揩鼓』, 上野学園大学 日本音樂史研究所, 2016, 12쪽.
57 사냥하는 매에는 종류와 명칭이 다양하다. 사냥을 전문으로 하는 매를 공솔매라 하며, 새끼를 길들여 사냥에 쓰는 매를 '보라매'라 한다. 보라매는 해동청(海東靑)이라고도 부른다. 보라매의 경우 1년을 훈련시킨 것은 '초지니'라 부르며, 2년을 훈련시킨 것은 '재지니'라 하고, 3년을 훈련시킨 것은 '삼지니'라 불렀으며, 매사냥의 역사가 길기 때문에 명칭도 다양하게 분화되었을 가능성이 크다.
58 金后稷, 智證王之曾孫. 事眞平大王, 爲伊飡, 轉兵部令. 大王頗好田獵, 后稷諫曰 …(中略)… 今, 殿下日與狂夫獵

또 문무왕 17년(677)에 소부리주에서 '흰 매'를 진상품으로 바친 기록[59]과 성덕왕 22년(723)에 당나라에 사신을 보낼 때 '매를 새긴 방울'을 보낸 점[60] 등으로 미루어 보면, 신라인 가운데도 『무악산악도』의 〈그림 23〉처럼 매를 부리는 기악이 연행되었을 것으로 추정할 수 있다.

(4) 가면검무

현재 우리나라 검무劍舞는 4인 혹은 8인으로 구성되었는데, 신라 때 황창의 죽음과 관련된 검무는 '가면을 쓴 1인무'였다.

신라인 황창랑黃昌郎에 대한 기록은 『동경잡기東京雜記』 권1 풍속조風俗條 '무검지희舞劍之戲'와 권2의 인물편 '황창' 항목에 나타난다. 내용을 요약하면, 검무에 재능이 뛰어났던 15세의 황창은 신라왕을 위해 백제 진영으로 가서 백제왕을 시해한 후 자신은 결국 피살당하였다. 황창의 사망 소식을 들은 그의 모친이 충격과 지나친 슬픔으로 실명을 하게 되자, 주변 사람들이 모친의 시력을 되찾게 하고자 시도된 춤이 황창무이다.

이 춤은 한 동자에게 가면을 씌워 황창의 검무를 추게 하곤 "황창이 와서 춤을 추는구나. 전에 들었던 이야기는 거짓이었구나"라고 하니, 슬픔에 빠진 그의 어머니가 기뻐서 다시 시력을 회복했다는 이야기다.

이 황창무黃昌舞의 전설은 백제 공격전에 참전하여 용감히 싸우다가 백제의 계백 장군에게 죽은 관창랑의 사실史實과 관련하여 유래된 것으로 보인다. 이 내용에서 주목되는 점은 현재의 검무와 달리 가면춤이며, 1인춤이라는 사실이다. 이 춤의 발생이 연회의 놀이적 목적이 아니라 자식을 잃고 실의에 빠진 황창의 모친을 위무하고, 황창

士, 放鷹犬, 逐雉兎, 奔馳山野, 不能自止, 老子曰 馳騁田獵, 令人心狂. 『書』曰 內作色荒, 外作禽荒, 有一于此, 未或不亡. 由是觀之, 內則蕩心, 外則亡國, 不可不省也, …(中略)… 恐大王遊娛不已, 以至於亡敗, 是吾所憂也. …(中略)… 遂終身不復獵. 『三國史記』卷45, 2b3-3b1.

59 『삼국사기』권7, 『역주 삼국사기 2: 번역편』, 161쪽.
60 『삼국사기』권8, 『역주 삼국사기 2: 번역편』, 180~181쪽.

의 용맹을 충忠과 관련시킨 것에 그 의미가 있다.

그리고 신라시대 이후 고려와 조선시대 경주에서 이 춤은 지속적으로 연행되었는데, 이것은 어린 황창의 용맹을 교훈으로 삼았고, 그 모친의 슬픈 사연을 후대인들에게 전승하려는 데 있었을 것이다. 따라서 이 춤의 성격은 교훈적이고 역시 음악치료적이다.

(5) 무애희

무애희無㝵戱는 원효가 지어서 부른 것으로 유명하다. 원효元曉(617~686)는 불교를 널리 보급하였고, 불교 경전의 연구에도 힘을 기우려 당시 전해진 거의 모든 경론經論에 대한 주석서를 저술한 학승學僧이었다. 신라를 대표하는 유학자 설총薛聰을 낳은 인물인데, 설총을 얻은 후로 속인의 복색으로 바꾸어 입고서 자칭 '소성거사'라 하였다.

원효는 당시 광대들이 가지고 노는 박을 얻었는데, 그것으로써 승려들이 사용할 수 있는 도구를 만들고, 『화엄경』 속에 있는 "일체 거리낄 것이 없는 사람은 죽고 사는 관념에서 한결같이 초월한다"는 문구를 따다가 '무애가無㝵歌'를 지어 세상에 퍼뜨렸다.

언제나 이 박을 가지고 마을 구석구석을 다니면서 노래와 춤으로써 교화를 시켰는데, 이때 연행한 것이 '무애희'이다. 박을 들고 치면서 사람들의 시선을 끌었을 것이고, 우스꽝스럽고 이상한 몸짓으로 웃음과 즐거움을 주면서 불교의 교리를 쉬운 민요 선율에 얹어 부름으로써 민중 교화의 수단으로 삼은 것이 원효의 무애희이다.

그 결과 글을 모르는 사람들까지도 모두 부처님의 이름을 알게 되었고, 모두 '나무아미타불' 같은 염불 한 마디는 할 줄 알게 되었다 하니 왕족 불교, 귀족 불교였던 당시의 신라 불교를 일반 민중들도 불교를 가까이 할 수 있도록 하였던 것이다. 이 무애희는 훗날 고려시대 왕실의 춤으로 채택되어 '무애무無㝵舞'로 연행되었고, 조선시대까지 전승되었다.

(6) 인형극

경흥景興은 신라 신문왕(681~691) 때의 승려인데, 『삼국유사』 권5의 감통편 가운데 '경흥우성景興遇聖' 즉, "경흥이 성인을 만나다"라는 조에 관련 내용이 나온다.

그는 18세에 출가하여 삼장三藏(經·律·論)에 통달하였고, 통일신라 초기에 명성을 떨친 인물이었다. 681년 문무왕이 임종 직전에 아들 신문왕에게 유언하기를 경흥을 국사國師로 모실 것을 부탁했으므로, 경흥을 승려의 최고 관직인 '국로國老'로 봉했고 삼랑사에 살게 했다.

그런데 국로 경흥이 갑자기 병을 얻어 약 한 달이 지나도록 병이 호전되지 않았다. 당시 '국로'였으니 신라 왕실의 의료진이 총 동원되었겠으나 치료 방법을 몰랐다. 이때 한 여승女僧(비구니)이 찾아와서 하는 말이 "지금 스님의 병은 걱정으로 인하여 생겼으니 기쁘게 웃으면 나을 것입니다."라고 하였다. 요즘으로 치면 '스트레스성 질환'에 걸린 듯하다.

그러더니 여승은 열한 가지 모양의 형상(인형)을 만들어 직접 재미있고 우스운 춤을 지어 보였다. 인형의 모양은 뾰족도 하고 깎은 듯도 하여 이루 말할 수 없이 다양한 모습으로 변하여 경흥을 포함하여 모두가 입을 가누지 못할 만큼 우스웠던 지라 마침내 국사의 병이 감쪽같이 나았고, 여승은 남항사南巷寺에 들어가 숨어버렸다.

가서 살펴보니 그녀가 지녔던 지팡이가 새로 그린 불화佛畫 십일면원통상十一面圓通像 앞에 놓여 있었다는 내용이다. 이것은 다양한 형태의 탈을 만들어서 재미있고 우스운 이야기로 인해 환자의 억압된 심리상태를 해소시켜 준 오늘날의 웃음치료법의 일종이다.

여승이 제작한 '십일양면모十一樣面貌'를 나는 탈춤으로 해석했으나,[61] 이 글에서 '인형'으로 수정하고자 한다. 탈춤일 경우 극의 표현을 위해 11명의 탈춤꾼이 있어야 하지만, 인형인 경우 여승 혼자서 극을 마음껏 연출할 수 있는 장점이 있기 때문이고 무엇보다 간편하기 때문이다. 그러므로 여승이 제작한 것은 11개의 인형이며, 이것을 도구로 인형극을 연행한 것으로 여겨진다.

결국 여승이 경흥국사를 위해 시도한 인형극의 연출 목적은 국사의 병을 치유하기 위해서였다. 당시 기악 혹은 놀이가 심리치료의 수단으로 활동된 데 의미가 있다.

---

61 김성혜, 『신라음악사연구』, 116~117쪽.

(7) 처용무

헌강왕(875~886) 때 처용 설화에서 비롯된 가면무이다. 대체로 처용은 서역인으로 보기도 하며, 비를 관장하는 용왕의 아들이고 그가 비를 내리게 하는 직능으로 왕의 일을 도왔으리라는 점에서 처용을 용신제의에서 용의 아들로 분장한 무당으로 해석하기도 한다.[62]

처용의 화상은 부적과 같은 기능을 보이며, 처용가를 부르며 춤추다가 어느 때부터 화상을 가면으로 제작하여 쓰면서 가면춤으로 변형된 듯하다. 조선 전기 12월 말에 거행된 나례의식에서 역귀를 물리는 의미로 처용무가 연행되었다.

(8) 향악잡영오수

최치원이 지은 '향악잡영오수' 즉 금환·월전·대면·속독·산예는 항목을 나누지 않고 함께 보도록 하겠다.

금환金丸은 시 내용에 "금환을 희롱하니, 달이 구르고 별이 떠 다녀서 눈에 가득차 보이네. 의료宜僚가 있다한들 어찌 이보다 나을쏜가! 이제야 큰 바다의 물결이 잠잠해진 이유를 알겠네"라고 했듯이 서양의 저글링juggling처럼 여러 개의 공을 공중으로 던지는 놀이의 일종이다. 특히 이 시에 등장하는 '의료宜僚'라는 인물은 중국 춘추시대 초楚나라 용사로서 농환弄丸에 뛰어난 재주꾼인 까닭에 금환을 가지고 노는 농환弄丸을 보고 읊은 시임이 분명하다.

월전月顚은 "어깨 높이고 목 오그라지고 머리카락 우뚝 솟아, 팔뚝 걷은 여러 선비 술잔을 다투네"라고 시작하는 구절에서 술자리에서 만취한 선비가 난장이나 꼽추처럼 우스꽝스러워 그 자태를 묘사한 시이다.

월전에 대해 양주동은 난장이들이 가발을 쓰고 술잔을 다투어 마시는 놀음으로 보았고,[63] 이두현은 서역의 호탄Khotan(于闐)을 음사音寫한 것이 '월전'이며, 월전은 호탄지

---

[62] 김승찬, 「처용설화와 그 가요의 연구」, 『한국문학논총』 제4집, 서울: 한국문학회, 1981, 3~20쪽.
[63] 양주동, 「월전 속독」, 『양주동전집: ③국학연구논고』, 서울: 동국대학교출판부, 1995, 221~222쪽.

역에서 전래한 가면극의 일종이라는 견해를 밝혔다.[64] 즉, 월전은 서역 호탄 지역의 추물을 모방한 골계회 혹은 가면희로 생각했다.

한편, 경주 임해전 즉, 월지月池에서 목제 주령구酒令具 1점이 1975년에 출토되었다. 오늘날 대부분의 주사위가 정육면체로 이루어진 것에 반하여, 이 주사위는 그 모양이 다면체多面體인 점이 특이하며, 오늘날 주사위처럼 단순히 점을 나타내거나 숫자를 새긴 것이 아니라 14면마다 재미난 문구를 새겼다. 그 중에 '추물을 모방하라'는 추물모방醜物莫放은 경흥국사의 병을 치유한 인형

〈그림 24〉 주령구·추물모방

의 형상인지도 모른다. 비구니승이 만든 11가지 인형이 오늘날 전하지 않으나, 다양한 형태의 인형 제작과 연희가 신라에도 연행되었음을 시사한다.

대면大面은 큰 얼굴이란 뜻이지만 내용에 "황금빛 얼굴색이 바로 그 사람인데, 구슬 채찍 손에 들고 귀신을 부리네"에서 황금색의 큰 가면을 쓴 인물이 채찍을 휘두르며 귀신을 쫓는 것을 묘사한 가면춤이다.

이 놀이는 서역의 구자龜玆에서 기원한 구나무驅儺舞로서 중국 북제北齊를 거쳐 당대唐代 난릉왕蘭陵王 전설과 결합하여 대면희代面戲가 되었으며, 이것의 영향으로 신라 대면희가 성립되었다는 견해가 있다.[65]

이를 최남선은 황금색 가면을 쓴 주술자가 악귀를 물리치는 종교성의 춤극으로 해석하였다.[66] 즉 대면은 악귀를 물리는 가면극이다.

속독의 내용은 "쑥대머리 남빛 얼굴이 사람 같지 않은데, 떼지어 뜰에 와서 난새춤

---

64 이두현, 「고대의 연희」, 『한국연극사』, 서울: 학연사, 1973, 51쪽.
65 이두현, 「고대의 연희」, 『한국연극사』, 52~53쪽. 전덕재는 신라 대면이 일본에 전래되어 납소리(納蘇利)라 불리게 됐다는 견해를 제시하였다. 전덕재, 「신라 서역음악의 수용과 향악의 정립」, 『제2회 신라학 국제학술대회: 실크로드와 신라문화』, 경주: 경주시·신라문화유적조사단, 2008, 221~243쪽.
66 최남선, 「향악 오종이란 것은 무엇입니까?」, 『조선상식문답』, 서울: 현암사, 1974, 155~156쪽.

을 배우네. 북치는 소리 둥둥 바람은 솔솔! 남쪽으로 북쪽으로 뛰고 달리며 끝이 없구나"이다. 파란 가면을 쓴 사람들이 함께 춤추는 모습을 표현한 시이다. 이 역시 가면춤을 묘사한 것인데, 군무형태의 가면춤이다.

이두현은 속독에 대해 가면을 쓴 4~6명의 군무로서 고구려가 중앙아시아 타지키스탄의 소그드 지역에서 받아들인 호선무胡旋舞와 호등무胡騰舞처럼 급격한 템포를 지닌 춤으로 여겼다.[67] 제목의 '속독'은 뜻이 없고 서역의 소그드Soghd(粟特)를 음사한 것으로 본다. 즉 속독은 소그드지역에서 유래한 군무 형태의 가면춤이다.

산예狻猊는 사자의 이칭이다. 시 내용 즉 "멀리 유사流沙를 건너 만 리를 오느라, 털옷은 다 해어지고 먼지를 뒤집어썼네. 머리를 흔들고 꼬리를 휘두름에 어진 덕이 배었으며, 굳센 그 기상 어찌 온갖 짐승 재주와 같을쏘냐"에서 이것은 서역의 사자춤을 묘사한 것으로 본다. 여기서 서역의 단서는 '유사'이다. 유사流沙는 사막의 고칭古稱으로 원래 고비사막을 뜻하기 때문이라 한다.[68] 사자무는 서역에서 기원하여 당나라에 수용된 후 신라에 전래된 것을 말하고 있다. 따라서 산예는 사자탈을 쓴 가면극의 일종이다.

앞의 〈표 1〉에서 내용 ③ 장추사 항목을 보면, 행상行像을 나갈 때 사자가 악惡을 물리치기 위해 앞에 나가 인도한 점이 주목된다. 이것은 당시 사자춤의 용도를 시사한다. 그렇다면 신라에서도 사자춤의 용도가 악을 퇴치하기 위한 벽사의 기능일 가능성이 크다.

이상으로 최치원이 지은 '향악잡영오수'의 다섯 종류의 시 내용을 검토한 결과 5종의 성격은 가면춤 혹은 탈춤에 해당하는 것이 80%이며, 묘기놀이가 20%이다. 즉 최치원의 시詩 5종은 신라에서 연행된 묘기와 가면놀이를 시로 묘사한 것이다. 그런데 이러한 '가면춤과 묘기'를 최치원은 '기악' 혹은 '기악무'라고 제목을 붙이지 않았고,

---

67 이두현, 『한국연극사』, 53~54쪽. 전덕재는 신라의 속득이 일본에 전해진 舞樂 가운데 고려악(우방악)의 走禿·走德·宿德과 같은 계통의 가무임을 소개하였다. 전덕재, 「신라 서역음악의 수용과 향악의 정립」, 『제2회 신라학 국제학술대회: 실크로드와 신라문화』, 223~224쪽.
68 이두현, 『한국연극사』, 54쪽.

'향악'이란 용어를 사용한 점이 흥미롭다. 따라서 최치원이 생존한 9세기 신라에서는 '향악잡영오수'처럼 가·무·악 이외 가면춤과 놀이를 모두 '악樂'의 범주에 넣었음을 확인할 수 있다.

(9) 신라박과 입호무

〈그림 25〉 신라박

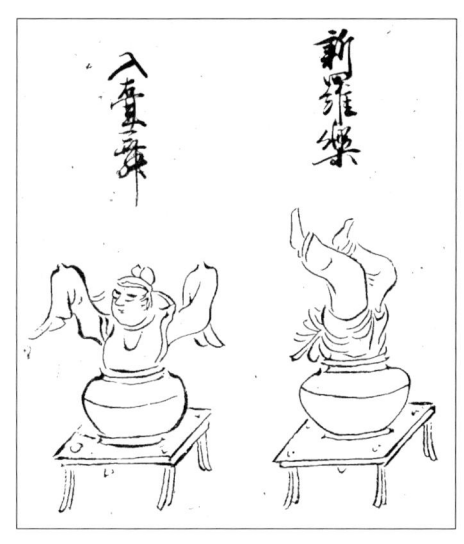

〈그림 26〉 입호무

신라박新羅狛과 입호무入壺舞는 『무악산악도』에 수록된 종목인데, 2종 모두 '신라'라는 명칭이 부여되었기 때문에 신라 기악의 종목으로 간주한다.

　신라박은 사자무의 일종이다. 이 사자탈은 양손과 양발에 모두 사자머리를 장식하여 결국 머리가 다섯 달린 기형의 사자를 형상한 점이 특징이다. 전경욱은 이 사자탈 속에 한 사람이 들어가서 서 있는 모습으로 봤으나,[69] 나는 두 사람이 들어갔을 것으로 추정한다. 왜냐하면 옆에 있는 다른 사자와 비교했을 때 규모가 2배로 크기 때문이다.

69　전경욱, 『한국의 전통연희』, 125쪽.

입호무入壺舞는 〈그림 26〉에 나타나 있듯이 탁자 위에 항아리를 올려놓는데 양쪽에 설치해 두고, 그 중 한 항아리에 사람이 들어갔다가 다른 쪽의 항아리로 나오는 것이다. 춤이라기보다 일종의 마술과 같은 것이다.

신라박과 입호무는 고구려 고분벽화처럼 주변의 배경 그림이 없기 때문에 어떤 장소에서 연행되었는지 파악하기 어렵다. 일반적으로 여러 사람들에게 보여주기 위한 관람용이라면 놀이적 유흥적 성격으로 볼 수 있다.

지금까지 살펴본 신라 기악의 종류와 성격을 〈표 5〉로 정리하였다.

〈표 5〉 신라 기악의 종류와 성격

종류		연행 목적과 용도
마희(마기)		체력 단련 및 군사 훈련 병법으로 활용
탈춤	1인 탈(토우)	죽은 자를 추모, 부장품으로 이용
	처용탈	악귀를 물림, 매년 12월 나례의례 이용
	속독	놀이 유흥
	대면	악귀를 물림
동물탈춤	1인 사자탈(산예)	놀이 유흥 및 악귀 물림
	2인 사자탈(신라박)	놀이 유흥 및 악귀 물림
가면검무		낙담자 위로 및 환자 치료
인형극(11개)		환자 치료
마술: 입호무		놀이 유흥
무애희		불교의 민중 교화
골계희: 월전		놀이 유흥
응방술(매 부리는 기술)		사냥 및 놀이
금환(농환)		놀이 유흥

신라 기악의 종류를 종합하면, 마희·탈춤·동물탈춤·가면검무·인형극·마술·무애희·골계희·응방술 등 다양하다.

마희는 체력 단련과 군사 훈련을 목적으로 매년 시행되었는데, 이것을 병법으로 활용하여 전쟁의 수단으로 삼았다. 탈에는 얼굴만 가리는 것이 있고, 온몸을 가리는 사자탈이 있는데 사자탈은 주로 악귀를 물리기 위한 목적으로 연행되었다. 황창검무도 가면을 쓰고 연행했는데, 낙담자를 위로하는 목적에 이용되었다. 인형극은 다른 목적으로도 연행되었겠으나 웃음으로 심리를 치료하는 용도로 활용되었다. 무애희는 불교의 민중 교화를 위해 연행되었고, 골계희의 일종인 월전과 마술 같은 입호무 및 금환은 여러 사람들의 놀이와 유흥을 위해 연행된 기악이다.

4. 고구려와 신라 기악의 성격

　　　　　　　　　　용어의 개념은 시대마다 변하여 조금씩 달라진다. 조선시대 '악樂'은 가·무·악을 포괄했으나, 현대에는 가·악을 묶어서 '음악'으로, 춤은 무용으로 구분하고 있다. 시대를 좀 더 거슬러 올라가서 고대의 악樂을 보면, 가·무·악과 가면극 및 골계희와 여러 가지 재주까지 포괄한 개념을 지녔다.

아울러 '악樂'은 '기伎' 혹은 '기악伎樂'이란 용어와 혼용되었다. 고대의 '기伎' 혹은 '기악伎樂'은 '악樂'처럼 가·무·악과 여러 가지 재주를 포괄한 넓은 의미를 지닌 용어이다.

가·무·악을 제외한 '여러 가지 재주'에 한정한 좁은 의미의 '기악'을 설정하고, 고구려와 신라의 기악의 종류와 성격을 고찰하였는데 그 결과를 요약하는 것으로 맺음말을 대신하고자 한다.

고구려 기악의 성격을 검토한 결과, 행렬도 중 수레 앞에서 연행되거나 왕·귀족의 나들이 행렬 앞에서 연행한 기악은 주인에게 볼거리를 제공하기 위해 연행된 것이므로 오락성이 강하다. 특히 고구려 왕이 즉위 이후에 졸본의 시조묘에 제례를 올리기 위해 거둥한 출행 때 기악인들의 활약은 장거리 이동에서 오는 피로를 잊게 하고, 삶의 활력을 주는 역할이 되었을 것이다. 이때 연행된 기악의 종류는 나무다리 걷기·공과 봉을 이어서 받기·칼 재주 부리기·긴봉 받기·수레 돌려 올리기 등이다. 이러한 기악의 성격은 놀이와 유흥의 오락성이 강하다. 그 외 서로의 체력 단련이나 힘겨루기를 위해 연행된 것으로 씨름이 있으며, 군사 의례나 왕실의 경사 의례 때 연행된 기악으로 수박희와 마사희가 있다. 국가 의례의 절차 때 연행된 수박희와 마사희는 오락적 성격이기보다 의례적 성격을 띤 것으로 간주하였다.

신라 기악의 성격은 고구려 기악보다 좀 더 다양하게 드러났다. 놀이와 유흥적 성격의 기악은 가면춤인 속독과 골계희인 월전, 마술류의 입호무와 금환 그리고 응방술 등이 있다. 그리고 체력 단련 및 군사 훈련 혹은 군사 의례 때 연행된 마희는 고구려의 마사희와 유사하다. 그 외 악귀를 물리기 위한 처용무와 대면 및 사자춤은 주술성이 있으며, 민중 교화의 성격을 지닌 무애희는 포교성을 띤다. 아울러 낙담자를 위로하거나 환자를 치유하기 위해 연행된 가면검무와 인형극은 심리치료적 성격을 지닌 기악이다. 이처럼 주술성과 포교성 및 심리치료적 성격의 기악은 고구려 기악에서 볼 수 없는 신라 기악의 특징이라 할 수 있다.

이렇듯 고구려와 신라 등 고대 국가에서 연행된 기악은 놀이와 유흥의 오락성뿐만 아니라 의례성·주술성·포교성·치료적 성격 등 다양한 기능을 갖고 연행되었다고 할 수 있다.

02.
발해 정효공주묘 동·서 벽화의 재해석

-
-
-

    음악고고학 관련 유물은 지금까지 각 시대별로 다양하게 출토되었으며 한국고대음악사 규명에도 매우 중요한 역할을 담당하고 있지만, 발해는 그렇지 못하다. 최근까지 발견된 발해 벽화는 모두 6기[1]로 알려졌으나, 그 중 음악과 관련된 벽화는 정효공주묘 단 1기뿐이다. 특히 이 무덤은 비문이 출토되어 무덤 주인과 무덤의 조성 시기를 알 수 있으며, 벽화가 온전히 남아 있기 때문에 고고학적 가치가 매우 높다. 더욱이 벽면에 악인들이 악기를 들고 있는 벽화가 그려져 있어 음악사적 가치가 매우 큰 무덤이다.

    이 무덤은 1980년에 발견되어 알려진 이후 여러 측면에서 연구가 진행되었다. 묘제의 특징[2]과 비문의 내용 및 가치[3], 그리고 벽화의 특징[4], 복식[5] 등에 이르기까지 분야

---

1 정영진, 「고분 벽화로 본 발해 문화의 특수성」, 『동북아역사재단 연구총서19: 고분으로 본 발해 문화의 성격』, 서울: 동북아역사재단, 2006, 228쪽.

2 정효공주묘의 구조 및 묘제의 특징에 관한 연구는 채희국, 「발해의 정혜공주묘와 정효공주묘에 대하여」, 『조선고고연구』 제2호, 평양: 사회과학원 고고학연구소, 1988, 15~21쪽; 방학봉, 「정혜공주묘와 정효공주묘에 대하여」, 『발해문화연구』, 서울: 이론과 실천, 1991, 11~35쪽; 엄장록, 「정효공주묘의 몇 가지 특징에 대한 검토」, 『발해사연구』 제3집, 연변: 연변대학출판사, 1992, 150~179쪽; 방학봉, 「발해 정효공주무덤과 하남툰무덤에 대하여」, 『韓國學報』 제72집, 서울: 一志社, 1993, 262~285쪽; 정영진 저, 윤현철 역, 「정효공주무덤의 건축연대와 몇 가지 문제에 대하여」, 『발해사연구: 8』, 연변: 연변대학판사, 1999, 42~68쪽 등이 있다.

3 鄭仁甲, 「渤海 정효공주 무덤 관견」, 『白山學報』 第28號, 서울: 白山學會, 1984, 83~93쪽; 방학봉, 「정효공주묘지

별로 연구가 진행되어 다양한 견해가 제시되었지만, 음악사적 관점에서는 아직 연구된 사례가 없다. 특히 발해악기에 대한 문헌기록은 『송사宋史』 권131에 나오는 발해금 渤海琴[6]이 유일하며, 이 외에는 발해에서 연주된 악기로는 어떠한 것이 있었는지 전혀 알 수 없는 실정이었다. 그런데 정효공주묘 벽화에 그려진 악기는 문헌기록이 영성한 발해음악을 이해하는 데 상당한 도움이 되기 때문에 음악사적 관점에서의 연구가 이루어져야 한다.

지금까지 음악학계에서는 정효공주묘 벽화의 악인상을 음악학적 관점에서 재조명하기보다는 기존 학계의 관점을 그대로 수용해 온 형편이다.[7] 그리고 기존 학계에서는 벽화의 악인상에 대해 고정관념과 일반적인 시각에서 벗어나지 못했다고 할 수 있다.

한편, 나는 2008년 8월에 '고구려와 발해유적' 중심으로 현장답사를 한 적이 있다.[8] 답사를 하기 전에 기존의 자료를 보면서 정효공주묘 벽화에 나타난 악인상의 판독에 문제점이 있음을 발견하였다. 일반적으로 국내외 학계에서는 벽화에 나타난 악기를

　　에 반영된 유가사상 연구」, 『발해문화연구』, 서울 : 이론과 실천, 1991, 91~108쪽; 방학봉, 「발해 정효공주묘지병서에 대한 考釋」, 『발해문화연구』, 57~89쪽; 방학봉, 「정혜공주묘지와 정효공주묘지에 대한 비교 연구」, 『발해문화연구』, 37~55쪽; 방학봉, 「정효공주묘지의 '대왕' '성인' '황상'에 대하여」, 『발해문화연구』, 151~166쪽.

4　방학봉, 「정효공주 벽화에 대하여」, 『발해문화연구』, 서울 : 이론과 실천, 1991, 109~130쪽; 전호태, 「발해의 고분벽화와 발해문화」, 『발해건국 1300주년』, 서울: 고구려연구회, 1998, 347~370쪽; 정병모, 「발해 정효공주묘 벽화 시위도의 연구」, 『강좌미술사14 발해미술특집호: 고구려·발해 연구Ⅱ』, 서울: (사)한국미술사연구회·한국불교미술사학회, 1999, 95~116쪽; 鄭永振, 「발해 정효공주묘 벽화와 삼릉분 2호묘 벽화」, 『강좌미술사14 발해미술특집호: 고구려·발해 연구Ⅱ』, 서울: (사)한국미술사연구회·한국불교미술사학회, 1999, 79~94쪽; 정영진, 「고분 벽화로 본 발해 문화의 특수성」, 『동북아역사재단 연구총서19: 고분으로 본 발해 문화의 성격』, 서울: 동북아역사재단, 2006, 177~252쪽.

5　엄장록, 「정효공주묘의 몇 가지 특징에 대한 검토」, 『발해사연구』 제3집, 연변: 연변대학출판사, 1992, 150~179쪽; 김민지·이순원, 「발해의 복식에 관한 연구(1): 정효공주묘 벽화를 중심으로」, 『생활과학연구』 제18집, 서울: 서울대, 1993, 53~63쪽; 김민지, 「발해복식연구」, 서울: 서울대학원 의류학과박사학위논문, 2000.

6　『宋史』, 卷131.5b10.

7　권오성, 「발해의 악속」, 『한국음악사』, 서울: 대한민국예술원, 1985, 95~99쪽 및 송방송, 『증보한국음악통사』, 서울: 민속원, 2007, 125쪽; 송방송, 「발해의 음악과 무용」, 『발해의 역사와 문화』, 서울: 동북아역사재단, 2007, 347~357쪽.

8　나는 2003년부터 경주문화원 부설 향토문화연구소에서 주관하는 중국을 중심으로 한 해외유적답사에 동참했는데, 제1차(2003년)는 서안·낙양을 중심으로 당나라 문화의 답사였으며, 제2차(2005년)는 북경-대동을 중심으로 한 북조 및 청나라 문화의 답사였고, 제3차(2007년)는 난주-우루무치-쿠차로 이어지는 실크로드 문화 답사가 이루어졌다. 제4차는 고구려 발해 유적 중심의 답사였는데, 2008년 8월 2일부터 9일까지 심양-집안-화룡-연길로 이어졌다.

박판, 공후, 비파로 판독을 했으나, 그 중 박판으로 지목된 악기는 박판이 아닐 수도 있다고 여겨졌다. 그런데 중국 현지에서 벽화의 모사도를 보았을 때 기존 판독에 문제점이 있음을 확인하였고, 동쪽과 서쪽 벽화의 전반적인 구성에 대한 기존의 견해가 나의 생각과는 차이가 있음을 알고, 이에 정효공주묘 동·서 벽화의 실체에 대해 재조명을 하는 것이다.

아직도 상당수의 글들이 발해사의 실체를 밝히는 것보다는 자국의 입장에서 주의, 주장을 나열한다는 비판이 있었다.[9] 예를 들면, 중국과 러시아는 발해사를 말갈의 역사로 규정하고 있으며, 북한학자들의 경우는 고구려 계승성에 집중되고 있다. 일본의 경우는 발해와 일본과의 대외관계에 초점이 맞추어져 있어 천황제적 질서 속에서 바라보려는 의도가 깔려 있기에 앞으로의 과제는 발해라는 나라 안으로 들어가서 발해인의 입장에서 그 실체에 접근하는 것이 필요하다는 주장도 있는 바, 이에 본고는 발해의 정효공주묘 벽화의 실체를 규명하고자 마련된 글이다. 그래서 정효공주 벽화에 나타난 악기가 어느 나라의 성향을 지녔는가 하는 점은 일단 보류하고, 본고에서는 실체 규명에 중점을 두고 있으며, 본고의 결과를 바탕으로 발해음악의 경향 및 특징 문제는 별고를 마련하고자 한다. 따라서 이 글의 목적은 발해 정효공주묘 벽화의 동·서 벽면의 구성에 대한 새로운 견해와 벽화 속에 그려진 인물들의 악기와 지물을 재해석하고자 하는데 있다.

정효공주묘는 현재 중국정부에서 일반인 및 외국인에게 전혀 공개하지 않기 때문에 접근하기 매우 어려운 형편이다.[10] 따라서 본고는 지금까지 발표된 자료와 사진 및 내가 발해유적전시관에서 본 벽화 모사도[11]를 중심으로 논의하고자 한다. 그리고 정효공

---

9 송기호, 「발해사, 남북한·중·일·러의 자국중심 해석」, 『역사비평』 계간18호, 서울: 역사비평사, 1992, 333~343쪽.
10 나는 2008년 8월 7일에 화룡시 정효공주묘 부근인 북고성까지 갔으나, 근처에서 중국 공안들이 용두산 방향으로 접근조차 못하도록 하였다.
11 정효공주묘 벽화의 모사에 참가한 사람으로 알려진 인물은 연변박물관의 池升元이 유일하다. 정영진, 「고분 벽화로 본 발해 문화의 특수성」, 『동북아역사재단 연구총서19: 고분으로 본 발해 문화의 성격』, 228~229쪽.

주묘의 발굴에 관한 내용은 내가 보고서를 직접 입수하지 못한 관계로 당시 발굴 때 처음부터 끝까지 직접 참가한 정영진鄭永振[12]과 방학봉의 글[13]에 의거하고자 한다.

1. 발견 경위와 무덤의 구성

정효공주묘의 동·서 벽화를 살펴보기에 앞서 무덤의 전반적인 이해를 위해 정효공주묘가 어디에 있는지, 무덤은 어떤 과정을 거쳐 발견되었는지, 그리고 무덤의 전체 구성은 어떻게 되어 있는지, 무덤의 조성시기는 언제인지 등에 대해 먼저 살펴보고자 한다.

1) 무덤의 위치와 발견 경위

정효공주묘는 중국 길림성吉林省 화룡시和龍市 용수향龍水鄕 용해촌龍海村의 용두산龍頭山에 있다. 용두산은 화룡시에서 동북쪽으로 50km 가량 된다.(그림 1 참고)[14]

산정에는 남쪽으로부터 북쪽으로 뻗어나간 완만한 산언덕이 있는데, 이 산언덕 중부의 남쪽 비탈 평지에 자리잡고 있다.[15] 용두산에는 10여 기의 무덤이 한 개의 무덤군을 이루고 있는데, 조사에 의하면 왕실 귀족들의 묘군으로 인정되었다.[16]

---

12 중국 연변대학교 교수 및 연변대학 발해사연구소장. 정영진, 「발해 정효공주묘 벽화와 삼릉분 2호묘 벽화」, 『강좌미술사14 발해미술특집호: 고구려·발해 연구Ⅱ』, 79~94쪽; 정영진, 「고분 벽화로 본 발해 문화의 특수성」, 『동북아역사재단 연구총서19: 고분으로 본 발해 문화의 성격』, 서울: 동북아역사재단, 2006, 227~229쪽.
13 방학봉, 『발해의 문화 1, 2』, 서울: 정토출판, 2005.
14 박청산, 「내 고향 연변」, 연길: 연변대학출판부, 2004, 35쪽.
15 방학봉, 『발해의 문화 1』, 35쪽.
16 정영진, 「발해 정효공주묘 벽화와 삼릉분 2호묘 벽화」, 『강좌미술사 14 발해미술특집호: 고구려·발해 연구Ⅱ』, 81쪽.

〈그림 1〉 발해 정효공주묘 위치 1

이 무덤은 발견 이전에 이미 도굴당한 상태였으므로 발굴된 부장품은 거의 없었고, 비석과 돌사자, 옥벽玉璧(옥구슬), 도금한 구리못鎏金銅圓釘 등이 수습되었다.[17] 다행히 묘비墓碑가 남아 있고, 무덤의 원 생김새가 큰 손실 없이 보존되었으며 벽화가 있어 비교적 연구가치를 높게 평가한다.[18] 무덤 안의 유골은 도굴자에 의해 사방에 흩어져 있었는데, 전문 감정을 거친 결과 남녀 두 사람의 인골로 인정되었다.

무덤의 발견 경위는 문화대혁명[19] 때 반동으로 몰려서 용해촌으로 쫓겨 온 한 대학생의 신고가 발단이 되었다. 1979년 12월에 학생은 산언덕으로 양몰이를 했는데, 우연히 벽돌을 발견하게 되었고, 벽돌 주변을 팠더니 숱한 벽돌이 드러나 신고하게 된 것이다.[20] 신고를 받은 후 연변박물관 측에서 조사를 실시하게 되었는데, 조사결과 훈춘지역에 있는 발해시대 마적달馬滴達 탑과 거의 같아서 공주 무덤 위의 지상탑을 조

---

17 방학봉,「정혜공주묘와 정효공주묘에 대하여」,『발해문화연구』, 30쪽.
18 정인갑,「발해 정효공주무덤 관견」,『백산학보』제28호, 83~94쪽.
19 문화대혁명은 1966년부터 1976년까지 10년간 중국의 최고지도자 毛澤東에 의해 주도된 극좌 사회주의 운동이다.
20 류연산,『발해 가는 길』, 서울: 도서출판 아이필드, 2004, 139~140쪽.

사하기 위해 발굴하다가 마침내 공주의 무덤을 발견하게 되었다고 한다.[21]

무덤의 발굴 조사는 1980년 10월부터 1981년 6월까지 연변조선족자치박물관의 책임 아래 이루어졌다.[22] 묘비의 기록을 통하여 무덤 주인공이 발해 제3대 문왕文王인 대흠무大欽茂(737~793)의 넷째 딸인 정효공주貞孝公主임을 알 수 있었다. 공주는 757년에 태어나 792년 6월 9일에 36세로 사망하였으며, 그해 겨울 11월 28일에 배장陪葬되었다는 비문의 기록이 있다.[23]

배장이란 높은 신분의 사람 무덤 옆에 나란히 묻는 풍습을 말한다. 정효공주가 배장된 곳에 대한 견해는 여러 갈래이다. 그의 백부伯父묘라는 주장도 있고,[24] 아버지인 대흠무의 동생이라는 견해도 있으며,[25] 앞으로 죽게 될 대흠무라는 주장도 있기 때문에 현재로서는 정효공주가 누구에게 배장되었는가 하는 문제를 결론내기는 어렵다고 본다.[26]

비문을 통해 보면, 안타깝게도 공주는 남편이 먼저 저승길로 떠나서 수절하였고, 어린 딸조차 남편 뒤를 따라갔기 때문에 외롭게 생을 마감한 여인이다.

정효공주의 묘비墓碑는 당시 발해인들이 제작한 것으로, 공주의 언니인 정혜공주貞惠公主 묘비와 함께 발해의 중요한 금석문으로 손꼽힌다. 특히 발해의 국가 기틀이 확립되던 문왕 때의 정황을 이해하는 데에 귀중한 정보를 제공해 주고 있다.[27] 발해의 제2대 무왕武王이 정복전쟁을 벌이면서 사방으로 힘을 뻗혔다고 한다면, 그의 뒤를 이은

---

21 송기호, 『발해를 찾아서』, 서울: 도서출판 솔, 1993, 52쪽.
22 연변박물관에서 발굴보고서인 『발해정효공주묘 발굴보고』(등사본, 19쪽)가 작성되었지만, 나는 이 보고서를 입수하지 못했으므로 이 자료를 활용한 방학봉의 『발해의 문화 1, 2』의 내용을 참고하였다.
23 宋基豪, 「정효공주묘지」, 『역주 한국고대금석문 제3권: 신라2·발해전』, 서울 : 가락국사적개발연구소, 1992, 458~466쪽.
24 王崇禮, 「당대 발해 정혜공주묘지와 정효공주묘지의 비교연구」, 『사회과학전선』, 1982년 1기. 王崇禮의 견해를 수용하여 방학봉도 같은 입장이다. 방학봉, 「정효공주묘지와 정효공주묘에 대하여」, 『발해문화연구』, 20쪽.
25 羅繼祖, 「발해 정혜, 정효 두 공주의 묘비」, 『박물관연구』, 1983년 3기; 정영진 저, 윤현철 역, 「정효공주무덤의 건축년대와 몇 가지 문제에 대하여」, 『발해사연구』 8집, 61~63쪽 재인용.
26 정영진 저, 윤현철 역, 「정효공주무덤의 건축년대와 몇 가지 문제에 대하여」, 61~63쪽.
27 특히 정효공주묘의 비문 기록을 통하여 문왕의 존호가 '大興寶歷孝感金輪聖法大王'이었으며, 그가 '大興'이란 연호를 사용하다가 도중에 寶歷으로 개원하였고, 다시 말년에 大興으로 복귀하였다는 사실을 확인하게 되었다. 그리고 문왕에 대하여 皇上이란 칭호를 사용하였던 사실은 그가 당시에 황제적 지위를 누리고 있었음을 보여주는 것으로 중국측에서 발해가 당나라의 지방 정권에 속한다는 논리를 정면으로 부인하는 근거를 제공해 주었다. 송기호, 「정효공주묘지」, 『역주 한국고대금석문 제3권: 신라2·발해전』, 458~459쪽.

제3대 문왕은 내부로 힘을 결집시켜 여러 제도를 정비해 나갔다. 정효공주의 아버지 문왕은 발해 전체 역사의 약 $\frac{1}{4}$에 해당하는 57년간 나라를 다스리면서 당나라 문물제도를 받아들여 통치제도를 마련하였다. 그 결과 국력이 신장되고 왕권이 강화되었다.[28]

비문에는 유교경전을 비롯하여 중국문학 작품이 다양하게 인용되었기 때문에 이 시기에 이미 유교문화의 수준이 상당하였음을 추측케 한다.[29] 뿐만 아니라 문왕의 존호 중에 '금륜성법金輪聖法'이란 불교 용어에서도 알 수 있듯이 왕실이 불교를 수용하여 그 관계가 자못 긴밀했음을 알 수 있다. 이는 공주의 무덤 구성에서 지상탑이 조성되었던 점에서도 확인할 수 있다.

2) 무덤의 구성

무덤 구성[30]은 전체 세 부분[31]으로 이루어졌는데, 묘도墓道(혹은 무덤칸바깥길), 연도羨道(널길 혹은 무덤안길), 묘실墓室(널방 혹은 무덤칸)로 구성되었고, 무덤 위에 지상탑이 형성되었으나, 탑은 이미 무너지고 탑의 기초만 남아 있다.

〈그림 2〉의 오른쪽에서 왼쪽 방향으로 무덤 구조를 살펴보면, 묘

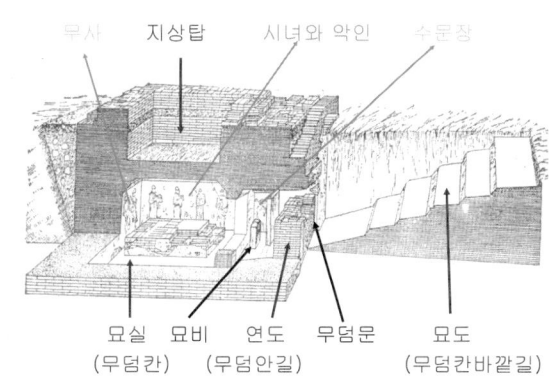

〈그림 2〉 무덤의 구조와 벽화의 위치

---

28 송기호, 『발해를 다시 본다』, 서울: 주류성출판사, 2008, 66~67쪽.
29 방학봉, 「정효공주묘지에 반영된 유가사상 연구」, 『발해문화연구』, 91~108쪽.
30 무덤 구성에 대한 구체적인 내용은 당시 발굴에 직접 참여한 정영진의 글을 참고하였다. 정영진, 「고분 벽화로 본 발해 문화의 특수성」, 『동북아역사재단 연구총서19: 고분으로 본 발해 문화의 성격』, 227~229쪽.
31 한편, 방학봉은 묘실, 묘도, 연도 외에 묘문과 지상탑을 첨가하여 다섯 부분으로 구성되었다고 보기도 한다. 방학봉, 「발해 정효공주무덤과 하남툰무덤에 대하여」, 『한국학보』 제72집, 268쪽.

도는 남북방향으로 7.1m 거리이며, 지하로 4m 내려가면서 계단을 이루고 있다. 계단 끝부분에 무덤문이 있으며, 문을 지나면 무덤안길인 연도가 있다. 그 길이는 1.9m이며, 바닥에는 벽돌을 깔았고, 동서 양쪽 벽은 장방형 벽돌로 쌓았다. 연도에 이어서 묘실이 있다. 그 길이는 1.9m이며, 바닥에는 벽돌을 깔았고, 동서 양쪽 벽은 장방형 벽돌로 쌓았다. 바닥은 장방형 벽돌을 깔고 회를 발랐는데, 남북 길이 3.1m, 동서 너비 2.1m, 높이 1.9m이다. 바닥의 복판에는 벽돌로 관대棺臺(시상대)를 쌓았는데, 바로 여기에 공주부부가 안치되었을 것으로 짐작된다.

벽면과 천장은 모두 회를 발랐는데, 동·서·북쪽의 삼면에 벽화가 있으며, 연도의 묘비 옆 벽면에 동·서로 역시 벽화가 있는데, 이는 모두 인물화인 점이 특징이다.

무덤의 조성시기는 곧 벽화의 제작시기와 맞물려 있기 때문에 이에 대한 견해를 살펴볼 필요가 있다. 무덤의 조성시기는 비문에 나오는 공주의 사망 연도인 792년이거나 혹은 그 이후로 보는 것이 일반적이다. 그러나 792년 이전으로 보는 견해도 있는데, 이는 무덤의 발굴 과정에서 묘도와 관대가 두 번씩이나 수축修築된 사실이 발견된 점과 공주의 사망 시기가 6월 9일이며, 매장한 시기는 11월 28일로서 불과 4~5개월만에 당시 토목기술로 이 정도 규모의 대공사가 이루어진다는 것은 불가능하다는 점을 이유로 들어 무덤은 공주가 죽기 전에 조성되었을 것이라는 견해도 있다.[32] 특히 무덤 위에 세워진 무덤탑은 이전에 죽은 공주 남편을 위하여 쌓았던 것이며, 정효공주가 죽은 후에 다시 이곳으로 합장하였다는 것이다. 후자의 견해를 따르면 정효공주묘의 벽화 제작시기는 정효공주의 사망시기가 아닌 공주 남편의 사망시기가 되겠지만, 정효공주 남편의 사망시기는 정확히 모르기 때문에 적어도 792년보다 앞선 시기라는 정도까지 알 수 있다.

발해시대 벽화의 종류는 1959년에 발굴된 육정산六頂山 제1묘구 중의 6호묘와 1964

---

32 여기서 6월부터 11월까지면 5~6개월로 봐야하지만, 마지막 11월은 기온이 낮기 때문에 도저히 공사를 할 수 없다고 판단하여 4~5개월로 잡은 것이다. 정영진 저, 윤현철 역,「정효공주무덤의 건축년대와 몇 가지 문제에 대하여」,『발해사연구』8집, 44~60쪽.

년에 발견된 흑룡강성黑龍江省 영안현寧安縣의 상경성上京城 발굴시 출토된 200여 편片의 벽화 조각들이 있으나, 모두 부서진 조각들이기 때문에 벽화의 전반적인 면을 알 수는 없다. 그리고 1991년 영안현 발해진渤海鎭 삼릉둔三陵屯 2호묘의 벽화에서 인물과 꽃무늬 도안이 발견되었지만, 퇴색이 심하거나 백회白灰가 떨어진 부분이 많아 역시 알아보기 어렵다.[33] 결국 벽화분 가운데 묘주와 제작시기가 대체로 분명하며 벽면의 그림이 비교적 제작 당시의 완전한 상태를 유지하고 있는 것은 정효공주묘가 유일하기 때문에 여러 측면에서 주목하지 않을 수 없다.

2. 동·서 벽화의 재해석

정효공주묘에는 모두 5면, 즉 묘실의 동·서·북벽과 연도의 동·서벽에 그림이 그려져 있고, 12명의 인물이 등장하는데 무사武士와 악인樂人 및 내시內侍들이며 무사의 경우 철퇴를 들거나 활 또는 검劍을 착용하였으며 악인들은 악기를 들었고 내시는 물건을 들고 있다고 알려졌다. 이 가운데 북면의 무사와 연도의 동·서쪽에 있는 수문장에 대해서는 기존 견해에 대한 이견이 없다. 그러나 묘실의 동·서벽에 대한 판독에 대해서 나는 기존의 견해와 달리한다. 먼저 동·서벽 모사도를 보도록 하겠다.

〈그림 3〉에서 묘실 서벽의 인물 4인 가운데 왼쪽에서부터 첫째 인물은 호위무사護衛武士이며, 둘째와 셋째, 넷째 인물의 경우 악기를 들고 있는 악인樂人들로 알려졌다. 그리고 〈그림 4〉 묘실 동벽의 4인은 호위무사와 시중들로 소개되었다. 여기서 나는 서벽의 둘째 인물의 악기가 박판拍板이라는 점과 동벽 전반에 대한 판독에 문제를 제기하고자 한다.

---

[33] 정영진, 「고분 벽화로 본 발해 문화의 특수성」, 『동북아역사재단 연구총서19: 고분으로 본 발해 문화의 성격』, 227~229쪽.

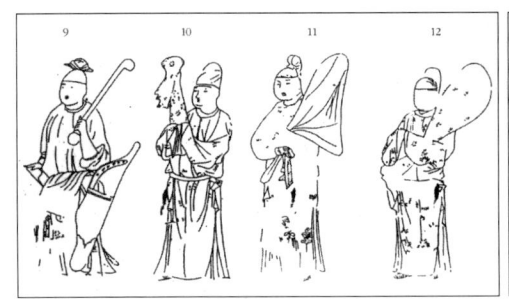 

〈그림 3〉 묘실 서벽　　　　　　　　　　〈그림 4〉 묘실 동벽

1) 서벽 둘째 인물의 악기

정효공주묘 벽화의 서쪽 벽에는 네 사람이 서 있는데, 왼쪽에서 첫 번째 인물은 철퇴를 어깨에 메고 손에 검劍을 잡고 허리에는 전통箭筒을 찬 호위무사로 보며, 나머지 세 사람은 연주자 즉 악인들로 간주한다. 악인들은 모두 악기를 연주하는 모습이 아니라 악기를 보자기에 싸서 들고 있는 형상인데, 그 외형으로 볼 때 각각 박판과 공후, 비파로 짐작하였다. 이는 지금까지 중국과 남·북한 등 국내외 일반학계[34] 뿐만 아니라 음악학계 역시 같은 견해로 일관되어 왔다.[35]

공후와 비파는 고구려에서 전해진 악기로 보지만, 두 번째 인물이 가지고 있는 박판의 경우는 고구려 고분벽화와 문헌기록에 없었던 것이므로, 발해 건국 이후에 당속악을 수용한 결과로 해석되었다.[36] 더욱이 음악학계에 소개된 박판의 도상(그림 7)[37]은

34　정인갑,「발해 정효공주무덤 관견」,『백산학보』제28호, 서울: 백산학회, 1984, 83~94쪽; 방학봉,『발해의 문화 2: 문화 예술 과학기술을 중심으로』, 91~92쪽 및 정영진,「고분 벽화로 본 발해 문화의 특수성」,『동북아역사재단 연구총서 19: 고분으로 본 발해 문화의 성격』, 서울 : 동북아역사재단, 2006, 232쪽; 전호태,「발해의 고분벽화와 발해문화」,『발해건국 1300주년』, 서울: 고구려연구회, 1998, 347~370쪽; 정병모,「발해 정효공주묘 벽화 시위도의 연구」,『강좌미술사14 발해미술특집호: 고구려·발해 연구Ⅱ』, 서울: (사)한국미술사연구회·한국불교미술사학회, 1999, 95~116쪽; 김민지·이순원,「발해의 복식에 관한 연구(1): 정효공주묘 벽화를 중심으로」,『생활과학연구』제18집, 서울: 서울대, 1993, 53~63쪽.
35　권오성,「삼국시대」,『한국음악사』, 서울: 대한민국예술원, 1985, 99쪽; 송방송,「발해의 음악과 무용」,『발해의 역사와 문화』, 353쪽 및 송방송,『증보한국음악통사』, 126쪽.
36　송방송,「발해의 음악과 무용」,『발해의 역사와 문화』, 352쪽.

벽화의 실제 모습과 다르게 원형을 벗어난 것이 제시되었다는 점에서 문제가 있다. 즉 음악학계에 소개된 〈그림 7〉은 인물이 든 지물의 희미한 외형을 포토샵으로 처리하여 더 폭넓게 만들어졌다.

〈그림 5〉 서벽 인물2 모사　　〈그림 6〉 서벽 인물2 악기　　〈그림 7〉 서벽 인물2

〈그림 5〉의 벽화 원본과 〈그림 6〉의 모사도를 중심으로 살펴볼 때, 묘실 서벽의 두 번째 인물은 긴 소매의 옷을 입었고 보에 싸여진 물건을 들었는데, 세 번째와 네 번째 인물이 각각 공후와 비파를 보에 싸서 들었기 때문에 두 번째 인물 역시 보에 싼 것이 악기로 짐작된다. 보에 싼 물건의 형태가 원추형을 이루고 있는데, 위쪽에 매듭이 있는 점으로 볼 때 자루형태의 보에 악기를 넣어서 마무리한 것으로 짐작된다.

기존의 견해는 이를 박판으로 판독하였으나, 박판으로 보는 데에는 다음과 같은 문제가 있다. 즉, 박판의 경우 연주할 때는 부채꼴 형태인 원추형이 되지만, 연주하지 않을 경우는 장방형을 이루기 때문에 〈그림 5, 6〉과 같은 모습일 수 없다. 실제 박을 연주하지 않을 때는 대체로 접어서 두는데, 만약 박판을 접게 되면 〈그림 9〉와 같은 모양을 이루게 된다. 특히 접혀진 박을 보에 싼 모습은 〈그림 10〉과 같다. 즉 박을 보아 쌌을 때 원추형이 아니라 장방형임을 확인할 수 있다.

37　송방송, 「발해의 음악과 무용」, 『발해의 역사와 문화』, 352쪽 및 『증보한국음악통사』, 126쪽.

〈그림 8〉 박의 연주 모습

〈그림 9〉 박을 접은 모습

〈그림 10〉 박을 싼 모습

따라서 타악기 박을 보에 쌌을 경우 정효공주묘 서벽 인물 2의 지물처럼 원추형이 아니기 때문에 박으로 판독하기 어렵다는 결론이다.

그러면 이것을 어떤 악기로 보아야 하는가? 나는 생笙으로 보고자 한다. 관악기에 속하는 '생'은 고대 문헌에는 '생笙'으로 기록되었으나, 조선시대와 오늘날에는 '생황笙簧'으로 알려진 악기다. 생으로 보는 가장 큰 이유는 이 악기를 보에 쌌을 때 〈그림 5, 6〉처럼 원추형을 이루기 때문이다. 여기서 생의 모습과 보에 쌌을 때 모습을 보도록 하자.

〈그림 11〉 생

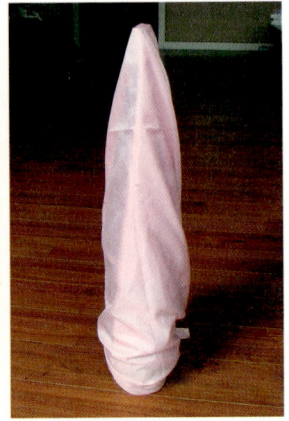
〈그림 12〉 생을 보에 싼 모습

〈그림 11〉은 요즘 연주되는 악기 생이며, 이것을 보자기로 쌌을 때 모습이 〈그림 12〉이다. 특히 보에 싼 모습이 원추형을 이루어서 벽화 모습인 〈그림 5~6〉과 유사함을 확인할 수 있다.

한편 문헌을 보면, 고구려 악기 가운데 '생'에 대한 기록은 『수서』 음악지(629~636)와 『통전』(801) 그리고 『구당서』 음악지(945)[38]에서 찾아볼 수 있고, 『신당서』 음악지(1044~1060)에도 기록되어 있기 때문에 이미 7세기부터 고구려에서 연주된 관악기로 이해할 수 있다.

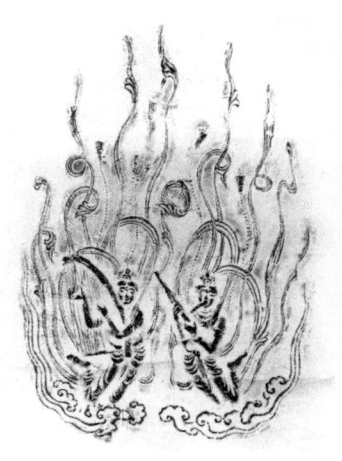

〈그림 13〉 상원사 범종 공후와 생

〈그림 14〉 상원사 범종 생

또한 신라의 경우는 725년에 제작된 상원사上院寺 범종梵鐘을 보면, 공후箜篌와 더불어 생笙이 병주된 사례가 있다. 따라서 신라에서도 공후와 생이 함께 병주된 사례를 보여준다. 이렇게 8세기 한반도 남부에서 생이 공후와 병주된 사례가 발견되기 때문에 같은 시기 발해 정효공주묘 서벽의 두 번째 사람이 들고 있는 악기는 세 번째의 공후와 함께 생笙일 가능성은 더욱 크다.

---

38 『舊唐書』, 卷29. 10b8-11a5.

결국 서벽의 두 번째 인물이 들고 있는 악기는 박판으로 보기 어렵고, 생으로 볼 수 있다는 의견이다. 생은 문헌기록을 통해 보면, 고구려에서 이미 7세기에 연주된 악기이다. 공후와 비파가 고구려의 악기로 연주되었듯이 생 역시 고구려에서 연주되었던 악기이며, 이것이 발해음악으로 이어져 연주된 것으로 이해할 수 있다.

2) 동쪽 벽화의 재해석

정효공주묘의 동쪽 벽화 모습으로 일반에게 소개된 자료는 위의 〈그림 5〉이지만, 실제 벽화의 모습은 〈그림 15〉이다.[39]

〈그림 15〉 동벽의 벽화 복원도

---

[39] 이 그림은 송기호 저, 『발해를 다시 본다: 개정증보판』(2008), 171쪽에 제시된 것이다. 한편, 2008년 10월 11일 국립민속박물관 답사에서 〈그림 15〉의 모형이 전시된 것을 발견할 수 있었다.

일반적으로 소개된 모사도(그림 4)와 벽화의 복원도(그림 15)를 비교해 보면, 인물의 배열 순서에서 차이가 있음을 알 수 있으며, 모사도보다 벽화 복원모습이 실제와 가깝기 때문에 벽화를 이해하는 데 도움이 된다. 동쪽 벽화의 인물에 대한 판독은 거의 대부분의 학자들이 연변박물관의 발굴보고서에 의존해 왔는데, 내용을 인용하면 다음과 같다.

〈인용 1〉 무덤 안칸 동쪽 벽에는 키가 약 1.13~1.17m되는 사람 넷이 그려져 있다. 남쪽으로부터 첫 번째 사람은 머리를 빗어 쪽지고 말액抹額(머리띠)을 둘렀고 둥근 얼굴은 희게, 입술을 붉게 칠하였다. 목둘레가 둥근 적갈색 도포를 입고, 가죽 띠를 하고 있으며, 어깨에는 철퇴를 메고 있다. 두 번째 사람은 두 날개를 교차시킨 복두를 쓰고 있고, 둥근 얼굴을 희게 칠하였다. 흰색 바탕에 붉은색 꽃무늬로 장식된 목둘레가 둥근 도포를 입고 가죽 띠를 하고 손에는 구리거울을 들고 있다. 세 번째 사람은 두 날개를 교차시킨 복두를 쓰고 얼굴은 희게, 입술은 붉게 칠하였다. 진한 푸른색 꽃잎무늬로 장식된 목이 둥근 도포를 입고 손에는 흰색 봇짐을 들고 있다. 네 번째 사람은 두 날개를 교차시킨 복두를 쓰고 둥근 얼굴에 흰색을 칠하였다. 붉은 색 바탕에 꽃잎장식의 목둘레가 둥근 도포를 입고 가죽 띠를 하고 붉은 봇짐을 들고 있다. 첫 번째 사람은 공주를 보호하는 직책을 담당한 시위侍衛이고 두 번째, 세 번째, 네 번째 사람은 공주의 시중을 드는 내시內侍들이다.[40]

위의 〈인용 1〉을 보면, 동쪽 벽화에 그려진 네 사람에 대하여 관모에서부터 얼굴 생김새와 복식의 형태 및 색상과 무늬에 이르기까지 상세히 기술하였고, 각각 인물이 어떤 지물을 지녔는지에 대한 내용이다.

인물이 지닌 지물을 오른쪽부터 순서대로 보면, 첫 번째 사람은 철퇴를 가졌으나, 두 번째부터 네 번째까지는 차례대로 청동거울銅鏡, 흰색 봇짐, 붉은색 봇짐을 지닌 것

---

40 방학봉, 『발해의 문화 2: 문화 예술 과학기술을 중심으로』, 91쪽.

으로 알려졌고, 이러한 지물을 든 사람들을 시위侍衛, 즉 호위무사와 내시內侍들로 소개되었다. 그래서 동쪽 벽화에는 시위와 내시가 동경銅鏡과 봇짐을 들고 있는 것으로 널리 알려졌다.[41] 이러한 판독은 서벽의 인물들이 시위와 악인들로 구성된 점과 차이가 있으며, 결국 동벽과 서벽의 내용을 내시와 악인으로 분리 해석하는 시각임을 알 수 있다.

그러나 동벽의 벽화를 서벽의 벽화와 비교해 보면, 여러 가지로 대칭적인 면이 나타나고 있음에 주목하여 나는 좀 다른 견해를 제시하고자 한다.

(1) 동·서벽의 대칭구조

동벽과 서벽은 대칭구조를 이루고 있다. 첫째, 인물의 배치가 대칭을 이루며, 둘째, 인물의 의상도 대칭을 이룬다. 셋째, 서벽의 2·3·4의 인물과 동벽의 2·3·4의 인물이 가지고 있는 지물은 서로 다르나 모두 보자기에 싸져 있는 점도 대칭을 이루고 있다. 내가 제시하는 다음의 자료는 중국 발해유물전시관에 전시된 정효공주묘 벽화 모사도인데, 이것은 지금까지 제시된 그 어떤 자료보다 색상과 형태가 선명하기 때문에 벽화를 이해하는 데 큰 도움이 된다.

 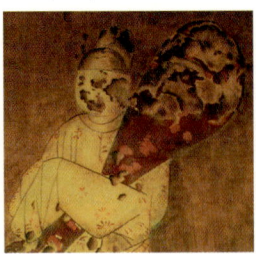  

〈그림 16〉 서벽 인물4   〈그림 17〉 동벽 인물4   〈그림 18〉 서벽 인물3   〈그림 19〉 동벽 인물3

...

41 중국 연변의 연구자뿐만 아니라, 북한학자와 남한학자 모두 같은 입장이다. 채희국, 「발해의 정혜공주묘와 정효공주묘에 대하여」, 『조선고고연구』 제2호, 평양: 사회과학원 고고학연구소, 1988, 19쪽; 전호태, 「발해의 고분벽화와 발해문화」, 『발해건국 1300주년: 698~1998』, 서울: 학연문화사, 1999, 348~354쪽.

〈그림 20〉 동벽 인물2   〈그림 21〉 서벽 인물2   〈그림 22〉 동벽 호위무사   〈그림 23〉 서벽 호위무사

- 묘 문 -

① 인물의 배치

인물의 배치에 있어서 남쪽의 묘문을 중심으로 동벽과 서벽의 첫 번째 인물은 모두 호위무사를 배치하였다. 그리고 호위무사 다음으로 지물을 가진 인물의 순서로 배열되어 있어 대칭을 이룬다. 또한 호위무사(그림 22, 23)가 어깨에 맨 철퇴도 대칭을 이룬 구조기 때문에 동벽과 서벽의 구조가 대칭을 이루는 점은 확연하다.

② 인물의 관모와 복식

인물의 관모에 있어 동·서벽에 배치된 인물이 정확히 대칭을 이룬다. 즉 호위무사는 두 사람이 똑같이 머리를 빗어 쪽지고 말액抹額(머리띠)을 둘렀다. 그리고 2·3·4의 인물들은 "모두 두 날개를 교차시킨 복두를 착용하였다"는 점 역시 대칭을 이룬다.

다음 복식을 보면, 동·서 호위무사는 '적갈색 도포'를 입은 점이 대칭을 이룬다. 그리고 동·서쪽 두 번째 인물은 흰색 바탕에 붉은 색 꽃무늬로 장식된 도포를 입었으며, 동·서쪽 세 번째 인물은 모두 짙은 푸른색 바탕에 꽃무늬가 그려진 옷을 입었다. 마지막 동·서 네 번째 인물은 흰바탕에 꽃잎무늬 장식의 도포를 입어서 색깔과 무늬가 동·서 모두 쌍을 이루는 점 역시 동·서벽화의 정확한 대칭을 말해준다.

③ 보에 싼 물건

호위무사를 제외한 동·서벽의 2·3·4의 인물들이 가지고 있는 물건이 모두 보에 싼 점이 역시 대칭을 이루고 있다. 특히 이 물건들이 모두 악기로 보이기 때문에 대칭의 구조는 더욱 분명하다.

이렇게 무덤 벽화에 대칭 구조를 이루는 사례는 지금까지 고구려 벽화에서 발견된 사례가 없었다. 한편, 중국 고분의 경우 당唐 이후 오대五代(907~960) 때 사람인 풍휘馮暉 묘의 부조에서 악무인이 대칭적인 구조를 이루었는데,⁴² 정효공주묘보다 시기적으로 늦게 조성된 점으로 볼 때, 정효공주묘에서 악인들의 대칭구조는 발해의 독창적인 문화로 이해할 수 있다.

(2) 동벽의 악기 판독

① 두 번째 인물의 동발

두 번째 인물이 가지고 있는 것을 일반적으로 '청동거울' 즉 '동경銅鏡'으로 봤지만, 그렇게 볼 수도 있으나, 타악기 가운데 서양악기 심벌즈처럼 생긴 '동발銅鈸'일 가능성이 더 크다.

〈그림 24〉 통일신라 동경

〈그림 25〉 동발

---

42 『중국국보전』, 대구: 계명대학교, 중국국가문물국, 2007, 260~290쪽. 중국 오대의 풍휘 묘에 대한 정보를 제공해 주신 서인화님께 지면을 통해 감사드립니다.

왜냐하면 만약 동경일 경우 손잡이가 한쪽 밖에 없기 때문에 마주잡기가 곤란하다. 인물이 〈그림 20〉처럼 손을 마주잡을 필요가 없기 때문이다. 〈그림 24〉의 동경은 통일신라시대 유물인데, 경주 황룡사터에서 발견되었으며, 큰 것의 지름은 16.8cm이다.[43] 이렇듯 만약 동경이라면 오히려 둥근 거울을 세우기보다 옆으로 눕혀서 잡는 것이 훨씬 안정적이다.

그러나 동발은 2개가 쌍을 이루며, 마주보고 쳐야 하기 때문에 〈그림 25〉처럼 양쪽에 손잡이가 있는 타악기다. 보자기에 싸인 이 물건이 동경이 아니라 동발이기 때문에 벽화처럼 서로 마주잡고 있는 것이다.

동발 관련 유물이 삼국시대에는 출토된 사례가 없지만, 통일신라의 경우 682년 감은사 서탑 출토 사리함(그림 26~27)에서 연주 모습이 보이며, 883년 봉암사 지증대사적조탑의 중대석 받침 가릉빈가(그림 28)에도 보인다.[44] 따라서 통일신라의 경우 동발의 연주가 이미 7세기부터 8세기에 등장하며, 발해에서도 8세기에 동발이 연주되었음을 보여준다.

〈그림 26〉 감은사 서탑 사리함　　〈그림 27〉 동발　　〈그림 28〉 봉암사부도 동발

통일신라시대 동발은 사리함이나 석조부도 조각에 나타남으로써 그 규모나 연주형태를 알 수 있으나, 안타깝게도 당시의 실물이 전하지 않기 때문에 정확한 규모에 대

---

43 『국립경주박물관』, 경주: 국립경주박물관, 1996, 42쪽.
44 김성혜, 「봉암사 지증대사적조탑의 음악사적 조명」, 『한국음악사학보』 제39집, 서울: 한국음악사학회, 2007, 51~56쪽.

해서는 알지 못한다. 그런 반면 중국의 당나라(618~907)는 통일신라 및 발해와 공존했던 나라인데, 이 시기의 동발로서 실물로 전하는 것이 있으며, 그 크기가 정효공주묘 동벽 인물2(그림 19)의 동발 규모와 비슷하여 주목을 끈다.

〈그림 29〉 당나라 동발(大)

〈그림 30〉 동발(小)

당나라의 동발은 큰 것과 작은 것으로 구별되는데, 〈그림 29와 30〉은 모두 당나라 유물인데, 〈그림 29〉는 직경이 29.8cm이며 〈그림 30〉은 직경이 8.1cm이다. 대체로 큰 동발은 직경이 약 27~48cm 크기며, 작은 것은 직경이 8~12cm 정도이다.[45] 이러한 동발은 당시 악현의 규모에 따라 다양하게 연주되었을 것이다. 큰 동발은 대규모 편성이나 야외 행진음악에서 연주되었을 가능성이 크고, 작은 동발은 소규모 편성이나 춤추는 도구 즉 무구舞具로 사용되었을 가능성이 크다.

따라서 발해와 인접한 통일신라 및 당나라 음악에 각기 동발이 연주되었듯이 발해 음악에도 이 악기가 연주되었음을 정효공주묘 벽화에서 확인할 수 있다.

② 세 번째 인물의 소

세 번째 인물이 가지고 있는 것을 일반적으로 '봇짐' 즉 어떤 물건을 보에 싼 것이

---

45 당나라 동발로 소개된 유물 가운데 큰 것의 직경은 28.9, 27.3, 47.7, 32.3, 30.5cm 등이 있으며, 작은 것의 직경은 12.2, 9.6, 8.1, 8.2cm 등이 있다. 『中國音樂文物大系: 北京卷』, 北京: 大象出版社, 1996, 그림 1·12·1-1·12·8.

라고 판독하였고, 구체적으로 어떤 물건인지 밝히지는 않았다. 본고에서는 동벽 인물 2가 악기 동발을 가지고 있는 점에 착안하여, 동벽 인물 3 역시 1차적으로 악기를 보에 싼 것으로 보고자 한다. 또한 맞은편의 서벽 인물 3이 짙은 푸른색 바탕에 꽃무늬 장식에 악기를 들고 있으므로, 이와 대칭을 이루는 동벽 인물 3 역시 같은 색 복장에 악기를 들었을 가능성이 크다. 봇짐의 형태가 거의 사각형을 이루며 보의 매듭이 위쪽에 있는 점으로 볼 때, 자루형태의 보에 물건을 위에서 아래로 넣어 끈으로 매듭지은 것으로 짐작된다.

그러면 이런 형태와 유사한 악기로 어떤 것이 있는지 살펴볼 필요가 있다. 문헌기록에 발해악기에 대한 것은 '발해금' 이외는 정보가 없기 때문에 고구려 악기에서 찾아보는 것이 바람직할 것이다. 왜냐하면 고구려 유민들이 발해를 건국하였고, 발해 왕실의 정효공주는 바로 고구려 유민 대조영의 후예기 때문이다. 문헌에 기록된 고구려의 악기는 중국 문헌인 『수서』와 『북사』 및 『구당서』와 『신당서』에 그 종류가 전한다. 악기의 종류를 표로 정리해 보면, 다음과 같다.

〈표 1〉 중국 문헌에 기록된 고구려 악기의 종류

편찬년도	문헌	현악기						관악기						타악기					종류
629~636 627~659	『수서』 동이전과 『북사』 열전	쟁				오현	금	려		횡취	소	피리		고					8종
629~636	『수서』 음악지	탄쟁		와공후	수공후	비파	오현		생	적	소	소피리	도피피리	패	요고	제고	담고		14종
801	『통전』	탄쟁	추쟁	와공후	수공후	비파	오현	의취적	생	횡적	소	소피리	대피리	도피피리	패	요고	제고	담고		17종
945	『구당서』 음악지	탄쟁	추쟁	와공후	수공후	비파		의취적	생		소	소피리	대피리	도피피리	패	요고	제고	담고		15종
1044~1060	『신당서』 음악지	탄쟁	추쟁	와공후	수공후	봉수공후	비파	오현	의취적	생	호로생	소	소피리	대피리	도피피리	요고	제고	담고	귀두고	철판	19종

이 가운데 〈그림 18〉 서벽 인물 3에 나타난 형태와 가장 가까운 악기는 '소'를 꼽을 수 있다. 소는 길이가 다른 여러 개의 관을 엮어서 구성한 관악기인데, 『수서』 동이전[46]과 음악지[47] 및 『북사』 열전[48]에 나타나며, 『통전』과 『구당서』 음악지 그리고 『신당서』 음악지에도 그 기록이 있는 점으로 볼 때, 고구려에서 지속적으로 사용한 관악기로 이해할 수 있다. 뿐만 아니라 이 악기의 모습은 고구려 고분벽화에서도 찾아볼 수 있다. 356년 안악3호분(그림 31)와 6~7세기 집안의 오회분4호묘(그림 32)와 오회분5호묘(그림 33)에 각각 등장한다.

〈그림 31〉 안악3호분 기마악대   〈그림 32〉 오회분4호묘   〈그림 33〉 오회분5호묘

이렇듯 〈그림 31~33〉처럼 고구려의 악기 소가 비파나 공후 그리고 생과 함께 고구려에서 발해로 전해져 연주된 것으로 이해할 수 있다.

더욱이 정효공주묘비에 보면, "소루簫樓에서 흐르는 음악은 한 쌍의 봉황새가 노래하는 것 같고, 경대鏡臺에서 춤을 추는 것은 마치 한 쌍의 난새가 비치는 것 같네"[49]라는 구절이 있는데, 여기서 '소루'란 바로 소簫라는 관악기를 즐겨 연주한 누각인 까닭

---

46 『隋書』, 卷81.2a10(東夷傳).
47 『隋書』, 卷15.33b4-6(音樂志).
48 『北史』, 卷94.8a5-6(列傳).
49 "簫樓之上韻調 雙鳳之聲, 鏡臺之中舞狀 兩鸞之影." 宋基豪, 「정효공주묘지」, 『역주 한국고대금석문 제3권: 신라 2·발해편』, 458~466쪽; 방학봉, 「발해 정효공주묘지병서에 대한 考釋」, 『발해문화연구』, 72~73쪽.

에 붙여진 이름이다. 이는 정효공주가 생존한 시기에 발해에서 '소'라는 관악기가 연주된 점을 시사한다.

따라서 나는 〈그림 18〉의 서벽 인물 3의 지물을 관악기 '소'로 보고자 한다.

③ 네 번째 인물의 미상

〈그림 16〉의 네 번째 인물이 가지고 있는 물건 역시 매듭이 위쪽에 있으며, 동벽 인물 3의 물건과 유사하다. 차이점이라고 한다면 인물 3의 물건은 내용물이 반듯하여 보자기에 주름이 없는데, 인물 4의 물건은 내용물의 구조나 무게가 불규칙한 듯 양쪽이 쳐진 감이 있으며 이로 인해 보에 주름이 많은 점이 다르다. 〈그림 16〉 정도의 부피와 규모 및 형태로 짐작컨대 가장 유력한 악기로 '요고腰鼓'를 제시해 본다.

요고는 오늘날 장고 형태지만, 규모가 작고 고구려 고분벽화 가운데 오회분4호묘(그림 34)와 오회분5호묘(그림 35)에서 그 모습이 드러난다.

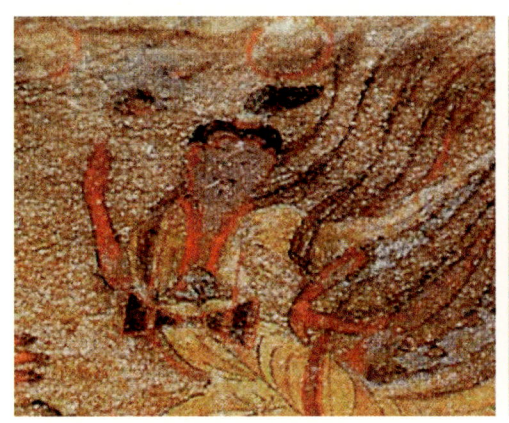
〈그림 34〉 오회분4호묘 요고

〈그림 35〉 오회분5호묘 요고

3. 정효공주묘 동·서 벽화의 새로운 이해

정효공주묘는 발해 고분 가운데 유일하게 벽화가 남아 있는 것이다. 더욱이 악인상樂人像이 그려진 것으로는 유일한 고분이라 할 수 있다. 내가 이 고분의 벽화 모사도를 발해유물전시관에서 처음 접하면서, 동·서벽을 판독한 기존 견해에 문제점을 발견하여 이를 재해석하고자 이 글을 마련하였다. 특히 동서 벽면의 구성과 벽화 속에 그려진 인물의 악기와 지물에 대해 음악학적 관점에서 재해석하고자 했는데, 결론을 요약하면 다음과 같다.

정효공주묘 서벽 둘째 인물의 보에 싼 지물은 지금까지 박판으로 판독되었으나, 박판의 경우 보에 싸면 벽화 모습처럼 원추형이 아니라 장방형을 이루기 때문에 타당하지 않다고 보았다. 외형이 원추형을 이루는 악기로 가장 유력한 것은 '생'이며, 이 악기는 고구려의 악기로 문헌기록에 등장한 바 있다. 그리고 통일신라의 경우 725년 상원사 범종에서 공후와 함께 연주된 사례가 있는데, 발해의 정효공주묘 벽화 역시 공후가 생과 함께 있기도 하여 나는 생으로 보았다.

다음 동벽의 구성이 인물의 배치와 관모 그리고 보에 싼 지물 등이 정확히 서벽과 대칭을 이루기 때문에 동·서의 성격을 같은 것으로 이해하였다. 즉 서벽의 세 인물이 든 지물이 모두 악기였듯이, 동벽의 세 인물이 든 지물 역시 악기로 보았으며, 그것은 각각 타악기인 동발과 관악기인 소로 판독하였고 나머지 1점은 요고일 가능성을 제시하였다.

발해음악사에서 고고학 자료로 유일한 것이 정효공주묘의 벽화인 만큼 이 벽화에 나타난 도상은 음악학적 관점에서 1차적으로 세밀한 관찰이 이루어져야 하겠기에 이 글을 마련하였다. 이제 이 연구를 바탕으로 비록 고분 1기에 지나지 않지만, 발해음악은 주변국인 통일신라음악 및 당나라음악과 어떠한 보편성과 특수성이 있는지 규명해야 하는 과제가 남아 있다.

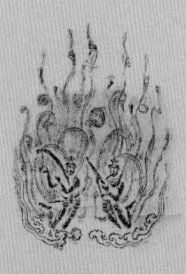

제5부

도상자료의 활용

1. 만파식적 설화의 활용 방안
2. 신라고취대의 악기 편성

01.
만파식적 설화의 활용 방안

-
-
-

경주는 역사와 문화의 도시로서 곳곳에 다양한 문화재를 지니고 있다. 특히 동해변을 끼고 있는 경주시 양북면陽北面에는 1300~1400년 전 신라 때 건립된 석탑과 사찰 그리고 석불과 마애불 등 다양한 유적과 유물이 분포되어 있다.

석탑으로 대표적인 것은 감은사지 동·서 삼층석탑과 장항리 서 오층석탑이다. 이것은 각각 국보 제112호와 국보 제236호로 지정된 유형문화재이다. 특히 감은사지 쌍탑은 강성했던 통일신라 초기의 굳건한 시대상을 담고 있기 때문에 별칭으로 '장군탑'이라 불리며, 한국 석탑을 대표한다.

사찰로는 선덕여왕(632~647) 때 창건된 기림사가 있다. 기림사는 창건 이후 여러 차례에 걸쳐 수리하여 지금에까지 이르기 때문에 이 절에는 신라시대를 비롯하여 고려시대 유물과 조선시대 유물까지 풍부한 문화재를 보유하고 있다.

한편, 경주 양북면은 신문왕(681~692) 때 만파식적 설화가 깃든 곳으로도 유명하다. 만파식적萬波息笛은 출렁이는 파도를 잠재우고, 역병을 물리며 적군까지 퇴치하는 능력이 있다는 마법의 관악기이다. 이처럼 역사적 학술적 문화 자산이 있음에도 불구하고 양북면 지역 주민들이 주체가 되어 자체적으로 활용하지 못하고 있다. 따라서 이 글은 경주시 양북면에 서린 만파식적 설화를 효율적으로 활용할 수 있는 방안을 모색하는 데 목적이 있다.

먼저 만파식적 설화의 내용을 검토하여 의미를 파악하고자 하며, 만파식적 관련 신라시대 고고학 자료를 탐색해 보고자 한다. 그런 다음 만파식적을 문화자원으로 하여 어떻게 활용할 수 있는지 그 방안을 제시하고자 한다.

1. 만파식적 설화의 내용 검토

양북면 봉길리奉吉里와 관련된 '만파식적'을 이해하기 위해서는 관련 기록을 정확히 파악할 필요가 있다. 만파식적에 관한 기록은 『삼국유사』에 3건, 『삼국사기』에 1건의 기록이 있다. 그 외 조선시대 문헌인 『신증동국여지승람』과 『동경잡기』 및 『동사강목』 등에 기록이 있으나, 대부분 『삼국사기』와 『삼국유사』를 재인용한 것이기 때문에 이 두 문헌을 중심으로 살펴보고자 한다.

먼저 글의 제목이 '만파식적'이며, 내용이 가장 상세한 『삼국유사』'만파식적'조부터 보도록 하겠다. 분량이 많지만 내용 파악을 위해 모두 소개하도록 한다. 사료는 사건이 일어난 시기를 중심으로 ①, ②, ③ 등으로 단락을 나누었다.

〈사료 1〉 ①제31대 神文大王의 이름은 政明이요 성은 김씨다. 개요 원년 신사(681) 7월 7일에 즉위하여 영명한 선대부왕인 문무대왕을 위하여 동해 해변에 感恩寺를 지었다(절 기록에는 이르기를 문무왕이 일본 군사를 진압하기 위하여 일부러 이 절을 처음으로 짓다가 다 끝내지 못하고 죽어 용이 되었으며 그 아들 신문왕이 즉위하여 개요 2년(682)에 내부장치를 마쳤다. 이 절 문지방 돌 아래 동쪽으로 향하여 구멍이 한 개 났는바 이는 용이 절에 들어와서 서리고 있을 예비라고 한다. 아마도 유언에서 뼈를 간직하라는 곳이 大王岩이요 절 이름이 감은사며 현신한 장소를 利見臺라 하였다고 한다). ②이듬해 임오년(682) 5월 초하룻날(다른 책에는 천수 원년이라고 하지마는 이는 잘못이다) 바닷일 보는 관리 파진찬 朴夙淸이 왕께 아뢰어 말하기를 "동해 가운데 한 작은 산이 감은사로 향하고 떠와서 파도가 노는 대로 왔다갔다 하나이다" 하였다. 왕이 이상하게 여겨 천문 맡은 관리 金春質(춘일이라고도 한다)더러 점을 쳐보라고 하였더니 그가 말하기를 "선대 임금이 지금 바다용이 되어 삼한을 수호하고 있습니다. 더군다나 또 김공 유신은 33천의 한분으로 지금 인간에 내려와 대신이 되었사온바 두 분 성인은 덕행이 같으신지라 성을 지키는 보물을 내리시려는 것 같사오니 만약 폐하께서 해변으로 나가 보신다면 반드시 값으로 칠 수 없는 큰 보물을 얻을 것이외다" 하니 왕이 기뻐하여 ③그 달 이렛날 이견대로 거동하여 그 산을 건너다보고 사람을 보내어 잘 알아보게 하였더니 산모양은 거북머리처럼 생겼고 그 위에 대 막대기가 한개 있어 낮에는 둘이 되었다가 밤에는 하나로 합쳐졌다(다른 말로는 산도 역시 낮과 밤에 벌어졌다 합하는 것이 대와 같았다고 한다).

심부름 갔던 사람이 와서 이 사실을 왕에게 아뢰었다. ④왕이 감은사에 와서 묵더니 이튿날 오시에 갈라졌던 대가 합쳐서 하나가 되는데 천지가 진동하고 바람이 불고 비가 오면서 이레 동안 캄캄하다가 ⑤그 달 16일이 되어 바람이 잦아지고 물결이 평온해졌다. 왕이 배를 타고 그 산으로 들어가 보니 용이 검정 옥띠를 가져와 바치는지라 왕이 영접하여 함께 앉아서 묻기를 "이 산과 대가 어떤 때는 갈라지고 어떤 때는 맞붙고 하니 무슨 까닭인가?" 하였다. 용이 대답하기를 "이는 비하자면 한 손으로는 쳐도 소리가 없으나 두 손뼉을 치면 소리가 나는 것과 마찬가지입니다. 이 대라는 물건도 마주 합한 연후에 소리가 나는 것입니다. 거룩한 임금이 소리로써 천하를 다스릴 좋은 징조입니다. 왕이 이 대를 가져다가 젓대를 만들어 부시면 천하가 태평할 것입니다. 지금 선대임금께서 바다 가운데 큰 용이 되시고 유신도 다시 천신이 되어 두 분 성인의 마음이 합하매 이 같이 값으로 칠 수 없는 큰 보물을 내어 나를 시켜 바치는 것이외다" 하였다. 왕이 놀랍고도 기뻐서 오색비단과 금과 옥으로 시주를 하였다. 칙사가 대를 꺾어가지고 바다로부터 나올 때는 산과 용이 갑자기 숨어버리고 나타나지 않았다. 왕이 감은사에서 묵고 ⑥17일에는 祇林寺 서쪽 냇가에 이르러 수레를 멈추고 점심 참을 치렀다. 태자 理恭(효소대왕이다)이 대궐을 지키다가 이 소문을 듣고 말을 타고 달려와서 치하하면서 천천히 살펴보고 말하기를 "이 옥띠에 달린 여러 개 장식은 모두가 정말 용들입니다" 하니 왕이 물어서 "네가 어떻게 그것을 아는가?" 하였다. 태자가 말하기를 "옥장식 한 개를 따서 물에 담가 보여 드리지요" 하고는 곧 왼편으로 둘째 옥장식을 따서 개울물에 담그니 즉시로 용이 되어 하늘로 올라가고 그 곳은 소가 되었으니 이 때문에 龍淵이라고 이름을 지었다. ⑦왕의 행차가 돌아와 그 대를 가지고 젓대를 만들어 月城의 天尊 고방에 간직하였는데 이 젓대를 불면 적병이 물러가고 병이 낫고 가뭄에는 비가 오고 장마가 개고 바람이 자고 파도가 잦아졌으므로 이름을 '거센 물결을 자게 하는 젓대[萬波息笛]'라 하여 국보로 일컬었다.

⑧효소대왕 시대 천수 4년 계사(693)에 夫禮郎이 살아 돌아온 기적으로 인하여 다시 이름을 '수없는 거센 물결을 자게 하는 젓대[萬萬波波息笛]'라고 고쳐 붙였으니 자세한 것은 그의 전기에 씌었다.[1]

전체 내용을 8개로 나누었는데, 〈사료 1〉에서 ①은 신문왕이 즉위한 시기와 감은사 창건에 관한 내용이다. 창건 내역에 관해 절의 기록寺中記을 병기했는데, 내용인 즉은 문무왕이 일본군을 진압하기 위해 감은사를 지었으며, 완공은 신문왕 즉위 이듬해인 682년에 이루어졌다는 것이다. 그런데 감은사가 완공된 해에 이변이 일어나는 것이 다음의 내용이다.

②는 682년 5월 1일에 동해변에 '작은 산小山(혹은 浮山)'이 출현했다는 보고와 그것이 문무왕과 김유신이 신문왕에게 큰 보물을 줄 징조라는 해석이다. 그리고 ③은 682년 5월 7일에 신문왕이 이견대로 거동하여 '그 산'을 탐색하게 했더니, 산과 산 위에 난 대나무가 낮에는 벌어지고 밤에는 합쳐진다는 보고의 내용이다. ④는 5월 8일의 이변인데, 산과 대나무가 낮인데 합쳐져서 천지가 진동하고 1주일 동안 지속된 내용이며, 다음 ⑤는 5월 16일에 날씨가 회복되자, 왕이 '그 산'으로 가서 용龍을 만나고 산과 대나무가 갈라지는 이유를 물었으며, 옥띠와 대나무를 얻게 되는 내용이다. 산과 대나무가 갈라져서 합치는 것은 대룡大龍인 문무왕과 천신天神인 김유신의 마음이 합쳐지는 것이라고 전해 듣는다. 여기까지가 감은사에서 일어난 사건의 전모이다. 그 다음 ⑥은 5월 17일에 환궁할 때 지림사(혹은 기림사) 서쪽 냇가에서 일어난 옥띠의 이변에 관한 내용이고, ⑦은 젓대의 제작 및 그 효험과 관련하여 부여된 '만파식적' 명칭에 관한 내용이다. 한편, 내용 ②~⑦은 682년 5월에 발생한 사건인데, 『삼국사기』를 보면,

---

1 『三國遺事』 卷2.5b9-6a10. 리상호 옮김, 편집부 꾸밈, 『신편 삼국유사』, 서울: 신서원, 1994, 123~126쪽.

682년 5월에 "금성이 달을 침범했다"는 기록이 있다.[2] 즉 『삼국유사』 만파식적 조의 이변은 금성이 달을 침범하는 자연현상과 맞물려 있기 때문에 역사적 사실을 바탕으로 구성되었음을 확인할 수 있다.

처음부터 여기까지는 신문왕 때 일어난 일인데, 다음 내용은 차기 왕인 효소왕 때 사건을 부기한 것이다. 마지막 ⑧은 효소왕 2년(693) 부례랑 사건 때 일로 인하여 젓대의 명칭이 '만만파파식적'으로 변경된 내용을 담고 있다.

이렇듯 〈사료 1〉의 서두에는 신문왕 즉위와 감은사 창건에 대한 배경 설명이고, 중간에는 동해변에 출현한 소산에 대한 보고와 이변으로 적과 옥띠를 얻게 된 내용이며, 기림사 주변에서 일어난 또 다른 이변의 내용이다. 말미에는 서라벌 환궁 후 젓대의 효험과 젓대에 부여된 명칭에 관한 내용으로 마무리 되었다.

이 내용의 핵심은 신문왕이 즉위 초에 부왕인 문무왕과 통일 대업을 이루는데 1등 공신인 김유신으로부터 젓대와 옥띠를 전해 받았는데, 특히 젓대의 경우 나라에 문제가 있을 때 이 악기를 불면 신기하게도 만사 해결이 된다는 것이다. 그런데 이런 신이한 일이 신문왕 당대에 그치는 것이 아니라 차기 임금인 효소왕 때도 지속되었다는 것이다. 그러면 내친김에 효소왕 때 사건도 구체적으로 들여다보자.

〈사료 2〉 ①천수 3년 임진(692) 9월 7일 효소왕이 大玄 살찬의 아들 부례랑을 받들어 화랑을 만들었더니 화려한 차림을 한 무리들이 1천 명이나 되었는데 그 중에도 安常과 가장 친하였다. ②천수 4년 계사(693) 늦은 봄에 화랑무리들을 거느리고 金蘭을 유람하는 길을 떠나 北溟의 지경에 이르러 오랑캐족 도적들에게 붙들려갔다. 부하들은 모두 두서를 못 차리고 돌아왔으나 홀로 안상만은 그 뒤를 추격하였으니 이것이 바로 3월 11일이다.

왕이 이 소문을 듣고 깜짝 놀라서 말하기를 "선대 임금이 신령한 젓대를 얻어서 이 몸에까지 전하여 지금은 현금과 함께 궁중의 고방에 간직하였는데 국선이 무엇 때문에 도적에게 붙잡혔는

---

2 정구복 외, 『역주 삼국사기 2 번역편』, 성남: 한국정신문화연구원, 1997, 168쪽.

지 모르겠으나 이를 어쩌면 좋을꼬?"하였다(현금과 젓대 이야기는 딴 기록에 자세히 실었다) 이 때에 상서로운 구름이 天尊庫 고방을 덮었다. 왕이 다시 떨리고 겁이 나서 사람을 시켜 알아보니 고방 속에 있던 현금과 젓대 두 가지 보물이 없어졌다. 이래서 왕이 말하기를 "내가 얼마나 불행하기에 어제는 국선을 잃었는데 다시 또 현금과 젓대를 잃었을꼬!" 하면서 고방 맡은 관리 金貞高 등 다섯 사람을 가두었다.

4월에는 국내에 현상을 모집하여 "현금과 젓대를 찾는 자는 한 해 납세를 상으로 한다"고 하였다.

③5월 15일 낭의 양친이 백률사 관세음상 앞에 가서 여러 날 저녁을 두고 정성어린 기도를 드렸더니 갑자기 향탁 위에서 琴과 젓대 두 가지 보물을 얻게 되고 낭과 안상 두 사람은 불상 뒤에 와 있었다. 낭의 양친이 넘어질 듯이 기뻐하여 돌아오게 된 사연을 물었더니 낭이 말하기를 "내가 붙잡혀서부터 그 나라 大都仇羅 집짐승 치는 목자가 되어 大烏羅尼 들에서 방목을 하는데 (다른 책에는 都仇의 집 종이 되어 大磨 들에서 목축을 했다고 한다) 돌연히 용모와 거동이 단정한 승려 한 명이 나타나 손에 금과 젓대를 들고 와서 위로하여 말하기를 '고향 생각이 나는가?' 하기에 나도 모르게 절로 그의 앞에 무릎을 꿇고 '임금과 부모가 그리운 생각이야 한량이 있사오리까!'라고 하였더니 승려가 말하기를 '그러면 나를 따라오라!' 하면서 나를 데리고 마침내 해변까지 나와서 다시 안상을 만났습니다.

그는 젓대를 툭 치더니 두 쪽으로 갈라서 두 사람에게 주면서 각기 한 짝씩 타라 하고 자신은 琴을 타고 둥실 떠서 잠시 동안에 이곳까지 돌아왔습니다"고 하였다. 여기서 자세한 사정을 급히 아뢰었더니 왕이 깜짝 놀라 사람을 시켜 낭을 영접하였다. 낭이 금과 젓대를 따라서 대궐로 들어갔다. ④왕은 50냥 重씩 되는 금·은으로 부어 만든 5합 두 벌과 누비가사 다섯 벌과 비단 3천 필과 밭 1만 경을 절에 시주하여 바쳐서 자비로운 은혜를 보답하고 국내에 대사를 내리며 사람들에게 벼슬 세 급씩을 올려주고 백성들의 납세를 3년간 면제하였으며 절 주지를 봉성사로 옮기고 낭을 봉하여 대각간(신라 재상의 벼슬 이름이다)을 삼고 그의 아버지 대현 아찬을 태대각간으로 삼고 어머니 되는 龍寶부인을 사량부의 鏡井궁주로 삼고 안상법사를 대통으로 삼았으며 고방 맡은 관리 다섯 명을 모두 석방하면서 벼슬 다섯 급씩을 올려주었다.

⑤6월 12일에 혜성이 동쪽에 나타나고 17일은 서쪽에 나타나매 천문 맡은 관리가 아뢰기를 "현금과 젓대의 상서에 대하여 작위를 봉하지 않은 까닭이외다" 하니 이 때야 신령한 젓대의 이름

을 책명하여 '만만파파식'이라 했더니 혜성이 그만 사라졌다. 그 뒤에도 영험 있는 이적이 많으나 사연이 너무 복잡하여 쓰지 않는다.³

〈사료 2〉는 〈사료 1〉의 사건에서 11년 뒤인 693년에 발생한 일이다. 백률사 관음보살이 영험한 힘으로 천존고天尊庫에 보관된 만파식적과 현금을 대동하여 국선 부례랑夫禮郎과 안상安常을 구원하여 돌아왔으며, 기존의 만파식적에 작위爵位를 더 높여 '만만파파식적萬萬波波息笛'이라 일컫게 되었음을 말해준다.

이 두 기록은 모두 신문왕과 효소왕의 즉위 초에 일어난 이변이며, 이 사건의 실마리를 푸는 것이 바로 관악기 만파식적이다. 악기에 관한 것은 잠시 접어두고 만파식적 설화의 의미를 알아보자.

지금까지 만파식적 설화에 대한 연구는 사학계⁴와 국문학계⁵ 그리고 음악학계⁶ 등

---

3 天授三年壬辰九月七日 孝昭王奉大玄薩喰之子夫禮郎爲國仙 珠履千徒 親安常尤甚 天授四年(卽長壽二年)癸巳暮春之月 領徒遊金蘭 到北溟之境 被狄賊所掠而去 門客皆失措而還 獨安常追迹之 是三月十一日也 大王聞之 驚駭不勝弘 先君得神笛 傳于朕躬 今與玄琴 藏在內庫 因何國仙忽爲賊俘 爲之奈何(琴笛事具戴別傳) 時有瑞雲覆天尊庫 王又震懼使檢之 庫內失琴笛二寶 乃曰 朕何不予(吊) 昨失國仙 又亡琴笛 乃因司庫吏金貞高等五人 四月 募於國內 得笛者 賞之一歲租 五月十五日 郎二親就栢栗寺大悲像前 禮祈累夕 忽香卓上得琴笛二寶 而郎常二人來到於像後 二親顚喜 問其所由來 郎曰 予自被掠爲彼國大都仇羅家之牧子 放牧於大鳥羅尼野(一本作都仇家奴 牧於大磨之野) 忽有一僧 容儀端正 手携琴笛來慰曰 憶桑梓乎 予不覺跪于前曰 眷戀君親 何論其極 僧曰 然則宜從我來 遂率至海壖 又與安常會 乃批笛爲兩分 與二人 各乘一隻 自乘其琴 泛泛歸來 俄然至此矣 於是具事馳聞 王大驚使迎 郎隨笛入內 施鑄金銀五器二副各重五十兩 摩衲袈裟五領 大納三千疋 田一萬頃(頃)納於寺 用答慈庥焉 大赦國內 賜人爵三級 復民租三年 主寺僧移住聖耳 封郎爲大角干(羅之冢宰爵名)父大玄阿喰爲大(太)大角干 母龍寶夫人爲沙梁部鏡井宮主 安常師爲大統 司庫五人皆免 賜爵各五級 六月十二日 有彗星孛于東方 十七日 又孛于西方 日官奏曰 不封爵於琴笛之瑞 於是冊號笛 爲萬萬波波息. 彗乃滅 後多靈異 文煩不載 世謂安常爲俊永郞徒 不之審也 永郞之徒 唯眞才 繁完等知名 皆亦不測人也(詳見別傳).「栢栗寺」,『三國遺事』, 卷3.25a9-b2, 26a7-10. 리상호 옮김, 편집부 꾸밈,『신편 삼국유사』, 244~246쪽.

4 김상현의 연구가 대표적이며, 고고미술사학계 황수영의 연구도 있다.
   만파식적은 대나무로 만든 둥근 형의 관악기인데, 황수영은 만파식적 설화를 신라 종(鍾)의 형식과 관련 있음을 제안하였다. 黃壽永,「新羅梵鐘과 萬波息笛 說話」,『新羅文化』第一輯, 경주: 新羅文化硏究所, 1984, 1~5쪽.

5 윤철중은 만파식적 내용을 분석한 결과 4가지 요소가 내포되었다는 견해를 밝혔다. 4가지 요소란 도래 신화적인 요소와 이견대에서 망제를 행했다는 것 그리고 국보의 신성성이 내재되었다는 것과 그 당시의 시대적 상황이 반영되었다는 것이다. 尹徹重,「萬波息笛說話」,『韓國의 始祖神話』, 서울: 白山資料院, 1996, 182~191쪽; 尹徹重,「萬波息笛說話硏究」,『韓國의 始祖神話』, 서울: 白山資料院, 1996, 192~215쪽.
   이구의(李九義)는 만파식적 설화 속에 내포하고 있는 신이성(神異性)의 의미를『주역(周易)』이론 가운데 상수학(象數學) 이론을 바탕으로 고찰하였다. 李九義,「萬波息笛에 나타난 神異性攷」,『語文學』75집, 대구: 한국어문학회, 2002, 295~319쪽.
   김영태는 만파식적의 힘은 호국 2성인 문무왕과 김유신의 권능과 위덕을 의미하는 것이며, 이것은 두 사람의 호

각 분야별로 다각도에서 시도되었다. 이 가운데 시대배경을 고려한 김상현의 연구가 주목할 만하므로 아래에 제시한다.[7]

681년 7월 1일 문무왕이 별세하고, 곧 바로 신문왕이 즉위하였다. 그리고 선왕의 사후死後 열흘 뒤에 신문왕은 부친의 국상을 치렀는데, 이것을 치른지 한 달도 채 되기 전에 신문왕의 장인인 김흠돌이 난을 일으킨다. 이 난은 무열왕권에 대한 도전이며, 기존 왕권을 부정한 대 반란이었다. 이렇듯 신문왕은 즉위초부터 반대 세력의 도전을 받는데, 이런 혼란을 겪은 직후 등장하는 것이 바로 '만파식적' 설화라는 것이다.

문무왕과 김유신은 통일 대업을 이룬 왕과 신하이다. 이 두 사람이 설화에 등장하는 것은 무열계 왕권을 강화하려는 의도가 있으며, 군신간의 조화와 합심을 강조하는 데 의미가 있다. 특히 옥띠는 왕권을 상징하며, 만파식적은 적군을 물리치고 병마를 퇴치하며 가뭄과 홍수 같은 자연재해도 극복하게 하는 신물神物로써 호국과 평화의 상징물이다. 결과적으로 이 설화는 신라 중대 무열왕권의 정당성과 신성성을 강조하는 의미가 내포되어 있다고 김상현은 해석한다. 매우 설득력 있는 주장이다.

여기에 내가 한 가지를 첨언하면, 신문왕의 후계자인 효소왕의 입지까지 굳건하게 하려는 의도가 바로 '만만파파식적'에 포함되어 있다는 점이다. 당시 효소왕은 신문왕의 아들이지만, 모친이 반역의 주모자인 김흠돌의 딸이었기 때문에 반역자의 외손이다. 따라서 자칫 입지가 흔들릴 수 있다. 바로 이런 취약점을 보완하고 강화하기 위해 〈사료 2〉의 백률사 설화가 조성되었을 가능성도 배제할 수 없다.

이렇듯 〈사료 1〉과 〈사료 2〉의 핵심은 신라 중대 무열왕권의 정당성과 신성성을 강조하는 데 있다. 여기에 만파식적은 적군으로부터 나라를 지키는 '호국'의 상징물이며,

---

...
    국정신을 상징한다는 견해를 제시하였다. 金煐泰,「萬波息笛 說話攷」,『新羅佛敎硏究』, 서울: 民族文化社, 1987, 335~356쪽.

6 송방송,「신라 중대 향악기의 수용 문제: 고고학 자료를 중심으로」,『한국고대음악사연구』, 서울: 일지사, 1985, 68~69쪽; 송방송,「고려 삼죽의 기원과 전승 문제」,『고려음악사연구』, 서울: 일지사, 1988, 138~148쪽; 이상규,「대금의 연원」,『동양음악』제20집, 서울: 서울대학교 부설 동양음악연구소, 1998, 253~267쪽; 문주석,「신라 '대금' 형성고」,『민족문화논총』제33집, 경산: 영남대학교 민족문화연구소, 2006, 349~356쪽.

7 金相鉉,「萬波息笛說話의 形成과 意義」,『韓國史硏究』34, 서울: 韓國史硏究會, 1981, 1~27쪽.

또 소리로써 천하를 통치하여 대국민 화합과 평화를 유지하게 하는 '신물神物'로써 가치가 있다. 여기서 오늘날 우리는 이 설화 속의 '만파식적'을 재현하여, 독도를 수호하는 호국의 상징물로 간주할 수 있고, 지역 간 갈등을 극복하는 평화의 신물로 활용할 가치가 있다.

한편, 음악사적 관점에서 보면 만파식적 설화의 지역적 배경인 동해변 대왕암과 감은사가 있는 양북면 봉길리는 신라의 관악기인 적笛의 발생지인데 의미가 있다. 통일기 이전의 신라 관악기는 문헌에 '가笳'가 유일하였다.[8] 문헌기록의 '가笳'는 신라토우에 세로로 연주하는 형태의 악기로 봤을 때 종적의 악기이다. 그런데 삼국을 통일한 신라는 새로운 관악기로 '적笛'을 제작하였고, 이 적을 바탕으로 삼죽을 제작하여 오늘에까지 한국전통 관악기로서 명맥을 유지하고 있다. 결국 오늘날 한국 관악기로서 대표되는 대금과 소금의 기원이 바로 신라의 적笛이며, 이것의 발생지가 경주 양북면 봉길리인 셈이다.

봉길리 마을은 경주 최씨가 이 마을을 개척할 때 마을이 마치 봉황이 알을 품은 것 같은 모양을 한데서 '봉길鳳吉'이라 이름하였으며, 조선 말기에 '봉길奉吉'이라 고쳐 부르게 되었다고 한다.[9]

봉길리는 상봉上奉과 하봉下奉 그리고 수제水祭마을로 이루어졌다. 상봉은 마을이 높은 지대에 위치해서 비롯된 명칭이다. 그래서 달리 '웃봉길' 또는 '상봉길上奉吉'이라 부르기도 한다. 하봉은 상봉에서 떨어져 있으므로 형성된 명칭이며, '아랫봉길' 혹은 '하봉길'이라고도 부른다. 그리고 수제라는 마을 명칭은 문무왕의 대왕암과 관련되어 비롯된 명칭이다. 이곳은 조선 철종 이전까지는 사람이 살지 않다가 철종 이후 나주羅州박씨가 마을을 개척한 뒤 형성되었다. 그리고 조선시대 경주 부윤府尹이 날씨가 가물면 이곳에 와서 기우제祈雨祭를 지냈기 때문에 '수제水祭' 혹은 '무제테'라 불렀다고 한다. 이와 관련하여 오늘날 경주김씨 종친회의 '문무제향추진위원회'에서는 매년 입하立夏에 이견대에서 문무대왕께 제를 지내고 있다.

---

8 김성혜, 『신라음악사연구』, 서울: 민속원, 2006, 164~185쪽.
9 김재식·김기문 편저, 『경주풍물지리지』, 경주: 보우문화재단, 1991, 635~637쪽.

〈그림 1〉 경주시 양북면 지도

그런데 〈그림 1〉에서 봉길리 서편에 '죽전리竹田里'가 있어 눈길이 간다. 이곳은 대나무가 많이 있다하여 '대밭' 혹은 '죽전'이라 불렀다.

사실 우리나라 전역에 대나무가 생산되지만, 대금의 재료인 왕대는 남쪽 지역에만 생산되며, 단소의 재료인 오죽은 강원도 강릉이 상한선이다. 즉 강릉 이북 지역에서는 단소의 재료인 오죽이 생산되지 않는다. 아울러 대금의 재료인 왕대는 강원도와 경기도 및 충청도 등의 지역에서는 생산되지 않는다. 이것은 조선시대에도 마찬가지였다. 대금을 만드는데 사용할 대나무를 전라도와 경상도 관찰사에게 명하여 서울로 올려 보내게 한 기록이 『조선왕조실록』 곳곳에 나온다. 따라서 양북에 있는 죽전은 조선시대는 물론이거니와 그 이전의 고려와 신라시대 때부터 대나무가 생산된 지역일 가능성이 크다. 그리고 이곳과 관악기 만파식적의 재료인 대나무는 밀접한 관련이 있다.

결국 이 두 기록은 즉위 초에 불안정한 왕의 입지를 굳건하게 해 준 것이 바로 만파식적인데 주목할 필요가 있다. 아울러 음악사적 관점에서 보면, 이 설화는 신라 적笛의 기원과 발생지를 밝힌 데 의미가 크다. 그런데 이 신적神笛의 효험이 여기서 그치는 것이 아니라 약 100년 후에 나라 밖 일본에까지 전해져서 일본왕이 이를 탐내는 내용이 있다.

〈사료 3〉 선조 때부터 전해 내려오던 '만파식적'을 왕에게 전하였더니, 이 때문에 하늘로부터 내리는 은혜를 후하게 받아서 그의 덕행은 먼 곳까지 빛이 났다. 정원 2년(786) 10월 11일에 일본왕 문경(『일본재기』를 보면 제55대 왕인 문덕왕이 아마도 이 임금 같은 바 이밖에 문경이란 임금이 없다. 다른 책에는 이가 왕의 태자라고도 했다)이 군사를 동원하여 신라를 치려고 하다가 신라에는 '만파식적'이 있다는 소문을 듣고는 군사를 철퇴하고 사신을 보내어 금 50냥으로 적을 사자고 하였다. 왕이 사신에게 말하기를, "내가 듣기는 윗대 진평왕 시대에 이 적이 있었다고 할 뿐이요, 지금은 어디 있는지 알 수 없다"고 하였다. 그 이듬해 7월 7일에 다시 사신을 시켜 금 1천냥을 보내면서 이것을 청구하여 말하기를, "과인은 그 신성한 물건을 한번 얻어서 보기만 하고 돌려보내겠다"고 하니, 왕이 역시 사양하면서 전과 같이 대답하며 은 3천냥을 그 사신에게 주고 금은 돌리고 받지 않았다. 8월에 그 사신이 돌아간 후 이 적을 내황전에 간직하였다.[10]

〈사료 3〉은 682년 만파식적이 제작된 지 104년 뒤의 내용이다. 일본이 신라를 치려다가 만파식적의 소문을 듣고 뇌물을 주고 적笛을 얻으려다가, 실패한 내용이다. 즉

---

10 『元聖大王』『三國遺事』, 卷2, 13a5-b2.

위의 내용을 종합해보면, 682년 신라에서는 대나무로 적을 만들었고 왕실에서 이변이 있을 때 연주했는데, 연회宴會나 제례祭禮의 목적이 아니라, 호국護國의 상징물인 점이 특징이다. 당시 그 영험靈驗이 국내외에까지 미쳤으므로, 적笛 때문에 일본은 신라의 공격을 철회했다는 내용이다.

여기까지가 『삼국유사』에 기록된 만파식적 설화의 내용이다.

요약하면, 이 설화의 배경 시기는 682년이며, 신비한 악기의 제작 재료는 대나무이다. 재료의 생산지가 경주시 양북면이므로 신라 관악기 적의 발생지는 곧 양북면이다. 만파식적은 위기에 처한 나라를 구하기 때문에 '호국용' 악기이며, 이는 통일 대업을 이룬 문무왕과 김유신의 가호고 성립된 데 의미가 있다.

한편, 『삼국사기』에 기록된 만파식적 내용을 보도록 하자.

〈사료 4〉 향삼죽도 역시 신라에서 기원하였으나 누가 만들었는지를 알 수 없다. 『고기』에서는 다음과 같이 기록하였다. "신문왕 때에 동해 안에서 홀연히 한 작은 산이 나타났는데 형상이 거북의 머리와 같았고, 그 위에 한 줄기의 대나무가 있어서 낮에는 나뉘어 둘이 되고 밤에는 합하여 하나가 되었다. 왕이 사람을 시켜 베어다가 笛을 만들고 이름하여 만파식적이라고 하였다" 비록 이러한 설이 있으나 괴이하여 믿을 수 없다. 삼죽적에는 일곱 조가 있으니, 첫째는 평조, 둘째는 황종조, 셋째는 이아조, 넷째는 월조, 다섯째는 반섭조, 여섯째는 출조, 일곱째는 준조였다. 대금은 324곡, 중금은 245곡, 소금은 298곡이었다.[11]

〈사료 4〉는 신라 악기 중에서 관악기로서 가장 대표적인 '삼죽三竹'의 기원과 악조 및 악곡 수에 관한 내용이다. 그러면서 『삼국유사』의 만파식적조 내용을 살짝 언급했

---

11 三竹 亦模倣唐笛 而爲之者也 『風俗通』曰 "笛 漢武帝時 丘仲所作也" 又按 宋玉有 『笛賦』 玉在漢前 恐此說非也 馬融云 "近代雙笛 從羌起 又笛 滌也 所以滌邪穢 而納之於雅正也 長二尺 四寸七孔" 鄕三竹 此亦起於新羅 不知何人所作 古記云 "神文王時 東海中忽有一小山 形如龜頭 其上有一竿竹 晝分爲二 夜合爲一 王使斫之作笛 名萬波息" 雖有此說 怪不可信 三竹笛有七調 一平調 二黃鐘調 三二雅調 四越調 五般涉調 六出調 七俊調 大芩三百二十四曲 中芩二百四十五曲 小芩二百九十八曲, 『三國史記』 卷32. 5b5-12b2. 정구복 외, 『국역 삼국사기』, 성남: 한국정신문화연구원, 1997, 567쪽.

는데, 저자가 괴이해서 믿을 수 없다는 입장을 밝혔다. 『삼국사기』의 이와 같은 표현은 조선후기까지 여러 학자들로 하여금 일연의 『삼국유사』를 신빙성 없는 사료로 인식하게 하였다. 그러나 일제강점기 일본학자들이 『삼국유사』를 검토한 결과, 『삼국사기』 내용과 부합되는 것도 있으며, 『삼국사기』에 없는 내용을 상당부분 내포하기 때문에 『삼국사기』의 보완자료로 유용하며, 특히 현장을 직접 방문하여 서술한 내용은 매우 설득력이 있기에 『삼국유사』를 새롭게 인식하기 시작했다. 오늘날 『삼국유사』를 괴이하여 믿을 수 없다는 학자는 거의 없다. 어쨌건 〈사료 4〉의 내용으로 보면, '삼죽적'과 만파식적이 불가분의 관계인 점이 주목된다.

삼죽은 대금·중금·소금인데, 과연 만파식적은 이 3가지 악기 중에서 어느 것일까? 그렇다면 당시 관악기 관련 고고학 자료를 살펴볼 필요가 있다. 특히 만파식적을 오늘날 재현하기 위해서는 악기 실물이 필요하다. 그러나 『삼국사기』와 『삼국유사』에는 기록만 있을 뿐 만파식적에 관한 도상이 없기 때문에 만파식적의 형태를 알기 어렵다. 그렇지만 지금까지 전하는 신라 7~8세기 고고학 자료 가운데 적笛 관련 신라의 도상이 있기 때문에 유물을 직접 보려한다.

2. 만파식적 관련 고고학 자료

만파식적 설화와 직접적으로 관련된 고고학 자료는 감은사 서탑에서 발견된 청동제 사리함이 대표적이다. 그리고 월지에서 수습된 적笛연주 판불도 있다.

1) 감은사 청동제 사리기

감은사는 문무왕 때 해변에 절을 세워 불력으로 왜구를 격퇴시키기 위해 창건했는데 완공은 신문왕 때 이루어진 사찰이다. 이 절은 황룡사와 사천왕사 등과 함께 호국의 사찰로서 명맥을 이어 왔으나, 언제 폐사되었는지 확실하지 않다.

감은사터에는 동서로 쌍탑이 있는데, 1959년에 서편 삼층석탑이 해체 복원되었다. 이때 수레형태의 사리함이 발견되었는데, 이 사리함의 모서리에 4명의 천인이 각각 악기를 연주하며, 중간에는 동자童子가 춤을 추는 조각이 있다. 4명의 천인이 연주하는 악기는 비파와 요발, 요고 그리고 관악기 적이다.

〈그림 2〉 감은사 서탑 사리기　　　　〈그림 2-1〉 사리기 중 적(笛)의 주악상

관악기 적笛은 오늘날 대금大笒으로 판단된다. 다만 연주 자세에 있어서 오늘날과 약간 차이가 있는데, 다음에 살펴볼 월지 출토 판불의 자세와 같기 때문에 함께 언급하기로 하겠다.

2) 월지 출토 판불 주악상

판불板佛이란 금동金銅의 판면에 불佛・보살菩薩 등의 형상을 표현한 것을 말한다.[12]

12　尹慶淑,「雁鴨池 金銅板佛의 考察」, 서울: 동국대대학원 석사학위논문, 1987, 1쪽.

월지 출토 주악상 가운데 가장 많이 알려진 유물이다.[13]

〈그림 3〉은 나의「월지 출토 음악관련 자료에 대하여」란 글에서 이미 언급한 사례가 있다. 독자의 편의를 위해 당시 내용을 다시 제시하도록 하겠다.

〈그림 3〉 월지 판불 중 적(笛) 주악상

〈그림 3〉은 국립경주박물관에 소장된 유물이다. 비교적 상태가 좋은 편이므로 얼굴의 형태와 연주자의 손가락 및 옷자락 선 등 출토상태가 매우 양호한 유물이다. 규모면에서 보면, 유물 전체길이는 4cm이며, 연주자의 앉은키는 3cm이다. 그리고 천인의 악기 길이는 2.5cm이며, 악기 폭은 0.17cm이다. 특히 천인의 얼굴모양이 둥글게 생겼고, '신라의 미소'로 널리 알려진 人面瓦當의 모습과 매우 닮았다. 머리모양은 위로 올린 듯 모아졌고, 머리의 끝부분은 약간 결손되었다. 이마 언저리는 복숭아 끝부분처럼 곱게 빗은 형태인데, 그 윤곽이 너무도 선명하게 남아있다.

〈그림 3〉을 보면, 연주자는 결가부좌로 편안히 앉은 좌상이며, 오른쪽 방향으로 관악기를 연주하고 있다. 악기는 가로 부는 횡적이다. 악기의 길이가 신체 비례로 볼 때 길기 때문에 三竹 중에서 大쪽이 아닌가 한다. 특히 악기의 위쪽 끝부분은 대나무의 매듭과 짧게 뻗은 가지 부분이 묘사되었고, 악기 몸통에 약간 패인 홈 부분도 있는데, 마치 '雙骨竹'을 표현한 것 같다.

雙骨竹이란 대나무의 양쪽에 홈이 패인 형태의 것을 일컫는데, 이러한 대나무는 단단한 성질이 있기 때문에 오늘날 대금같은 악기 재료로 가장 으뜸으로 여긴다.

대금의 재료로는 오래 묵은 黃竹이나 또는 쌍골죽을 많이 사용한다. 황죽의 경우는 일반적으

---

13 최근『박물관신문』2002년 6월 1일자에 소개되었는데, 사진 상태가 아주 우수하다. 이 유물에 관해서 나는 월지 출토 음악관련 자료를 정리할 때 다룬 적이 있다. 김성혜,「월지 출토 음악관련 자료에 대하여」,『경주문화논총』제5집, 경주: 경주문화원 부설 향토문화연구소, 2002, 73~77쪽.

〈그림 3-1〉 월지 판불 적의 쌍골죽　　　　〈그림 3-2〉 현재 대금의 쌍골죽

로 內徑(대의 안지름)이 굵지 않아 전체 음정을 고루 맞추기가 어려우며, 중간음이나 저음은 시원하게 잘 나지만 고음에서는 대금 특유의 소리를 내기가 어렵다. 그러나 쌍골죽의 경우는 일반적으로 살이 굵어 만들기가 어렵지마는 내경이 고르기 때문에 음정을 맞추기에는 비교적 쉽고, 저음뿐만 아니라 고음에서도 대금 특유의 장쾌한 소리를 낸다. 그러나 이 대나무는 일종의 病竹이며, 돌연변이로서 재료를 구하기가 매우 어려운 편이나, 연주용 악기로서는 역시 쌍골죽 이상 가는 재료가 없다.

〈그림 4〉 현재 대금의 연주자세

한편, 〈그림 3〉의 적 연주자세와 오늘날 대금 연주 자세와의 차이점을 꼬집는다면, 악기가 연주자 무릎 쪽으로 많이 내려왔다는 점이다. 오늘날 대금 연주 자세는 악기가 거의 연주자 어깨와 나란하며, 무릎과도 수평을 이루는 것이 일반적이다. 대금 연주 자세를 잡는데, 먼저 자연스럽게 앉아서 허리를 똑바로 편 다음, 머리는 약 45도 정도로 왼쪽으로 돌리고 고개를 약간 숙인다. 視線은 전방 약 15도 아래로 본 다음, 악기를 가볍게 쥐고 수평으로 든다. 연습을 하다보면 팔에 힘이 빠져 악기가 처지기 쉬우니 항상 수평이 유지되도록

노력해야 한다.[14]

이와 같이 감은사 서탑의 청동제 사리기에 있는 적과 월지 판불의 적이 지닌 공통점은 옆으로 부는 횡적인 점이다. 대나무가 굵고 쌍골 죽인 점으로 볼 때 오늘날 삼죽 가운데 대금과 유사하다. 삼죽의 대금·중금·소금은 아래와 같다.

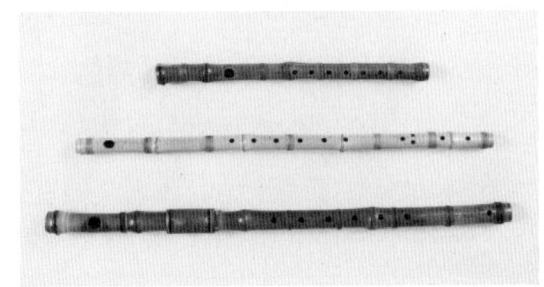

〈그림 5〉 대금 · 중금 · 소금

대금이 가장 길고, 소금이 짧으며, 중금은 중간 길이이다. 현재 중금의 사용처는 매우 드물다. 소금은 실제로 조선시대 성종(1470~1494) 때 단절되었다.[15] 한편, 당적은 소금과 달리 조선전기와 후기 그리고 1941년까지 사용되었다.[16] 그런데 1957년 김기수가 당적을 바탕으로 소금을 만들어 사용하면서[17] 당적은 서서히 자취를 감추었고, 당적의 자리를 결국 소금이 차지하여 오늘에 이르고 있다.

신라 삼죽 가운데 대금은 조선초기부터 궁중음악과 민간음악에 두루 편성되어 사용된 악기다. 궁중음악에 있어서 제례악과 연례악 및 군례악인 고취에 이르기까지 소금과 중금은 편성되지 않았지만, 대금은 빠지는 사례가 드물었다. 이는 신라 때부터 비롯된 전통일 가능성이 크다. 왜냐하면 〈사료 4〉의 기록처럼 중금곡은 245곡이며, 소금곡은 298곡인데 비해 대금곡은 324곡으로 중금과 소금보다 곡수가 많기 때문이다.

14 김성혜, 「월지 출토 음악관련 자료에 대하여」, 『경주문화논총』 제5집, 2002, 72~94쪽.
15 성종 때 편찬한 『악학궤범』을 보면, 세종조 전정헌가에는 소금이 연주되었으나, 성종조 전정헌가에는 소금 대신 당적을 사용하였다. 이혜구 역, 『국역 악학궤범』, 서울: 민족문화추진회, 1979, 98~99쪽.
16 당적 연주는 일제강점기 이습회 활동에서 확인할 수 있다. 1932년 10월 13일 제1회 연주 때 환입(還入) 1장~7장을 당적 독주로 박창균(朴昌均)이 연주하였다. 이것은 1941년 2월 6일 제100회 수연장지곡(壽延長之曲) 연주 때 봉해룡(奉海龍)이 당적을 연주하였으므로 약 10년 동안 지속되었음을 확인할 수 있다. 장사훈, 『국악대사전』, 서울: 세광음악출판사, 1984, 594~613쪽.
17 임진옥, 「당적과 소금에 관한 연구」, 서울: 서울대학교 대학원, 1991.

따라서 고고학 자료에 나타난 '적'은 오늘날 대금의 크기와 유사하며, 신라 때 만파식적도 이와 유사한 악기로 추정한다. 이와 관련하여 오늘날 대금 연주자들이 신라만파식적을 보존하기 위해 단체를 결성했는데, 그들의 활동을 들여다 보자.

3) 만파식적 관련 문화 활동의 검토

만파식적 설화와 관련하여 오늘날 경주에 사단법인 신라만파식적보존회가 있으니, 창립배경과 활동을 살펴보도록 하겠다.

신라만파식적보존회는 2002년에 문동옥文東玉(1958년생)이 경주에 설립한 사단법인 단체이다.[18] 설립 목적에 대해서는 창단 연주회 프로그램에 제시된 '신라만파식적보존회 창립 의의'에서 살펴볼 수 있다.

> 〈인용 1〉 대금을 연주하고 사랑하는 사람들이 뜻을 모아 이 단체를 창립하게 되었으며, ①대금을 통하여 우리 음악문화의 맥을 잇고 ②우리 음악의 멋과 우수성을 대내외적으로 알리며 ③ 신라 삼현 삼죽을 중심으로 신라음악문화를 계승하고 발전시켜 지역 전통문화예술 창달에 기여한다.[19]

이처럼 (사)신라만파식적보존회는 2002년 11월 16일에 "천년의 소리 만파식적"이란 주제로 창립공연을 개최하였다. 그 후 2012년 현재까지 이 보존회의 활동은 두 가지로 대별되는데, 하나는 전국대금경연대회를 개최하는 것이며, 다른 하나는 정기공연이다.

---

[18] 설립자 문동옥은 아동기 때 김동진에게 김동진류 대금산조와 태평소를 배웠으며, 김동표에게 강백천류 대금산조를 익혔다. 1977년(20세) 늦가을에 경주로 이주했으며, 신라문화제 공연에 출연하기도 하고 장월중선과 이말량의 연주를 돕기도 하였다. 1980년대 신라국악예술단에 입단하여 활동하였고, 개별적으로 1990년대에 국악강습소를 운영하기도 하였다. 한편, 김동진과 김동표에게 배운 것을 바탕으로 1994년에 중요무형문화재 제45호(강백천류 대금산조) 이수자가 되었고, 1995년에는 김동진류 대금산조 CD를 출반하였다.
[19] 주최 (사)신라만파식적보존회,「천년의 소리 만파식적」, 일시: 2002년 11월 16일(토) 오후 5시 30분, 장소: 경주보문관광단지 내 육부촌 대회의장.

전국대금경연대회는 2004년부터 개최하기 시작하였으며, 처음에는 고등부와 일반부를 대상으로 이루어졌으나, 2006년 제3회 대회부터 중등부를 추가함으로써 참가대상을 확대시키고 있다. 경연대회는 2011년 8월까지 제8회의 대회를 개최하였다.[20] 이 대회는 '대금' 한 종목에 한정하여 전국대회를 개최하는 점이 특징이다.

정기공연은 2002년부터 2009년까지 8년 동안 일곱 차례 개최하였다.[21] 2011년부터는 정기공연 대신에 '세계피리축제'를 개최하고 있다. 3일 동안 세계 여러 나라의 연주자를 초청하여 연주회를 개최하며, 각국의 악기를 전시함으로써 다양한 악기를 나라별로 비교하면서 관람하게 하였다.[22] 그리고 국제학술포럼의 개최도 병

〈그림 6〉 (사)신라만파식적보존회 창립공연

〈그림 7〉 주최 경연대회

- - -

20 그리고 대회를 개최하는 기간 동안 대회수상자의 공연 및 축하공연을 병행하여 시민들에게 볼거리를 제공하고 있다. 뿐만 아니라 2011년에는 몽골의 마두금 연주와 중국 조선족의 무용을 선보이면서 해외 연주자의 무대공연으로 확대하고 있다. 또한 2009년에는 전통죽관악기 전시를 병행하였다.
한편, 포항에서는 (사)신라만파식적보존회 포항지부 주최로 '포항국악제 전국학생기악경연대회'란 명칭으로 개최하고 있다. 포항 대회는 2012년 5월 12일까지 제9회를 개최하였다. 이 활동은 경주에서 개최되지 않기 때문에 논외로 하였다.

21 2004년은 울산과 포항에 지부를 발족하는 관계로 울산과 포항에 '아시아의 피리향연'을 개최하여 정기공연은 이루어지지 않았다. 아울러 2010년에는 '경주세계피리축제 만파식적'을 개최하면서 정기공연을 이 행사로 대체하였다.

22 공연은 경주예술의 전당 대공연장에서 열렸고, 첫날은 '실크로드의 음악여정'이란 제목으로 개최되었다. 경북도립국악단의 〈수제천〉으로 막을 열었고, 중국과 미얀마, 몽골의 연주자들이 관악기 독주와 실내악으로 그 나라의 선율을 선보였다. 이어서 김동진류 대금산조 제주가 있었고, 양성필 프로젝트 그룹의 신나는 창작음악과 모든 국내외 출연진들이 함께 〈천년아리랑〉을 연주하면서 막을 내렸다. 둘째 날은 '해양실크로드의 음악여정'이란 제목으로 연주가 진행되었는데, 신라만파식적보존회의 대금정악 〈도드리〉 제주로 무대를 펼쳤다. 일본·베트남·중국·필리핀·태국의 연주가 이어졌고, 이생강의 대금산조와 모든 출연진의 〈천년아리랑〉으로 대막을 내렸다.
악기전시회는 세계 각국의 관악기 중심으로 전시되었는데 현악기와 타악기도 함께 전시되었다. 한국의 관악기 22종과 몽골 2종, 북한 6종, 네팔 1종, 볼리비아 5종, 페루 6종, 베트남 7종, 태국 3종, 인도네시아 2종, 인도 5종, 중동 1종, 터키 4종, 필리핀 5종, 일본 4종, 영국 2종, 호주 1종, 중국 11종, 이탈리아 1종 이상 18개국의 관악기를 한 자리에서 소개하였다. 아울러 현악기는 한국 6종, 몽골 2종, 북한 1종, 발리하(아프리카) 1종, 베트남 1종, 키르키스스탄 2종, 인도 2종, 터키 2종, 일본 2종, 우즈베키스탄 1종, 중국 6종, 미국 1종 이상 12개국의 현악기를 전시하였고, 타악기는 텐가(아프리카) 1종, 베트남 1종, 필리핀 1종, 우즈베키스탄 1종 이상 4개국의 악기를 전시하였다.

행하였다. 2011년 첫 학술대회의 경우, 5개국의 연구자가 주로 관악기를 중심 주제로 발표했는데,[23] 이 학술대회 발표 내용을 종합했을 때 각 나라의 관악기를 소개하는 정도였다.

이 단체가 창단된 것도 2012년이면 10년에 접어든다. 단체의 창립 취지 가운데 ①과 ②는 실행되었다고 할 수 있으나, 신라음악문화를 계승하고 발전시켜 지역 전통문화예술 창달에 기여한다는 ③의 활동은 정기공연 프로그램을 종합해 봤을 때 찾아보기 어렵다. 지금까지 ①과 ②에 주력했다면, 이제 ③의 목적을 달성하기 위한 노력이 적극적으로 실행되길 기대한다.

3. 만파식적 설화의 활용 방안

만파식적 설화를 바탕으로 양북면 주민들이 지역의 문화적 자산을 활용할 수 있는 방안 4가지를 제시해 본다.

1) 만파식적 마을 조성

만파식적 설화의 내용 검토에서 확인했듯이 『삼국유사』에 기록된 만파식적 설화는 역사적으로 볼 때 호국의 상징물이고, 대국민 화합과 평화의 심벌이다. 이것을 음악사적 견지에서 보면, 오늘날 한국의 대표적인 관악기인 대금의 탄생지이고, 삼죽의 발생지이다. 그렇다면 감은사와 대왕암을 끼고 있는 양북면 봉길리와 대나무가 많이 생산되는 죽전리 일대를 묶어서 역사적이고 학술적인 '만파식적 마을'의 조성이 가능하다.

---

[23] 한국의 최종민은 "한국에 근원을 둔 유일한 관악기 만파식적(대금)"을, 중국 연변의 장익선은 "개량 대금에 대한 재고"를, 필리핀 학자 라온 P.산토스는 "필리핀의 관악기"를, 중국인 송서평은 "강적(쌍피리)과 쥼마라(쌍피리)의 음악 비교"를, 일본인 후쿠다 테루히사는 "샤쿠하치의 음악"을 각각 발표하였다. '만파식적 포럼' 일시: 2012년 10월 25일, 장소: 경주교육문화회관 거문고홀.

만파식적 마을을 조성하게 된 배경을 소개하기 위해 안내 간판을 설치할 필요도 있다. 아울러 마을의 상징물로서 석재로 만파식적 기념비를 제작하여 마을 입구에 세우는 것도 마을의 특성을 강조하는데 도움이 된다.

2) 만파식적 악기제작과 판매 및 상설연주

경북 고령에 가면 우륵의 동상(〈그림 9〉)을 세워 '악성 우륵'이 바로 고령 사람임을 강조하며, 그의 음악 정신을 기리는 효과를 높이고 있다. 또한 '우륵박물관'을 운영하면서 고대부터 현대까지 우륵으로 인해 전해진 가야금의 전통을 한눈에 파악할 수 있도록 관련 자료와 유물을 전시하여 고령을 찾는 방문객에게 정보를 제공하고 있다.

또 한쪽에는 우륵국악기연구원이 있는데, 그곳에서는 가야금 제작과 수리를 제공하고 있다. 가야금 제작을 위한 체험 프로그램도 운영하고 있어 다른 곳에서 경험할 수 없는 학습의 효과를 높이고 있다.

〈그림 8〉 우륵상　　　　　　　　　　　〈그림 9〉 고령의 우륵박물관

고령에서 '가야금'을 주제로 박물관을 운영하고 악기연구소 및 제작 판매소를 창설했듯이, 양북에서도 '만파식적'을 주제로 다음과 같은 사업을 전개할 수 있다.

첫째, 만파식적 마을에서 생산한 대나무를 활용하여 여러 종류의 관악기를 제작하여 판매할 수 있고, 재작재료인 대나무를 판매할 수도 있다. 우리나라 관악기는 대부분 대나무로 제작된다. 예컨대 대금과 중금, 소금, 단소, 퉁소, 쌍피리, 향피리, 세피리, 당피리가 모두 대나무로 만들어진다. 그 외 거문고의 술대도 대나무인데, 바닷가에 자란 '해죽海竹'을 상품으로 여기기 때문에 생산 및 판매가 가능하다.

〈그림 10〉 가야금 공방

둘째, 관악기 제작 체험관을 운영할 수 있다. 만파식적 마을에서 대나무를 채취하는 것부터 시작하여 악기를 완성하는 데까지 방문자가 직접 악기를 제작할 수 있는 프로그램을 운영하면 다른 곳에서 경험할 수 없는 것을 체험하여 주목을 끌 수 있다. 또한 제작 시간이 하루 이상 걸릴 경우 방문객을 만파식적 마을에 머물게 하는 이중 효과를 거둘 수 있다.

셋째, 악기를 제작하거나 판매하는 공간에서 방문객을 위해 상설 혹은 비상설로 '관악기 연주회'를 펼칠 수 있다. 대부분의 관악기 제작자는 간단한 연주가 가능하기 때문에 가능한 일이다. 방문객에게 관악기 연주를 직접 들려주면, 악기에 대한 관심과 이해가 넓어지기 때문에 관악기 판매율을 높일 수 있다.

넷째, 대나무 중에서 '쌍골죽' 생산을 극대화할 필요가 있다. 달리 말하면 우리나라 '쌍골죽'의 특별 생산지로 특성화하는 방안을 모색하는 것이다. 현재 대금의 제작 재료는 '쌍골죽'이 최상품이다. 따라서 삼림청에 쌍골죽의 인위적 생산을 위한 연구를 의뢰하여 이를 생산하는 곳으로 특성화할 필요가 있다.[24] 이것은 마을의 수익사업으로 적극적으로 개발하고 추진할 필요가 있다.

---

24 오늘날 쌍골죽으로 제작된 대금의 가격은 300~400만원 정도이다.

3) 마을의 화합을 위한 '만파식적 축제' 개최

만파식적 설화에서 적笛은 통일 대업을 이룬 신라 문무왕과 김유신 장군이 국토 수호를 위해 하사한 신물神物이다. 이 적의 소리로써 적군이 물러가고 가뭄에 비가 오고, 병마가 퇴치되어 '만파식적'이라 함은 호국과 평화를 상징하는 것이다.

그렇다면 만파식적의 탄생지인 양북면에서는 매년 5월에 만파식적의 의미를 상기하고, 일본으로부터 '독도'를 수호하는 의미와 중국의 동북공정을 극복하기 위해 '만파식적 축제'를 개최할 필요가 있다. 이 축제는 마을 주민들이 직접 참여하여 풍물놀이와 마을간 줄다리기 등을 통하여 대동단결의 기회를 갖고 화합을 도모하면서 만파식적의 의미를 축제로 재음미할 수 있도록 하는 것이다.

만파식적 축제는 양북면의 지역 주민들이 주최가 되어 벌이고 참여하는 적극적이고, 능동적인 축제가 되어야 한다. 그리고 이 축제가 경주시에서 개최되는 사단법인 신라만파식적보존회 주최의 '세계피리축제'와 연계되면 시너지 효과를 창출할 수 있다.

4) 만파식적 로드의 개발

'만파식적 로드Road'란 만파식적 설화에 등장하는 유적지를 찾아가는 현장 답사 길이란 뜻이다. 고대 문헌에 등장하는 유적지를 이야기를 따라 현장을 답사하면, 책 읽었을 때와 또 다른 감응이 있기 때문에 요긴하다.

만파식적 설화에 등장하는 유적지는 대왕암, 감은사, 이견대, 월성, 기림사, 용연, 백률사이다. 이 유적지를 바탕으로 가능하면 이야기의 전개 순서로 이동하는 것이 답사객들에게 현장감을 주는데 효과적이다. 그리고 대왕암과 감은사 및 이견대가 있는 양북마을의 경우 '만파식적 마을'이 조성되었을 경우 그곳을 코스에 넣는 것도 바람직하다.

답사의 출발지는 당시 신문왕이 있었던 '월성'이 좋다. 월성은 현재 조용하고 한적한 곳이기 때문에 '만파식적 로드' 전반을 간략히 소개하는데 적합한 장소이다. 내용의 전개 순서와 이동 거리를 고려하여 답사 코스를 제시하면 아래와 같다.

출발지: 월성 → 대왕암 → 이견대 → 감은사 → 만파식적 마을 → 만파식적 악기제작소 → 용연 → 기림사 → 백률사 → 월성: 종착지

이 코스에서 '대왕암 → 이견대 → 감은사'는 자연 경관이 빼어난 곳이므로 관심을 끌 수 있다. 답사의 종착지는 효소왕 때 '만만파파식적'으로 거듭 책명된 것과 헌강왕 때 적笛을 내황전에 간직한 것을 고려하여 다시 '월성'으로 정한 것이다.

이렇게 답사의 종착지인 월성에 다시 왔을 때는 '만파식적의 의미'를 재음미하는 의도로, '만파식적'으로 간단한 곡을 연주하여 답사자들에게 '평화'를 기원하며 마무리하는 것도 기억에 남는 코스가 될 수 있다.

결국, '만파식적 로드'는 역사적이고 학술적인 내용을 바탕으로 한 현장답사이고, 자연 경관도 빼어나고 연주 이벤트까지 포함되어 있기 때문에 문화의 질을 향상시키는 효과가 있다.

경주 양북 마을은 천년 신라의 여러 가지 문화 유적과 유물이 있는 곳이다. 더욱이 이곳은 삼국 통일 후 전국민의 화합과 평화를 상징하는 '만파식적'의 발생지 곧 오늘날 대금의 탄생지이다. 마을 주민 스스로 이 설화의 의미를 정확히 인지하게 되면, 역사적이면서 학술적으로도 의미가 있는 곳에 자신이 살고 있는데 자부심을 가질 수 있다.

만파식적 설화를 바탕으로 만파식적 마을을 조성하고, 관악기 박물관 및 악기 제작과 판매처를 운영하면 특성화된 마을로 새롭게 거듭나고 수익을 높이는 효과도 있다. '만파식적 로드'로 현장 답사를 하거나 만파식적 마을에서 관악기 제작을 체험함으로써 재방문율을 높이고, 지역 경제를 활성화하는 단초가 된다. 결과적으로 양북면 마을이 역사적이고 예술적이며 문화 유적지로서 새롭게 자리매김하게 되며, 지역의 소득 증대에도 한 몫을 할 것으로 기대한다.

이 연구는 양북면 지역 주민을 위한 것이므로 활용방안을 채택하고, 이행하는 것은 지역 주민의 결정에 달려 있다. 이 연구로 인하여 양북면 주민들이 만파식적을 계기로 통합하고 화합을 주도하는 마을, 평화의 마을, 활기 있는 마을이 되기를 바란다.

02 .
신라고취대의 악기 편성

-
-
-

    고취대鼓吹隊란 두드리는 타악기와 부는 관악기로 구성된 악대를 뜻한다. 요즘은 '군악대軍樂隊' 혹은 '악대樂隊'란 명칭을 사용하지만, 고대에는 '고취鼓吹'라고 하였다. 고취는 전쟁터에서 전진과 후퇴의 지시를 소리로써 전달하고 병사들의 용기를 북돋우는 기능을 하였으며, 왕과 귀족들의 행렬을 장엄하는 기능도 하였다.

    오늘날 전통 군악대 연주를 '대취타大吹打'라 부른다. 조선시대 취타대吹打隊 전통을 계승한 것이다. 1908년 구식군대의 강제 해체로 인하여 전통 군악대의 전승이 단절될 위기에 있었으나 임원식林元植, 최인서崔仁瑞 등 연주자의 협력으로 1961년에 복원되었다.[1] 이것은 1986년 아시안게임과 1988년 서울올림픽 개막식에 당당히 연주됨으로써 한국 전통문화의 위용을 과시하였다.[2]

---

[1] 1961년 10월 1일 국군의 날 기념 군장행렬에 국립국악원 대취타대 52명이 편성 운용됨으로써 정부수립 후 처음으로 대취타가 재현되었다. 그리고 1962년 10월 1일 국군의 날에도 전통 행악인 대취타를 재현하기 위하여 당시 국립국악원 장악과장이던 김기수를 지도위원으로 위촉하였다. 정재국 편저, 『중요무형문화재 제46호 大吹打』, 서울: 은하출판사, 1996, 56~57쪽.

[2] 1986년 제10회 서울 아시안 게임의 개막식에서는 한국문화협회의 지원으로 서울여자 상업고등학교 학생과 여주자영농고의 학생 및 육군본부 군악대 대원들이 합동으로 연주하였다. 그리고 1988년 제24회 하계 서울올림픽 개막식에서도 역시 서울여상, 여주농고, 육군본부군악대 대원이 합동으로 대취타를 연주하였다. 한국문화협회, 『증보 대취타악곡집』, 서울: 은하출판사, 1993, 3~4쪽.

한편, 2014년 9월에 경주에서 '이스탄불 인in 경주'란 행사가 11일간 개최되었다. 이 기간 동안 다양한 행사가 열렸는데, 많은 사람들의 주목을 끈 것은 터키의 전통 군악대인 '메흐테르 군악대'의 시가 행렬이었다. 선두에 의장기를 세우고 갑옷 입은 무사가 앞장서서 관악기와 타악기 연주자들을 이끌었고, 이들의 화려한 복장과 요란한 군악 연주는 거리 관객들의 시선을 사로잡았다. 약 40명으로 구성된 군악대는 공연장에서 펼쳐지는 공연과 사뭇 다른 느낌을 주었고, 터키의 이미지를 전달하는 데 충분하였다.

그렇다면 신라의 전통 고취대 재현은 가능한가?[3] 만약 신라의 전통 군악대를 재현한다면 신라문화를 널리 알려서 천년 고도 경주의 위상을 높이는 데 일조가 될 것이고, 문화 융성시대를 맞아 지역의 특수한 문화요소를 관광 자원화를 하는 데도 의미가 있다. 아울러 이것은 경주에서 개최되고 있는 신라문화제와 실크로드 대축전 때 활용이 가능하며, 매년 10월 7일에 개최되는 '통일서원제'와 그 외 국제행사와 다양한 문화행사 등에 적극 활용할 수 있을 것이다.

신라 고취대를 재현하기 위해서는 고취대 편성구조는 물론이고 편성악기와 의복 및 의물에 대한 연구가 선행되어야 한다. 이에 대하여 경주시에서는 신라문화제 행사 때 좀 더 신라적인 콘텐츠를 선보이기 위해 일찍부터 신라복식과 악기 그리고 의장대에 관심을 기울인 바 있다.[4]

그런데 악기 고증의 경우 당시 음악학계 자체의 연구 성과가 미흡한 상태였기 때문에 음악사적 고증이 제대로 이루어지지 못하였다. 예를 들면 고려시대에 유입된 태평소와 장고가 편성된 점과 조선 후기에 사용하기 시작한 운라가 그대로 편성된 점 등

---

3 원래 문화재는 복원이 불가능하며, 다만 원형에 가깝게 재창조하는 것만이 가능하다는 견해가 있다. 한영우, 「반차도」, 『반차도로 따라가는 정조의 화성행차』, 서울: 효형출판, 2007, 31쪽. 그래서 이 글에서 복원이라는 용어보다 재현이라는 용어를 사용하였다.

4 예컨대 1979년 제17회 신라문화제를 준비할 때 신라 의상과 수레를 포함한 의물 고증을 시도하였다. 또한 1981년 제18회 때는 고취대를 위한 악기 고증이 시도되었으며, 1990년 제22회 때는 고적대 행렬을 시행하면서 행렬도를 그림으로 남겼는데, 이때 전통 고취대 모습도 보인다. 경주시, 『신라문화제』, 경주: 경주시·경상북도문화콘텐츠진흥원, 2014, 276~77쪽 및 290쪽.

이다. 이러한 것은 신라시대 때 사용한 악기의 고증 연구를 바탕으로 이루어져야 바람직하다.

지금까지 음악학계에서 시도된 전통 군악대에 대한 연구 성과를 보면 고구려 군악대[5]와 고려·조선시대 군악대 및 근·현대 군악대에 집중되었고,[6] 신라시대 군악대에 대한 연구는 시도되지 않았다. 따라서 이 글의 연구 목적은 신라 고취대 재현을 위한 악기 편성을 연구하여 신라 문화 재현에 일조하는 데 있다.

이 글의 연구 범위는 고취대 악기 편성과 종류에 한정하고자 한다. 왜냐하면 의복과 의물에 대한 연구는 그 분야 전문가들이 별고로 진행하기 때문이다.[7] 신라 고취대 편성 구조와 악기 종류를 고찰하기 전에 먼저 고취대 재현의 가능성 문제부터 타진한 후 신라 고취대의 편성구조와 악기 종류에 대한 문제의 실마리를 풀어가고자 한다.

1. 신라 고취 관련 문헌 검토

신라 고취대 재현을 하기 위해서는 역사적 근거가 선행되어야 할 것이다. 타당한 근거를 제시하기 위해서 우선 신라 고취의 존재 여부부터 살펴봐야 한다. 따라서 문헌에 기록된 신라 고취 관련 내용을 검토해 보도록 하겠다. 신라 고취에 대해서는 『삼국사기』와 『삼국유사』 그리고 『삼국사절요』에 단편적이나

5　손수호, 「고구려 무덤 벽화에 그려진 행렬도의 류형과 변천에 대하여」, 『조선고고연구』, 평양: 사회과학원 고고학연구소, 1992, 17~22쪽; 손수호, 「벽화 무덤을 통하여 본 고구려 행렬의 등급」, 『조선고고연구』, 1993, 31~35쪽; 손수호, 「벽화 무덤의 행렬도를 통해 본 고구려 행렬의 특성」, 『조선고고연구』, 1994, 24~28쪽; 손수호, 「무덤 벽화를 통해 본 고구려 행렬 편성 방법과 그 특징」, 『조선고고연구』, 1993-1994, 26~28쪽.

6　안확, 「천년전의 조선군악」, 『조선음악의 연구』, 서울: 한국국악학회, 1980, 124~134쪽; 조성, 「고취악 소고」, 『이화여자대학교 창립 칠십주년 기념논문집』, 서울: 이화여자대학교 출판부, 1956, 89~98쪽; 신대철, 「朝鮮祖의 鼓吹와 鼓吹樂」, 성남: 한국정신문화연구원 박사학위논문, 1995; 이숙희, 『조선후기 군영악대』, 서울: 보고사, 2007; 이정희, 「대한제국기 고종황제의 행차와 악대」, 『韓國音樂史學報』 제53집, 서울: 한국음악사학회, 2014, 306~307쪽.

7　의복 연구는 권준희가 "신라 고취대 복식 연구"라는 주제로 논문을 준비하고 있으며, 의물 연구는 서영교가 "신라 군악대 깃발 복원"이란 주제로 연구를 진행하고 있다. 이러한 연구는 2015년 5월 15일 경주시청 영상회의실에서 "신라 고취대 재현에 관한 연구 발표" 때 공개되었다.

마 관련 내용들이 전해지고 있는데 해당 기사를 정리하면 다음의 〈사료 1〉과 같다.

〈사료 1〉

① 진평왕 51년(629) 가을 8월에 왕이 대장군 용춘과 서현, 부장군 유신을 보내 고구려 낭비성을 침공하였다. …(중략)… 여러 군사들이 승세를 타고 북을 치며 진격하여 5천여 명을 목 베어 죽이니, 그 성이 이에 항복하였다.[8]

② 태종 무열왕 7년(660) 가을 7월 9일에 유신 등이 황산 벌판으로 진군하니, 백제 장군 계백이 군사를 거느리고 …(중략)… 삼군三軍이 이를 보고 분에 복받쳐 모두 죽을 마음을 먹고 북 치고 고함지르며 진격하니, 백제의 무리가 크게 패하였다.[9]

③ 진덕왕 4년(650) 6월에 당나라에 사신을 보내 백제의 무리를 깨뜨린 사실을 알렸다. 왕이 비단을 짜서 오언태평송을 지어 춘추의 아들 법민을 보내 당 황제에게 바쳤다. …(중략)… 지극한 어짊은 해 달과 짝하고 시운을 어루만져 태평으로 나아가네. 깃발은 어찌 그리 빛나며 징과 북소리 어찌 그리도 우렁찬가![10]

④ 진덕왕 4년(650) …(중략)… 깃발은 어찌 그리 빛나며 징과 북소리 어찌 그리도 우렁찬가[11]

⑤ 문무왕 원년(661) 6월. 적들이 큰 소리로 외치기를 "비록 조그만 성이지만 군사와 식량이 모두 족하며, 장수와 병졸이 의롭고 용기가 있으니 차라리 죽도록 싸울지언정 맹세코 살아 항복하지는 않겠다" 하니 유신이 웃으며 말하기를 "궁지에 몰린 새와 짐승은 오히려 스스로를 구할 줄 안다고 하는데 이 경우를 두고 말함이라" 하고는 이에 깃발을 흔들고 북을 쳐 공격하였다.[12]

---

[8] 眞平王 五十一年 秋八月 王遣大將軍龍春·舒玄 副將軍庾信 侵高句麗娘臂城. …(中略)… 諸軍乘勝 鼓噪進擊 斬殺五千餘級 其城乃降.『三國史記』(中宗 7년(1512) 간행 목판본), 卷4.17b5-6. 卷4.18a1.
[9] 太宗武烈王 七年 秋七月九日 庾信等進軍於黃山之原 百濟將軍堦伯 擁兵而至 …(中略)… 三軍見之 慷慨有死志 鼓噪進擊 百濟衆大敗.『三國史記』, 卷5.15a2-3, 15b7-8.
[10] 眞德王 四年 六月 遣使大唐 告破百濟之衆 王織錦作五言太平頌 遣春秋子法敏 以獻唐皇帝 其辭曰 "…(中略)… 深仁諧日月 撫運邁時康 幡旗何赫赫 鉦鼓何鍠鍠".『三國史記』, 卷5.10a7-b7.
[11] (眞德王) 幡旗何赫赫 錚鼓何鍠鍠.『三國遺事』, 卷1.27a5-6, 서울: 三中堂, 1975.
[12] 文武王 元年 賊高聲唱曰 "雖蕞爾小城 兵食俱足 士卒義勇 寧爲死戰 誓不生降" 庾信笑曰 "窮鳥困獸 猶知自救 此之謂也" 乃揮旗鳴鼓攻之.『三國史記』, 卷42.6a5-8.

⑥ 태종 무열왕 2년(655) 월성 안에 鼓樓를 세웠다.[13]

⑦ 문무왕 2년(662) 봄 정월 23일에 칠중하를 건너 산양에 이르렀다. 貴幢 弟監 성천과 군사 술천 등이 이현에서 적군을 만나 공격하여 죽였다.[14]

⑧ 문무왕 4년(664) 봄 정월 교서를 내려 부인들도 역시 중국 의복을 입도록 하였다. …(중략)… 성천과 구일 등 28인을 (웅진)부성에 보내 당악을 배우게 하였다.[15]

⑨ 신라는 성천과 구일 등 38인을 웅진부성에 보내어 당악을 배우게 하였다.[16]

⑩ 함녕 4년 계유(673) 문무대왕 13년. …(중략)… 가을 7월 1일에 유신이 자기 집의 방에서 죽으니 향년 79세였다. 대왕이 부음을 듣고 크게 슬퍼하여 부의로 문채를 놓은 비단 1천 필과 조 2천 섬을 주어 장사에 쓰게 하였으며, 군악고취 100인을 주어 금산원에 장사지내게 하고, 담당 관서에 명하여 비를 세워 공적을 기록케 하였다.[17]

⑪ 효소왕 8년(699) 兵庫 속에서 북과 뿔나발이 저절로 소리를 내었다.[18]

사료 ①과 ②는 신라군이 전투에서 적을 공격하기 위해 진격할 때 주로 북을 사용한 사례를 보여준다. 여기서 신라 공방 가운데 '피타전皮打典'에 주목할 필요도 있다.[19] 가죽으로 북 종류를 생산하는 임무를 담당한 관청으로 해석하는데,[20] 북을 제작하는 관청이 별도로 존재했음은 고취에 필수 악기인 북의 종류와 사용량이 많았음을 짐작케 한다.

---

13 太宗武烈王 二年 立鼓樓月城內. 『三國史記』, 卷5.13a4-5.
14 (文武王)二年 春正月 二十三日 渡七重河 至秣壤 貴幢弟監星川軍師述川等 遇賊兵於梨峴 擊殺之. 『三國史記』, 卷6.3b2-3.
15 文武王 四年 春正月 下敎 婦人亦服中朝衣裳 …(中略)… 遣星川丘日等二十八人於府城 學唐樂. 『三國史記』, 卷6.5b5, 5b9-6a1.
16 新羅 遣星川丘日等 三八人 於熊津府城 學唐樂. 『三國史節要』, 卷10.6a5-b2.
17 咸寧四年 至秋七月一日 薨于私第之正寢 享年七十有九 大王聞訃震慟 贈賻彩帛一千匹·租二千石 以供喪事 給軍樂鼓吹一百人 出葬于金山原 命有司立碑 以紀功名 又定入民戶 以守墓焉. 『三國史記』, 卷43.4a4-8.
18 (孝昭王 八年) 兵庫中鼓角自鳴. 『三國史記』, 卷8.7b3.
19 피타전(皮打典)은 경덕왕 때 운공방(鞾工房)으로 고쳤으나 후에 옛 이름대로 하였다. 정구복 외, 『역주 삼국사기 2: 번역편』, 성남: 한국학중앙연구원 출판부, 2012, 672쪽. 운(鞾) – 북 매는 장인 운자임.
20 박남수, 『신라수공업사』, 서울: 신서원, 1996, 112쪽.

③과 ④는 같은 내용인데, 문헌이 다를 뿐이다. 28대 진덕여왕(647~653)이 오언五言으로 태평가太平歌를 자작한 것의 일부인데, 이 내용은 당唐 군대의 위용 즉 깃발과 고취를 형용한 것이다. 그런데 ③의 『삼국사기』에는 징이 '정鉦'으로 기록되었고, ④인 『삼국유사』에는 '쟁錚'으로 기록되었다. 이것은 징을 다르게 표기한 것으로 이해된다. 『고려사』에서도 징을 표기할 때 '금정金鉦'으로 혹은 '금쟁金錚'으로 기록되어 있다.[21]

여기서 주목할 것은 징이나 북이 군에서 기旗와 번幡과 함께 신호의 목적으로 사용된 점이다. 내용상 당군唐軍의 신호 수단이지만, ⑤의 신라군 역시 ③과 ④의 당군처럼 신호의 목적으로 기旗를 사용한 점은 동일한 의미로 볼 수 있다. 『삼국사기』 잡지 직관조에 기旗 관련 기록이 있다. "신라 사람들의 휘직은 청색·적색 등의 색으로 구별한 것으로 그 형상은 반달모양이었으며, 계罽를 또한 옷 위에 붙였는데 길고 짧은 제도는 알 수 없었다.[22]

⑥은 655년 월성月城 안에 고루鼓樓를 세운 내용인데, 당시 신라가 백제와의 전투에 민감한 시대인 만큼 전투 신호용 목적으로 고루를 세웠을 가능성이 크다.

⑦은 성천의 군 활약에 관한 내용인데, ⑧과 ⑨의 내용 때문에 제시한 것이다. ⑧과 ⑨는 같은 내용인데, 성천과 구일 등을 웅진부성(지금의 공주)에 파견하여 당악唐樂을 배워오도록 한 기록이다. 이때 익힌 당악은 당나라 군악軍樂 계통의 고취악鼓吹樂이었을 것이라는 견해에[23] 동의하는 바이다.

그러나 ⑧의 『삼국사기』에는 보낸 인원이 28명으로 나와 있고 ⑨의 『삼국사절요』에는 38명으로 기록되었다. 이에 대하여 『삼국사기』의 '二十八' 부분을 잘 살펴보면, '二'의 자획 간 간격이 다른 '二'자字보다 좁은 것을 발견할 수 있다. 즉 원래 '三'의 자

---

21 법가노부와 연등노부, 팔관노부에는 모두 '금정(金鉦)'으로 기록했고, 대사령을 선포할 때는 '금쟁(金錚)'으로 기록했다. 고전연구실, 『북역 고려사』 제7책, 서울: 신서원, 1997, 41~49쪽.
22 정구복 외, 『역주 삼국사기 2: 번역편』, 성남: 한국학중앙연구원 출판부, 2012, 699쪽. 이와 관련하여 고구려 역시 기를 흔들며 북을 울리며 진격한 내용이 유리명왕 기록에 나타난다(유리명왕 11년(서기전 9) 왕은 깃발을 세우고 북을 울리며 앞으로 나아갔다. 선비가 앞뒤로 적을 맞이하게 되자 계책이 다하고 힘이 꺾였으므로 항복하여 속국이 되었다. 『三國史記』, 卷13, 7a4-5).
23 李惠求, 「國樂史」, 『韓國藝術總覽』, 서울: 대한민국예술원, 1964, 106쪽.

획에서 맨 위에 있는 '一'획이 탈락된 모습을 연상케 한다. 따라서 『삼국사기』의 '二十八'은 원래 '三十八'에서 '一'획이 탈락됐으니, 『삼국사절요』의 기록대로 '三八人'으로 해석할 것을 제안한 바 있다.[24]

이 기록에서 주목되는 점은 신라군영에서 당군영에 38명 규모의 인원을 파견한 점이다. 이때 이동 거리는 오늘날 경주에서 공주까지이다. 당시 교통 수단으로 볼 때 결코 녹녹한 거리가 아니다. 따라서 38명은 이동 거리를 참고하여 최소 정예 인원을 파견한 것으로 볼 수 있다. 즉 38명이 고취대의 최소 핵심 인원이 아닌가 한다.

그리고 성천은 당시 '귀당貴幢 제감弟監'이었다. 귀당貴幢은 부대명이다. 신라 6정停[25] 즉 대당大幢·귀당貴幢·한산정漢山停·완산정完山停·하서정河西停·우수정牛首停 가운데 하나이다. 제감弟監은 병부兵部·6정停·9서당誓幢 등에 두었던 군관이다. 『삼국사기』 잡지 직관조에 보면 진흥왕 33년(562)에 설치하였고, 관등이 사지에서 대나마까지인 자로 임용하였다.[26] 이렇듯 사료 ⑦은 신라 고취의 주요 편성인원이 38명인 점을 암시하고, 고취 담당자가 군인이며 통솔 계급이 제감일 가능성을 시사한다.

⑩은 문무왕이 673년에 김유신의 장례 때 군악고취 100명을 보내어 장례 행렬에 사용하게 했다는 내용이다. 김유신은 668년 9월에 고구려를 평정하는데 성공한다. 그해 10월에 문무왕은 김유신에게 대각간에서 한 등급을 올려 태대각간으로 승진시켰다.

이 사료가 시사하는 바는 첫째, 7세기 때 태대각간의 장례 행렬에 고취가 사용되었으므로 당시 신라에 고취를 담당한 고취대가 존재했고, 고취 수행자가 '군인'임을 시사한다. 둘째, 당시 고취가 상류 귀족의 장례 행렬에 사용되었음을 입증하며, 이는 국

---

24 김성혜, 『신라음악사연구』, 서울: 민속원, 2006, 280쪽 각주 106 참고.
25 신라시대 停은 조선시대 鎭처럼 군사기지를 뜻한다. 소재지 변동에 따라 명칭이 변하였다.
26 정구복 외, 『역주 삼국사기2: 번역편』, 690쪽. 이문기는 6停 소속 군관을 장군(將軍)에서 보기감(步騎監)까지 14개 등급으로 구분했는데 제감은 네 번째 순번의 직급이다. 그러므로 성천은 당시 귀당 부대 무관이었고, 무관직 중 상급에 해당하는 인물이었다. 이문기, 『신라병제사연구』, 서울: 일조각, 1997, 179쪽. 〈표 3-1〉 六停의 所屬 軍官 참고.

왕의 장례는 물론이거니와 국왕이 참여하는 국가 의례에도 고취 사용의 가능성을 제시한다. 셋째, 태대각간 신분의 의례에 투입된 고취의 편성인원이 100명인 점으로 볼 때 국왕의 행렬 때는 100명 이상의 규모로 편성되었을 가능성을 시사하고 있다.

이렇게 ⑩의 내용은 신라 7세기 후반이지만, 이보다 이른 시기인 5세기 중엽에 『일본서기』에 신라인들이 장례 행렬 시 가무를 행한 기록이 나타난다. "453년 봄 정월 을해 초하루 무자에 왜의 천황이 죽었다. 이때 나이는 약간이었다. 신라왕은 천황이 이미 죽었다는 소식을 듣고 놀라고 슬퍼하여 배 80척으로 조공하고 아울러 각종 악인樂人 80명을 보냈다."[27]는 것이다.

이 기록에서 주목되는 점은 왜倭의 왕이 죽었을 때 신라에서 조문객으로 신라 악인 80명을 보냈으며, 그들이 빈궁에 이를 때 모두 소복으로 갈아입고 여러 종류의 악기를 연주하며 노래하고 춤추면서 갔다는 사실이다. 이때 연주된 악기는 북이나 꽹과리 정도의 단순한 타악기나 뿔로 만든 관악기로 구성된 악대였을 것이고, 이 악대가 연주한 음악은 위문사절단의 행진 때 쓰인 고취 계통의 행진음악으로 추정한 바 있다.[28] 이렇게 볼 때 신라인이 장례 때 고취악을 사용한 것은 5세기로 소급된다.

⑪은 고취에 편성된 고鼓와 각角이 당시 '병고兵庫' 즉 '병기창고兵器倉庫'에 보관되었음을 보여준다. 고각鼓角이 병고에 보관되는 것은 고려와 조선시대까지 변함없이 전승되었다.

이상으로 ①~⑪의 신라 고취 관련 사료를 종합해 보면, 몇 가지 사실을 파악할 수 있다.

첫째, 고취대는 군영에 소속되었던 것으로 판단된다. 당시 신라에서 고취의 수행자가 군인이었고, 고취대의 통솔자가 병부 소속의 제감이었던 것으로 보이기 때문이다.

---

27 四二年春正月乙亥朔戊子. 天皇崩. 時年若干. 於是, 新羅王聞天皇既崩, 而驚愁之, 貢上調船八十艘, 及種種樂人八十 是泊對馬而大哭. 到筑紫亦大哭. 泊于難波津, 則皆素服之, 悉捧御調, 且張種種樂器, 自難波至于京, 或哭泣, 或儛歌. 遂參會於殯宮也. 『日本書紀』, 卷13. 김현구·박현숙·우재병·이재석 공저, 『일본서기 한국관계기사 연구 (1)』, 서울: 일지사, 2002, 216쪽.

28 송방송, 『증보 한국음악통사』, 서울: 민속원, 2007, 74쪽.

둘째, 고취대의 편성인원은 최소 38명이었고, 김유신처럼 태대각간의 경우 100명의 규모를 사용할 수 있었으므로 국왕의 경우 100명 혹은 100명 이상으로 추정된다.

셋째, 고취대의 기본적인 편성악기는 고鼓·각角·징 류이며, 그 외 기旗와 번幡 등의 의장기도 함께 편재되었을 가능성이 크다.

넷째, 신라 고취대의 용도를 파악할 수 있다. 전투에서 전진과 후퇴를 명할 때 고·각·징 등의 악기를 사용하여 소리로써 영令을 전달하고 기와 번 등의 깃발은 영令을 전달함에 시각적인 용도로 사용되었다. 또한 군사들의 사기를 북돋우는 역할도 담당하였고, 귀족의 장례 행렬에 의례용으로도 사용되었다. 귀족의 장례 행렬에 고취대가 사용된 점은 국왕 및 왕족의 국가 의례에 당연히 사용되었음을 시사한다.

요컨대, 신라 고취대는 병부 산하에 존재했을 가능성이 크고, 편성인원은 적게는 38명, 많게는 100명 이상의 규모를 지녔다. 고취대 수행자는 신라 군영 소속 군인이었고, 인솔자는 제감弟監 정도였다. 사용 악기는 고·각·징 류로 대표되며, 이외 기旗 류도 함께 편재되었을 것이다. 그리고 여러 종류의 북을 제작하는 공방으로 피타전이 설치되었고, 징 류의 악기는 유전鍮典에서 생산된 것으로 추정된다. 고취대의 용도는 군영에서 신호의 역할 또는 군사들의 사기를 진작시키기 위해, 그리고 국왕 및 왕족과 귀족의 장례를 비롯한 각종 국가 의례 등에 사용되었을 것이다.

2. 고구려, 당, 고려
고취대 검토

신라 고취대를 재현하기 위해서는 먼저 고취대 편성구조를 파악해야 하고 다음은 편성인원과 편성악기를 파악해야 한다. 예컨대 오늘날 대취타의 편성구조를 보면, 지휘자에 해당하는 등채가 선두에 있고 그 뒤에 관악기 연주자가 배열되며 그 다음에 타악기 연주자 순으로 구성된다. 현재의 대취타 편성인원은 최소 16명에서 최대 102명까지 그 폭이 매우 넓다.[29] 그런데 편성구조가 어떠했는지에 대해서 파악하기는 쉽지 않다.

신라의 편성인원은 앞 항목에서 살펴봤듯이 최소 38명에서 최대 100명 혹은 그 이상으로 추정된다. 그러나 신라 자체의 고취대 구성이나 악기 편성에 대해서는 그 어떤 기록이나 도상 자료가 남아 있지 않아 파악하기 어렵다. 그러나 신라와 관련 있는 고구려, 당나라 및 건국 초기 친신라적 정서를 가졌던 고려의 고취를 살펴봄으로써 신라의 고취대를 추론해 낼 수 있으리라 생각한다.

통일신라 이전인 삼국시대 고구려의 경우 4~6세기에 조성된 고분벽화에 고취 관련 도상이 남아 있고, 통일신라와 함께 존속한 당唐의 경우 문헌 기록이 있으며, 신라의 문화를 전승받은 고려의 경우 고취 관련 기록이 『고려사高麗史』에 남아 있다.

그렇다면 김유신의 장례 시기인 7세기를 포함하여 통일기 신라 고취대 형태는 1차적으로 통일기 이전의 고취 형태를 담은 고구려 벽화에서 그 형태를 파악하고, 2차적으로 통일기 이후인 고려의 고취 형태를 파악하여 양쪽의 공통된 요소를 찾는다면 그 사이에 존재한 통일신라시대 고취대 편성의 파악이 가능하다고 본다. 따라서 먼저 고구려 고취의 편성을 살펴본 후 당과 고려 고취의 편성을 알아보도록 하겠다.

1) 고구려 고취대의 편성구조

고구려 고취대의 편성구조에 관해서는 고구려 고분벽화의 행렬도 연구에 천착한 북한학자 손수호의 연구에 주목할 필요가 있다. 왜냐하면 그는 고구려 고분 벽화의 행렬도를 종합적으로 분석하여 무덤의 성격과 규모 및 형식에 따라 유형을 분류하고 변천 과정을 살폈으며, 무덤의 크기와 구조 형식 및 행렬 인원수와 의장물의 형태를 참고하여 행렬도의 등급을 구분하였다. 또한 고구려 행렬의 특성 및 행렬의 편성 방법과 특징을 고찰하였기 때문이다.[30] 행렬도가 등장하는 고분을 등급별로 구분한 그의

---

29 정재국 편저, 『중요무형문화재 제46호 대취타』, 73쪽. 한편 등채를 포함하여 최소 49명에서 61명, 혹은 97명으로 구성된다는 견해도 있다. 이러한 편성은 환경의 여건에 따라 가감되는데, 초·중등학교의 경우 학생 규모에 따라 다르고 군악대의 경우 군인의 규모에 따라 가감된다. 또한 행사용일 경우 행사의 규모에 따라 좌우된다고 한다. 곽태규·황규상, 「취타대 교육의 실제」, 『증보 취타대악곡집』, 서울: 재단법인 한국문화협회, 1993, 10~16쪽.

연구 결과를 바탕으로 고취대의 편성구조를 정리하면 〈표 1〉이 된다.

〈표 1〉 고구려 고취의 편성구조

등급	신분	벼슬명칭	대표 무덤	편성인원(전체인원)	고취 편성구조
1등급	왕		안악3호분	전배 3열 종대 중배: 3열, 5열, 7열 250명(500명)	전배 북수와 나팔수 배치 중배 수레 앞: 담고수, 담종수 수레 뒤: 궁중악대(마상고취대) 후배
2등급	왕족~1품	대대로 토졸	평양역전 무덤		
3등급	2품 이상	태대형 울절	덕흥리 고분	75명(90명) 5열 종대	선두대(의장기수, 고취수)
4등급	정3품	태대사자 알사	약수리 고분	80명(95명) 3열 종대	선두대
5등급	종3품	조의선인 조의두대형	안악1호분	16명(50~80) 3열 종대	선두대
			수산리 고분		선두대

이 〈표 1〉에서 주목되는 것은 행렬의 편성인원이 왕과 왕족 그리고 귀족의 신분에 따라 차이가 있고, 고취대의 편성구조도 차이가 있는 점이다. 국왕 급에 해당하는 안악3호분의 경우 고취의 편성은 세 군데에 있는데 행렬의 선두와 수레 앞 그리고 수레 뒤에 각각 배치되었다. 그런 반면 덕흥리 이하 약수리, 안악1호분, 수산리 고분의 경우 대부분 수레 앞에만 배치되고 뒤에는 편성되지 않았다.

이것은 조선시대의 경우와 같다. 『악학궤범』 권2에서 고취 관련 내용을 보면, 왕의 수레駕를 중심으로 전부고취前部鼓吹와 후부고취後部鼓吹가 편성되었는데, "중궁 고취에는 후부고취가 없다"는 것이다.[31] 즉 왕이 행차할 때는 수레 전후에 각각의 고취대가 배치되었지만, 중궁인 왕비의 경우 전부고취만 배치하여 차등을 두었던 것이다. 왕과

---

30 손수호, 「고구려 무덤 벽화에 그려진 행렬도의 류형과 변천에 대하여」, 『조선고고연구』, 1992, 17~22쪽; 「벽화 무덤을 통하여 본 고구려 행렬의 등급」, 『조선고고연구』, 1993, 31~35쪽; 「벽화 무덤의 행렬도를 통해 본 고구려 행렬의 특성」, 『조선고고연구』, 1994, 24~28쪽; 「무덤 벽화를 통해 본 고구려 행렬 편성 방법과 그 특징」, 『조선고고연구』, 1993-1994, 26~28쪽.
31 이혜구 역주, 『신역 악학궤범』, 서울: 국립국악원, 2000, 132쪽.

왕비의 거둥 때 편성된 고취에 이렇게 차등을 둔 것처럼 다른 직급의 관료 역시 마찬가지였을 것이다.

실제로 1795년 정조의 화성 행차 행렬도를 보면, 정조가 있는 '좌마坐馬'를 중심으로 앞쪽에 취타수 51명이 있고, 뒤쪽에도 취타수 8명이 있다.[32] 한편, 1786년 김홍도가 그린 안릉신영도安陵新迎圖를 보면 가마 앞에 취타수와 세악수가 있고, 가마 뒤에는 고취대가 없다. 안릉은 황해도 재령으로 해석하는데, 당시 현감이 새롭게 부임하는 행렬을 그린 것이다. 취타수 10명과 세악수 6명으로 모두 16명으로 구성된 편성이니 당시 정조의 행렬 때 편성규모 약 60명과 차등이 있다. 이는 내가 1711년 조선통신사 행렬을 검토했을 때와 무관하지 않다. 즉, 국서國書가 있는 가마와 정사正使 앞에 취타수 10명과 세악수 6명이 세트로 배치되었고, 부사副使 앞에도 마찬가지였으나, 종사관從事官 앞에는 취타수만 편성하여 차등을 두었다.[33]

요컨대, 고구려 고취의 경우 고취대의 사용자는 국왕과 왕족 그리고 3품 이상의 상위 귀족에 한정되었고, 이들의 신분 등급에 따라 고취 편성의 구조와 인원에 차이가 있었음을 알 수 있다. 고취대의 편성구조는 왕의 경우 세 부분으로 편성되었는데, 하나는 '전배'로 행렬 선두에 배치되었고 다른 하나는 '중배'로 수레 앞에 배치되었으며, 또 하나는 '후배'로 수레 뒤에 배치되었다. 그러나 왕족 이하 3품까지는 '선두대'를 수레 앞쪽에만 배치하였고 수레 뒤에는 편성되지 않았다. 그리고 신분에 따라 편성인원에 차등을 두었다.

2) 당의 고취대 편성구조

당나라 고취대의 편성구조에 대하여 박은옥의 견해에 따르면,[34] 중국은 한漢나라 때

---

32 한영우, 『반차도로 따라가는 정조의 화성행차』, 2007, 52~79쪽.
33 김성혜, 「1711년 조선통신사 '등성행렬도'의 취타수 연구」, 『眞檀學報』 113호, 서울: 진단학회, 2011, 134쪽.
34 박은옥, 「당나라의 고취악에 대한 고찰」, 『신라 고취대 재현에 관한 연구 발표』, 경주: 경주시 · 신라문화유산연구원, 2015, 77~96쪽.

부터 고취의 용처에 따라 황문고취黃門鼓吹・횡취橫吹・기취騎吹・단소요가短簫鐃笳 등 명칭이 다양했고, 수・당 때에도 고취 부서에 따라 명칭과 편성악기가 달랐다고 한다. 그의 연구 결과에서 특히 주목되는 점은 황제와 황족 및 왕족과 귀족의 등급에 따라 고취의 편성구조에 차등이 있었다는 점이다. 귀족도 1품~4품까지만 고취의 사용이 가능하였다. 신분에 따른 당나라 고취 편성을 표로 정리하면, 〈표 2〉가 된다.

〈표 2〉 당나 고취의 편성구조

구분		5부	황제 大駕	황제 小駕 황태후 황후	황태자	親王	1품	2품	3품	4품
전부고취		고취부	掆鼓 12 金鉦 12 大鼓 120 長鳴 120	掆鼓 6 金鉦 6 大鼓 60 長鳴 60	掆鼓 2 金鉦 2 大鼓 36 長鳴 36	掆鼓 1 金鉦 1 大鼓 18 長鳴 18	掆鼓 1 金鉦 1 大鼓 18 長鳴 18	掆鼓 1 金鉦 1 大鼓 14 ×	掆鼓 1 金鉦 1 大鼓 10 ×	掆鼓 1 金鉦 1 大鼓 8 ×
		요취부	鐃鼓 12 歌 24 簫 24 笳 24	鐃鼓 6 歌 12 簫 12 笳 12	鐃鼓 2 歌 × 簫 6 笳 6	×	鐃 1 歌 × 簫 4 笳 4	鐃 1 歌 × 簫 2 笳 2	鐃 1 歌 × 簫 2 笳 2	鐃 1 歌 × 簫 2 笳 2
		대횡취부	대횡취 120 節鼓 2 笛 24 簫 24 篳篥 24 笳 24 桃皮篳篥 24	대횡취 60 節鼓 1 笛 12 簫 12 篳篥 12 笳 12 桃皮篳篥 12	×	×	횡취 6 節鼓 1 笛 4 簫 4 篳篥 4 笳 4	횡취 4 × 笛 1 簫 1 篳篥 1 笳 1	횡취 2 × 笛 1 簫 1 篳篥 1 笳 1	×
		고취부	掆鼓 12 金鉦 12 小鼓 120 中鳴 120	掆鼓 6 金鉦 6 小鼓 60 中鳴 60	掆鼓 2 金鉦 2 小鼓 36 中鳴 36	掆鼓 1 金鉦 1 小鼓 10 中鳴 10				
		우보부	羽葆鼓 12 歌 24 簫 24 笳 24	羽葆鼓 6 歌 12 簫 12 笳 12	×					
		계	938	469	166	60				

구분	5부	황제 大駕	황제 小駕 황태후 황후	황태자	親王	1품	2품	3품	4품
후부고취	우보부	羽葆鼓 12 歌 24 簫 24 笳 24	羽葆鼓 6 歌 12 簫 12 笳 12	×	×				
	요취부	鐃鼓 12 歌 24 簫 24 笳 24	鐃鼓 6 歌 12 簫 12 笳 12	鐃鼓 2 歌 × 簫 6 笳 6	鐃鼓 1 歌 × 簫 4 笳 4				
	소횡취부	소횡취120 笛 24 簫 24 篳篥 24 笳 24 桃皮篳篥24	소횡취 60 笛 12 簫 12 篳篥 12 笳 12 桃皮篳篥12	횡취10 笛 5 簫 5 篳篥 5 笳 5 節鼓 1	횡취 6 笛 4 簫 4 篳篥 4 笳 4 節鼓 1				
계		408	204	45	32				
합계		1,346	673	211	92	66	29	23	15

〈표 2〉를 보면 당나라의 고취는 5개 부서로 구분되었는데, 고취부·요취부·대횡취부·우보부·소횡취부이다. 고취부는 강고掆鼓·금정金鉦· 대고大鼓·소고小鼓 등 타악기가 주류이고, 장명長鳴과 중명中鳴 등 단순음률로 이루어진 관악기로 구성되었다. 요취부는 요고鐃鼓·가歌·소簫·가笳로 구성되었고, 우보부는 우보고羽葆鼓·가歌·소簫·가笳로 구성되어 요취부와 유사한 편성이다. 대횡취부와 소횡취부는 대·소횡취와 적笛·소·피리·가笳·도피피리·절고節鼓 등으로 구성된 부서이다.

황제는 행사 성격에 따라 대가大駕와 소가小駕를 사용했고, 소가는 대가의 절반 규모이다. 황태후와 황후는 황제 소가를 사용했으며, 황태자는 소가보다 더 축소된 편성의 고취를 사용했다. 그리고 친왕은 황태자 고취의 절반 규모의 편성을 이루었다. 황제와 황족·친왕까지는 전부와 후부를 사용했으나, 1품부터 4품까지는 전부와 후부의 구분이 없고, 편성인원이 신분의 등급에 따라 점점 축소되었다.

요컨대 황제와 황태후·황후·황태자·친왕親王의 행렬 때는 전부와 후부에 고취가 각각 편성되었으나, 1품~4품까지 귀족의 경우 전부와 후부의 구분이 없다는 점이다. 이는 앞에서 살펴본 고구려 역시 왕 급일 경우 수레의 앞·뒤에 고취대가 편성되었으나 귀족의 경우 앞에만 배치된 것과 같다.

3) 고려 고취의 편성구조

고려시대 고취의 편성구조에 대해서는 『고려사』를 통해 알 수 있다. 『고려사』 지志의 여복輿服 항목에 고취 관련 기록이 나온다.[35] 여복輿服은 수레와 의복을 뜻하지만, 이 외에 인장印章, 의위儀衛, 노부鹵簿에 관한 기록도 포함되어 있다. 바로 의위儀衛와 노부鹵簿 항목에 고취 관련 기록이 있다. 의위란 의식을 장엄하기 위해 대열에 참여하는 무기武器와 기旗 및 여러 가지 도구를 지닌 호위병을 일컫는다.[36] 노부는 궁중 행사 때 사용한 각종 물품과 편성인원 및 운용 방식[37]을 뜻한다.[38] 먼저 의위부터 보도록 하겠다.

(1) 의위와 고취

'의위儀衛' 항목에 7종이 언급되었다. ① 조회朝會 때의 의장儀仗, ② 법가위장法駕衛仗, ③ 연등위장燃燈衛仗, ④ 팔관위장八觀衛仗, ⑤ 서경西京 및 남경南京을 순행할 때의 위장,

---

35 『高麗史』는 조선조가 개창된 직후부터 작업에 착수하여 문종 원년(1451)에 완성되었다. 세가(본기), 지(志), 열전, 연표, 목록으로 구성되었는데, 전체 139권이다. 세가(본기) 46권, 지(志) 39권, 열전 50권, 연표 2권, 목록 2권으로 구성되었다. 이 가운데 지(志)는 천문(天文), 역(曆), 오행(五行), 지리(地理), 예(禮), 악(樂), 여복(輿服), 선거(選擧), 백관(百官), 식화(食貨), 병(兵), 형법(刑法) 등 12개 항목으로 구성되었다.
36 박용운, 『고려사 여복지 역주』, 서울: 경인문화사, 2013, 140쪽. 한편 안지원의 정의는 다음과 같다. '의위'는 의식을 장엄하게 보이기 위해 호위대를 정렬시키는 방법을 규정한 것이며, '노부'는 행차 시 호종하는 의장대를 규정하는 것이다. 안지원, 「고려 불교 의례와 국가 불교」, 『고려의 불교 의례와 문화』, 서울: 서울대학교 출판문화원, 2011, 328쪽.
37 『국역 고려사』 권17, 지5, 서울: 경인문화사, 2011, 255~256쪽.
38 노부(鹵簿)의 정의는 학자마다 다양하다. 백영자는 의장(儀仗)을 갖춘 국왕 거둥 때의 행렬이라 했고, 안지원은 행사 시 호종하는 의장대를 규정하는 것이라 했다. 白英子, 「우리나라 鹵簿儀衛에 관한 硏究: 儀仗, 儀禮服의 制度 및 그 象徵性을 中心으로」, 서울: 이화여자대학교 박사학위논문, 1985, 서론; 안지원, 「고려 불교 의례와 국가 불교」, 『고려의 불교 의례와 문화』, 328쪽.

⑥ 순행을 마치고 환궁하는 왕을 영접할 때의 위장, ⑦ 대사령을 선포할 때의 의장이다.[39] 이렇듯 의위儀衛는 의장儀仗과 위장衛仗으로 구분되었는데, ①과 ⑦에는 고취가 없고, ②~⑥에는 고취가 있다. 즉 의장에는 고취가 없고 위장에만 고취가 있다.[40] 이 가운데 고취 관련 위장의 내용을 표로 정리하면 〈표 3〉이 된다.

〈표 3〉 고려시대 위장의 종류와 고취 편성

구분	내용	취각군사	수레	취라군사	계 (취각+취라)
법가위장	교묘에 제사	20명	■	24명	44명
연등위장	봉은사 태조 진영에 배알	16명	■	24명	40명
팔관위장	토속신에 제사	30명	■	30명	60명
서·남경 출궁		10명	■	10명	20명
서·남경 환궁		10명	■	10명	20명

법가위장은 교묘郊廟에 국왕이 친히 제사를 지내기 위해 나가는 위장을 뜻한다.[41] 연등위장은 연등회 때의 위장인데, 왕이 태조의 원당願堂인 봉은사奉恩寺에 나아가 진영眞影을 모신 사당을 배알하는 의식이다.[42] 팔관회는 본래 불가佛家에서 속인들이 1일 1야 동안 불살생·불투도不偸盜·불음주 등의 8계를 지키는 불교의식의 하나였으나, 태조가 그의 훈요십조訓要十條에서 '천령 및 오악·명산·대천·용신을 섬기는 대회'라고 말했듯이 이미 고려 초부터 토속신에 대한 제례를 행하는 날로 그 성격이 많이 바

---

39 고전연구실, 『북역 고려사』 제7책, 서울: 신서원, 1997, 20~40쪽.
40 '의위'에 편성된 취각군사와 취라군사가 '고취'인 점은 노부 항목 속에 '왕태자 노부' 기록을 보면, 문종 10년(1056)에 예사(禮司)에서 아뢰기를 "의장 대열과 고취를 마땅히 대가(大駕)의 절반으로 줄여야 한다"는 대목에서 확인할 수 있다. 고전연구실, 『북역 고려사』 제7책, 50쪽.
이러한 위장에 동원된 병력은 적게는 800여 명, 많게는 3,300여 명 정도였다. 각 위장에 편성된 인원수를 정리하면 다음과 같다. 법가위장 3,271명, 연등위장에 1,894명, 팔관위장에 1,974명(儀衛士 3,276명은 별개임), 왕이 서경과 남경에 순행할 때 823명, 순행 후 환궁을 맞이할 때 1,992명이다.
41 박용운, 『고려사 여복지 역주』, 서울: 경인문화사, 2013, 153쪽.
42 안지원, 「연등회의 의례 내용과 사회적 성격」, 『고려의 국가 불교 의례와 문화』, 서울: 서울대학교 출판부, 2005.

꾸었다.⁴³ 그리고 왕이 서경과 남경을 순행하기 위해 출궁할 때 위장과 환궁할 때 위장에 각각 고취가 편성되었다.

〈표 3〉에서 고려시대 고취 편성구조를 보면 국왕의 수레를 중심으로 앞뒤 부분에 취각군사吹角軍師와 취라군사吹螺軍師가 각각 배치되었음을 알 수 있다. 위장의 종류에 따라 편성인원에 차이가 있지만 편성구조는 동일하다.

명칭으로 볼 때 취각군사는 관악기의 일종인 각角을 부는 군사를 뜻하며, 취라군사 역시 관악기의 하나인 라螺를 부는 군사를 뜻한다.⁴⁴ 따라서 취각군사와 취라군사는 국왕의 수레 앞과 뒤에서 행진 때 고취악을 연주한 고취대로 이해된다.⁴⁵ 당시 고취의 수행자는 '취각군사'와 '취라군사'라는 명칭을 통해서 '군사'였음을 알 수 있다. 이는 신라 때 김유신의 장례에 참여한 '군악고취' 역시 군인들이었으므로 이것은 신라의 유풍이 고려로 전승된 결과로 이해할 수 있다. 이러한 편성구조는 앞에서 살펴본 고구려와 당 고취의 편성과 동일하다.

그런데 고려시대 '위장'의 내용은 모두 국왕이 참여한 의위만 기록으로 남겼기 때문에 국왕과 그 이외 신분의 인물에 대한 차등의 유무를 확인하기 어렵다. 이에 대한 정보는 '노부' 관련 기록에서 찾을 수 있다.

(2) 노부와 고취

노부에는 깃발을 중심으로 각종 집물執物과 그에 동원된 군사·인원을 소개하고 있다. 노부는 국왕의 노부와 왕태자의 노부로 구분되는데,⁴⁶ 왕태자 노부에 다음과 같은 내용이 있어 주목된다.

----
43 박용운, 『고려사 여복지 역주』, 2013, 173쪽.
44 관악기 '라(螺)'의 경우 『고려사』 志 兵 조의 檢點軍 항목 중 街衢監 속에 전속 장교 2명과 都典 11명, 군인 40명과 더불어 '螺匠' 11명이 있는데, 이 螺匠은 관악기 螺를 만드는 장인으로 해석된다. 고전연구실, 『북역 고려사』 제7책, 529쪽.
45 송방송, 「고려시대의 衛仗과 鹵簿」, 『高麗音樂史研究』, 서울: 일지사, 1988, 273~274쪽.
46 고전연구실, 『북역 고려사』 제7책, 40~51쪽.

〈사료 2〉 왕태자 노부. 문종 10년(1056) 6월에 禮司에서 아뢰기를 "의장 대열과 고취를 마땅히 大駕의 절반으로 줄여야 할 것이니, 衛尉寺에 명령하여 이것을 갈라서 詹事府에 소속시키기 바랍니다" 하니 왕이 이 제의를 좇았다.[47]

이 사료의 핵심은 왕태자 노부의 경우 대가大駕의 절반으로 줄여야 한다는 것이고, 문종이 이 제안을 수락했다는 점이다. 여기서 대가란 국왕의 노부를 뜻하며, 국왕의 노부에는 법가노부·연등노부·팔관노부·서경과 남경을 순행한 후 대궐로 돌아오는 왕을 영접하는 노부, 대사령을 선포할 때 노부 등 5종의 노부를 뜻한다. 이렇듯 『고려사』를 통해본 고려 고취의 편성구조는 국왕의 거둥 때는 수레를 중심으로 앞과 뒤에 각각 취각군사와 취라군사를 편성했으나 왕비의 경우는 앞에만 편성하여 차등을 두었다. 또한 왕태자의 경우는 국왕의 규모보다 절반으로 줄여 역시 편성인원에 차등을 두었다. 이런 현상은 당시 신분사회에서 당연한 결과이다.

이상으로 고구려와 당나라 그리고 고려의 고취 편성구조를 검토한 결과 몇 가지 공통적인 요소가 있다.

첫째는 신분에 따라 편성구조에 차등이 있는 점이다. 국왕의 경우는 수레를 중심으로 전·후에 각각 배치되는 구조였다. 그리고 국왕을 제외한 다른 사람은 수레 앞에 고취대를 배치하였다.

둘째는 신분에 따른 편성인원에도 차등이 있는 점이다. 기록이 상세한 고려시대의 경우 왕태자의 고취 규모는 국왕의 절반이었다. 따라서 다른 관직의 경우는 왕태자와 또 다른 차등을 예상할 수 있다.

이런 점을 종합해 볼 때 신라 고취대의 편성구조 역시 국왕이 거둥할 때는 국왕의 수레를 중심으로 앞과 뒤에 각각 편성되었을 것으로 판단된다. 아울러 국왕 이외의 왕비와 왕태자, 상류 귀족 등의 고취대 편성인원은 국왕과 차별되었을 것으로 이해된다.

...

47 고전연구실, 『북역 고려사』 제7책, 50쪽.

3. 신라 고취대의 편성악기

　　　　　　　　　　신라 고취대 재현에 있어 가장 핵심적인 사안은 전체 대열 중에서 어떤 악기를 어디에 얼마만큼 편성할 것인가이다. 이에 대한 실마리는 우선 현재 대취타의 편성악기에서부터 찾아볼 수 있다. 오늘날 대취타에 편성된 악기는 고대부터 사용한 것도 있겠지만, 고려와 조선시대 때 유입되어 추가로 편성된 것도 있다.

　　예컨대, 현재 대취타 편성악기는 태평소·징·바라·용고·나발·나각으로 모두 6종이다. 경우에 따라 각 악기를 복수 편성하기도 하며, 대규모의 행렬음악을 연주할 때는 피리·대금·소금·해금·운라·장구 등을 함께 연주하는 경우도 있다.[48] 즉 관악기인 태평소·나발·나각과 타악기인 용고·징·자바라를 근간으로 하여 피리·소금·운라·장구·꽹과리·대고 등을 추가하여 모두 12종의 악기로 편성된다. 이 가운데 태평소·장구·해금은 고려시대 유입된 악기이며, 운라는 조선 후기에 유입된 악기로 간주한다. 따라서 이 4종의 악기를 신라 고취대에 편성하는 것은 곤란하다.

　　그렇다면 4종을 제외한 징·바라·용고·나발·나각 이상 5종의 악기와 피리·대금·소금의 사용이 가능한지 그 여부를 타진해 봐야 한다. 그리고 고구려 고취에 편성된 악기 가운데 고려시대 고취에도 편성되었다면 이는 신라 고취에 편성되었고 뒤이어 고려로 전승되었을 가능성이 있다. 때문에 이에 해당하는 악기의 경우 신라 고취대의 편성악기 범주에 넣을 수 있다. 아울러 신라시대 유물에 새겨진 악기 도상 가운데 고취대에 편성되었을 가능성이 있는 악기도 고려의 대상이 된다. 그러면 신라 고취에 편성 가능한 악기의 종류를 항목별로 살펴보겠다.

---

[48] 곽태규·황규상, 「취타대 교육의 실제」, 『증보 취타대악곡집』, 서울: 재단법인 한국문화협회, 1993, 11쪽.

1) 현전 대취타 악기 5종의 사용 가능성

이미 언급했듯이 현전 대취타에 편성된 악기 6종 가운데 고려시대에 유입된 태평소를 제외한 5종, 즉 징·바라·용고·나발·나각을 신라 고취대의 악기로 편성하는 것이 가능한지 그 여부를 살펴보고자 한다.

(1) 징

징은 오늘날 대취타에도 쓰이지만, 농악과 사물놀이, 무속 악무, 그리고 불교 의례 등 다양한 장르에 사용되고 있다. 조선시대 때는 궁중 제례에서도 사용되었다. 종묘에 제향을 드릴 때 정대업무定大業舞에 사용되었고,[49] 둑기纛旗에 지내는 제사인 '둑제纛祭' 때도 사용되었다.[50]

징의 사용은 청동기시대까지 그 역사가 거슬러 올라가지만, 실제 현존하는 것 중 명문이 남아 있는 가장 오래된 것은 통일신라시대의 '함통6년명금고咸通六年銘金鼓'가 그것이다. '금고金鼓'란 우리말로 쇠북이라고 하며, 사찰에서도 사용하는 불구佛具의 일종으로서 금구禁口 또는 반자飯子라고도 한다.

◀〈그림 1〉 함통 6년명 금고
▲〈그림 2〉 함통 6년명 금고 측면

---

49 『樂學軌範』, 卷2.7b, 卷5.1b. 大金, 서울: 민족문화추진회, 1979.
50 『樂學軌範』, 卷2.10.a. 大金.

이 유물은 통일신라시대 것으로 국립중앙박물관에 소장되어 있으며, 지름 31.5cm, 측면 너비 10.5cm 이다. 징의 상부와 좌우에 끈을 달 수 있는 구멍이 있는 점으로 볼 때 징 틀에 매달아 사용했음을 알 수 있다. 징의 턱면에 '咸通陸歲乙酉二月十二日成內 ▨月寺禁口(함통육세을유2월12일▨월사금구)'이라는 명문이 있는데, '함통육세'는 함통 6년을 뜻하고 이는 신라 경문왕 5년에 해당되며 따라서 경문왕 5년 즉, 865년에 제작된 것임을 알 수 있다.

이와 관련하여 『삼국사기』 잡지 직관 중에 '철유전鐵鍮典'이 주목된다.[51] 철유전은 신라 때에, 복식품·무기·농기구·불상 따위의 철기류와 유기류를 제작하는 일을 맡아보던 관아로서, 징을 비롯한 금속 타악기의 제작을 이곳에서 담당했을 가능성이 있다. 경덕왕이 축야방築冶房으로 고쳤으나 후에 옛 이름대로 하였다고 한다. 따라서 징은 신라 고취대 편성악기로 가능하다.

후대 기록인 『고려사』에 징이 고취에 편성되어 있다.[52] 법가노부·연등노부·팔관노부·대사령 선포 때의 노부에 금정金鉦 10이 군사 10명에 의해 연주되었고, 서경과 남경으로 순행한 후 궁궐로 돌아올 때의 노부에는 6명의 군사가 6개의 금정金鉦을 연주하였다. 여기서 '금정金鉦'은 바로 징을 일컫는다. 이 악기에 대하여 1116년(예종 11) 대성아악의 수입 때 헌가악기의 하나로 처음으로 고려에 소개되었다는 견해가 있지만,[53] 신라 때 제작된 함통 6년(865) 명 징의 유물이 전하기 때문에 금정은 통일신라 때 이미 사용했던 악기로 볼 수 있다.

(2) 바라

바라哱囉는 자바라啫哱囉 또는 제금提金이라고도 하는데, 『악학궤범』에는 동발銅鈸과 향발響鈸로 기록되었다. 향발은 놋쇠로 만드는데, 향악정재인 향발무響鈸舞를 춤출 때

---

51 정구복 외, 『역주 삼국사기 2: 번역편』, 683쪽.
52 고전연구실, 『북역 고려사』 제7책, 40~51쪽.
53 송방송, 「고려시대의 衛仗과 鹵簿」, 『高麗音樂史研究』, 1988, 273~274쪽.

양손에 끼고 연주하면서 춤춘 무구舞具의 하나이다. 즉 향발은 서양의 캐스터네츠처럼 생긴 작은 악기다. 그런 반면 동발은 양손에 하나씩 들고 맞부딪쳐서 소리 내는 악기로 서양의 심벌즈와 같은 타악기다. 한편, 『조선왕조실록』에 대요발大鐃鈸, 중요발中鐃鈸이란 명칭이 등장하고 『고려도경』에도 요발이란 기록이 있기 때문에 신라시대 유물인 경우 '요발'로 명명하고자 하였다.[54] 이렇듯 조선 전기 때 악기의 크기에 따라 향발과 동발 혹은 대요발과 중요발로 구분되었는데, 이러한 구분은 이미 신라 때부터 형성되었다.

〈그림 3〉 감은사 서탑 출토 사리함 요발 주악상   〈그림 4〉 금동가릉빈가

---

54 김성혜, 「쌍봉사 철감선사 징소탑의 무악상 고찰」, 『만당이혜구박사 백수기념 음악학논총』, 서울: 기념사업회, 2008, 135~158쪽.

<그림 5> 쌍봉사 철감선사탑 요발 주악상

<그림 6> 봉암사 지증대사탑 요발 주악상

　　682년 창건된 경주 감은사지의 서탑에서 출토된 사리함에 있는 요발 주악상은 신라에서 요발 류의 악기가 신라의 삼국통일 이전부터 불교 의례에서 사용되었음을 시사하고 있다. 그리고 통일신라시대에 제작된 유물로 알려진 금동가릉빈가상을 보면, 아주 작은 크기의 요발을 연주하고 있다.[55] 높이 17.8cm의 이 유물은 원래 일본인 오구라 타케노스케小倉武之助(1896~1964)가 소장하다가 동경국립박물관에 기증한 불상이다. 양손에 요발을 들고 연주하는 모습이다.

　　이와 유사한 크기의 요발 주악상이 868년에 조성된 화순 쌍봉사 철감선사탑의 서쪽 면에도 등장한다.[56] 그런데 883년 건립된 문경 봉암사 지증대사탑의 중대석 받침의 남동쪽 면에 청동가릉빈가의 요발보다 큰 크기의 요발이 나타난다.[57] 이렇게 요발의 크기가 다양하게 나타나는 것은 당시 신라인들이 다양한 크기의 요발을 사용했음을 시사한다. 또다른 예로써 <그림 7>은 현재 경북대학교박물관에 소장 중인 요발인데, 신라가 아닌 고려시대의 유물이지만 크기가 매우 차이가 나는 작은 요발과 큰 요발이 출토된 사례가 있다.[58]

---

55 『우리악기 보고듣기』, 대구: 경북대학교박물관, 2005, 37쪽.
56 김성혜, 「쌍봉사 철감선사 징소탑의 舞樂像 고찰」, 『만당 이혜구박사 백수기념 음악학논총』, 서울: 기념사업회, 2008, 135~158쪽.
57 김성혜, 「봉암사 지증대사 적조탑의 음악사적 조명」, 『韓國音樂史學報』 제39집, 2007, 31~63쪽.

큰 요발은 지름이 31.0cm이고, 높이가 6.5cm이며, 작은 요발은 지름이 9.3cm에 높이 2.0cm이다. 앞에서 직접 본 신라 유물 속 다양한 크기의 요발이 고려시대에 전승되어 실존 유물로 전승된 결과가 〈그림 7〉일 것이다.

그러므로 타악기 바라는 신라 때 사용되었음은 물론이거니와 용도에 따라 대·중·소 등 다양하게 사용되었음을 알 수 있다. 따라서 오늘날 대취타에서 사용되는 바라의 전통은 신라시대까지 소급되며, 신라 고취대 재현에 사용이 가능하다고 판단한다.

〈그림 7〉 고려시대 요발

(3) 용고

용고龍鼓는 북의 일종으로 주로 대취타에 쓰이는 북이다. 북통에 용龍이 그려졌기에 붙여진 이름으로 짐작된다. 용고라는 명칭은 일제강점기인 이왕직아악부 시절의 기록에 남아 있는데,[59] 『조선왕조실록』이나 『악학궤범』, 『삼국사기』에는 단순히 '고鼓' 혹은 대고大鼓·중고中鼓·소고小鼓·행고行鼓라고 기록되었다.

북통에 3개의 고리가 박혀 있어 여기에 끈을 꿰어 허리와 어깨에 묶고 두 면의 가죽 중 한 면을 위로 향하게 하여 양손에 북채를 들고 친다. 이런 형태의 용고를 신라 때 사용했는지 여부에 대하여 근거를 찾기는 어렵다. 즉, 현재까지 드러난 악기 관련 신라 유물 가운데 용고처럼 연주하는 형태는 아직 없다. 그러나 고鼓가 없는 고취대는 성립될 수 없을 것이다. 따라서 안악3호분 행렬도의 기마악대 중 '2중고二重鼓'의 연주자처럼 말 위에서 북을 연주할 때는 오늘날 고취대의 용고처럼 연주했을 가능성도 있다.

---

58 『우리악기 보고듣기』, 67쪽.
59 송혜진, 『한국악기』, 서울: 열화당, 2000, 285쪽.

예컨대, 1795년 『원행을묘정리의궤 반차도』중 말 위에서 북을 치는 고수를 보면[60] 대취타의 고수처럼 북면을 위로 향하게 하여 연주한다.

그리고 『세종실록』에 징金과 함께 북鼓의 그림이 있는데, 북면에 용이 그려지지는 않았지만, 용 대신 모란꽃 문양이 가득하다.[61] 『세종실록』의 북에도 끈을 달 수 있는 고리가 양쪽에 있는 점으로 볼 때 용고처럼 사용한 악기로 짐작된다. 한편 『삼국사기』를 보면 신라에서 북을 사용한 기록이 여러 군데 나온다.

〈그림 8〉 원행을묘정리의궤 반차도 중 고수

이미 앞에서 고취 관련 문헌 기록을 검토할 때 봤지만, 『삼국사기』 열전의 관창 조에서 신라군이 백제와 전투할 때 '북'을 쳐서 진격한 기록과 황산벌 전투에서 역시 북치고 고함지르며 진격한 기록 등에서 신라군이 신호용으로 북을 사용한 것은 문헌으로 충분히 입증된다. 따라서 신라 고취대에 북의 편성은 당연하다.

〈그림 9〉 대취타 중 용고수[62]

그리고 『삼국사기』 잡지雜誌 악樂 조 '신라악' 항목에 "신라악에 삼현, 삼죽, 박판, 대고大鼓가 있었다"는 기록에서 '대고'의 존재는 '소고小鼓', '중고中鼓'의 존재를 가능케 하므로 당시 용도에 따라 북의 규모가 다양했음을 암시한다. 『삼국사기』 잡지 직관 조에 등장하는 피전皮典·피타전皮打典·타전打典 등은 모두 북의 제작 재료인 가죽을 다룬 공방이고, 당시 이렇듯 세분화된 점은 그만큼 작업이 전문화되었음을 시사한다.

『삼국사기』에 655년 월성 안에 '고루鼓樓'를 세웠다는 기록을 보면, 고루에 걸린 북

* * *

60 한영우, 『반차도로 따라가는 정조의 화성행차』, 35쪽.
61 『세종장헌대왕실록』(http://sillok.history.go.kr), 제132권 11b.
62 송혜진, 『한국악기』, 355쪽.

은 오늘날 사찰 내 고루에 걸린 북처럼 대고大鼓였을 것이다. 그런 반면 고취대에 이용된 북은 마상에서 연주하거나, 보행 시 연주가 용이해야 하기 때문에 현재 대취타에서 사용되는 용고나 농악이나 판소리에 쓰이는 소리북 크기의 북으로 짐작된다. 특히 조선시대 무관들이 지닌 대표적인 제례인 둑제 때 사용된 북이 중고中鼓이므로,63 고취대에 편성된 북은 중고일 가능성이 크다.

〈그림 10〉 세종실록 오례의 북

(4) 나발(각)

나발은 한자로 나팔喇叭이라고 쓰지만, 센소리 발음을 피해 주로 '나발'이라고 한다. 조선 전기까지만 해도 문헌에서 나발이라는 용어는 찾기 어렵다. 주로 각角이라고 했고, 『삼국사기』에도 '角'으로 기록되었다.

고구려 고분벽화에 각을 연주하는 모습은 다양한 곳에서 나타난다.64 특히 행렬도의 선두에 고수鼓手 및 기수旗手와 함께 각수角手가 편성되었으므로 삼국시대부터 고취대 편성악기로 볼 수 있다.

신라의 경우 699년(효소왕 8)에 병고兵庫에 있던 '고鼓'와 '각角'이 저절로 울렸다는 기록이 있으므로 신라 고취대에도 각이 편성되었을 가능성이 크다. 신라 고취대에 사용되었을 각의 형태는 신라 때 조성된 부도에 조각으로 남아 있다.

868년 쌍봉사 철감선사탑의 북서쪽 면에 가릉빈가의 나발 주악상이 있고, 10세기 연곡사 동부도의 북서쪽면 역시 가릉빈가의 나발 주악상이 있다.

날개를 활짝 펼친 가릉빈가가 양 손으로 받쳐 든 악기가 각角이다. 조선시대 기록을

---

63 김성혜, 「둑제(纛祭)의 음악사적 고찰」, 『음악과 민족』 제38호, 부산: 민족음악학회, 2009, 21~47쪽.
64 고구려 고분 벽화에서 각이 등장하는 고분은 다음과 같다. 안악3호분 전실 남벽과 북쪽 회랑 동벽, 강신무덤 행렬, 덕흥리 전실 남벽, 수산리 현실 동벽, 평양 역전벽화무덤 전실 남벽, 약수리 전실 동벽, 무용총 현실 천정, 팔청리 벽화무덤 전실 동벽, 오회분4호묘, 삼실총 등. 조선유적유물도감 편찬위원회, 『북한의 문화재와 문화유적』 I, 서울: 서울대학교 출판부, 2000.

〈그림 11〉 쌍봉사 철감선사탑

〈그림 12〉 연곡사 동부도

보면, "군대에서 영令을 지시할 때에 대각大角을 불어 경계하며, 전투에서는 소각小角을 불고, 진퇴를 알릴 때는 대각을 급하게 불고, 교전을 알릴 때는 소각을 급하게 분다"[65]고 하여 군대에서 사용했던 각의 종류와 용도가 다양했음을 알 수 있다. 따라서 오늘날 신라 고취대 재현에서 각의 사용은 당연하다.

(5) 나각(라)

나각은 자연산 소라 껍질을 재료로 제작한 관악기의 일종이다. 국내문헌에서 나각은 『삼국유사三國遺事』 '김현감호金現感虎' 조에 '나발螺鉢'이라는 용어로 처음 등장한다. 이는 원성왕(785~798) 때 화랑 김현金現이 흥륜사興輪寺 탑돌이 때 범처녀를 만난 이야기이므로 시기는 8세기 말이다. 따라서 8세기 말에는 신라 사찰에서 '나발螺鉢'을 사용한 것은 물론이고, 이전 시기까지 소급할 수 있다.

나螺와 같은 계통의 악기인 '패貝'가 수나라 9부기 중 '고려기高麗伎'에 포함되어 있기 때문에 '나螺'의 고구려에서의 사용 시기는 최소한 6세기경까지 소급될 수 있다.[66] 불교

...

65 『조선왕조실록』(http://sillok.history.go.kr), 문종 1년(1451) 6월 19일 / 《신진법》을 완성하다. 《신진법》의 내용(군악의 신호체계).
66 그러나 나(螺)와 패(貝)는 같은 계통의 악기로 짐작되지만, 동일 악기는 아닌 것 같다. 왜냐하면, 불교경전 『불본행집경(佛本行集經)』 권16과 『대비로자나성불경소(大毘盧遮那成佛經疏)』 권8에 두 악기가 동시에 출현하기 때문이다. 비록 나와 패는 다른 악기이지만, 불교 의례에 사용된 점은 같다. 박범훈, 『한국불교음악사연구』, 서울: 장경각, 2000, 109~119쪽; 김성혜, 「1711년 조선통신사 '등성행렬도'의 취타수 연구」, 『眞檀學報』 제113호, 서울: 진

〈그림 13〉 막고굴 435굴(좌: 비파, 중: 라, 우: 요고)

〈그림 14〉 막고굴 71굴

〈그림 15〉 막고굴 71굴 라(세부)

승려들은 수행을 위해 입산하면서 맹수의 공격을 피하거나 동행자들에게 위치를 알릴 때 나각을 불었다고 한다.[67] 그렇다면 나각 역시 신라 때 사용된 악기이므로 편성악기

단학회, 2011, 129~162쪽.
67 송혜진, 『한국악기』, 2000, 166쪽.

로 가능하다.

막고굴 435굴은 북위시대에 조성된 것이며, 〈그림 13〉에서 비파와 요고 사이에 있는 것이 나각이다.[68]

초당시대에 조성된 막고굴 71굴에도 나각이 보인다.[69]

이상으로 현재 대취타에서 사용되는 악기 6종 가운데 태평소를 제외한 5종의 악기가 모두 신라 때 사용된 악기임을 알 수 있다. 따라서 나는 신라 고취대 재현에 징·바라·강고·용고·각·나각의 사용이 가능하다는 견해를 제시한다. 덧붙여 제안을 하면 신라 고취대인만큼 현재 사용하는 징 대신에 함통8년명금고와 같은 형태의 징을 재현한다든지, 각角 역시 현재 금속 나발 대신에 목재를 이용한 각이나 짐승의 뿔을 이용한 각을 제작하여 사용하는 것이 의미가 있을 것이다.

2) 그 외 편성이 가능한 악기

오늘날 대취타의 악기 편성이 태평소·나발·나각·북·징·바라 이상 6종이 기본이지만, 경우에 따라 복수 편성하기도 하고 대규모 행렬 음악을 연주할 때 피리·대금·소금·해금이나 운라·장구 등을 함께 연주한다. 이와 같이 신라 고취대를 재현할 때 대규모 행렬 음악을 연주할 경우 신라에서 사용된 관악기나 타악기를 추가로 편성해도 가능할 것으로 생각한다.

이와 관련하여 고구려 고취대의 경우 담고와 담종 이외 기마악대에 관악기 소簫와 타악기 탁鐸이나 요鐃 등의 악기가 편성되었기 때문에 더욱 가능할 것이다. 다만 고취대 악기는 행진하면서 연주가 가능해야 하기 때문에 이에 해당하는 악기는 신라 삼죽인 대금·중금·소금과 음악고고학 자료에 드러난 피리·생·요고·박 등이 있다.

이 가운데 삼죽과 요고는 음량이 작은 악기이므로 실내악 등의 소규모 편성에 사용

---

68 『中國音樂文物大系: 甘肅卷』, 北京: 大象出版社, 1998, 84쪽.
69 위의 책, 116쪽.

되었을 것이나, 고취에서도 사용했을 가능성도 부정할 수 없다. 여기서는 음악고고학 자료에 드러난 악기인 피리·생황·박 3종과 『고려사』 노부에 편성된 강고·도고 2종 등 5종에 관해 살펴보겠다.

(1) 피리

피리는 현재 우리나라 관악합주와 관현악합주 때 주선율을 연주하는 주요 악기다. 피리의 역사는 고구려 음악과 백제 음악에 피리가 편성된 기록이 있기 때문에 삼국시대 혹은 그 이전으로 간주한다. 그런데 『삼국사기』 신라악에 "삼현·삼죽·박판·대고"라는 기록만 있고, 피리의 기록이 없기 때문에 피리의 전승에 의문을 제기하기도 한다.[70] 그러나 신라 때 사용한 악기 중에 기록에는 없으나 유물 도상으로 전해지는 것이 몇 가지 있는데, 그 중에 하나가 바로 피리다.

신라시대 피리의 사용 근거는 봉암사 지증대사탑과 강릉 굴산사지 승탑에서 찾을 수 있다.

〈그림 16〉 봉암사 지증대사탑 피리 주악상

〈그림 17〉 굴산사지 승탑 피리 주악상

---

70 송혜진, 『한국악기』, 208쪽.

이처럼 피리는 고구려, 백제는 물론이고 통일신라에서도 사용된 악기이므로 신라 고취대 편성에 포함되어야 할 악기로 분류할 수 있다.

(2) 생

요즘은 '생황'이라 일컫지만, 고대 기록에는 생笙이라 하였다. 이 악기도 피리와 마찬가지로 관악기의 일종이다. 고구려 음악에 생笙이 편성된 기록[71]과 백제 유민이 제작한 계유명전씨아미타불비상癸酉銘全氏阿彌陀佛碑像에 생笙의 연주 도상이 있는 점으로 보면 삼국시대부터 이용된 관악기임이 분명하다.

『삼국유사』「탑상편」'분황사천수대비맹아득안芬皇寺千手大悲盲兒得眼'조에 경덕왕(742~764) 때 한기리 여자 희명의 이야기에 '생笙'이 등장하고, 『삼국유사』「기이편」'처용랑망해사處容郞望海寺' 조에 '헌강대왕(875~885) 때에는 서울(경주)에서부터 동해에 이르기까지 집과 담이 연하고 초가草家는 하나도 없었다. 길거리에는 "생笙과 노래 소리가 그치지 않았다"란 기록에도 생이 등장한다.[72]

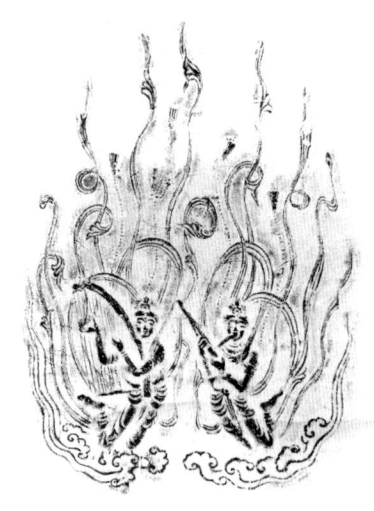

〈그림 18〉 상원사 종 생과 공후

〈그림 19〉 상원사 종 생과 요고

---

[71] 『수서』「음악지」, 『통전』, 『구당서』「음악지」, 『신당서』「음악지」에 편성된 기록이 나온다. 김성혜, 「고구려 음악과 용」, 『삼국시대음악사연구』, 서울: 민속원, 2009, 146쪽. 〈표〉 중국 문헌에 기록된 고구려 악기의 종류 참고.

뿐만 아니라 신라 유물인 725년 상원사 범종과 화엄사 4사자 삼층석탑, 823년 실상사 종, 883년 봉암사 부도, 889년 굴산사 부도, 9세기 후반 실상사 백장암 삼층석탑, 통일신라시대 유물인 가릉빈가 수막새[73]를 위시한 7~8세기 신라 기와 등 신라 주요 유물 전반에 생의 주악상이 남아 있다.

따라서 '생笙'은 신라 고취대에 편성이 가능한 악기이다.

〈그림 20〉 실상사 종 생과 종적

(3) 박판

요즘은 박拍이라 하지만, 『삼국사기』「잡지」악조의 신라악에 '박판拍板'으로 기록되었다. 여러 개의 나뭇조각을 한쪽에 묶어서 만드는데 펼쳤다가 순간적으로 접으면서 '탁!' 하고 소리내는 악기다. 『악학궤범』에서 '당부악기도설唐部樂器圖說'에 박을 소개했기 때문에[74] 일반적으로 '당악기'로 알고 있다. 그러나 신라 때 이미 삼현·삼죽과 함께 '신라악'으로 기록될만큼 신라의 대표적인 악기로 자리매김된 악기이다.

〈그림 21〉 가릉빈가 수막새 생

비록 조선시대 기록이지만, 고취대에서 박을 잡은 연주자는 오늘날 대취타의 등채 잡은 이처럼 지휘자의 역할을 담당한 것으로 보인다. 『악학궤범』에 의하면 행악行樂을 연주한 전부고취前部鼓吹와 후부고취後部鼓吹는 국왕의 수레 전·후에 배치되었는데, 전

---

72 김성혜, 「『삼국유사』의 악기 관련 기사 검토」, 『삼국시대음악사연구』, 246쪽.
73 『新羅瓦塼』, 경주: 국립경주박물관, 2000, 279쪽.
74 『樂學軌範』 卷7.2a.

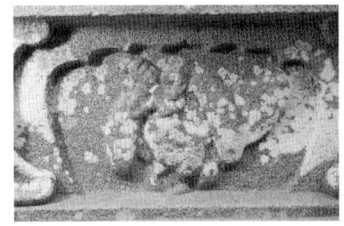  

〈그림 22〉 쌍봉사 철감선사탑 박판   〈그림 23〉 봉암사 지증대사탑 박판   〈그림 24〉 봉암사 지증대사탑 박판

부고취의 뒤쪽과 후부고취의 앞쪽에 각각 '박'을 치는 악사樂師가 위치한다.[75] 즉 고취를 지휘하는 것은 박을 잡은 악사이고, 악사는 국왕의 거둥 유무에 따라 음악의 시작과 정지를 알리는 역할을 했으며, 이로 인해 국왕의 최측근에 위치하였다. 이러한 역할의 악기가 바로 박인데, 신라시대 유물에 박의 연주 도상이 나타난다.

868년 쌍봉사 철감선사탑과 883년 봉암사 지증대사탑에 등장한다. 이러한 고고학 자료는 문헌에 기록된 '박판'의 사용을 입증하기에 충분하다.

일반적으로 박의 기능은 음악의 시작과 끝을 알릴 때와 음악의 절주가 바뀔 때, 그리고 춤의 춤사위가 바뀔 때 알리는 것이다. 그렇다면 신라 고취대에서도 음악의 시작과 끝 등의 신호를 박판으로 알리는 것도 하나의 방법이라 생각한다. 박판 역시 신라 고취대 편성에 가능한 악기다.

(4) 강고

강고掆鼓는 고려 때 노부에서 연주된 북의 하나이다. '강掆'이 '들어 올리다', '매다'의 뜻이므로 '강고掆鼓'는 두 사람이 각각 북을 어깨에 매고 다른 한 사람이 북을 치는 형태였을 것이다. 왜냐하면 『고려사』 여복지 노부에 강고는 10개인데, 군사는 30명이었기 때문이다.

---

75 『樂學軌範』 卷2, 12b-13a. 이혜구 역주, 『신역 악학궤범』, 서울: 국립국악원, 2000, 131~132쪽.

〈그림 25〉 안악3호분 담고 복제품

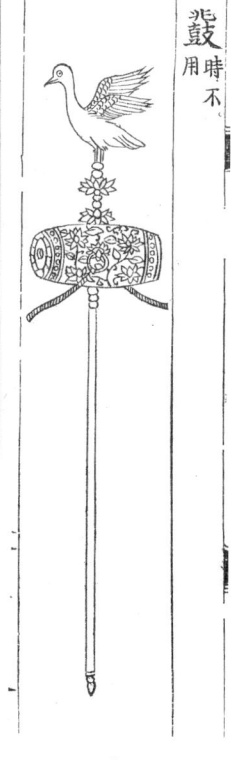

〈그림 26〉 『악학궤범』 도

강고의 사용은 법가노부, 연등노부, 팔관노부, 서경과 남경으로 순행할 때, 대사령을 선포할 때 등 두루 사용되었다. 고구려 안악3호분 행렬도 중 수레 앞에 위치한 보행악대에서 종을 제외한 2종의 악기를 담고擔鼓로 본다. 왜냐하면 『통전』에 기록된 고구려 악기 가운데 '담고'가 있기 때문이다. 북한에서는 안악3호분의 담고를 〈그림 25〉와 같이 재현하였다. 만약 2종이 모두 강고라면 고대의 강고는 크기에 따라 대·소로 구분되었음을 시사한다.

강고와 담고는 명칭만 다를 뿐 두 사람이 북을 어깨에 매고 나머지 한 사람이 치는 것은 같다. 강고掆鼓는 수나라 때 대가大駕 고취에서 사용되었고, 대업大業(605~616) 때에는 연향에서도 쓰였다.[76] 노부에 쓰인 강고는 두 명의 군사가 악기를 매고 한 명의 군사가 연주한 것으로 해석한다.[77]

---

76 송방송, 「고려시대의 衛仗과 鹵簿」, 『高麗音樂史研究』, 1988, 276쪽.
77 송방송, 「고려시대의 衛仗과 鹵簿」, 『高麗音樂史研究』, 1988, 276쪽.

이처럼 두 명의 군사가 북을 어깨에 매고, 한 명의 군사가 북을 치는 형태는 앞에서 살펴본 고구려 안악3호분과 약수리 벽화에 이미 등장한 사례가 있다. 그렇다면 고려의 강고는 삼국시대 때 이미 사용된 북이며, 신라를 거쳐 고려에 전승된 악기로 이해된다. 조선 전기 전부고취와 후부고취에는 강고 대신에 교방고를 사용했는데, 이는 4명이 매고 가도록 되어 있다. 고려시대 강고가 조선시대 교방고로 대체된 것으로 짐작된다.

한편, 『삼국사기』 잡지 직관 조에 "마전磨典은 경덕왕이 재인방梓人房으로 고쳤으나 후에 옛 이름대로 하였다"고 한다. 이때 개칭된 '재인방'의 재인은 '악기를 거는 틀'이나 술잔 혹은 화살을 쏘는 과녁을 만드는 장인匠人을 뜻한다.[78] 이때 악기를 거는 틀이 강고의 틀은 아닌지 의문이다.

이처럼 고구려 고취에 담고가 쓰였고, 고려시대 고취에도 강고가 쓰였다면, 신라 고취에도 강고가 사용된 것으로 간주할 수 있다.

(5) 도고

도고鼗鼓 역시 북의 일종이다. 『악학궤범』에 의하면 "『문헌통고』에 도鼗는 작은 북을 나무자루로 꿰뚫고 북통에는 두 개의 귀가 있고, (그 귀의 채찍 끈이) 스스로 북을 친다"[79]고 하였다 도고鼗鼓 역시 고려 때 노부에 사용된 타악기이다.

고려시대 법가노부, 연등노부, 팔관노부에 각각 20명씩 편성되었고 서경과 남경에 출궁한 후 돌아올 때는 10명이 편성되었다. 송방

〈그림 27〉 덕흥리 도고

...
78 정구복 외, 『역주 삼국사기 4: 주석편(하)』, 531쪽.
79 『樂學軌範』, 卷6.9b. 이혜구 역주, 『신역 악학궤범』, 2000, 376~377쪽.

송은 도고의 한반도 유입 시기를 1116년(예종 11) 대성아악의 수입 시기로 보았지만,[80] 나는 삼국시대 혹은 그 이전 시기로 보고자 한다. 그 이유는 앞에 제시한 덕흥리 고분과 약수리 고분의 고취에 등장하기 때문이다. 그렇다면 신라 고취에도 사용 가능성이 충분하다.

요컨대, 신라 고취대 편성에 사용이 가능한 악기 종류를 알아보기 위해 현전 대취타 악기 5종의 사용 가능성을 검토한 결과 징·바라·북·각(나발)·라(나각)의 사용이 모두 가능한 것으로 드러났다. 신라시대 유물에 새겨진 악기 도상 가운데 고취대에 편성되었을 가능성이 있는 것으로 피리와 생황 그리고 박이 추가되었다. 아울러 고구려 고취에 사용된 악기이면서 고려 고취에 사용된 것으로 강고와 도고가 있는데 이 악기의 사용도 가능하다는 견해를 제시한다.

〈그림 28〉 약수리 도고

신라 고취대 편성악기는 관악기인 각(나발)·라(나각)·피리·생 이상 4종과 타악기인 징·바라·북(용고)·박·강고·도고 6종으로 모두 10종이 된다. 이외 편성의 규모에 따라 비록 음량이 작기는 하나 삼죽인 대금·중금·소금과 요고 등을 추가할 수 있겠다. 즉 행렬을 장엄하는 의미에서는 얼마든지 편성이 가능하다고 할 수 있다.

4. 신라 고취대
악기 편성 방안

삼국을 통일하고 막강한 권력과 다양한 문화를 수용하고 포용했던 신라. 통치자 행렬대에 이들의 위용은 번쩍이는 무기와 위엄스런 의장

---

[80] 송방송, 「고려시대 위장과 노부」, 『高麗音樂史研究』, 1988, 276쪽.

기로 표출했을 것이고, 소리로써 과시한 것은 고취대였을 것이다. 천년 왕조 신라의 위용을 내뿜은 '신라 고취대'를 재현하기 위해 먼저 역사적 근거를 찾기 위해 고취 관련 문헌을 검토하였고, 다음으로 고취대 편성구조와 편성악기의 종류에 대하여 살펴보았다.

문헌 기록을 검토한 결과, 신라 고취대는 병부 산하에 존재했을 가능성이 크고 편성인원은 적게는 38명, 많게는 100명 이상의 규모를 지닌 것으로 드러났다. 고취대 수행자는 군영 소속 군인이었고, 인솔자는 병부 산하 제감弟監 정도의 직급으로 추정하였다. 고취대의 용도는 군영에서 신호의 역할 또는 군사들의 사기를 진작시키는데 쓰였으며, 국왕을 비롯한 일부 왕족과 귀족의 장례를 비롯한 의례에 이용되었다.

고신라와 병존한 고구려와 통일신라와 병존한 당唐의 고취대 구조를 검토하고, 신라 문화의 전통을 계승한 고려 고취의 구조를 파악하여 서로 공통된 요소로서 신라 고취대의 편성구조에 대한 윤곽을 파악하게 되었다. 편성악기의 종류에 대해서는 현재 편성된 악기 가운데 신라에서 사용한 악기를 검토하고 기록과 음악고고학 자료에 드러난 악기 중 고취대 편성에 사용 가능성을 타진하였다.

지금까지 전개한 논지의 결과를 신라 고취대 편성구조 및 악기 종류를 제시함으로써 결론을 대신하고자 한다.

고구려와 당 그리고 고려 각 나라 왕조의 고취대 편성구조는 신분에 따라 차등이 있었던 것으로 짐작된다. 신라 역시 국왕의 거둥 때는 국왕의 수레를 중심으로 앞과 뒤에 고취대가 각각 편성된 구조로 보았다.

신라시대 사용된 악기 가운데 고취대에 편성이 가능한 것은 각(나발)·라(나각)·피리·생 이상 관악기 4종과 징·바라·북(중고)·박판·강고·도고 이상 타악기 6종으로 모두 10종이다. 이외 편성의 규모에 따라 삼죽인 대금·중금·소금과 요고 등을 추가할 수 있다. 신라 고취대의 최소 편성인원인 38명과 최대 편성인원인 100명 이상 108명을 기준으로 고취대를 편성하면 아래의 〈표 4〉와 〈표 5〉가 된다.

표는 문헌과 음악고고학 자료에 의거하여 신라 고취대의 악기를 편성했다. 38명을 편성인원으로 한 〈표 4〉는 일반적으로 고취대에 사용할 수 있는 음량이 풍부한 각,

라, 피리, 생, 징, 바라, 북, 박판, 강고, 도고 등 10종의 신라 악기로 편성했다.

그리고 108명의 대형 편성을 기준으로 한 〈표 5〉는 의례 또는 행사의 규모가 클 경우에 맞춘 것으로서 음량이 풍부한 10종의 악기 외에 삼죽과 요고를 더하였다. 이는 신라시대에 사용된 악기를 빠뜨리지 않고 시연함은 물론이고 행사 전체를 장엄하게하기 위함이다. 악기 중에서 음량이 적은 악기는 음향기기의 도움을 받아서 그 특징을 잘 살리면 신라의 고취대가 현대에 부활하게 될 것이다.

아래의 표를 기준으로 하여 필요시 행사의 규모에 맞춰서 신라 고취대의 규모도 적절히 정할 것을 제안한다.

〈표 4〉 편성인원 38명의 편성구조

		기수			
북				징	
대각		대각		대각	
강고(3인)	선두	강고(3인)	선두	담징(3인)	선두
	타자		타자		타자
	후미		후미		후미
바라		바라		바라	
		박판			
		수레			
		박판			
라		라		라	
피리		피리		피리	
피리		피리		피리	
생		생		생	
북(중고)		북(중고)		북(중고)	
도고		도고		도고	

〈표 5〉 편성인원 108명의 편성구조

		기수			
북		징	북		징
대각	대각	대각	대각	대각	대각
강고(3인) / 선두·타자·후미	강고(3인) / 선두·타자·후미	담징(3인) / 선두·타자·후미	강고(3인) / 선두·타자·후미	강고(3인) / 선두·타자·후미	담징(3인) / 선두·타자·후미
바라	바라	바라	바라	바라	바라
북(중고)	북(중고)	북(중고)	북(중고)	북(중고)	북(중고)
대금	대금	대금	대금	대금	대금
대금	대금	대금	대금	대금	대금
소금	소금	소금	소금	소금	소금
요고	요고	요고	요고	요고	요고
		박판			
		수레			
		박판			
라	라	라	라	라	라
피리	피리	피리	피리	피리	피리
피리	피리	피리	피리	피리	피리
생	생	생	생	생	생
북(중고)	북(중고)	북(중고)	북(중고)	북(중고)	북(중고)
북(중고)	북(중고)	북(중고)	북(중고)	북(중고)	북(중고)
도고	도고	도고	도고	도고	도고

이 책에 수록한 글의 원제목과 발표지 및 연도는 다음과 같다.

1부
「통일신라시대 음악고고학 자료의 종류와 특징」, 2012년 10월 21-25일 중국 소주에서 개최한 제8회 세계음악고고학회 발표문
「통일신라 음악고고학 자료의 재조명」, 『한국음악사학보』, 제48집, 한국음악사학회, 2012.

2부
「쌍봉사 철감선사 징소탑의 무악상 고찰」, 『만당 이혜구박사 백수기념 음악학논총』, 기념사업회, 2008.
「봉암사 지증대사 적조탑의 음악사적 조명」, 『한국음악사학보』 제39집, 한국음악사학회, 2007.
「원주 일산동 불상 주악상의 음악사적 조명」, 『음악과 민족』 제48호, 민족음악학회, 2014.
「통일신라 전돌[塼]에 나타난 비파」, 『소암 권오성박사 화갑기념 음악학논총』, 소암권오성박사화갑기념사업회, 2000.
「생소병주형 연주의 연원에 대한 연구」, 『한국음악사학보』 제51집, 한국음악사학회, 2013.

3부
「정창원 신라금의 가야금 관련에 대한 일고찰」, 『악성 우륵의 생애와 대가야의 문화』, 고령: 고령군 대가야박물관 계명대학교 한국학연구원, 2006.
「월지 출토 음악관련 자료에 대하여」, 『경주문화논총』 제5집, 경주문화원 부설 향토문화연구소, 2002.
「경주남산의 음악문화」, 『경주문화논총』 제6호, 경주문화원 부설 향토문화연구소, 2003.

4부
「고구려와 신라기악의 성격」, 2012년 10월 5일 제58회 백제문화제 국제학술대회발표, 장소: 공주대학교 산학연구관 강당
「발해 정효공주묘 동·서벽화의 재해석」, 『한국음악사학보』 제41집, 한국음악사학회, 2008.

5부
「만파식적 설화의 문화적 의의와 활용 방안」, 『음악과 민족』 제45호, 민족음악학회, 2013.
「신라 고취대 재현을 위한 악기 편성 연구」, 『한국음악사학보』 제54집, 한국음악사학회, 2015.

『감은사』, 서울: 국립박물관, 1961.
『感恩寺址發掘調査報告書』 서울: 국립박물관, 1993년 재판.
『경주남산』, 경주: 국립경주문화재연구소, 2002.
『경주남산』, 서울: 悅話堂, 1987.
『경주문화논총』 제6집, 2003.
『高仙寺址發掘調査報告書』, 경주: 문화재관리국 경주사적관리사무소, 1977.
『舊唐書』.
『국립대구박물관』, 대구: 국립대구박물관, 2011.
『國立中央博物館寄贈遺物: 柳昌宗 寄贈』, 서울: 국립중앙박물관, 2007.
『국역 고려사』, 서울: 경인문화사, 2011.
『눈으로 보는 고대의 소리』, 진주: 국립진주박물관, 1992.
『동국대학교 건학 100주년 기념 소장품도록』, 서울: 동국대학교박물관, 2006.
『만당 이혜구박사 백수기념 음악학논총』, 서울 : 기념사업회, 2008.
『박물관신문』 2002년 6월 1일자.
『불교용어사전』, 서울: 景仁文化社, 1998.
『佛敎學大辭典』, 서울: 弘法院, 1988.
『佛國寺誌(外)』, 서울: 亞細亞出版社, 1983.
『佛說無量壽經』 卷上, 『新修大藏經』 第十二卷, 서울: 佛敎大乘會, 1971.
『三國史記』 中宗 7년(1512) 간행 목판본.
『三國史節要』, 서울: 세종대왕기념사업회, 1996.
『三國遺事』, 서울: 三中堂, 1975.
『三國志』, 『文淵閣四庫全書』, 卷254.
『세종실록』 → 『朝鮮王朝實錄』.
『韶巖權五聖博士華甲紀念 音樂學論叢』, 2000, 157~173쪽.
『新羅古瓦の研究』, 일본: 京都帝國大學, 1934.
『신라와전』 경주: 국립경주박물관, 2000.
『신라의 사자』 경주: 국립경주박물관, 2006.
『악성 우륵의 생애와 대가야의 문화』, 고령: 고령군 대가야박물관 계명대학교 한국학연구원, 2006.
『樂學軌範』, 서울: 국립국악원, 2012.
『雁鴨池發掘調査報告書: 도판편』 서울: 文化財管理局, 1978.

『우리 문화 속의 중국 도자기』, 대구: 국립대구박물관, 2004.
『우리악기 보고듣기』, 대구: 경북대학교박물관, 2005.
『우리악기 우리음악』, 서울: 국립중앙박물관·국립국악원, 2011.
『원주시립박물관』, 원주: 원주시립박물관, 2003.
『유창종 기증 기와·전돌』, 서울: 국립중앙박물관, 2002.
『日本所在文化財圖錄』, 서울: 국립문화재연구소, 1995.
『正倉院展目錄』, 奈良: 奈良國立博物館, 1980.
『正倉院展』, 奈良: 奈良國立博物館, 2004.
『조선왕조실록』. http://sillok.history.go.kr
『중국낙양문물명품전』, 서울: 국립부여박물관, 1998.
『中國文物精華』, 北京: 文物出版社, 1997.
『中國音樂文物大系: 甘肅卷』, 北京: 大象出版社, 1998.
『中國音樂文物大系: 北京卷』 2판, 大象出版社, 1999.
『中國音樂文物大系: 新疆卷』, 大象出版社, 1999.
『中國音樂文物大系: 陝西卷 天津卷』, 大象出版社, 1999.
『中國音樂文物大系: 湖北卷』, 大象出版社, 1999.
『中國音樂文物大系: 山西卷』, 大象出版社, 2000.
『中國音樂文物大系: 山東卷』, 大象出版社, 2001.
『하늘 꽃으로 내리는 깨달음의 소리』, 김천: 직지성보박물관, 2003.
『한국민족문화대백과사전』, 성남: 한국정신문화연구원, 1991.
『한국불교대사전』, 서울: 寶蓮閣, 1982.

姜友邦, 『圓融과 調和』, 서울: 열화당, 1990.
경북대박물관, 『우리악기보고듣기』, 대구: 경북대학교박물관, 2005.
경주시, 『경주시장기종합발전계획(2006~2020)』, 2007.
_____, 『신라문화제』, 경주: 경주시·경상북도문화콘텐츠진흥원, 2014.
高敬姬, 「新羅 月池 出土 在銘遺物에 對한 銘文 硏究」, 부산: 동아대학교 대학원, 1993.
_____, 『안압지』, 서울: 대원사, 1989.
_____, 「雁鴨池 名稱에 대한 考察」, 『考古歷史學志』 제16집, 부산: 동아대학교박물관, 2000, 511~526쪽.
高吉姬, 「三國時代 및 統一新羅期의 飛天像 考察」, 서울: 고려대학교대학원 석사학위논문, 1980.
고전연구실, 『북역 고려사』, 서울: 신서원, 1991.
_____, 『북역 고려사』 제7책, 서울: 신서원, 1997.
고전연구실 편찬, 신서원 편집부 편집, 『북역 고려사』 제6책, 서울: 신서원, 1992.
곽태규·황규상, 「취타대 교육의 실제」, 『증보 취타대악곡집』, 서울: 재단법인 한국문화협회, 1993, 10~22쪽.
국립국악원, 『국악기의 문양과 장식』, 서울: 국립국악원, 2006.
權五聖, 「三國時代」, 『韓國音樂史』, 서울: 대한민국예술원, 1985.
_____, 「삼국시대음악」, 『한국음악사』, 서울: 대한민국예술원, 1985, 37~99쪽.
_____, 「한국의 가얏고와 中·日의 현악기」, 『가야금의 원형과 아시아의 현악기』, 김해: 가야세계축제추진위원회·이화여자대학교음악연구소, 2005, 3~7쪽.
권태욱, 「『樂書孤存』에서 茶山의 樂器論(Ⅲ): 『樂學軌範』의 笙을 비교 대상으로」, 『韓國音樂史學報』 제49집, 서울: 韓國音樂史學會, 2012, 37~67쪽.

金東旭, 「于勒 十二曲에 대하여」, 『新羅伽倻文化』 第一號, 大邱: 靑丘大學校 新羅伽倻文化硏究所, 1966, 11~34쪽.
金相鉉, 「萬波息笛說話의 形成과 意義」, 『韓國史硏究』 34, 서울: 韓國史硏究會, 1981, 1~27쪽.
金誠龜, 「瓦塼」, 『韓國考古學美術史要解』, 서울: 國立中央博物館, 1983, 58쪽.
金英云, 「伽倻琴의 淵源에 關한 試論」, 『韓國音樂硏究』 第13·14輯 合倂號, 서울: 韓國國樂學會, 1984, 31~43쪽.
_____, 「伽倻琴의 由來와 構造」, 『國樂院論文集』 第9輯, 서울: 國立國樂院, 1997, 3~29쪽.
金煐泰, 「萬波息笛 說話攷」, 『新羅佛敎硏究』, 서울: 民族文化社, 1987, 335~356쪽.
金昶均, 「향로」, 『한국민족문화대백과사전』 24권, 644~645쪽.
吉川英史, 『日本音樂의 歷史』, 大阪: 創元社, 1965.
金南允, 「佛國寺의 創建과 그 位相」, 『佛國寺의 綜合的 考察』 第十八輯, 慶州: 慶州市·東國大 新羅文化硏究所, 1997, 31~49쪽.
김동현 외 4인, 『신라의 기와』, 서울: 동산문화사, 1976.
김상기, 「세종실록제사(題辭)」, 『세종장헌대왕실록』, 서울: 세종대왕기념사업회, 1968, 6~7쪽.
김성구, 「통일신라시대의 와전 연구」, 『考古美術』 162·163호, 서울: 고고미술사학회, 1984, 162~197쪽.
_____, 『옛기와』, 서울: 대원사, 1992.
_____, 『옛전돌』, 서울: 대원사, 1999.
_____, 「신라기와의 성립과 그 변천」, 『신라와전』, 경주: 국립경주박물관, 2000, 430~439쪽.
김성혜, 「新羅土偶의 音樂史學的 照明(1): 신라고를 중심으로」, 『韓國學報』 제91·92합집, 서울: 一志社, 1998, 60~101쪽.
_____, 「『三國遺事』의 악기관련기사 검토」, 『慶州文化』 제5호, 경주: 경주문화원, 1999, 163~191쪽.
_____, 「新羅土偶의 音樂史學的 照明(2): 신라관악기 중심으로」, 『韓國學報』 95집, 서울: 일지사, 1999, 136~168쪽.
_____, 「'가야금'의 한자표기에 대하여」, 『음악과 민족』 제22호, 부산: 민족음악학회, 2000, 180~195쪽.
_____, 「『三國史記』 樂歌舞 기사」, 『慶州文化』 제6호, 경주: 경주문화원, 2000, 277~310쪽.
_____, 「新羅土偶의 音樂史學的 照明(3): 신라비파 중심으로」, 『韓國學報』 101집, 서울: 일지사, 2000, 25~52쪽.
_____, 「통일신라 전돌(塼)에 나타난 비파」, 『韶巖權五聖博士華甲紀念 音樂學論叢』, 서울: 논총간행위원회, 2000, 157~173쪽.
_____, 「百濟 '琴'의 音樂史學的 照明」, 『韓國學報』 제108집, 서울: 一志社, 2002, 127~166쪽.
_____, 「월지 출토 음악관련 자료에 대하여」, 『慶州文化論叢』 제5집, 경주: 경주문화원 부설 향토문화연구소, 2002. 12, 72~94쪽.
_____, 「고(琴)를 통해본 삼국시대 음악문화」, 『우리악기 보고듣기』, 대구: 경북대학교박물관, 2005, 147~166쪽.
_____, 「三國時代 新羅音樂文化史 硏究」, 부산: 동아대학교대학원 박사학위논문, 2005.
_____, 『신라음악사연구』 서울: 민속원, 2006.
_____, 「정창원 신라금의 가야금 관련에 대한 일고찰」, 『악성 우륵의 생애와 대가야의 문화』, 고령: 고령군 대가야박물관 계명대학교 한국학연구원, 2006, 177~207쪽.
_____, 「봉암사 지증대사 적조탑의 음악사적 조명」, 『한국음악사학보』 제39집, 서울: 한국음악사학회, 2007, 31~63쪽.
_____, 「쌍봉사 철감선사 징소탑의 무악상 고찰」, 『만당 이혜구박사 백수기념 음악학논총』, 서울: 기념사업회, 2008, 135~158쪽.
_____, 「고구려악 연구사 재검토」, 『삼국시대음악사연구』, 서울: 민속원, 2009, 59~101쪽.
_____, 「둑제(纛祭)의 음악사적 고찰」, 『음악과 민족』 제38호, 부산: 민족음악학회, 2009, 21~47쪽.
_____, 「1711년 조선통신사 '등성행렬도'의 취타수 연구」, 『眞檀學報』 제113호, 서울: 진단학회, 2011, 129~162쪽.
_____, 「만파식적 설화의 문화적 의의와 활용 방안」, 『음악과 민족』 제45호, 2013, 207~236쪽.
_____, 「생소병주형 연주의 연원에 대한 연구」, 『한국음악사학보』 제51집, 2013, 5~40쪽.
_____, 「신라 고취대 재현을 위한 악기 편성 연구」, 『한국음악사학보』 제54집, 2015, 31~76쪽.

김재식·김기문 편저, 『경주풍물지리지』 경주: 보우문화재단, 1991.
김태식, 「사금갑 설화의 역사적 이해: 『화랑세기』 관련 기록과의 대비 검토」, 『민속학연구』 제12호, 서울: 국립민속박물관, 2003, 103~138쪽.
김향숙, 「나말려초의 팔각원당형 석조부도의 도상 및 문양의 특징에 관한 고찰」, 『박물관기요』 5호, 서울: 단국대학교 중앙박물관, 1989.
김헌선, 「필사본 무가 자료(굿거리책)」, 「서울 지역 배경재의 말미」, 『한국고전문학전집18: 일반무가』, 서울: 고려대학교 민족문화연구소, 1995, 390~457쪽 및 167~252쪽.
김현구·박현숙·우재병·이재석 공저, 『일본서기 한국관계기사 연구』 (1), 서울: 일지사, 2002.
奈良國立博物館, 『正倉院展目錄』, 奈良: 奈良國立博物館, 1980.
남상숙, 「『三國史記』 및 『三國遺事』의 音樂記事 點檢」, 『韓國音樂史學報』 제2輯, 경산: 한국음악사학회, 1989, 113~124쪽.
동국대학교 경주캠퍼스 산학협력단, 『양북면 중장기 발전방안』, 2007.
동국불교미술인회 엮음, 『알기 쉬운 불교미술』 서울: 불교방송, 1998.
리상호 옮김, 『新編三國遺事』 서울: 도서출판 신서원, 1994.
리차윤, 『조선음악사』 평북: 예술교육출판사, 1987.
문명대, 「新羅梵鐘 飛天像의 考察」, 『梵鐘』 10집, 서울: 韓國梵鐘學會, 1987, 85~98쪽.
_____, 「우리나라의 기와」, 『佛敎美術』 9집, 서울: 동국대학교박물관, 1988, 182쪽.
문성렵, 『조선음악사』 1, 서울: 민속원, 1988.
_____, 「가야금의 전신악기와 우륵의 음악활동」, 『력사과학』 제1호, 평양: 사회과학원출판사, 1990, 51~55쪽.
문재숙, 「가라국(駕洛國)의 고대 현악기 연구: 김해를 중심으로」, 『가야금의 원형과 아시아의 현악기』, 김해: 가야세계문화축제추진위원회·이화여자대학교음악연구소, 2005, 11~41쪽.
문주석, 「신라 '대금' 형성 고」, 『민족문화논총』 제33집, 경산: 영남대학교 민족문화연구소, 2006, 349~356쪽.
閔周冕, 李錫浩 譯, 『東京雜記』 서울: 大洋書籍, 1978.
박경식, 『통일신라 석조미술 연구』, 서울: 학연문화사, 1994.
朴景子, 『雁鴨池 造營計劃 硏究: 韓·中·日 古代 苑池 비교연구를 중심으로』, 서울: 學硏文化社, 2001.
박남수, 『신라수공업사』, 서울: 신서원, 1996.
박범훈, 『한국불교음악사연구』, 서울: 장경각, 2000.
박용운, 『고려사 여복지 역주』, 서울: 경인문화사, 2013.
박은옥, 「당나라의 고취악에 대한 고찰」, 『韓國音樂史學報』 제54집, 서울: 한국음악사학회, 2015, 185~208쪽.
박홍국, 「암막새(平瓦當)의 형태변화」, 『始林』 제2집, 경주: 동국대학교 경주대학 총학생회, 1982, 119~140쪽.
_____, 「서출지와 이요당」, 『신라의 마음 경주남산』, 파주: 한길아트, 2002, 126쪽.
裵貞龍, 「韓·中 飛天樣式考: 特히 統一新羅期飛天樣式과 隋·唐代 敦煌飛天樣式을 中心으로」, 『西巖趙恒來敎授 華甲紀念 韓國史學論叢』, 서울: 亞細亞文化社, 1992, 337~375쪽.
白承忠, 「加羅國과 于勒十二曲」, 『釜大史學』 제19輯, 釜山: 釜山大學校史學會, 1995, 53~82쪽.
白英子, 「우리나라 鹵簿儀衛에 관한 硏究: 儀仗, 儀禮服의 制度 및 그 象徵性을 中心으로」, 서울: 이화여자대학교 박사학위논문, 1985.
손수호, 「고구려 무덤 벽화에 그려진 행렬도의 류형과 변천에 대하여」, 『조선고고연구』, 평양: 사회과학원 고고학연구소, 1992, 17~22쪽.
_____, 「무덤 벽화를 통해 본 고구려 행렬 편성 방법과 그 특징」, 『조선고고연구』, 평양: 사회과학출판사, 1993-1994, 26~28쪽.
_____, 「벽화 무덤을 통하여 본 고구려 행렬의 등급」, 『조선고고연구』, 1993, 31~35쪽.
_____, 「벽화 무덤의 행렬도를 통해 본 고구려 행렬의 특성」, 『조선고고연구』, 1994, 24~28쪽.

송방송, 「왕산악과 옥보고의 연대고」, 『한국음악사연구』, 경산: 영남대학교 출판부, 1981, 426쪽.
_____, 「『遊藝志』의 笙簧字譜 解讀과 그에 나타난 紫芝羅葉(자진한닢)」, 『韓國音樂史研究』, 경산: 嶺南大學校出版部, 1982, 513~552쪽.
_____, 『韓國音樂通史』, 서울: 일조각, 1984.
_____, 「新羅 三絃의 音樂史學的 檢討」, 『韓國古代音樂史研究』, 서울: 一志社, 1985, 77~109쪽.
_____, 「신라 중대 향악기의 수용 문제: 고고학 자료를 중심으로」, 『한국고대음악사연구』, 서울: 일지사, 1985, 54~76쪽.
_____, 「통일신라 당악의 수용과 의의」, 『한국고대음악사연구』, 서울: 일지사, 1985, 110~140쪽.
_____, 『한국고대음악사연구』 서울: 일지사, 1985.
_____, 「고려 삼죽의 기원과 전승 문제」, 『고려음악사연구』, 서울: 일지사, 1988, 137~164쪽.
_____, 「고려시대의 衛仗과 鹵簿」, 『高麗音樂史研究』, 서울: 일지사, 1988, 272~277쪽.
_____, 『고려음악사연구』 서울: 일지사, 1988.
_____, 「韓國古代音樂의 日本傳播」, 『韓國音樂史學報』 창간호, 경산: 韓國音樂史學會, 1988, 7~40쪽.
_____, 『韓國音樂史論攷』, 경산: 영남대학교출판부, 1995, 26~60쪽.
_____, 『한국고대음악의 전개양상』, 서울: 한국예술종합학교 전통예술원, 2000.
_____, 「화엄사 삼층석탑의 주악상」, 『한국학보』 108집, 서울: 일지사, 2002, 102~136쪽.
_____, 『증보한국음악통사』 서울: 민속원, 2007.
송재중, 『경주남산지도』, 경주: 신라문화원, 1993.
송혜진, 『한국악기』, 서울: 열화당, 2000.
_____, 「우리나라의 주요 음악 유물과 종류」 및 「통일신라시대 주악상의 악기와 상징」, 『기록과 유물로 본 우리 음악의 역사』, 서울: 두산동아(주), 2009, 193~224쪽 및 243~254쪽.
신대철, 「조선조의 고취와 고취악」, 성남: 한국정신문화연구원 박사학위논문, 1995.
신영훈, 「서출지」, 『경주南山』, 서울: 조선일보사, 1999, 74~75쪽.
안 확, 「천년전의 조선군악」, 『조선음악의 연구』, 서울: 한국국악학회, 1980, 124~134쪽.
岸辺成雄, 「紅牙撥鏤撥」・「紫檀金銀繪撥」, 『太平のひびき: 正倉院の樂器』, 東京: 音樂之友社, 1984, 16쪽.
안지원, 『고려의 국가 불교 의례와 문화』 서울: 서울대학교 출판부, 2005.
양현지 지음, 서윤희 옮김, 『낙양가람기』 서울: (주)눌와, 2001.
엄기표, 「쌍봉사 철감선사징소탑의 조각사적 의의」, 『용봉논총』 제27집, 광주: 전남대학교 인문과학연구소, 1998, 81~156쪽.
_____, 『신라와 고려시대 석조부도』 서울: 학연문화사, 2003.
역경위원회, 『한글대장경 조당집』, 서울: 동국대학교 부설 동국역경원, 1994.
廉永夏, 『韓國의 鐘』, 서울: 서울대학교출판부, 1998.
오세덕, 「운문사 동서 삼층석탑에 관한 고찰」, 『신라문화』 제38집, 경주: 동국대학교 신라문화연구소, 2011, 307~329쪽.
요시무라 제이(吉村怜), 「南朝的天人の日本への傳播」, 『日本美術全集 第2卷 法隆寺から藥師寺』, 東京: 講談社, 1990, 171쪽.
윤경렬, 「기와무늬 이야기」, 경주: 어린이 향토학교 뒷받침회, 1974.
_____, 『경주남산 - 겨레의 땅 부처님 땅』, 서울: 불지사, 1993.
尹慶淑, 「雁鴨池 金銅板佛의 考察」, 서울: 동국대학원 석사학위논문, 1987.
윤중강, 「고대악기 복원은 21세기 신음악의 창조: (일본)신라금 복원연주」, 『객석』 통권126호, 서울: 주식회사예음, 1994, 72~75쪽.
尹徹重, 「萬波息笛說話」, 『韓國의 始祖神話』, 서울: 白山資料院, 1996, 182~191쪽.
_____, 「萬波息笛說話研究」, 『韓國의 始祖神話』, 서울: 白山資料院, 1996, 192~215쪽.
윤화중 옮김, 송방송 지음, 「거문고의 역사와 어원」, 『韓國音樂史學報』 제16집, 경산: 韓國音樂史學會, 1996, 123~156

쪽.

李九義, 「萬波息笛에 나타난 神異性攷」, 『語文學』 75집, 대구: 한국어문학회, 2002, 295~319쪽.
李基白, 「望海亭과 臨海殿」, 『考古美術』 129·130합집, 서울: 韓國美術史學會, 1976, 5~7쪽.
이문기, 『신라병제사연구』, 서울: 일조각, 1997.
이미향, 「불교도상에 나타난 악기 연구」, 서울: 동국대학교 문화예술대학원 석사학위논문, 1997.
이상규, 「대금의 연원」, 『동양음악』 제20집, 서울: 서울대학교 부설 동양음악연구소, 1998, 253~267쪽.
이성천, 『국악사』, 서울: 삼호출판사, 1976.
이숙희, 『조선후기 군영악대』, 서울: 보고사, 2007.
이연수, 「신라후기 선사탑의 연구」, 서울: 이화여대대학원 석사학위논문, 1995.
李在淑, 「伽倻琴의 構造와 奏法의 變遷」, 『李惠求博士九旬紀念 音樂學論叢』, 서울: 李惠求學術賞運營委員會, 1998, 345~374쪽.
_____, 「대한제국기 고종황제의 행차와 악대」, 『韓國音樂史學報』 제53집, 서울: 한국음악사학회, 2014, 291~318쪽.
이정희, 「조선후기 민간의 생활문화 고찰」, 『韓國音樂史學報』 제25집, 서울: 韓國音樂史學會, 2000, 103~147쪽.
이지관, 「문경 봉암사 정진대사 원오탑비문」, 『교감역주 역대고승비문: 고려편1』, 서울: 가산문고, 1994, 279~338쪽, 439~513쪽.
_____, 「가릉빈가」, 『伽山佛敎大辭林』 권1, 서울: 가산불교문화원, 1998, 46~47쪽.
이진원, 「한국 범종(梵鐘)상의 악기 도상과 의미」, 『한국고대음악사의 재조명』, 서울: 민속원, 2007, 207~231쪽.
이혜구 역, 『국역 악학궤범』 서울: 민족문화추진회, 1979.
이혜구 역주, 『신역 악학궤범』 서울: 국립국악원, 2000.
이혜구, 「國樂史: 上古에서 羅末까지」, 『韓國藝術總覽』, 서울: 大韓民國藝術院, 1964, 97~113쪽.
_____, 「통일신라음악」, 『한국사』 2권, 서울: 한국사편찬위원회, 1974.
_____, 「日本에 傳하여진 百濟樂」, 『韓國音樂論叢』, 서울: 秀文堂, 1976, 164~190쪽.
_____, 「韓國音樂小史」, 『韓國音樂論叢』, 서울: 秀文堂, 1976, 9~26쪽.
_____, 「음악·무용」, 『한국사』 2권, 서울: 국사편찬위원회, 1978, 349~365쪽.
_____, 『국역 악학궤범Ⅰ』 서울: 민족문화추진회, 1979.
_____, 『국역 악학궤범Ⅱ』 서울: 민족문화추진회, 1980.
_____, 「日本에 있어서의 三國樂」, 『韓國音樂論集』, 서울: 世光音樂出版社, 1985, 219~227쪽.
_____, 「音樂上으로 본 韓日關係」, 『古代韓日文化交流研究』, 성남: 韓國精神文化研究院, 1990, 183~203쪽.
李昊榮, 「新羅三國統合과 麗·濟敗亡原因研究」, 서울: 書景文化社, 1997.
李弘稙, 「韓國 古代 樂器圖象 過眼錄」, 『李惠求博士頌壽紀念 音樂學論叢』, 서울: 사단법인 한국국악학회, 1969, 169~202쪽.
일연, 『三國遺事』.
林謙三, 『正倉院樂器の研究』 東京: 風間書房, 1964.
_____, 黃俊淵 譯, 「新羅琴(伽倻琴)의 生成」, 『民族音樂學』 제6輯, 서울: 서울大學校 音樂大學 附設 東洋音樂研究所, 1984, 135~140쪽.
임미선, 「『歌詞類聚』의 笙簧譜」, 『韓國音樂研究』 제28집, 서울: 韓國國樂學會, 2000, 93~108쪽.
林永周, 『한국문양사: 한국 미술 양식의 흐름』, 서울: 미진사, 1983.
임진옥, 「당적과 소금에 관한 연구」, 서울: 서울대학교대학원, 1991.
長廣敏雄, 『飛天の藝術』, 東京: 朝日新聞社, 1949.
장사훈, 『韓國音樂史』 서울: 韓國國樂學會, 1970.
_____, 『한국음악사』 서울: 정음사, 1976.
_____, 「韓國의 古代音樂과 隣接音樂과의 關係」, 『韓國古代文化와 隣接文化와의 關係』, 성남: 韓國精神文化研究院,

_____, 「新羅音樂이 日本에 끼친 影響」,『新羅文化祭學術發表會論文集』제3집, 경주: 신라문화선양회, 1982, 33~63쪽.

_____,『國樂史論』, 서울: 大光文化社, 1983.

_____,『국악대사전』, 서울: 세종음악출판사, 1984.

_____,『증보한국음악사』서울: 세광음악출판사, 1986.

_____,『한국악기대관』서울: 서울대학교출판부, 1986.

_____, 「新羅時代 佛教遺蹟에 나타난 樂器」,『韓國音樂과 舞踊에 關한 研究』, 서울: 世光音樂出版社, 1993, 117~138쪽.

_____, 「신라의 음악문화」,『한국음악과 무용에 관한 연구』, 서울: 세광음악출판사, 1993, 95~117쪽.

전인평,『새로운 한국음악사』, 서울: 현대음악출판사, 2000.

田中俊明, 「于勒十二曲と大加耶連盟」,『東洋史研究』48-4호, 1990, 141쪽.

정구복 외,『譯註三國史記』성남: 韓國精神文化研究院, 1997.

정길자, 「한국불승의 전통장법연구」,『숭실사학』제4집, 서울: 숭실대학교 사학회, 1986.

정영호 감수,『그림과 명칭으로 보는 한국의 문화유산 1, 2』, 서울: (주)시공테크, 1999.

정영호, 「신라 석조부도 연구」서울: 신흥출판사, 1974.

_____,『부도』서울: 대원사, 1990.

정재국 편저,『중요무형문화재 제46호 대취타』, 서울: 대취타보존회, 1996.

정해창, 「부도의 양식에 관한 고찰: 신라시대의 팔각당형에 대하여」,『백성욱박사송수기념 불교학논문집』, 서울: 백성욱박사송수기념 사업위원회, 1959.

조 성, 「고취악 소고」,『이화여자대학교 창립 칠십주년 기념논문집』, 서울: 이화여자대학교출판부, 1956, 89~98쪽.

조선유적유물도감 편찬위원회,『북한의 문화재와 문화유적 Ⅰ』, 서울: 서울대학교출판부, 2000.

趙聖來,『大笒正樂』서울: 도서출판 한소리, 1992.

朱惠蓮, 「飛天紋에 대한 考察」, 서울: 이화여대대학원 석사학위논문, 1979.

志村哲南, 「한국에 있어서의 笙簧 變遷과 雙聲奏法」, 서울: 서울대학교대학원 석사학위논문, 1985.

陳 陽,『樂書』,『文淵閣四庫全書』211책, 서울: 麗江出版社, 1988, 664쪽.

秦弘燮, 「石製奏樂像」,『考古美術』제113·114집, 서울: 한국미술사학회, 1972, 366~367쪽.

崔根泳 外,『日本六國史韓國關係記事: 原文』서울: 駕洛國史蹟開發研究院, 1994.

崔宣一, 「統一新羅時代 天人像 研究」, 서울: 홍익대학원 석사학위논문, 1994.

최영희, 「雁鴨池의 이름」,『雁鴨池發掘調查報告書』, 서울: 文化財管理局, 1978, 5~6쪽

최인선, 「쌍봉사의 유적과 유물」,『쌍봉사』, 목포: 목포대학교박물관, 화순군, 1996, 101~139쪽.

崔在錫, 「正倉院 소장품의 內容과 性格」,『正倉院 소장품과 統一新羅』, 서울: 一志社, 1996, 18~33쪽.

카사하라 키요시(笠原 潔), 「고토(琴)와 치쿠죠현악기(筑狀弦樂器): 고대 일본의 두 종류의 현악기」,『제9회 동양음악학 국제학술회의: 고대한반도 문화교류사-악기를 중심으로』, 서울: 국립국악원, 2005, 175~206쪽.

한국문화재보호협회,『文化財大觀5: 寶物3 佛像(금동불·석불·마애불)』, 서울: 대학당, 1986.

한국문화협회,『증보 대취타악곡집』, 서울: 은하출판사, 1993.

韓炳三, 「雁鴨池 名稱에 關하여」,『考古美術』제153호, 서울: 韓國美術史學會, 1982, 40~41쪽.

한영우,『반차도로 따라가는 정조의 화성행차』, 서울: 효형출판, 2007.

한흥섭,『악기로 본 삼국시대 음악 문화』, 서울: 책세상, 2000.

咸和鎭,『朝鮮音樂通論』, 서울: 乙酉文化社, 1948.

허 균, 「가릉빈가」,『불교신문』, 2005년 2월 25일 7면.

허지영, 「이왕직아악부의 생황에 대한 연구」,『한국악기학』제2호, 서울: 한국통소연구회, 2004, 153~177쪽.

許興植, 『韓國金石全文』 서울: 亞細亞文化社, 1984.
황미연, 「석조물에 나타난 주악상에 관한 연구: 실상사 백장암 삼층석탑을 중심으로」, 『한국음악산고』 제6집, 서울: 한양대학교 전통음악연구회, 1995, 107~131쪽.
黃佾周 外, 『慶州 皇南洞 376 統一新羅時代 遺蹟』, 경주: 東國大學校 慶州캠퍼스 博物館, 2002.
黃壽永, 「新羅梵鐘과 萬波息笛 說話」, 『新羅文化』 第一輯, 경주: 新羅文化研究所, 1984, 1~5쪽.
_____, 『韓國金石遺文』 제5판, 서울: 一志社, 1994.
黃壽永·金吉雄, 『경주 남산 탑곡의 사방불암』, 통도사: 통도사성보박물관, 1990.

가

가歌 232, 234, 236, 361
가笳 195, 332, 361
가·무·악 112, 113, 114, 214, 267, 269, 293, 295
가곡 반주 161
가릉빈가迦陵頻伽 28, 31, 51, 70, 71, 76, 77, 79-81, 84, 85, 87, 93, 94, 99, 102, 105, 108, 109, 112, 114, 315
가릉빈가 동발상 40
가릉빈가 수막새 31, 379
가릉빈가상 75, 109, 115, 134
가면 254, 264
가면검무 283, 287, 294, 296
가면극 255, 295
가면놀이 292
가면무 290
가면춤 255, 256, 265-267, 279, 287, 290-293, 296
가면회 270, 278, 280, 291
가무笳舞 139, 167, 194, 196-198, 201, 202
가무歌舞 41, 86, 229, 255, 355
가무기악歌舞伎樂 260, 261
가무백희歌舞百戱 281, 282
가무사歌舞師 203
가무악상歌舞樂像 115
가배 281
가사歌詞 235
가사 반주 161

가사유취歌詞類聚 161, 164
가산불교대사림伽山佛敎大辭林 108
가야고 16, 137, 210
가야금加耶琴 15, 38, 129, 151, 188, 189, 192, 195, 199, 202-205, 213-215, 240-243, 248, 250, 344
가야금궤 211
가야금의 구조 188, 190-193, 213
가야금의 원형과 아시아의 현악기 189, 193
가야음악 213, 214
가인歌人 138, 140
가인상歌人像 127, 138
가조假爪 152
가척歌尺 139, 195, 198, 200
가척笳尺 139, 194
각角 76, 80, 82, 83, 89, 166, 170, 355, 356, 364, 373, 376, 383, 384
각수角手 373
각연사覺淵寺 40, 49
각연사 비로자나불좌상 50
각연사 석조비로자나불상 16, 19, 139
각저총 277, 280
간두령 37
감監 194, 200
감은사感恩寺 78, 325, 327, 328, 332, 343, 346, 347
감은사 사리기 16, 17, 150
감은사 사리기 주악상 107
감은사 사리함 84, 112, 130, 151, 221, 222
감은사 서탑 336

찾아보기 397

감은사 서탑 사리기   40, 44, 132, 133, 136, 259, 261
감은사 서탑 사리기 주악상   129
감은사 서탑 사리함   71, 78, 79, 88, 315
감은사 서탑 출토   249
감은사 청동제 사리기   336, 340
감은사지 동·서 삼층석탑   324
감은사지 서탑   370
감은사지발굴조사보고서感恩寺址發掘調査報告書   249
강고鋼鼓   361, 376, 377, 380, 382-384
강국康國   266
강릉 굴산사지 승탑   377
강백천류 대금산조   341
강신무덤   373
강우방姜友邦   218, 219
강적(쌍피리)   343
강좌미술사   298, 306
강천성곡   244
개蓋   277
객석   211
거도居道   283, 284
거득공車得公   249
거문고   34, 129, 137, 188, 190, 195, 196, 199, 202, 240, 242, 243, 245, 248, 250, 345
거열居烈   202
건달바 공후 주악상   24
건축부재建築部材   217
검무劍舞   287
검무희   282
경덕왕景德王   20, 146, 169, 170, 227, 241, 245, 247, 251, 260, 368
경도제국京都帝國대학   173
경문왕   180, 368
경북대 부도   81, 85
경북대소장 기와 암막새   16
경북대학교박물관   18, 102, 120, 129, 173, 180, 370
경북대학교박물관 소장 비파주악 석제편   29, 35
경북도립국악단   342
경산 임당동 현악기   37, 189

경순왕   184, 235
경심經心   258
경연대회   342
경정鏡井궁주   329
경주 고선사지 출토 암막새   32
경주 남산南山   238, 240
경주 남산 마애불   40
경주 남산 마애조각군   16, 19
경주 남산 탑곡 마애불상군   54, 57, 66
경주 남산 탑곡 마애불상군 실측도   55
경주 남산 탑곡 사방불암   56
경주 비파암琵琶嵓   247
경주 사천왕사지 수집 암막새   32
경주 월성해자   36
경주 월성해자 출토 당삼채 훈   21
경주 월성해자 출토 삼채령   22
경주 월지 출토   40
경주 황남동 376 통일신라시대 유적   33, 34
경주 황남동 376번지 출토 토제 현악기   33
경주 황남동 출토 현악기   35, 40
경주남산-겨레의 땅 부처님의 땅   248
경주남산지도   54
경주문화원 부설 향토문화연구소   22
경주박물관석탑   40
경주박물관옥적   16
경주세계피리축제 만파식적   342
경주문화慶州文化   80, 82, 106, 168
경주문화논총慶州文化論叢   15, 81, 129, 338
경주풍물지리지   332
경흥景興   288
경흥국사   282, 289
경흥니사景興尼寺   261
계고   214
계림로 30호분   193
계유명석상   41, 44, 79, 81, 84, 137, 138, 161
계유명전씨아미타불비상癸酉銘全氏阿彌陀佛碑像   378
고鼓   137, 166, 170, 191, 356, 371
고琴   128, 139, 140

고각鼓角   355
고각군鼓角軍   83
고경희高敬姬   216, 217, 226, 228, 229
고고미술考古美術   29, 184, 216, 235
고고미술사학계   77
고고역사학지考古歷史學志   216
고고학 자료   192, 193, 214, 325, 336, 341
고구려   165
고구려 고분벽화   82, 84, 90, 129, 373
고구려 고취   366, 382
고구려 고취대   357, 376
고구려 군악대   350
고구려 기악   268, 270, 280, 295
고구려 악기   165, 166, 168, 309, 317
고구려 악무   166
고구려 음악   377, 378
고구려 음악과 무용   274
고구려 행렬   350
고구려악   41
고구려의 교예   269
고국원왕   273
고국천왕   273
고기古記   195, 335
고길희高吉姬   148
고대 기악   256
고대 현악기 발달사   188
고대무용사   115
고대음악사   43, 115
고대한일문화교류연구古代韓日文化交流研究   210
고려 고취의 편성구조   365
고려기高麗伎   166, 266, 268, 374
고려도경   87
고려사高麗史   83, 87, 160, 162, 164, 353, 357, 362, 365, 368, 377, 380
고려사 여복지 역주   362, 363
고려시대 고취 편성구조   362, 364
고려시대 위장   363
고려시대 위장衛仗과 노부鹵簿   368, 383

고려시대 향악정재   90
고려악高麗樂   198
고려악사高麗樂師   203
고려음악사연구高麗音樂史研究   130, 331, 364, 368, 381, 383
고려의 고취   357
고려의 고취 편성구조   365
고려의 국가 불교의례와 문화   363
고려의 불교의례와 문화   362
고루鼓樓   352, 353, 372
고선사지高仙寺址   173-175, 181-183, 185
고선사지발굴조사보고서   172, 175, 176, 177, 182
고수鼓手   372, 373
고악古樂   266
고종   161
고창기高昌伎   266
고취鼓吹   268, 269, 340, 352-354, 364
고취 계통   355
고취대鼓吹隊   83, 271, 273, 348, 349, 358, 359, 364, 365, 373, 379
고취대 편성   384
고취대 편성구조   356
고취대 편성악기   373
고취부   360, 361
고취악鼓吹樂   350, 353, 355, 364
고토琴   204
곡경비파曲頸琵琶   80, 101, 102, 106, 150, 158
곡목   161
곡예   267
골계인滑稽人   270, 278, 280
골계희   291, 294, 295, 296
골적   37
공과 봉 받기   280
공과 봉을 연속받기   270
공과 봉을 이어서 받기   295
공명통   161
공받기   270, 275
공영   245

공인   166
공현鞏縣 석굴   263
공후箜篌   28, 113, 166, 168, 170, 203, 299, 306, 307, 309, 310, 318
공후 주악상   25
공후인箜篌引   168
곽태규   357, 366
관악기   36, 37, 41, 80, 81, 89, 90, 106, 107, 113, 114, 128, 135, 136, 161, 162, 164, 167-169, 174, 176, 178, 179, 181, 185, 219, 221, 223, 324, 330, 332, 335, 337, 344, 348, 349, 355, 356, 364, 376
관악기 2중주   174
관악기 2중주 주악상   172
관악기 박물관   347
관악기 연주회   345
관악합주   377
관현악기   83
관현악합주   377
광명사종   16, 36
광주 신창동 현악기   37, 189
괴산 각연사覺淵寺 석조비로자나불좌상   45, 46, 49, 52, 66
교감역주 역대고승비문: 고려편   97
교감역주 역대고승비문: 신라편   95
교방고   382
교훈초敎訓抄   254
구나무驅儺舞   291
구당서舊唐書   84, 166, 170, 317, 378
구당서 음악지   309, 318
구미 해평리 석조石造 여래좌상如來坐像   45, 52, 66
구일   352, 353
구자기龜玆伎   266
구지가龜旨歌   232
국가 의례   277, 281, 296, 355
국가진보장國家珍寶帳   206, 210, 213
국기國伎   266
국립경주박물관國立慶州博物館   17, 22, 23, 31, 33, 124, 126, 143, 155, 173, 174, 177, 184, 219, 315, 338

국립경주박물관 주악천인석탑재   26, 35
국립고궁박물관   25
국립국악원國立國樂院   13, 18, 45, 59, 150, 348
국립대구박물관   22, 134
국립부여박물관   22
국립전주박물관   22
국립중앙박물관   13, 18, 22, 25, 46, 57, 62, 63, 176, 180, 368
국립중앙박물관 소장 공후 주악상   25, 35
국립중앙박물관기증유물國立中央博物館寄贈遺物: 유창종柳昌宗 기증寄贈   173, 181
국립진주박물관   22, 23
국선   328, 329, 330
국악강습소   341
국악대사전   101, 340
국악사   14, 44, 195, 210
국악사론國樂史論   205
국악원논문집國樂院論文集   192
국역 고려사   362
국역 삼국사기   335
국역 악학궤범   151, 152, 340
국제학술포럼   342
군례악   340
군사 의례   280, 296
군악軍樂   270, 353
군악고취   352, 354, 364
군악대軍樂隊   348
군영악대   350
굴산사   40
굴산사 부도   379
굴산사지 부도   16, 19
궁중 제례   367
궁중악대   358
궁중음악   199, 340
권오성權五聖   14, 16, 18, 44, 93, 190, 192, 298, 306
권준희   350
권태욱   161
귀금선생   244

귀당貴幢　354
귀두고　317
귀신貴信　212
그림과 명칭으로 보는 한국의 문화유산　119
그림으로 보는 중국음악사　261, 263, 264, 265
극락조極樂鳥　28, 108
극상　244
극종　244
금琴　39, 137, 190, 194, 198, 201, 203, 212, 235, 240,
　　　250, 317, 329
금갑琴匣　194, 212, 240, 242, 250
금고金鼓　14, 18, 36, 37, 39, 43, 367
금구禁口　367
금궤琴櫃　242
금동 판불　40
금동가릉빈가상　18, 370
금동대향로　41, 160
금동제장식구金銅製裝飾具　217
금동주악상　17, 18
금사琴師　204
금석문　17
금송정琴松亭　243, 245, 250
금쟁金錚　353
금정金鉦　353, 361, 368
금척琴尺　139, 194, 195, 198, 200, 202
금환金丸　266, 282, 283, 290, 294, 295, 296
기旗　353, 356
기단부基壇部　98
기록과 유물로 본 우리 음악의 역사　14
기림사　324, 328, 346, 347
기마부대　273
기마악대　271, 376
기수旗手　373
기시베 시게오岸邊成雄　254
기악伎樂　161, 212, 254, 262, 267, 270, 289, 292, 295
기악무伎樂儛　256, 257, 265, 292
기악비천　262
기악사伎樂師　203

기악인伎樂人　258, 274
기악천인　260, 261
기암곡　244
기와瓦　17, 30, 44, 142, 171
기와 수막새　17, 18
기와 암막새　16
기와 주악상　43
기와무늬 이야기　184
기왕 범　166
기우제祈雨祭　332
기인伎人　268, 269
기증유물 전돌　40
기취騎吹　360
기타guitar　152, 153
긴봉 받기　280
긴봉 올려받기　270
길쌈대회　281
길천영사吉川英史　198
김기문　332
김기수　340, 348
김길웅金吉雄　56
김남윤金南允　145
김대성金大成　146
김동욱金東旭　190, 192
김동진　341
김동진류 대금산조　342
김동표　341
김동현金東賢　30, 142, 172, 176, 180
김무길金茂吉　245
김민지　298, 306
김부식　165, 215
김상기　151
김상현　330, 331
김생金生　178
김성구金誠龜　30, 142, 171, 184
김성혜金聖惠　15, 16, 37, 41, 45, 74, 79, 80, 106, 107,
　　　113, 128, 129, 133, 151, 168, 188, 189, 191, 194,
　　　196, 199, 249, 261, 263-266, 274, 282, 315, 332,

338, 354, 359, 370, 373, 374, 378
김영운金英云   190, 192
김영태   330
김유신   326-328, 331, 335, 346, 354, 357, 364
김재식   332
김정고金貞高   329
김주태金周泰   176
김창균金昶均   104
김춘질金春質   325
김태식   240
김택규金宅圭   229
김향숙   104, 113
김헌선   188
김현金現   374
김현구   355
김홍도   359
김홍련   261, 263-265
김후직金后稷   286
김흠돌   331
깃발   351, 353
꽹과리   82, 355, 366

나

나螺   374
나가히로 토시오長廣敏雄   148
나각   366, 374, 375, 376
나라奈良   205
나라국립박물관奈良國立博物館   242
나라삼채奈羅三彩   21
나례의식   290
나무다리 걷기   270, 271, 280, 295
나무다리 걷는 사람   270
나밀왕   167
나발螺鉢   76, 81, 366, 373, 374
나팔喇叭   136, 373
나팔수   358

나해왕   167
낙성회落成會   247, 251
낙양가람기洛陽伽藍記   113, 256, 261-263, 265
낙양박물관   21, 23
난릉왕蘭陵王   291
날현인捺鉉引   196-198
남산南山 탑곡塔谷 마애불상군磨崖佛像群   45
남항사南巷寺   289
남해곡   244
낭만음악   13, 14, 45, 59, 93, 98, 101, 143, 150, 151, 218, 219
낭혜화상朗慧和尙   74
내 고향 연변   300
내물왕   197, 201
내밀왕   196
내해왕   196, 197, 200
내황전   334, 347
노래   109, 110, 112, 114, 115, 127, 195, 232
노부鹵簿   362, 364, 377, 380, 382
노인곡   244
노천박물관   238
녹유주악천인문전돌綠釉奏樂天人文塼   143, 147, 149, 154, 155, 157, 158, 249
놀이   232
놀이기구   232, 234
농악   160, 367, 373
농환弄丸   266, 290
눈으로 보는 고대의 소리   22
눌지왕   167, 196, 197

다

다산 정약용   161
단소短簫   160, 174, 185, 333, 345
단소류   161, 172, 174, 181
단소요가短簫鐃笳   360
달기達己   202

담고擔鼓 165, 170, 317, 376, 381, 382
담고수 358
담수淡水 196
담종 376
담종수 358
당나라 고취대의 편성 구조 359
당나라음악 320
당부악기 86
당부악기도설唐部樂器圖說 379
당비파唐琵琶 71, 80, 101, 102, 106, 107, 150, 151, 158
당비파조 152
당삼채唐三彩 21, 43
당삼채唐三彩 훈塤 20, 36, 39
당악唐樂 152, 352, 353
당악기 86, 90, 379
당의 도상 유물 42
당의 악기 유물 종류 39
당적唐笛 26, 340
당피리 101, 345
당비파唐琵琶 142
당악唐樂 198
당악사唐樂師 203
대가大駕 361, 365, 381
대각大角 82, 90, 374
대각간 329
대고大鼓 86, 167, 361, 366, 371, 372, 373, 377
대금大笒 80, 219, 220, 221, 332, 335, 337, 340-343, 345, 366, 376, 383, 384
대금 연주형태 220
대금무碓琴舞 194, 197-202
대금산조 341
대금정악大笒正樂 220, 342
대나의大儺儀 83
대당大幢 354
대면大面 255, 266, 282, 283, 290, 291, 294, 296
대면희代面戱 291
대사령 368

대성 146
대성아악 368
대악碓樂 167, 196, 197, 199, 200
대악大樂 204, 214
대안리1호분 278
대안사大安寺 적인선사寂忍禪師 조륜청정탑照輪淸淨塔 28
대왕암大王岩 325, 332, 343, 346, 347
대요발大鐃鈸 87
대전 월평동에서 현악기 양이두 37
대조영 317
대취타大吹打 82, 90, 160, 348, 356, 366, 367, 372, 376, 383
대피리 170, 317
대필률 165
대횡취부 360, 361
대흠무大欽茂 302
덕흥리 275, 280
덕흥리 고분 108, 277, 358, 383
덕흥리 전실 남벽 373
도고鼗鼓 377, 382-384
도드리 342
도라악사度羅樂師 203
도령가徒領歌 167, 196-198
도상 유물 39, 43
도陶완함 39
도윤道允 70, 90
도자령 39
도적陶笛 14, 18, 36, 38, 39, 43, 44
도피피리 170, 317, 361
도피필률 165, 166
도헌 95, 115
도훈 39
독주 160
돈황敦煌 막고굴莫高窟 263
돌궐 266
돌아악突阿樂 167, 196, 198
동경국립박물관 370

동경잡기東京雜記　235, 250, 283, 287, 325
동고　14
동국대 소장 수막새　16, 19, 45, 59
동국대 소장 종편　36
동국대학교　134
동국대학교 건학 100주년 기념 소장품도록　59, 61, 135
동국대학교박물관　33, 61
동대사東大寺　205
동동　90
동물탈춤　266, 294
동발銅鈸　18, 39, 87, 93, 101, 102, 103, 105, 259, 261, 314, 315, 316, 317, 320, 368
동발연주 금동가릉빈가　16
동발주악상　114
동북아역사재단 연구총서　298, 299, 305
동사강목　325
동양음악　331
동은東隱　145
동이전　268
동자무　259
동천왕　273
동탁　39
동탁류　37
두우杜佑　166
둑기纛旗　367
둑제纛祭　367, 373
등가登歌　162
등성행렬도　359, 374
등채　356

라

라螺(나각)　364, 383, 384
라계조羅繼祖　302
려　317
력사과학　193

룡보龍寶부인　329
류둥성　261, 263, 264, 265
류연산　301
류트lute류　192
리상호　127, 148, 169, 240, 330
리차윤　210

마

마기馬伎　283
마기馬技　283, 284
마두금　342
마사희馬射戲　270, 275, 277, 278, 280, 296
마상고취대　358
마상재　284
마술　265, 267, 294, 295
마애종磨崖鍾　34
마희馬戲　266, 282-284, 294
막고굴 435굴　375, 376
막고굴 71굴　375, 376
막목莫目　203
만당 이혜구박사 백수기념 음악학논총　15, 45, 129, 370
만덕　214
만만파파식적萬萬波波息笛　327, 328, 330, 331, 347
만파식적萬波息笛　80, 106, 324, 327, 330, 334, 335, 341
만파식적 로드　346, 347
만파식적 마을　343
만파식적 설화　324, 330, 331, 335, 336, 343, 346
만파식적 축제　346
만파식적 포럼　343
말을 모는 묘기　263
말타기　270, 280
망덕사望德寺　247, 251
망제　330
매 부리기　282

매 부리는 기술 283, 285
매사냥 286
맥적산 127굴 기악천 263, 264
맥적산麥積山 석굴 263
메흐테르 군악대 349
명발鳴鈸 87
목간木簡 217, 226
목선木船 217
묘기 265, 267
묘기 잡기 262
묘기놀이 292
묘기자 274
묘비墓碑 302
무舞 112-114, 214, 232, 234, 236
무가 자료 188
무검지희舞劍之戱 287
무구舞具 369
무동舞童 131
무동상舞童像 79
무사舞師 203, 204
무속 악무 367
무속 음악 160
무악舞樂 255
무악산악도舞樂散樂圖 255, 265, 266, 282, 283, 286, 287, 293
무악상舞樂像 16, 70, 72, 75, 89, 90, 122, 123, 127, 139, 140
무악서舞樂書 255
무애가無㝵歌 288
무애무無㝵舞 288
무애희無㝵戱 282, 283, 288, 294, 295, 296
무열왕 351
무열왕권 331
무용극 254
무용사 91
무용수 264
무용총 277, 280
무용총 현실 천정 373

무인舞人 122
무인상舞人像 71, 131, 138
무제武帝 268
무진사종 16, 36
무척舞尺 139, 194, 195, 198, 200
무태후 165
문강기文康伎 266
문경 봉암사 지증대사탑 370
문동옥文東玉 341
문명대文明大 30, 47, 148, 171, 258
문무왕文武王 184, 249, 287, 325, 327, 328, 331, 332, 335, 336, 346, 351, 352, 354
문무제향추진위원회 332
문성렵 190, 193, 196, 210
문성왕 184
문연각사고전서文淵閣四庫全書 233
문왕文王 303
문자명왕 273
문재숙 189, 190
문주석 331
문헌통고 382
문화재대관文化財大觀5: 보물寶物3 불상佛像(금동불·석불·마애불) 124
문화재대관 71
물계자勿稽子 190, 194, 200
물혜勿慧 202
미마지味摩之 212, 254-257, 285
미지무美知舞 139, 194, 197, 201, 202
미지악美知樂 167, 196, 197
민간음악 340
민속학연구 240
민족문화논총 331
민족문화연구民族文化硏究 15
민족음악학民族音樂學 192
민주면閔周冕 235
밑도드리 161

찾아보기 405

바

바라　76, 87, 128, 366, 368, 371, 376, 383, 384
바라춤　115, 133
바이올린violin　152, 154
바퀴 돌려 올리기　270
바퀴돌리기　270
박拍　86, 93, 101, 102, 106, 376, 377, 383
박경식朴慶植　23, 125, 126
박남수　352
박물관기요　104, 113
박물관신문　219, 338
박물관연구　302
박범훈　374
박숙청朴夙淸　325
박용운　362, 363
박은옥　359
박창균朴昌均　340
박청산　300
박판拍板　76, 77, 84-86, 89-91, 101-103, 105, 107, 109-115, 167, 299, 305-307, 310, 320, 372, 377, 379, 380, 384
박현숙　355
박홍국朴洪國　184, 240
반섭조　335
반자飯子　367
반주음악　234
반차도로 따라가는 정조의 화성행차　349, 359, 372
발撥　79, 80, 149, 152, 154, 157, 222
발鈸　87, 134
발해 가는 길　301
발해 벽화　297
발해 정효공주묘　309
발해 정효공주묘 벽화　299
발해 정효공주묘 위치　301
발해건국 1300주년　298, 306
발해금渤海琴　298, 317
발해를 다시 본다　310
발해를 찾아서　302
발해문화연구　297, 298, 301
발해사연구　297, 298, 302, 304
발해악기　298, 317
발해유물전시관　312, 320
발해음악　298
발해음악사　320
발해의 문화　300, 302, 306
발해의 역사와 문화　306, 307
발해정효공주묘 발굴보고　302
방울류　37
방응락放鷹樂　286
방학봉　297, 298, 300, 301, 302, 306
배소排簫　261
배정룡裵貞龍　148
백결선생百結先生　167, 190, 194, 196, 199, 201
백률사　329, 331, 346, 347
백률사 관음보살　330
백산학보白山學報　297, 301, 306
백성욱박사송수기념 불교학논문집　100
백승충白承忠　188
백영자　362
백장암 3층탑　136
백제　165, 266
백제 악무　166
백제 음악　166, 377
백제금　212
백제대향로　81
백제악사百濟樂師　203
백희百戱　262, 263
번幡　353, 356
번무番舞　198
범종梵鐘　15-17, 34, 36, 37, 39, 43, 44, 84, 128, 142, 148, 309
범종상　15
범패梵唄　224, 258
법가노부　353, 365, 368, 381, 382
법가위장法駕衛仗　83, 362, 363

법금　　191, 210
법민　　351
법지　　214
법흥왕　　167, 196, 197, 240
병주竝奏　　160
보기寶伎　　202
보문사지普門寺址　　173, 180-183
보살문수막새　　63
보살상　　99
보천사 석조여래좌상　　52, 54
보천사寶泉寺 대웅전　　52
보행악대　　271, 272, 381
봉덕사奉德寺　　20
봉덕사종　　20
봉받기　　270
봉산탈춤　　254
봉성사　　329
봉수공후　　317
봉암사鳳巖寺　　40, 92, 95, 96, 115
봉암사 부도　　16, 17, 81, 131, 133, 136, 379
봉암사鳳巖寺 지증대사智證大師　　115
봉암사鳳巖寺 지증대사智證大師 부도　　71, 85, 107, 150
봉암사鳳巖寺 지증대사智證大師 적조탑寂照塔　　15, 74, 78, 93, 129, 315
봉암사 지증대사 적조탑의 음악사적 조명　　45
봉암사 지증대사탑　　377, 380
봉암사鳳巖寺 정진대사靜眞大師 원오탑비문圓悟塔碑文　　97
봉해룡奉海龍　　340
봉화 축서사 석조비로자나불　　66
봉화 축서사鷲捿寺 석조石造 비로자나불毘盧遮那佛 좌상坐像　　46, 45, 49
부대사학釜大史學　　188
부도浮屠　　20, 27, 70, 92, 94, 95, 97, 142
부례랑夫禮郎　　327, 328, 330
부석사浮石寺　　95
부석사浮石寺 자인당慈忍堂　　51
부여夫餘　　266

부여왕夫餘王　　269
북고　　82, 113, 261, 353, 355, 372, 383, 384
북구주시립北九州市立 고고박물관　　179
북사北史　　166, 276, 317
북사 열전　　318
북역 고려사　　163, 353, 364, 368
북한의 문화재와 문화유적　　373
분황사芬皇寺 천수대비千手大悲 맹아득안盲兒得眼　　168, 169
불 토하기　　263
불교 음악　　160
불교 의례　　80, 113, 367, 370
불교도상佛敎圖像　　15, 93, 150
불교미술　　30, 171
불교신문　　108
불교용어사전　　148
불교유적佛敎遺蹟　　15
불교음악 유적　　251
불교음악사　　115
불교음악연구　　237
불교의식　　21, 87, 224, 363
불교학대사전佛敎學大辭典　　148
불구佛具　　367
불국사 강당지　　144, 147, 149, 154, 158
불국사 강당지 출토 주악문 전돌　　16, 18
불국사 전돌　　40, 79
불국사고금창기佛國寺古今創記　　145
불국사사적佛國寺事蹟　　145
불국사佛國寺의 종합적綜合的 고찰考察　　145
불국사지佛國寺誌(外)　　145
불보살상　　258
불사리佛舍利　　104
불상佛像　　142, 217
불상문전돌　　143, 154, 155, 157, 249
불설무량수경佛說無量壽經　　148
비로자나불毘盧遮那佛　　119, 121
비로자나불좌상　　123, 124
비목곡　　244

비암사석상 150
비유왕 171
비처왕 239
비천의 예술飛天の藝術 148
비천상飛天像 102, 105, 109, 148
비천주악상 109
비파琵琶 15, 26, 29, 39, 76, 79, 80, 89, 93, 101-103, 105-107, 109, 113, 114, 116, 127-129, 132, 139, 140, 142, 143, 149-151, 153, 156-158, 165, 170, 208, 209, 222, 223, 226, 236, 259, 261, 299, 306, 307, 310, 317, 318, 337, 376
비파 연주 전돌 19
비파골 239, 246
비파바위 239, 251
비파암琵琶嵓 248
비파전돌 16
뿔나발 82

사

사경寫經 256, 281
사금갑射琴匣 194, 211, 239, 240, 242, 243, 250
사내금思內琴 194, 197, 200-202
사내기물악思內奇物樂 167, 196, 197
사내무思內舞 139, 194, 197, 200-202
사내악思內樂 167, 196-198, 200
사량진웅沙良眞熊 203-205
사리舍利 258
사리함舍利函 104, 109
사물思勿 202
사물놀이 160, 367
사자기師子伎 202
사자무 293
사자춤 265, 292, 296
사자탈 293-295
사중기寺中記 145
사천왕사 336

사천왕사지四天王寺址 32, 173, 175, 178, 182, 183, 185
사천왕상 99
사팔혜沙八兮 202
사회과학전선 302
산대도감극 255
산예狻猊 282, 283, 290, 292
삼국사기三國史記 82, 83, 85, 86, 91, 106, 107, 138, 150, 151, 158, 160, 165-167, 170, 171, 190, 195, 196, 200, 211, 215, 234, 235, 241, 243, 248, 273, 281, 283, 286, 325, 327, 335, 336, 350, 351, 353, 354, 368, 371, 372, 377, 379, 382
삼국사절요三國史節要 350, 352, 353
삼국시대三國時代 신라음악문화사新羅音樂文化史 연구研究 194, 199
삼국시대음악 14, 44
삼국시대음악사 14, 18
삼국시대음악사연구 41, 168, 274, 378
삼국유사三國遺事 82, 87, 106, 107, 126, 145, 148, 150, 151, 154, 158, 160, 168, 170, 194, 200, 211, 239-241, 243, 246, 248-251, 256, 257, 259, 261, 283, 288, 328, 330, 335, 343, 350, 351, 374, 378
『삼국유사三國遺事』의 악기관련기사 검토 80
삼국지三國志 268
삼국지三國志 위지魏志 동이전東夷傳 233
삼귀의三歸依 258
삼랑사 289
삼장三藏(經·律·論) 289
삼죽三竹 80, 86, 106, 167, 219, 332, 340, 343, 372, 376, 377, 379, 383, 384
삼죽적三竹笛 106, 335
삼채령三彩鈴 22, 23
삼채원숭이형호루라기三彩猿頭笛 22
삼현 86, 167, 210, 248, 372, 377, 379
삼현 삼죽 341
상가라도上加羅都 202
상기물上奇物 202
상륜부相輪部 98

상신열무上辛熱舞　139, 194, 197, 198, 201, 202
상원곡　244
상원사上院寺　309
상원사上院寺 범종梵鐘　64, 81, 84, 107, 136, 137, 138, 150, 320, 379
상원사上院寺 종鐘　16, 36, 129, 132, 378
상주 석각　40
상주 석각상　16, 18
상주 석각주악상　14, 44
상주시 석각천인상　107, 150
새로운 음악사　101
새로운 한국음악사　93
생笙　26, 31, 81, 93, 101-103, 105, 106, 108, 109, 113, 114, 136, 162-170, 172, 181, 182, 308-310, 317, 318, 320, 376, 378, 384
생소笙簫　178
생소병주笙簫竝奏　160-162, 170, 172, 173, 175, 177, 179, 180, 182-185
생활과학연구　298, 306
생황笙簧　102, 106, 160-162, 164, 165, 174, 177, 178, 308, 377, 378, 383
생황보笙簧譜　164, 161
생황자보笙簧字譜　161
샤쿠하치　343
서암조항래교수西巖趙恒來教授 화갑기념華甲紀念 한국사학논총韓國史學論叢　148
서역西域　113
서영교　350
서울올림픽　348
서유구　164
서윤희　263
서인화　314
서출지　239, 250
서현　351
석전놀이石戰戲　276
석제石製　40
석제石製 주악상奏樂像　29
석제편 비파　30

석조물　13, 14, 44
석조물에 나타난 주악상　47, 49, 52, 54, 57, 86
석조부도　97, 108, 129
석탑石塔　20, 142
석탑의 주악상　43
선덕여왕　183, 324
선덕왕　184
선림사지 종　16
선림사지 파종　36
선림원 종　84, 132
선림원지禪林院址　40
선림원지3층탑　16
선림원지禪林院址 범종梵鐘　64
선산 해평동 석조여래상　16, 19, 139
선산해평동　40
설총薛聰　288
성덕대왕신종聖德大王神鐘　20, 26, 35, 36
성덕왕聖德王　20
성무천황聖武天皇　205
성악곡 반주　160
성전사원成典寺院　147
성종　340
성천　352, 353, 354
세계피리축제　342, 346
세악수　359
세요고　39
세종실록世宗實錄　80, 106, 107, 150, 151, 163, 164, 189, 213, 215, 245, 372
세피리　345
소簫　136, 165, 170, 261, 316-320, 361, 376
소가小駕　361
소각小角　374
소경무小京舞　139, 194, 197, 201
소고小鼓　361, 371, 372
소그드Soghd(粟特)　292
소금小笒　80, 220, 221, 332, 335, 340, 345, 366, 376, 383, 384
소라　82

소루嘯樓　318	수서隋書　170, 276, 317, 378
소륵疎勒　266	수서 동이전　318
소륵기疎勒伎　266	수서 음악지　309
소리공양　218, 224, 226, 236	수연장지곡壽延長之曲　340
소리북　373	수제水祭　332
소막차蘇幕遮　265	수제천　342
소생巢笙　162, 163	술천　352
소암권오성박사화갑기념韶巖權五聖博士華甲紀念 음악학논총音樂學論叢　15, 79, 107, 129, 249	숭실사학　94
	슬　208
소의니사昭儀尼寺　262	시詩　232, 234
소지왕　241	시나위　160
소피리　170, 317	시림始林　184
소필률　165	시무라 데쯔난志村哲南　161
소홀뢰　39	시조　161
소횡취부　361	시조묘　273
속독束毒　266, 282, 283, 290, 292, 294, 296	신계사 3층석탑　18
속명득　244	신계사지　40
손수호　350, 357	신계사지 3층석탑　17, 19, 24
송기호　299, 302, 310	신당서　317, 378
송방송宋芳松　12, 14-16, 18, 44, 45, 71, 78, 86, 93, 94, 97, 101, 102, 129, 142, 147, 150, 161, 190, 192, 195, 198, 204, 245, 258, 298, 306, 307, 331, 364, 368, 381-383	신당서 음악지　309, 318
	신대왕　273
	신라 고취대　349, 350, 356
	신라 고취대 재현에 관한 연구 발표　359
송사宋史　298	신라 고취대 편성　383
송서평　343	신라 고취대 편성구조　365, 384
송재중　54	신라 고취대의 편성악기　366
송혜진　14, 17, 18, 82, 160, 371, 375	신라 군악대 깃발 복원　350
쇠북　367	신라 기악　256, 281, 282, 293-296
쇼쇼잉　60	신라 기와　162, 379
수공후　165, 170, 317	신라 삼현　215
수레 돌려 올리기　280, 295	신라新羅 석조부도石造浮屠 연구研究　70, 94, 96, 104
수막새　40	신라 악기　335
수막새기와　31	신라 적笛　334
수박희　269, 270, 275-277, 280, 281, 296	신라 종鍾　330
수산리　280	신라가야문화新羅伽倻文化　192
수산리 고분　358	신라고新羅琴　190, 194, 214
수산리 벽화　274	신라고와의 연구新羅古瓦の研究　172, 173, 175, 178, 179, 182, 183
수산리 현실 동벽　373	

신라관악기　82, 151
신라국악예술단　341
신라금新羅琴　15-17, 19, 34, 36, 38, 39, 43, 189, 191-193, 200, 203-206, 208-211, 213-215, 242
신라금궤新羅琴樻　19, 36, 38, 211, 242, 250
신라만파식적보존회　341, 342, 346
신라문화新羅文化　25, 330
신라문화제　341, 349
신라문화제학술발표회논문집新羅文化祭學術發表會論文集　205
신라박新羅狛　282, 283, 293, 294
신라병제사연구　354
신라복식　349
신라불교연구新羅佛敎研究　331
신라비파　80, 129
신라삼채新羅三彩　21
신라석조부도연구　99, 100
신라수공업사　352
신라시대 군악대　350
신라악新羅樂　85, 86, 91, 167, 195, 197, 204, 210, 372, 377
신라악사新羅樂師　203-205
신라와 고려시대 석조부도　96, 99, 100, 104
신라와전新羅瓦塼　31, 60, 142, 143, 147, 151, 154, 155, 156, 171, 173, 175, 177, 182, 184
신라와전도록　156, 157
신라음악　84, 213, 214, 239
신라음악사연구　37, 41, 81, 113, 332, 354
신라의 금　242
신라新羅의 기와　30, 142, 172, 175, 180, 182
신라의 마음 경주남산　240
신라新羅의 사자獅子　47, 49, 51, 116, 121, 123, 124
신라인의 놀이에 관한 고찰　282
신라종　16, 20
신라토우新羅土偶　41, 80, 81, 90, 129, 137, 139, 189, 191-193, 210, 214, 241, 242, 248, 282, 284, 332
신라토우 속의 음악과 춤　129
신문왕神文王　195, 200, 288, 324, 325, 327, 328, 330, 331, 335, 336
신석기시대 유물　19
신수대장경新修大藏經　148
신역 삼국유사　127
신역 악학궤범　112, 163, 358, 382
신열악辛熱樂　167, 196, 198, 202
신영훈申榮勳　176, 240
신증동국여지승람新增東國輿地勝覽　245, 267, 325
신편新編 삼국유사三國遺事　148, 169, 240, 330
실상사實相寺　40
실상사 백장암 삼층석탑　13, 14, 16, 18, 24, 45, 47, 49, 52, 54, 57, 84, 86, 133, 139, 379
실상사 범종　81
실상사 종　16, 36, 129, 379
실크로드 대축전　349
심벌즈　128, 369
심충沈忠　95
십부기十部伎　166
쌍골죽雙骨竹　220, 340, 345
쌍두령　37
쌍봉사雙峰寺　40, 70
쌍봉사 부도　16, 18, 71, 72, 75, 78, 81, 83, 85, 86, 89, 131, 133, 136
쌍봉사 철감선사澈鑑禪師 부도　89, 91, 107, 113, 150
쌍봉사 철감선사 징소탑徵召塔　15, 70, 71, 74, 76, 77, 94, 115, 129
쌍봉사 철감선사 징소탑의 무악상 고찰　45
쌍봉사 철감선사 탑비　73
쌍봉사 철감선사탑　14, 44, 373, 380
쌍성 주법　161
쌍피리　345
씨름　269, 270, 275, 277, 280, 296

아

아박　86, 90
아박춤　86, 111, 115

아시안게임 348
아악기 164
아악료雅樂寮 198, 203
악樂 112-114, 214
악곡 151, 199
악곡 명칭 198
악곡 수 335
악곡명 200
악공 194
악공인 165
악기樂器 94, 151, 337
악기 개량 151
악기 구조 210
악기 규모 132
악기 명칭 102
악기 색인 12, 14, 44
악기 유물 36, 42, 43
악기 제작 347
악기 종류 384
악기 판독 137
악기 판독 경향 101
악기 편성 92, 135, 160, 350
악기도상樂器圖象 14, 44
악기로 본 삼국시대 음악 문화 151
악기연구소 344
악기연주 115
악기의 종류 38, 92
악기전시회 342
악기편성 114, 170
악단 92, 162
악단 구성 138
악대樂隊 348, 350, 355
악무樂舞 195, 259, 261
악보 162, 185
악사樂師 88, 380
악서고존樂書孤存 162
악서樂書 106, 158, 254
악성 우륵의 생애와 대가야의 문화 15

악용樂俑 42
악인樂人 122, 305, 306, 355
악인상樂人像 298, 320
악제개편 198
악조 335
악학궤범樂學軌範 80, 82, 83, 86-88, 90, 106, 107, 150-154, 160, 162-164, 169, 189, 192, 193, 213, 215, 358, 367, 368, 371, 379, 382
안국기安國伎 266
안락사安樂寺 95, 96
안릉신영도安陵新迎圖 359
안변성웅岸辺成雄 153
안상安常 328-330
안상법사 329
안상복 263
안악1호분 108, 358
안악3호분 81, 160, 271, 274, 276, 279, 280, 318, 358, 373, 382
안악3호분 의장대 272
안악3호분 행렬도 273, 381
안압지雁鴨池 19, 216, 217, 228, 229
안압지雁鴨池 발굴조사보고서發掘調査報告書 216-219, 226, 228-230
안압지 출토 동판불 16
안압지 판불 81
안압지보고서: 도판편 228
안양 석수동 마애종 34, 35, 40
안장 244
안장왕 273
안지원 362, 363
안확 350
알기쉬운 불교미술 99
암막새 40
암막새기와 18, 32
애장왕 194, 200
약수리 280
약수리 고분 271, 274, 358, 383
약수리 고분의 행렬도 273

약수리 벽화　382
약수리 전실　373
양금洋琴　160
양성필 프로젝트 그룹　342
양이두羊耳頭　191-193, 210, 213
양재연　266, 267
양주동　290
양주산대도감　254
양현지楊衒之　113, 261, 263
어문학語文學　330
엄기표　71, 74, 76, 77, 94, 96, 99, 100, 104
엄장록　297, 298
여기 집박악사　88
여복輿服　362
역사비평　299
역주譯註 삼국사기三國史記　166, 248
역주譯註 삼국사기三國史記 2: 번역편　328, 352, 353, 354, 368
역주譯註 삼국사기三國史記 4: 주석편(하)　202, 382
연곡사　40
연곡사 동부도　16, 19
연곡사 북부도　16, 19
연등노부　353, 365, 368, 381, 382
연등위장燃燈衛仗　83, 362, 363
연례악　340
연사홍윤식교수蓮史洪潤植教授 정년퇴임기념논총停年退任紀念論叢 한국문화韓國文化의 전통傳統과 불교佛教　93, 101, 150
연주곡목　161
연주법　162, 185
연주시기　94
연주자　306
연지사 범종　84
연지사 종　16, 36, 132
연회宴會　335
연회장소　235
연희演戲　267
염거화상廉居和尙　40, 57

염거화상 부도　58
염불　113, 258
염영하廉永夏　21, 35
영류왕　273
영조실록　164
영주 북지리 석조 비로자나불　120
옛기와　172
옛전돌　142, 155
오구라 타케노스케小倉武之助　370
오금吳琴　212, 213
오기五伎　267
오방처용　88
오사식곡　244
오세덕　25
오세윤吳世允　22, 72, 116
오언태평송　351
오죽　333
오현　165, 317
오현비파　208
오회분4호묘　84, 280, 318, 319, 373
오회분5호묘　84, 318, 319
옥띠　326
옥보고　239, 243, 245, 250
옥보고기념사업　246
옥보고기념제　246
옥적玉笛　17, 32, 36, 43
와공후　165, 170, 317
와당瓦當　217
완阮　261
완산정完山停　354
완천腕釧　109
왕산악王山岳　199, 241
왕숭례王崇禮　302
왕실의례　277
왜국　266
요鐃　376
요고　16, 18, 36, 39, 43, 64, 76, 77, 83, 84, 89, 127, 131, 132, 139, 140, 165, 170, 259, 317, 319, 320,

337, 376, 383
요고鐃鼓　361
요고 연주 수막새　45, 59, 62
요고 주악상　64
요고를 연주하는 천인이 새겨진 수막새　63, 64
요고腰鼓 연주 수막새　45
요발鐃鈸　76, 84, 87, 89, 90, 112, 128, 133, 134, 139,
　　140, 259, 337, 371
요발춤　88
요시무라 제이吉村怜　148
요취부　360, 361
용고龍鼓　366, 371, 372, 376
용문龍門 석굴　263
용봉논총　76, 94, 99
용연龍淵　326, 346, 347
용춘　351
우竽　163-168, 170
우륵于勒　190, 193, 194, 196, 199, 213, 214, 241, 344
우륵 12곡　202
우륵국악기연구원　344
우륵박물관　344
우리 문화 속의 중국 도자기　22
우리 악기, 우리 음악　13, 14
우리나라의 기와　30
우리악기 보고듣기　14, 81, 84, 101, 128, 173, 181,
　　182, 190, 196, 370
우리악기 우리음악　45, 46, 59, 62, 64
우메하라 스에지梅原末治　173
우무右舞　198
우방악右坊樂　198
우병익禹炳益　176
우보고犵葆鼓　361
우보부　360, 361
우생竽笙　162, 163
우수정牛首停　354
우식악憂息樂　167, 196-198
우의犵儀　276
우인竽引　167, 168, 170, 185, 196-198

우재병　355
우조　244
우좌신궁 범종　16, 36, 84, 132
운강 16굴 기악천　263
운강 제6굴 동벽　261
운강雲崗 석굴　263
운라　349, 366, 376
운문사 동서 삼층석탑　25
운상원 소리터　245
운수사 종　16, 36, 84, 132
울산 대곡리大谷里 암각화　41
웃도드리　161
웃음치료법　289
웅기 굴포리의 골제 관악기　37
워터하우스David Waterhouse　142
원랑도原郎徒　167, 196
원성왕　178, 374
원앙곡　244
원융圓融과 조화調和　218, 219
원주 일산동 불상　116, 140
원주 중앙동 불상　119
원주 출토 범종　129
원주시 흥법사지興法寺址　57
원주시립박물관　116, 118, 124
원주역사박물관　117, 124, 130, 140
원주原州 일산동 불상　116
원행을묘정리의궤 반차도　372
원호곡　244
원효元曉　174, 184, 282, 288
월명사月明師　106
월명스님月明師　80
월성月城　326, 346, 347, 353
월성해자 출토 당삼채　35
월전月顚　266, 282, 283, 290, 294-296
월조　335
월지月池　15, 19, 216, 217, 219, 226, 234, 235, 291,
　　336, 337, 340
월지 출토 음악관련 자료　81

월지 출토 판불 주악상   337
월지月池 판불板佛   129
위서魏書   268
유곡청성곡   244
유등劉騰   262
유리왕   167, 196, 198, 281
유신   351, 352
유예지遊藝志   161, 164
유창종柳昌宗   62, 63, 173, 180-182
유창종 기증   182
유창종 기증 기와·전돌   62, 64
유형문화재   324
윤경렬尹京烈   184, 248
윤경숙尹慶淑   337
윤관閏管   163
윤광봉尹光鳳   282
윤중강   211
윤철중尹徹重   330
윤현철   297, 302, 304
윤홍   244
음악가   251
음악고고학音樂考古學   93, 132, 133, 136, 139, 160,
    185, 376, 377, 384
음악과 민족   188, 373
음악문화유적   251
음악사   91, 151
음악치료   288
응렴膺廉   234
응방鷹坊   286
응방술   294, 296
의궤   160
의례용   356
의료宜僚   290
의상義湘   126
의위儀衛   362
의장 행렬   273, 274
의장기   281, 349, 383
의장대   276, 349
의장대 행렬   277
의장물   357
의취적   165, 170, 317
이견대利見臺   325-327, 330, 332, 346, 347
이공理恭   326
이기백李基白   235
이미향李美香   15
이구의李九義   330
이두현   290, 292
이말량   341
이문기   354
이미향李美香   93, 95, 101, 102, 150
이사爾赦   202
이사부   283, 284
이상규   331
이생강   342
이성산성   36, 132
이성산성 출토 요고   16, 18
이성천   195, 210
이숙희   350
이순원   298, 306
이습회   340
이아조   335
이연덕李延德   164
이연수   75, 170
이왕직아악부   161, 371
이재석   355
이재숙李在淑   189
이지관李智冠   95, 108
이정희   161, 350
이지관   97
이진원   14, 15, 16, 18, 19, 137
이혜구李惠求   14, 16, 17, 44, 45, 82, 93, 94, 97, 101,
    102, 112, 150-152, 163, 190, 191, 195, 204, 210,
    254, 255, 340, 353, 358, 382
이혜구박사구순기념李惠求博士九旬紀念 음악학논총音樂學
    論叢   14, 189
이혜구박사송수기념李惠求博士頌壽紀念 음악학논총音樂學

論叢　44, 174
이호영李昊榮　151
이홍직李弘稙　14, 16, 17, 33, 44, 45, 174
이화여대 부도　40
이화여대소장 부도　16, 19
인왕동仁旺洞 폐사지　32
인왕리폐사仁旺里廢寺　175
인장印章　362
인형　289
인형극　269, 270, 282, 283, 288, 289, 294-296
일본 궁중음악　204
일본 기악　255
일본 천리대학 신라 도적陶笛　16
日本美術全集 第2卷 法隆寺から藥師寺　148
일본사료　203, 204, 205, 211, 213
일본서기日本書紀　212, 254, 256, 257, 355
일본서기 한국관계기사 연구(1)　355
일본소재문화재도록日本所在文化財圖錄　31, 32, 172, 179, 182, 184
일본육국사한국관계기사日本六國史韓國關係記事　254, 257
일본육국사한국관계기사: 역주譯註　203
일본육국사한국관계기사: 원문原文　212
일본음악의 역사日本音樂の歷史　198
일본음악의 역사와 이론　254
일본후기日本後紀　203
일연一然　145, 336
임겸삼林謙三　192, 206, 208, 210
임미선　161
임영주林永周　174
임원경제지　164
임원식林元植　348
임읍악사林邑樂師　203
임진옥　340
임해전臨海殿　234, 235
입실상곡　244
입호무入壺舞　282, 283, 293-296

자

자바라啫哱囉　87, 368
자비왕　167, 196, 197, 199
자진한잎　161
작곡가　245
작은 북　82
잔치　234
잡기雜伎　263, 266, 268
잡물출입장雜物出入帳　206, 209, 213
잡악사雜樂師　203
장경호　193
장고　84, 319, 349
장고 형태의 악기　61, 62
장광민웅長廣敏雄　148
장구　366, 376
장대타기　263
장례 행렬　354, 356
장보관　166
장사훈張師勛　14-17, 44, 93, 94, 97, 101, 102, 174, 195, 202, 205, 210, 340
장월중선　341
장익선　343
장천1호분　81, 275, 277, 279, 280
장추사長秋寺　262, 292
장충식張忠植　145
재인바치　259
재인방梓人房　382
재주군　274
쟁箏　137, 166, 170, 208, 209, 261, 317
쟁錚　353
적笛　76, 77, 80, 89, 103, 105-109, 112-114, 166, 170, 317, 328, 332, 334, 335, 347, 361
적인선사寂忍禪師　74
적인선사 부도　28, 31
적인선사寂忍禪師 혜철慧哲　27
전傳 흥법사興法寺 염거화상廉居和尙 부도浮屠　19, 45, 57, 58, 66

전경욱   267, 269, 279, 282, 293
전국대금경연대회   341
전덕재   282
전돌塼   142, 143, 217
전부   361
전부고취前部鼓吹   358, 360, 379, 382
전인평   93, 101, 102
전통 군악대   350
전통악기 편성   160
전통죽관악기 전시   342
전호태   306, 312
전흥법사염거화상부도   16
절고節鼓   361
젓대   326, 328, 329
정鉦   353
정구복鄭求福   202, 248, 328, 335, 352-354, 368, 382
정기공연   341-343
정기범鄭基範   155
정길자   94
정대업 정재 의물   82
정대업무定大業舞   367
정대업정재   87
정대업정재 의물   90
정대업지무定大業之舞   83
정명왕   138, 194
정병모   298, 306
정수암鄭壽岩   233
정악가야금   193, 210, 214
정영진鄭永振   298, 299, 300, 302, 304-306
정영호鄭永鎬   70, 77, 94, 96, 99, 100, 104, 119, 120
정인갑鄭仁甲   297, 301, 306
정재국   348, 357
정재훈鄭在鑂   176
정절旌節   277
정조의 화성 행차 행렬도   359
정창원正倉院   15-17, 19, 34, 36, 153, 190-193, 189, 203, 205, 206, 210, 211, 213, 215, 242, 243, 250
정창원正倉院 소장품과 통일신라統一新羅   206

정창원악기의 악기正倉院樂器の樂器   210
정창원악기의 연구正倉院樂器の研究   192, 206, 208
정창원전正倉院展   207
정창원전목록正倉院展目錄   211, 242
정해창   100
정혜공주貞惠公主   302
정화순   115
정효공주貞孝公主   302, 303
정효공주묘   297, 298, 304-306, 310, 316, 320
정효공주묘 벽화 모사도   312
정효공주묘비   318
제9회 동양음악학 국제학술회의: 고대한반도 문화교류
    사 - 악기를 중심으로   204
제고   165, 170, 317
제금提金   368
제례祭禮   335
제례악   160, 340
조당집朝堂集   72
조선고고연구   297, 312, 350, 358
조선군악   350
조선시대 향악정재   90
조선왕조실록   82, 83, 87, 160, 164, 371, 374
조선음악사   196, 210
조선음악의 연구   350
조선음악통론朝鮮音樂通論   196
조선통신사 행렬   359
조성   350
조성래趙聖來   220
조율調律   152
조철제趙喆題   233
조합식 쌍두령   37
조회朝會   362
종묘   367
종적   18, 101, 136, 223, 226, 236, 332
종적류縱笛類   77, 106
종적보살상   40
종취   137
좌무左舞   198

좌방악左坊樂 198
주령구酒令具 291
주사위 217, 232-234, 236
주사위놀이 229
주선율 377
주아周兒 149, 152, 157, 158
주악 금동 보살상 40
주악무늬전돌 159
주악비천 113
주악비천상 105, 115
주악상奏樂像 13, 14, 17, 24, 26, 28, 31, 44, 49, 52, 54, 56-59, 64, 70, 77, 93, 116, 221
주악상 석탑재 26
주악상 판불 19
주악천인문奏樂天人文 155-157
주악천인상奏樂天人像 217, 223, 236
주재걸 269, 270, 281
주혜련朱惠蓮 148
죽암곡 244
죽통금竹筒琴 192
준조 335
줄감개 79, 152
줌마라(쌍피리) 343
중고中鼓 371, 372, 373
중국낙양문물명품전 21, 22
중국문물정화中國文物精華 153
중국사서 266
중국음악문물대계中國音樂文物大系 38
중국음악문물대계中國音樂文物大系: 감숙권甘肅卷 376
중국의 전통잡기 263
중금 80, 335, 340, 345, 376, 383, 384
중앙박물관과 국립국악원 17
중앙박물관석탑 40
중요무형문화재 제46호 대취타大吹打 348, 357
중요발中鐃鈸 87
중원곡 244
중종中宗 21
중천왕 273

증보 대취타악곡집 348
증보 취타대악곡집 357, 366
증보문헌비고增補文獻備考 267
증보한국음악사增補韓國音樂史 93, 101, 195, 205
증보한국음악통사 93, 101, 298
지 166, 170
지대로왕 167, 168, 196, 284
지림사祇林寺 326, 327
지마이사금 171
지물공양상持物供養像 217
지승원池升元 299
지아아枝兒樂 167, 196, 198
지증대사智證大師 도헌道憲 92, 96, 97
지증대사 부도 93, 94, 98, 99, 102, 108, 109, 113, 114
지증왕 170, 185, 197
지터zither류 128, 137, 192
지휘자 356
직경비파直頸琵琶 158
직지사성보박물관 137
진감선사 비문 16, 17
진단학보眞檀學報 359, 374
진덕여왕 353
진덕왕 351
진서 열전列傳 233
진성여왕 74
진양陳暘 106, 158
진전사지 3층석탑 14, 16, 18, 24, 44
진전사지陳田寺址 40
진전사지陳田寺址 석조 부도 57
진지왕 183
진평왕 183, 196, 197, 286, 334, 351
진홍섭秦弘燮 29
진흥왕 167, 183, 196, 197, 214, 354
집박 86
징金 82, 351, 356, 366, 368, 372, 376, 383, 384
징류 39
징효대사澄曉大師 74

징효대사澄曉大師 절중折中   73

ㅊ

창단 연주회   341
창림사지昌林寺址   173, 175, 178, 182, 183, 185
창작음악   342
채회국   297, 312
처용가   290
처용-가무   282
처용랑處容郞 망해사望海寺   168, 169
처용무   88, 283, 290, 296
처용탈   294
천년만세   161
천년아리랑   342
천리대학   18, 36
천상욱개자川上郁皆子   167, 168, 170, 185, 196
천인문 암막새   31
천인상   54, 55, 58
천인주악상天人奏樂像   218
천인天人   261
천존天尊   326
천존고天尊庫   329, 330
천축天竺   113
천축기天竺伎   266
철감선사   72
철감선사탑   74
철유-전鐵鍮典   368
철종   332
철판   317
청도 운문사雲門寺 동東 3층석탑   23-25
청도 운문사 석탑 공후 주악상   35
청도운문사동탑   40
청동 사리기   40
청동기시대 바위그림   90
청동기시대 악기   37
청동기시대 유물   19, 37

청동제 사리함   336
청상기淸商伎   266
청의동자靑衣童子   258
청장   244
청주 운천동 출토 종鍾   16, 44
청주종   36
초기 가야금   193
초기 가야금의 구조   214
최근영   254, 257
최남선   291
최세진崔世珍   196
최인서崔仁瑞   348
최재석崔在錫   206
최종민   343
최치원崔致遠   96, 145, 255, 266, 267, 282, 290, 292, 293
추석곡   244
추쟁   165, 170, 317
축서사   40
축서사 석조 비로자나불상   16, 19, 139
춘조곡   244
춘추   351
출조   335
춤   76, 89, 109, 112, 114, 115, 127, 130, 132, 140, 195, 232, 234
춤꾼   138, 261
춤사위   380
취각군사吹角軍師   83, 363, 364
취구吹口   161, 178, 181, 182
취라군사吹螺軍師   83, 363, 364
취타吹打   87, 160
취타수   359, 374

ㅋ

카사하라 키요시笠原 潔   204
칼 삼키기   263, 266

칼 재주 부리기   270, 271, 295
칼과 활 재주   270
캐스터네츠   369
쿠차 사리함 악무도   264, 265
큰북大鼓   82, 85

ㅌ

타나카 토시아키田中俊明   188
타악기   36, 37, 89, 90, 107, 113, 114, 348, 349, 355, 356, 361, 368, 376
타전打典   372
탁鐸   376
탄법彈法   154
탄쟁   165, 170, 317
탈 쓴 신라토우   284
탈 쓴 토우   285
탈춤   255, 256, 259, 282, 283, 285, 289, 292, 294
탈해 이사금   283
탈해왕   167, 196
탑비塔碑   27, 92, 94-97, 114
탑신塔身   98
탑신부塔身部   98
태대각간   329, 354
태안사   40
태안사 적인선사 부도   27, 35
태조왕   273
太平のひびき: 正倉院の樂器   153
태평가太平歌   353
태평소   151, 341, 349, 366, 367, 376
터키의 전통 군악대   349
토용   41
토우   41
토우장식장경호   241
토적土笛   14, 44
토제 현악기   33
통일서원제   349

통일신라 무용사   131
통일신라 석조미술 연구   125
통일신라 전돌塼에 나타난 비파   79
통일신라 주악상   12, 101
통일신라석조미술연구統一新羅石造美術研究   23
통일신라시대 당악   71, 86
통일신라시대 악곡   138
통일신라시대 음악고고학 자료의 재조명   139
통일신라시대 음악사료   258
통일신라음악   320
통일신라음악사   115
통전通典   165, 166, 309, 318, 378, 381
퉁소   137, 160, 345
특별전시회   13, 45, 46

ㅍ

파사왕   167, 196
판불板佛   217, 218, 337
판소리   373
팔관노부   353, 365, 368, 381, 382
팔관위장八觀衛仗   362
팔관회八關會   83, 363
팔부중상八部衆像   24
팔주령   37
팔청리   274, 280
팔청리 고분   270, 271
팔청리 벽화무덤   373
패貝   165, 170, 261, 317, 374
편성구조   384
편성악기   356, 384
평양 역전벽화무덤   358, 373
평원왕   273
평조   244, 335
표풍   244
풍류가야금   191, 210
풍류가얏고   191

풍물놀이 346
풍속통風俗通 248
풍휘馮暉묘 314
피리篳篥·觱篥 77, 93, 101-103, 105, 106, 108, 109, 111-115, 136, 137, 151, 177, 317, 366, 376-378, 383, 384
피전皮典 372
피타전皮打典 352, 356, 372

하

하가라도下加羅都 202
하기물下奇物 202
하늘 꽃으로 내리는 깨달음의 소리 137
하동 진감선사 40
하마다 코오사쿠濱田耕作 173
하서정河西停 354
하신열무下辛熱舞 139, 194, 197, 198, 201, 202
하야시 겐죠林謙三 190, 192, 210
하원곡 244
학연화대처용무합설 88
한국건축사전 30
한국고고학미술사요해韓國考古學美術史要解 30, 171
한국고대문화韓國古代文化와 인접문화隣接文化와의 관계關係 202
한국고대음악사연구韓國古代音樂史硏究 12, 18, 44, 86, 93, 101, 142, 150, 210, 258, 331
한국고대음악사의 재조명 14, 15, 19, 137
한국고대음악의 전개양상 196
한국고전문학전집18: 일반무가 188
한국금석유문韓國金石遺文 229
한국금석전문韓國金石全文 229
한국무용사 90
한국문양사: 한국 미술 양식의 흐름 174
한국문화韓國文化의 전통傳統과 불교佛敎 15
한국민족문화대백과사전 104, 146, 229, 238
한국불교대사전 148

한국불교음악사연구 374
한국사 93, 101, 195, 204
한국사연구韓國史硏究 331
한국악기 82, 160, 371, 375
한국악기대관韓國樂器大觀 101, 174
한국악기학 161
한국예술종합학교논문집 14
한국예술총람韓國藝術總覽 14, 44, 195, 353
한국음악韓國音樂과 무용舞踊에 관관한 연구硏究 15, 93, 101, 195
한국음악논집韓國音樂論集 204
한국음악논총韓國音樂論叢 150, 191
한국음악사韓國音樂史 14, 43, 44, 93, 101, 142, 192, 193, 195, 205, 298, 306
한국음악사논고韓國音樂史論攷 196, 205
한국음악사연구韓國音樂史硏究 161, 245
한국음악사학보韓國音樂史學報 15, 45, 74, 129, 133, 139, 161, 192, 196, 315, 350, 370
한국음악산고 13, 14, 44, 47, 49, 52, 54, 57, 86, 139
한국음악연구韓國音樂硏究 161, 192
한국음악통사韓國音樂通史 93, 101, 192, 196, 198, 204, 210
한국의 문화유산 71, 77
한국韓國의 시조신화始祖神話 330
한국의 연희 282
한국의 전통연희 267, 269
한국韓國의 종鐘 21, 35
한국학보韓國學報 15, 45, 93, 101, 129, 151, 189, 194, 241, 258, 297
한글대장경 조당집 70
한기무韓岐舞 139, 194, 197, 201
한병삼韓炳三 216
한산정漢山停 354
한영우 349, 359, 372
한홍섭 151
함통 6년(865) 명 징 368
함통咸通 6년명(865년) 금고金鼓 16, 18, 367
함화진咸和鎭 196

찾아보기 421

합주   160
해금   241, 366, 376
행고行鼓   371
행렬도   350, 357, 373
행상行像   262, 292
행악行樂   379
행진음악   355
향당산響堂山 석굴   263
향당산 석굴 기악천   264, 263
향발響鈸   87, 90, 368
향발무響鈸舞   368
향발정재   87
향발춤   89
향비파鄉琵琶   34, 107, 150, 158
향삼죽   335
향악鄉樂   152, 255, 266, 293
향악공鄉樂工   88
향악기鄉樂器   15, 82, 86, 89
향악잡영오수鄉樂雜詠五首   255, 267, 282, 290, 292, 293
향악정재   368
향악정재악기   86, 89
향완香埦   104
향전鄉傳   145
향피리   345
허균   108
허만하許萬夏   176
허지영   161
허흥식許興植   229
헌가軒架   162
헌가악기   368
헌강왕   96, 106, 169, 170, 235, 290, 378, 347
헌물장獻物帳   206, 209
헌안왕   234
현금玄琴   188, 241, 242, 328, 329, 330
현악기   36, 37, 39, 41, 79, 80, 90, 107, 128, 129, 137, 189-191, 214, 240, 248, 250, 251
현악영산회상   161

현함곡   244
혜공왕惠恭王   20, 146, 234, 260
호등무胡騰舞   292
호로생   317
호선무胡旋舞   292
호탄Khotan(于闐)   290
화和   163, 164
화금和琴   203, 204
화불化佛   217
화생和笙   162
화순 쌍봉사 철감선사탑   370
화엄경   288
화엄경 사경   257, 258
화엄경사경변상도華嚴經寫經變相圖   257
화엄사華嚴寺 3층석탑   15, 101, 133
화엄사 3층석탑의 주악상   45
화엄사 3층탑   131, 136
화엄사 4사자 3층석탑   24, 71, 78, 81, 84, 129, 379
화엄사 4사자 3층탑   16
화엄사 4사자탑   40
화음악기   162, 164
황규상   357, 366
황룡사皇龍寺   174, 336
황룡사지皇龍寺址   182, 183, 185
황룡사지 출토품   31
황문고취黃門鼓吹   269, 360
황미연黃美衍   12-14, 16, 18, 44, 47, 49, 52, 54, 56, 57, 59, 71, 86, 93, 95, 97, 101, 102, 139, 142, 147, 150, 151, 190, 218, 219
황성사지皇聖寺址   173, 175
황수영黃壽永   56, 229, 330
황조가黃鳥歌   232
황종조   335
황준연黃俊淵   192
황창黃昌   282
황창검무   295
황창랑黃昌郎   287
황창무   287

회악會樂　167, 196, 198
회인懷忍　145
횡적橫笛　16, 18, 26, 93, 101, 105, 132, 136, 139, 140, 165, 203, 219, 221, 223, 226, 236, 259, 340
횡적류橫笛類　106, 128
횡적보살상　40
횡취橫吹　317, 360
효소왕孝昭王　234, 247, 327, 328, 330, 331, 347, 352
후부後部　361
후부고취後部鼓吹　358, 361, 379, 382
후쿠다 테루히사　343
후한서後漢書　268
후한서 동이전東夷傳　233
훈　38
훈몽자회訓蒙字會　196
흥륜사興輪寺　374
희명希明　169

기타

10부기十部伎　266
12곡　199
12율　163
12율 4청성　163
12현　191
14면체 주사위　16, 19, 36, 228, 236
2중고二重鼓　371
4현비파　28, 158
5현비파　158
7부악七部樂　266, 268
7현금　199, 241
9부악九部樂　266, 268

도상을 통해본
통일신라음악 연구

초판1쇄 발행 2016년 8월 25일

지은이 김성혜
펴낸이 홍기원

총괄 홍종화
편집주간 박호원
편집·디자인 오경희·조정화·오성현·신나래
         남도영·이상재·남지원·이서유
관리 박정대·최기엽

펴낸곳 민속원
출판등록 제18-1호
주소 서울 마포구 토정로 25길 41(대흥동 337-25)
전화 02) 804-3320, 805-3320, 806-3320(代)
팩스 02) 802-3346
이메일 minsok1@chollian.net, minsokwon@naver.com
홈페이지 www.minsokwon.com

ISBN 978-89-285-0884-6
SET   978-89-285-0359-9   94380

ⓒ 김성혜, 2016
ⓒ 민속원, 2016, Printed in Seoul, Korea

저작권법에 의해 한국 내에서 보호를 받는 저작물이므로 무단전재와 복제를 금합니다.
이 책 내용의 전부 또는 일부를 이용하려면 반드시 저작권자와 민속원의 서면동의를 받아야 합니다.
이 도서의 국립중앙도서관 출판시도서목록(CIP)은 서지정보유통지원시스템 홈페이지(http://seoji.nl.go.kr)와
국가자료공동목록시스템(http://www.nl.go.kr/kolisnet)에서 이용하실 수 있습니다. (CIP제어번호 : CIP2016019310)

책 값은 뒤표지에 있습니다.
잘못된 책은 바꾸어 드립니다.